Hannes Giessler Furlan

Verein freier Menschen?

Hannes Giessler Furlan

Verein freier Menschen?

Idee und Realität kommunistischer Ökonomie

zuKlampen!

www.zuklampen.de

Umschlaggestaltung: Groothuis. Gesellschaft der Ideen
und Passionen mbH · Hamburg
Satz: Germano Wallmann · Gronau · www.geisterwort.de
Druck: Bookfactory Buchproduktion GmbH · Stadthagen

ISBN 978-3-86674-577-3

Bibliografische Information der Deutschen Nationalbibliothek
Die Deutsche Nationalbibliothek verzeichnet diese Publikation
in der Deutschen Nationalbibliografie; detaillierte bibliografische Daten
sind im Internet über <http://dnb.dnb.de> abrufbar.

Inhalt

Einleitung

Marx bezeichnet die kommunistische Gesellschaft auch als Verein freier Menschen. Das heißt: Einerseits werden sich die Menschen *vereinen*, andererseits werden sie in dieser Vereinigung *frei* sein. Dieses Vorhaben ist nicht einfach; seine Schwierigkeiten lassen sich illustrieren am Symphonieorchester, einem Beispiel für Kooperation, das auch Marx herangezogen hat.[1] Die Musiker gewinnen durch die Vereinigung die gemeinsame Fähigkeit, eine Symphonie erklingen zu lassen, die kein einzelner Musiker erklingen lassen könnte, und profitieren auch individuell, indem sie innerhalb der Vereinigung einander zuhören, erhört werden, neue Fähigkeiten erlernen und an etwas Großem teilhaben, das sie alleine nie zuwege bringen könnten. Zugleich aber muss sich jeder Einzelne der Vereinigung fügen, indem er ihren Ansprüchen gerecht zu werden versucht, sich selber zurücknimmt und für sich sowie mit allen anderen Musikern gemeinsam übt. Der Dirigent steht dabei vor der schwierigen Aufgabe, die Einzelnen mit dem Orchester als Ganzem zu vermitteln. Er muss einerseits seinem Orchester zuhören, dessen Impulse aufnehmen und die Musiker als Künstler würdigen, statt sie sich mit seinem Taktstock zu unterwerfen. Da aber der Zusammen- und Wohlklang nicht die automatische Folge der Zusammenkunft der verschiedensten Musiker ist, muss der Dirigent die Musiker andererseits zur Verbesserung ihrer Fähigkeiten bewegen, zur Selbstzurücknahme anhalten und durch seinen Taktstock führen. Offenbar hat der Dirigent im Orchester ein ähnliches Werk zu vollbringen wie laut Platon der Philosophenkönig im Gemeinwesen, der darin »Wohlsein« hervorbringen soll, indem er »die Bürger ineinanderfügt und sie teils überredet, teils nötigt, einander

1 Siehe Marx 1872k: 350 sowie 1894: 397.

mitzuteilen von dem Nutzen, den jeder dem allgemeinen Wesen leisten kann« (Platon, *Politeia* 519e–520a). Platon zufolge ist es durchaus ein Gebot der Vernunft, die Fähigkeiten und Bedürfnisse der Einzelnen zu erkennen und zu berücksichtigen. Dieses Gebot harmoniere aber nicht immer mit dem gleichsam vernünftigen Gebot des Allgemeinwohls (Letzteres steht in Platons *Politeia* im Zweifel höher). Einzelinteressen können dem Allgemeinwohl widersprechen und umgekehrt. Und die Freiheit des Einzelnen kann durch die Ansprüche des Gemeinwesens gefährdet sein. Dem Namen nach verkündet sich der »Verein freier Menschen« als Ausweg aus diesem Dilemma.

Dabei setzt der Kommunismus im Sinne von Marx vor allem auf eine andere ökonomische Ordnung. Die kommunistische Revolution soll die Kapitalisten enteignen und die Produktionsmittel vergesellschaften bzw. sozialisieren. Auf Grundlage des gesellschaftlichen Eigentums wird es keine Klassen mehr geben. Produktion und Distribution werden sich nicht mehr blind über Geld und Markt vermitteln, sondern vernünftig und gerecht gestaltet. Der Fortschritt der Industrie wird das Elend der Produzenten nicht mehr verschärfen, sondern die Arbeit erleichtern und den Reichtum aller mehren. Alle Individuen könnten sich freier entfalten, gemäß ihren Fähigkeiten und Bedürfnissen. Was Marx in Aussicht stellte, wurde im Realsozialismus allerdings nicht erreicht. Die meisten sozialistischen Bürger sehnten sich nach mehr Freiheit. Dass der Kommunismus in der Praxis scheiterte und alles andere als Freiheit brachte, resultierte auch, so die These in diesem Buch, aus seiner ökonomischen Idee.

Neu sind die Zweifel an der kommunistischen Ökonomie nicht, auch nicht seitens jener, die der Idee des Kommunismus zugeneigt sind. 1896 äußerte der Anarchokommunist Peter Kropotkin die Befürchtung, eine Industriegesellschaft bedürfe, um vernünftig und ganzheitlich, also kommunistisch organisiert zu sein, der Oberaufsicht des Staates. Hans Kelsen fragte 1920 skeptisch, ob eine Planwirtschaft des Zwanges entbehren könne. Albert Einstein wies 1949 in seinem Plädoyer für den

Sozialismus deutlich auf die Gefahren der Planwirtschaft hin: die autoritäre Bürokratie und die Unterjochung des Individuums. Max Horkheimer, der 1933 noch davon ausgegangen war, im Sozialismus ließen sich die Ideen der französischen Revolution allesamt verwirklichen, betonte 1970 den Widerspruch von Freiheit und Gerechtigkeit und nahm traurig Abstand von der sozialistischen Utopie.[2] Und Theodor W. Adorno sprach das »zentralste Problem der materialistischen Dialektik« in seiner Vorlesung über *Fragen der Dialektik* (1963/64) an: dass »rationale Planung ihrem eigenen Wesen nach mit der Herrschaft verbunden ist« (zit. n. Braunstein 2011: 276). An anderer Stelle formuliert Adorno einen ähnlichen Zweifel, zwar in Hinsicht auf musikalische Komposition, aber doch mit ökonomischer Note: »Die Frage aller Musik ist: wie kann ein Ganzes sein, ohne daß dem Einzelnen Gewalt angetan wird. Die Lösung dieser Frage hängt aber jeweils ab vom gesamten Stand der musikalischen Produktivkräfte, und zwar so, daß, je höher diese entwickelt sind, die Lösung in immer größere Schwierigkeiten gerät.« (Adorno 1937–1969: 62) *Last, not least* als Quellen der Inspiration für das vorliegende Buch sind die sozialismuskritischen Bücher der liberalen Ökonomen Ludwig von Mises und Friedrich August von Hayek zu nennen.[3] Während jedoch Mises und Hayek Apologien der kapitalistischen Marktwirtschaft verfassten, steht das vorliegende Buch unter einem anderen Stern. Hier handelt es sich um eine Kritik des Kommunismus, die dessen Beweggründe teilt und der Marx'schen Kritik der kapitalistischen Gesellschaft verbunden ist. Man könnte auch sagen: Der Autor laboriert am Kommunismus.

Und der Marxismus? Wie hat dieser die Enttäuschung, das Scheitern des Kommunismus aufgearbeitet? Auf der einen Seite des Spektrums stehen die Marxisten, die den Realsozialismus

2 Kropotkin 1896: 31, Kelsen 1920: 49, Einstein 1949, Horkheimer 1933: 137 f. u. 1970: 372.

3 Siehe Mises 1932 u. Hayek 1988.

kritisieren, um den Kommunismus vor ihm zu retten. Sie interpretieren den Realsozialismus als Abirrung vom Kommunismus. Einige von ihnen erblicken das realsozialistische Übel in der Vormachtstellung der Bürokratie (z. B. Leo Trotzki und Ernest Mandel) oder in der Klassenherrschaft durch die Bürokratie (z. B. Bruno Rizzi und Milovan Djilas), andere deuten den Realsozialismus als Staatskapitalismus (Tony Cliff) oder als Marktwirtschaft plus Staatsbourgeoisie (Charles Bettelheim).[4] Diesen marxistischen Kritikern des Realsozialismus ist die Zuversicht gemeinsam, dass der eigentliche Kommunismus noch verwirklicht werden könnte. Auf der anderen Seite des Spektrums stehen Marxisten, die vom Kommunismus, wie er bei Marx angedacht war, angesichts des Realsozialismus Abstand genommen haben und weder für Kommunismus noch für Kapitalismus, sondern für einen dritten Weg plädieren, zum Beispiel für Konkurrenzsozialismus (Oskar Lange, Abba P. Lerner), Reformsozialismus (Rezső Nyers, Ota Šik) oder unterschiedlichste Formen von Marktsozialismus (Deng Xiaoping, Anthony Giddens). Solches Abrücken vom Kommunismus erscheint in diesem Buch verständlich, der dritte Weg allerdings wird nicht weiterverfolgt. Das Buch präsentiert keinen Ersatz, sondern hält inne. Es verharrt in Aufarbeitung.

2015 hat Axel Honneth, ein Nachfahre der Kritischen Theorie, in einem Essay den Sozialismus rekapituliert und für Marktsozialismus plädiert: Der Sozialismus, wie er war, habe zu engstirnig auf die Abschaffung des Marktes zugunsten planmäßiger Kontrolle gesetzt.[5] Vielleicht, so blickt Honneth voraus, wären

4 Marcel van der Linden liefert eine Zusammenfassung dieser Kritiken unter einem Titel, der ihren einhelligen Befund betont: *Der Sozialismus, der keiner war* (Linden 2009). Zu den marxistischen Kritiken am Realsozialismus siehe auch Masuch 1981: 16–25.

5 Zu den Begriffen Kommunismus und Sozialismus: Definitiv festsetzen und haargenau voneinander abgrenzen lassen sich diese Begriffe nicht. Friedrich Engels verwendet sie anders als Lenin, Lenin anders als Stalin und Stalin anders als Michael Hardt und Antonio Negri (siehe Engels 1888: 580 f.,

andere Märkte, als die kapitalistischen es sind, die Lösung. Einerseits ist diese vage Position vor dem Hintergrund der historischen Erfahrungen verständlich. Andererseits klingt darin die Position der Sozialdemokratie an, die sich vom Sozialismus entfernt hat und das nicht zufällig. Was Honneth als Dogma moniert, ist doch die Grundidee von Kommunismus und Sozialismus: die Idee, die Produktionsmittel zu sozialisieren und die ökonomischen Verhältnisse der Gesellschaft vernünftig zu gestalten und die Märkte durch Planung zu ersetzen. Ohne diese Grundidee bleibt nicht viel übrig, was den Sozialismus als Gesellschaftsalternative auszeichnet. Gleichwohl ist Honneth in einem wichtigen Punkt Recht zu geben: Der Sozialismus vernachlässigte in der Fixierung auf die Ökonomie genaue Überlegungen, wie eine sozialistische Demokratie aussehen könnte, und vermochte es in diesem Mangel später nicht, die sozialistische Einparteienherrschaft aus sich heraus zu verhindern (Honneth 2015: 63).

Dass der Kommunismus in der Praxis zu einem System totalitärer Herrschaft wurde, hatte vermutlich verschiedene Ursachen. Neben der Ignoranz und Arroganz der kommunistischen Klassiker gegenüber Rechtsstaatlichkeit, Gewaltenteilung und Parlamentarismus gehören wahrscheinlich dazu: die Idee der Diktatur des Proletariats, der verkappte religiöse Eifer bzw. der politische Messianismus des Kommunismus, dessen Frontstellung gegen herkömmliche Religionsgemeinschaften, das absolutistische Erbgut, das dem Sozialismus in Russland und China innewohnte, die teils brachiale Zentralisierung der sozialistischen Vielvölkerstaaten und die kriegerische Weltsituation

Lenin 1918r: 478–481, Stalin 1934: 176 sowie Hardt u. Negri 2009: 285). Im Sinne ihres historischen und gesellschaftlichen Temperaments werden die meisten Begriffe in der vorliegenden Untersuchung nicht in feste Definitionen gesperrt, sondern erhalten so viel Freiraum, wie sie benötigen, um sich im Zusammenhang der Darstellung zu entfalten. Allgemein zum Definitionsproblem siehe Nietzsche 1887: Teil II, Aph. 13; Weber 1920: 30 sowie Adorno 1963: 308–310 u. 1966: 166–168.

(Erster Weltkrieg, Zweiter Weltkrieg, atomare Bedrohung), in der er sich immerzu behaupten musste. All diese Ursachen stehen nicht im Zentrum der folgenden Untersuchung. Im Zentrum steht die Ökonomie des Kommunismus. Ohne solche Konzentration, in der Anderes aus dem Blick gerät, keine Erkenntnisse. Mögen diese hernach durch jene, die die Ursachen zu überblicken wissen, ins Gesamtbild des Realsozialismus eingeordnet werden. Und mögen diese Erkenntnisse jene Marxisten und Kommunisten ins Grübeln bringen, die es gewohnt sind, das Scheitern des Kommunismus bzw. Sozialismus nur auf äußere Faktoren (Weltimperialismus) oder falsches Personal (Stalin) zurückzuführen. Und mögen diese Erkenntnisse jenen nicht als Munition dienen, die nichts für die Beweggründe des Kommunismus übrighaben.

Vor allem richtet sich das Buch an solche Leser, die an der Aufarbeitung des Kommunismus interessiert sind, gerade weil sie dessen Utopie von Mitmenschlichkeit zu schätzen wissen – eine Utopie, die gegen das Elend Einspruch erhebt, in dem weltweit viele Arbeitslose und Arbeiter leben müssen.

I

Die Idee des Kommunismus

Im Alexandergarten im Nordwesten des Kremls und historischen Zentrum Moskaus steht ein Obelisk zu Ehren der Zaren. Seit 2014 mag es scheinen, als hätte er seit seiner Einweihung im Frühjahr 1914 immer so dagestanden. Doch der Scheint trügt, sein ursprünglicher Zustand wurde 2013/14 restauriert, nachdem der Obelisk 1918, auf Geheiß Lenins, umgestaltet und zum einjährigen Jubiläum der Oktoberrevolution in neuer Gestalt enthüllt worden war. So stand er 95 Jahre da. Die alte Inschrift war ausgemeißelt und anstelle ihrer eine Plakette angebracht, darin eingraviert 19 Namen von wichtigen Pionieren, Politikern und Vordenkern des Kommunismus, unter anderem: Thomas Morus, Gerrard Winstanley, Claude-Henri de Saint-Simon, Nikolaj Tschernyschewski, Friedrich Engels und Karl Marx. Das ist in etwa die Abfolge von Namen, die Teil I dieser Abhandlung gliedert. Anhand dieser Persönlichkeiten wird dargestellt, wie die Idee einer kommunistischen Ökonomie entstand und was sie schließlich ausmachte.

Allerdings beginnt Teil I bei Platons *Politeia*. Platon war zwar kein Kommunist, konzentrierte sich nicht auf die Ökonomie und wurde später im Kommunismus auch nicht als Vordenker anerkannt. Doch Letzteres geschah zu unrecht und war fatal. Platons Antwort auf die Frage, wie das Gemeinwesen vernünftig einzurichten sei, ist die Philosophenherrschaft. Ganz ungeniert stellt er so die Herrschaft der Vernunft als politische Herrschaft in Aussicht. Reichlich zwei Jahrtausende später wollten die Kommunisten das Gemeinwesen, insbesondere den Wirtschaftsprozess, vernünftiger gestalten und schufen schließlich die Einparteienherrschaft samt Zentralverwaltungswirtschaft, d.h. die Herrschaft der Sachverständigen (oder besser gesagt derjenigen, die es zu sein beanspruchten) über das Wirtschaftsleben der Gesellschaft. Hätten die Kommunisten in Platon einen Vorfahren erkannt, wer weiß – dann hätten sie sich vielleicht ausführlicher mit der heiklen Frage auseinandergesetzt, inwieweit die Idee eines vernünftig eingerichteten Gemeinwesens bzw. einer vernünftigen Ökonomie die Herrschaft der Vernunft bedingt, in welcher Gestalt diese Herrschaft der Vernunft verwirklicht werden soll und inwieweit die Herrschaft dabei gemildert und begrenzt werden kann.

Vor Marx

Platons *Politeia*: Herrschaft der Vernunft

In der Idee, die Platons *Politeia* zugrunde liegt, klingt die des Kommunismus an: Die Gesellschaft möge vernünftig eingerichtet sein, und zwar nicht bloß soweit, dass die Bürger sich gegenseitig nichts Böses antun, sondern darüber hinaus so, dass sie im Verbunde so vernünftig wie möglich handeln und wechselseitig ihr Wohlsein steigern.

Platon zufolge wäre ein Gemeinwesen vor allem dann vernünftig eingerichtet, würde das Begehren durch die Vernunft gezügelt. Wie im einzelnen Menschen ein Teil der Seele, nämlich die Vernunft, dafür Sorge tragen müsse, den Bedürfnissen und Leidenschaften jene Grenzen zu stecken, die den Einzelnen erst gemeinverträglich machten, so wäre im Gemeinwesen eine bestimmte Anzahl Einwohner notwendig, deren spezielle Tätigkeit keinem partikularen Zweck und individuellem Begehren diente, sondern im Gegenteil der Gemeinschaft: dem Zusammenhang des Partikularen. Die Wahrung dieses Zusammenhangs der Bürger könne niemals das Resultat von deren partikularen Begehren sein, sondern nur das der Vernunft.

Schließlich wird Platon in der *Politeia* konkret und schildert ein vernünftiges Gemeinwesen in idealtypischer Gestalt. Es setzt sich aus drei Ständen zusammen: Erwerbstätigen, Wächtern und dem Philosophenkönig. Die Erwerbstätigen, also Bauern und Handwerker, Handel- und Gewerbetreibende, zeichnen sich dadurch aus, dass sie die materielle Reproduktion des Gemeinwesens gewährleisten, wiewohl und gerade weil sie nicht aufs Gemeinwohl bedacht sind. In ihrem Streben nach ihrem je eigenen Vorteil bilden sie den produktiven Grund des Gemeinwesens. Zum Zwecke dieses Strebens und in den Grenzen dieses Standes erachtet Platon die Geldwirtschaft und das Privateigentum als durchaus nützlich. Sobald aber alle Mitglieder des Gemeinwesens nur noch dem eigenen Begehren folgen und dem Reichtum nachjagen, drohen ihm zufolge Sitten- und Gesetzeslosigkeit und schließlich der Verfall des Gemeinwesens. Die Wächter und der Philosophenkönig müssen daher außerhalb der Geldwirtschaft leben: in Gütergemeinschaft. Sie werden von dem unteren Stand mit den notwendigen Lebensmitteln versorgt, nehmen gemeinsam ihre Mahlzeiten ein, dürfen kein Vermögen, keine private Vorratskammer und Wohnung haben und mit Geld nicht in Berührung kommen, jenem Medium, das Platon zufolge die partikularen Begehren und Tätigkeiten vermittelt. Kurz: Die Wächter und der Philosophenkönig leben in Gütergemeinschaft, worin »keiner etwas Eigenes hat außer seinem Leibe, alles andere aber gemeinsam ist« (*Politeia* 464d; vgl. auch *Timaios* 18b–e). Die Gütergemeinschaft muss jedes triebhafte Handeln ausschließen; ihre Mitglieder sollen sich um das Gemeinwohl kümmern und dieses nicht gefährden. Ausgewählt werden die zukünftigen Wächter bereits im Kindesalter, ihrer Veranlagung gemäß und unabhängig von Geschlecht und sozialer Herkunft. Von da an leben sie nicht nur unter den geschilderten Umständen, sondern haben auch eine Jahrzehnte währende Ausbildungs- und Militärzeit zu absolvieren. Während die Wächter dazu auserkoren sind, das Gemeinwesen gegen innere und äußere Gefahren zu verteidigen, muss der

Philosophenkönig das Gemeinwesen lenken und leiten. Zum Philosophenkönig wird der tauglichste Wächter im Alter von fünfzig Jahren erwählt, nachdem er seinen Mut und seine Ausdauer im Kampfe, seine Fähigkeit, Vergnügen und Schmerz zu widerstehen, und seine geistige Kraft, der Idee des Guten gewahr zu werden, bewiesen hat. Er zeichnet sich dadurch aus, dass er sich am besten selbst beherrscht, der Vernunft gehorcht, die er zu erkennen gelernt hat, und sich vom profanen Treiben abgewendet und sich so dem wahren, unsinnlichen Sein so weit wie möglich angenähert hat (*Phaidros* 247c). Während er diesem so nahe wie nur möglich ist, befehligt der Philosophenkönig das Gemeinwesen. Mithilfe der Wächter muss er für die Erziehung der Bürger Sorge tragen, für die richtige Musik, Kunst und für ordnungsgemäße Feste, dafür, dass die Unterschiede zwischen Arm und Reich nicht zu groß werden, und dafür, dass aus der nächsten Generation jeder seinen Platz im Gemeinwesen findet. Er soll »im ganzen Staate Wohlsein« hervorbringen, »indem er die Bürger ineinanderfügt und sie teils überredet, teils nötigt, einander mitzuteilen von dem Nutzen, den jeder dem Gemeinwesen leisten kann« (*Politeia* 519e–520a).

Dass jeder gemäß seinen Fähigkeiten und Möglichkeiten seinen Platz im Gemeinwesen einnehme und das Seinige zu dessen Gelingen beitrage, entspreche, so Platon, der Idee der Gerechtigkeit. Wie die Seele nur dann ein harmonisches Gebilde sei, wenn darin das rein begriffliche Denken die Führung innehabe, müssten im Gemeinwesen jene herrschen, die in ihrer Seele eine solche Ordnung hergestellt haben. Die Vernunft denkt Platon als Sachwalter eines ganzheitlichen Funktionszusammenhangs. Sie soll dafür Sorge tragen, dass sinnliche Begehren und Einzelinteressen gezügelt sind und der Seele und dem Gemeinwesen nicht schaden.

Während Platon das Gemeinwesen in erster Linie als Einheit verwirklicht wissen will und von oben her denkt, gewissermaßen vom Ideenhimmel oder den Philosophenkönigen her, erblickt sein Schüler Aristoteles eher ein von unten Zusammengesetztes und würdigt, woraus es zusammengefügt ist. Das Gemeinwesen müsse das, woraus es besteht und erwächst, bewahren und schützen: die Bürger, deren Familien und Häuser. Während die Bürger unterschiedliche Zwecke verfolgten, bestehe der Zweck des Gemeinwesens darin, das Gemeinwohl zu gewährleisten und die Privatinteressen dabei möglichst hoch zu schätzen. Was Platon zufolge als unterster Stand zwar seine Funktion hat, aber dem Gemeinwesen dessen philosophischer Idee gemäß untergeordnet werden muss, begreift Aristoteles als Essenz der politischen Gemeinschaft: die Gesellschaft der Privatbürger. Diese müssten in der politischen Versammlung selber ihre politische Form gewährleisten. Mit dieser Auffassung, dass die Einheit des Gemeinwesens nicht von oben nach unten durchgesetzt werden müsse, korrespondiert eine weitere Auffassung Aristoteles', wonach die Gerechtigkeit keine Idee sei, die über der Wirklichkeit angesiedelt sei und von Philosophen geschaut und von Wächtern in der Gesellschaft durchgesetzt werden müsse, sondern eine der gesellschaftlichen Wirklichkeit entstammende Idee.

Der Tausch, so Aristoteles, sei Wiedervergeltung, gründe auf der gegenseitigen Anerkennung der Beteiligten als Gleiche und stelle einen Zusammenhalt in der Gesellschaft der Privatbürger dar; das Geld diene dabei als Mittelinstanz bzw. Maßeinheit (Nikomachische Ethik V, 8).[6] Ohne dass sich bei Aristoteles eine solche gebündelte Formulierung finden ließe, lässt sich aus dem Zusammenhang schließen, dass der Austausch das Kunststück vollbringen würde, Vielheit und Einheit zugleich zu gewährleisten, nämlich einerseits unterschiedlichen Zwecken dienlich zu sein und andererseits den wirtschaftlichen Zusammenhang der Privatbürger herzustellen.[7] Die Ware spiegelt beide Seiten: Ihr Gebrauchswert stillt ein einzelnes Bedürfnis, als Tauschwert

6 Die Sklaven (d.h. die meisten Produzenten des materiellen Reichtums) klammert Aristoteles aus der Tauschgerechtigkeit und Bürgerschaft aus; im Oikos (Haus) herrscht der Hausherr, nicht die Tauschgerechtigkeit.
7 Ausführlich: Koslowski 1976.

steht sie im Zusammenhang mit allen anderen Waren. Solange die Bürger im Warentausch konkrete Zwecke verfolgen und das Geld, das den Tauschwert verkörpert, ihnen dabei behilflich ist, geht laut Aristoteles alles mit rechten Dingen zu. Sobald der Tauschwert aber selber zum Zweck avanciere und die Schatzkammern des Geldes wegen gefüllt würden, drohe Gefahr; ebenso durch den Zins, da dieser nicht auf Leistung beruhe. Eigentum überhaupt aber betrachtet Aristoteles nicht als Gefahr für das Gemeinwohl. Zwar stimme es, dass in der auf Privateigentum basierenden Gesellschaft Streit und Korruption herrschten, das aber komme »nicht vom Fehlen der Gütergemeinschaft, sondern von der Schlechtigkeit der Menschen; wir sehen auch, daß solche, die einen gemeinsamen Besitz haben und ihn gemeinsam benutzen, viel mehr Streit miteinander haben als die Besitzer von Privateigentum« (Aristoteles, Politik II, 5). Wenn allen alles gehöre, würden bald Vorwürfe gegen jene erhoben, die mehr nehmen als geben. Besser sei eine auf Privateigentum fußende Produktion, in der sich jeder bemühe, aus seinem Eigentum das Beste zu machen.

Soweit Aristoteles' Ausführungen auf die elitäre Gütergemeinschaft der *Politeia* gemünzt sind, hätte Platon darauf vermutlich erwidert, dass die Philosophenkönige und Wächter ihre gemeinnützige Tätigkeit nicht borniert im Banne ihrer Privatinteressen ausüben, sondern dank guter Erziehung und vernünftiger Einsicht im Interesse des Ganzen. In Platons Alterswerk, den *Nomoi* (deren Urheberschaft nicht mit letzter Sicherheit erwiesen ist), schaut es kurz so aus, als würde Platon sogar das Ideal des gesamten Gemeinwesens in der Gütergemeinschaft erblicken. Tatsächlich aber entrückt er die Gütergemeinschaft gänzlich in den Ideenhimmel – das Ideal sei nicht zu erreichen. Ideal wäre es, so schreibt er, wenn es gar kein Privateigentum mehr gäbe und im gesamten Gemeinwesen »der alte Spruch verwirklicht ist, der da lautet, daß Freundesgut wahrhaft gemeinsames Gut ist« (*Nomoi* 739b). Eine solche Gütergemeinschaft allerdings, so fügt er hinzu, eigne den Menschen nicht, sondern nur den

Göttern oder deren Söhnen. Die Menschen seien nicht perfekt, niemand von ihnen tauge zum Philosophenkönig. Immerhin aber sollten sie versuchen, den schädlichen Einfluss von Eigentum, Geld und Krämerei so klein wie möglich zu halten, um größeres Übel vom Staat abzuwenden.[8]

Aufgrund seiner Konzeption der Gütergemeinschaft in der *Politeia* wird Platon nicht nur hier, sondern beispielsweise auch von Georg Adler als einer der Urahnen des Kommunismus dargestellt. Dabei weist Adler (Adler 1899: 44) darauf hin, dass Platon noch keinen »Kommunismus der Produktion« propagiert hat. Die Vorstellung einer Ordnung, in der die Produktion koordiniert betrieben wird, sei, so Adler, erst im frühkapitalistischen Zeitalter aufgekommen und erstmals bei Thomas Morus in bündiger Darstellung zu finden. Platon habe nur einen »Kommunismus der Konsumtion« propagiert und diesen auch nur einer elitären Schicht zugedacht. Adler hat in diesem Punkt recht, übersieht aber einen anderen Punkt, nämlich die Absicht einer vernünftigen Grundordnung. Sowohl Platon als auch die Kommunisten wollen die Vernunft durchsetzen, und zwar nicht Bürger für Bürger, sondern grundlegend bzw. dergestalt, dass der Gesamtzusammenhang, in dem die Bürger existieren, an sich vernünftig ist. Platon konzipiert eine politische Ordnung, worin die Vernunft walten und schalten kann. Die Kommunisten zielen auf eine ökonomische Grundordnung, die voll und ganz vernünftig wäre.

Morus' und Campanellas Inselstaaten: erste sozialistische Wirtschaftsutopien

Platon meint nicht, dass das in der *Politeia* dargelegte Gemeinwesen auf Erden erzwungen werden könnte. Vielmehr begreift er es als Muster im Himmel, an dem die Menschen sich auf

8 *Nomoi* 709–711a, 875a–d, 915d–e sowie 919c–d.

ihrer tausendjährigen Wanderung orientieren sollen. Auch das Utopia Thomas Morus' stellt keine politische Programmatik dar. Der Inselname »Utopia« ist zwiespältig. Darin klingt der glückliche Ort, aber auch der Nicht-Ort an: Eutopia (εὐτόπος) und Outopia (οὐτόπος). Heute ist der Name dieser Insel ein gemeinhin gebräuchlicher, in der Regel positiv besetzter Begriff geworden. Indes heißt der Seemann, der in Morus' 1516 erschienenem Roman von der Insel Utopia berichtet, mit Nachnamen Hythlodeus, zu deutsch: Possenreißer oder Schaumredner. Und dieser trifft auf einen zwar freundlichen Gastgeber, aber zugleich kritischen Zuhörer und Fragesteller, der den Namen des Autors trägt: Thomas Morus. So beeindruckend die Insel ist, nagen an ihr auch schon Zweifel. Der Roman über sie ist kein Agitationsroman.

Bevor der Seefahrer von Utopia berichtet, wo seinen Worten nach Platons Idee der Gleichheit des Besitzes verwirklicht ist (Morus 1516: 45), bietet sich ihm im Gespräch die Möglichkeit, inbrünstig die englischen Verhältnisse anzuklagen. Adlige und Reiche würden sich zuungunsten der Bauern bereichern, ihnen durch Vertreibung, Schikanen, Lug und Trug das gepachtete Land nehmen, um darauf Schafe weiden zu lassen und mit der Wolle noch reicher zu werden. Das annektierte Land würde verwaisen, gerade noch die Kirchen blieben stehen, um als Schafställe zu dienen. Was auf der einen Seite zu immensem Reichtum führe, bedinge auf der anderen Seite Not und Elend. Da dort, wo einst gesät wurde, plötzlich Schafe weideten, reichte ein Hirte, wo früher viele Hände zu tun gehabt hätten. Den Bauernfamilien bliebe nichts übrig, als mit wenigen Habseligkeiten auszuwandern. Sodann fänden die Familien keinen festen Ort und würden auseinandergerissen. Um zu überleben, seien die vereinzelten Individuen schließlich gezwungen zu betteln oder zu stehlen; das Ende bestehe dann meist darin, dass sie als Landstreicher oder Diebe gehenkt würden. Diese Schilderung erinnert an Marx' Darstellung der »sogenannten ursprünglichen Akkumulation des Kapitals«. Bloß dass die Anklage des

Seemanns gegen die Unmoral der Reichen gerichtet ist und in der Forderung mündet, die alte Landwirtschaft wieder herzustellen, während Marx – reichlich dreihundert Jahre später – weniger die Reichen, sondern vielmehr den gesellschaftlichen Prozess der sogenannten ursprünglichen Akkumulation in düstersten Farben zeichnet und kein Zurück zur Agrargesellschaft proklamiert, sondern eine kommunistische Industriegesellschaft. Wenngleich der Seefahrer rückwärtsgewandt, gegen die Industrie, Einspruch erhebt, so geben seine Berichte über Utopia zugleich den Blick auf neuartige wirtschaftliche Zustände frei. Auf Utopia herrscht gemeinschaftliche Produktion: ein Kommunismus der Produktion.

Auf der Insel, so schildert er es, gibt es 54 Städte, die alle ca. 80.000 erwachsene Einwohner beherbergen, gleich aussehen und gleich organisiert sind. Alle Bürger auf der Insel tragen die gleichen einfachen, zumeist naturfarbenen oder weißen Kleider. Die Mahlzeiten nehmen die Bürger zumeist weder allein noch zuhause ein, sondern in Kantinen, die je dreißig Familie fassen. Die Familie stellt auf Utopia die kleinste Einheit dar. Sie besteht aus zehn bis 16 Erwachsenen. Dreißig Familien bilden eine politische Einheit und wählen einen Vorsteher aus ihrer Mitte, den sogenannten Syphogranten. Dieser sorgt in seinem Wahlgebiet für den Erhalt der Ordnung und bildet mit den anderen 199 Syphogranten einer Stadt den Senat, in dem das Stadtoberhaupt gewählt wird. Wenige Berufe reichen aus, um alle notwendigen Lebensmittel, Häuser und Kleidungsstücke zu produzieren: Landwirt, Tuchmacher, Weber, Maurer, Schmied, Schlosser, Zimmermann und Wissenschaftler. Ob Frau oder Mann, jeder junge Utopianer arbeitet eine bestimmte Zeit lang als Landwirt und ergreift danach einen anderen Beruf, in der Regel den seiner Eltern, im Ausnahmefall, wenn die Versorgungssituation der Gemeinde es erlaubt oder erfordert, einen anderen. In jeder Stadt gibt es Märkte, aber nicht derart, dass darauf gehandelt würde, sondern als Aufbewahrungsort der Güter. Dorthin bringen alle Familien die Produkte ihrer Arbeit, dort können sich alle Familien bedienen – ohne Bezahlung, wie der Seefahrer betont. Geld gibt es nicht, Gold und Silber werden nur hinsichtlich ihres praktischen Nutzens bewertet. Eisen beispielsweise ist auf Utopia bedeutsamer. An dieser Stelle seines Berichtes gerät der Seefahrer in Aufregung und kommt auf die Rolle des Geldes und des Privateigentums in England zu sprechen. Solange Privateigentum und Geld existierten, so betont er, wäre Gerechtigkeit nicht zu verwirklichen. Erst mit ihrer Abschaffung könnten Not, Elend und die dazugehörigen Sorgen sowie auch sämtliche Untugenden wie Betrug, Diebstahl, Raub, Streit, Aufruhr, Zank, Empörung, Mord und Verrat verschwinden. Er plädiert für eine Gütergemeinschaft, in der alle den gleichen Besitz hätten.

An dieser Stelle unterbricht Thomas Morus den Seemann mit dem Einwand, wie ihn Aristoteles gegen Platon vorgetragen hatte: »›Mir dagegen‹, erwiderte ich, ›scheint dort, wo alles Gemeingut ist, ein erträgliches Leben unmöglich. Denn wie soll die Menge der Güter ausreichen, wenn sich jeder vor der Arbeit drückt, da ihn keinerlei Zwang zu einem Erwerb drängt und ihn das Vertrauen auf fremden Fleiß faul macht?‹« (ebd.: 45) Für die gerechte Verteilung und Erledigung der Arbeit, so erwidert der Seemann, ist auf Utopia gesorgt: Die Syphogranten wachen darüber, dass jeder sein Gewerbe betreibt und keiner viel weniger oder deutlich mehr als sechs Stunden täglich arbeitet. Außerdem böten sich auf Utopia keine Möglichkeiten zum Müßiggang. In ihrer Freizeit besuchen die Utopianer entweder wissenschaftliche Vorlesungen oder spielen, allerdings nichts Verderbliches wie das Würfelspiel, sondern zwei Spiele, die Geist und Moral schulen. Das eine, worin eine Zahl die andere sticht, nennen sie Zahlenkampf, in dem anderen kämpfen Tugenden mit Lastern. Bliebe vielleicht noch der Ausflug ins Grüne, um dem Schlendrian mal freien Lauf zu lassen? Riskant! Wer die Reise in andere Städte oder aufs Land nicht beantragt hat und erwischt wird, wird gezüchtigt und mit Zwangsarbeit bestraft. Letztere hat auf der Insel durchaus System. Viele schmutzige

Arbeiten, beispielsweise das Schlachten des Viehs, werden von Zwangsarbeitern ausgeführt. Bei diesen handelt es sich um verurteilte Verbrecher. Da das Gemeinwesen von solcherlei Zwangsarbeit profitiere, empfiehlt der Seefahrer ein ähnliches Strafsystem für England. Verbrecher sollen zur Zwangsarbeit in Steinbrüche und Bergwerke abkommandiert werden!

Auch in der *Civitas Solis*, die Tommaso Campanella hundert Jahre später in seinem utopischen Roman von 1623 vorstellt, leben die Einwohner in einer Gütergemeinschaft; Geld wird nur für den Außenhandel benötigt, die Bürger der *Civitas Solis* besitzen kein Eigentum, arbeiten gemäß ihren Fähigkeiten, liefern die Resultate ihrer Arbeit an die Behörden und bekommen von diesen die Güter ihres Bedarfs zugeteilt. Aber auch in Campanellas Roman bleibt eine solche Utopie nicht unwidersprochen. Hier ist der sogenannte »Großmeister« der Gesprächspartner. Und auch er trägt den bekannten Einwand vor: »Dann will also niemand arbeiten. Jeder erwartet, daß die anderen arbeiten, damit er selbst leben kann. Das bringt bereits Aristoteles gegen Platons Staatsidee vor.« (Campanella 1623: 123) Darauf erwidert der Admiral, der von der *Civitas Solis* berichtet, zum einen, dass die Einwohner ihr Vaterland so sehr liebten, dass sie dafür auch bereitwillig ihre Arbeit verrichteten, und zum zweiten, dass Behörden darüber wachten, was den Einwohnern jeweils zustehe. »Was sie benötigen, bekommen sie von der Gemeinschaft, und die Behörden achten streng darauf, daß keiner mehr erhält, als er verdient, jedoch auch keinem etwas Notwendiges vorenthalten wird.« (ebd.: 124) Genauer wird der Arbeits- und Distributionsprozess nicht geschildert. Gerechtigkeit wird aber offenbar ganz großgeschrieben. Und vermutlich warten drakonische Strafen, versuchte man, die Behörden zu hintergehen. Schwerverbrecher, soviel erfährt man, werden in der *Civitas Solis* von der Gemeinschaft zu Tode gesteinigt.

Winstanleys Gütergemeinschaft: Wirtschaftsordnung im Sinne Gottes

Der moderne Kommunismus speiste sich auch aus einer Unterströmung des Abendlandes, die alles andere als areligiös war: dem mittelalterlichen Chiliasmus (vgl. Cohn 1957). In dessen Geschichte wurde der Gemeinbesitz und mithin auch ein Kommunismus der Produktion durch die verschiedensten Eiferer gepredigt, etwa durch Johannes von Brünn, Joachim von Fiore, Marguerite Porete, John Wiclif, Johannes Hus, Thomas Müntzer, die Essäaer, Katharer, Amalrikaner, Beginen, Taborianer und Wiedertäufer. In dieser Tradition stand keine innerweltliche Begründung der Gütergemeinschaft im Vordergrund, sondern der Glauben an den Messias und den Antichristen, aus deren bevorstehendem Endkampf der Messias als Sieger hervorgehen und all jene in die Hölle schicken würde, die nicht im Sinne der Urkirche gelebt und keine Gütergemeinschaft praktiziert hätten. Die Urkirche wird übrigens auch in den Romanen Campanellas und Morus' gewürdigt, dort aber nur zur Untermalung einer ansonsten innerweltlichen Begründung.

Eine Zwischenstellung hat Gerrard Winstanley. Dieser englische Autor begründete die Gütergemeinschaft Mitte des 17. Jahrhunderts äußerst religiös und forderte sie zugleich politisch. Seine Schriften waren Appelle; sie wahrten zur Gütergemeinschaft keinerlei ontologische, ironische oder literarische Distanz. Die Gütergemeinschaft ist darin kein Muster im Himmel und kein Traumzustand auf einer fernen Insel, sondern das politische Ziel.

Winstanley stammte aus einer armen Familie, sein Vater war Händler, er selber scheiterte als solcher und rutschte tiefer, in eine wachsende Klasse herumziehender Tagelöhner, in der kaum einer das vierzigste Lebensjahr erreichte und die Kindersterblichkeit bei siebzig Prozent lag. Er verdingte sich als Tagelöhner und später als Pferdeknecht. Dann schloss er sich den »Diggern«, den »Umgrabern« an, eine Strömung land- und arbeitsloser Bauern und Handwerker. Die Digger eigneten sich in den Anfangsjahren der englischen Republik wiederholt brachliegendes Land an, um darauf zu leben, zu wirtschaften und eine Gütergemeinschaft zu errichten. Dabei endeten diese Versuche in den besseren Fällen vor Gericht und mit Geldstrafen, öfter aber im Schnellverfahren durch Schlägertrupps, die von den gesetzlichen Eigentümern des Landes angeheuert wurden, um die Besetzer zu vertreiben. Als die schätzungsweise zweihundert Digger nach ein paar Jahren aufgerieben waren, legte Winstanley den Spaten zur Seite. 1652 griff er zur Feder und verfasste in englischer Sprache, damals die Sprache der unteren Schichten Englands, *Das Gesetz der Freiheit*, eine ausführliche Streitschrift für die Gütergemeinschaft, adressiert an keinen Geringeren als an den Republikkönig Oliver Cromwell.

Wiewohl religiös begründet, zielt Winstanley auf eine Revolutionierung des Diesseits durch Menschenhand. Er will den Menschen vor Augen führen, was sie zu Lebzeiten im Diesseits zu tun, wie sie vernünftig und im Sinne Gottes zu leben hätten. Es Gott recht zu tun, bedeute, der Vernunft getreu zu handeln; das Vernünftige zu erkennen, bedeute Gott zu erkennen. Gott und Vernunft seien ein und dasselbe. Die Kirche erwecke nicht den Anschein, als helfe sie, die Vernunft und Gottes Gesetz auf Erden zu verwirklichen. Im Gegenteil. Die Kirche verhindere im Diesseits die göttlichen Gesetze, indem sie Herrschaft und Ausbeutung aufrecht erhalte und dabei die unterjochten Massen mit Verweis aufs Jenseits dreist von den falschen Zuständen im Diesseits abzulenken versuche. Die Gütergemeinschaft sei die gottgewollte Wirtschaftsform und ganz im Gegensatz dazu seien Eigentümer wie auch deren Ursache, die Habgier, ein Sakrileg. Adam sei bestraft worden, weil er aus Habgier in den Apfel gebissen habe.

Ob Winstanley zumindest von Morus' *Utopia* Notiz genommen hatte, ist unbekannt. Jedenfalls unterscheidet sich seine skizzierte Gütergemeinschaft nicht wesentlich von den Gütergemeinschaften auf Utopia und in der *Civitas Solis*. Die kleinste

Einheit der Gemeinschaft stellt die Familie dar, wovon jede ein bestimmtes Gewerbe betreibt und dabei hilft, die Lagerhäuser und Scheuern der Gemeinschaft mit allen notwendigen Gütern zu füllen. »Und wenn irgendein einzelner oder eine ganze Familie Getreide oder sonst etwas Lebensnotwendiges braucht, so mögen sie es sich unentgeltlich aus den Lagerhäusern holen.« (Winstanley 1652: 254) Die Organisation der Produktion regeln sogenannte Vorsteher, die demokratisch gewählt werden. Sie sorgen dafür, dass genügend Arbeitsmittel vorhanden sind, die Familien ihre Güter in die Lager bringen, die Lager in allen Belangen ausreichend gefüllt sind und jeder Jugendliche einen Beruf erlernt, in der Regel den seiner Eltern.

Die Frage, die Aristoteles und Zuhörer in Morus' und Campanellas Romanen stellen: was die Menschen in der Gütergemeinschaft zur Arbeit anhalte, wird in Winstanleys Schrift zwar nicht zitiert, aber beantwortet. Zunächst scheint es so, als vertraue er der Nächstenliebe; aus dieser heraus würden die Menschen füreinander arbeiten. Indes reicht diese offenbar nicht aus. Denn die Vorsteher gehen nicht nur Organisationsaufgaben nach, sondern achten darauf, dass jede Familie ihren Teil zur Arbeit beiträgt und keiner dem Müßiggang frönt. Den von Winstanley ausformulierten Gesetzen nach soll, wer der Arbeit erstmals unbegründet fernbleibe, öffentlich gemaßregelt, beim zweiten Mal ausgepeitscht und beim dritten Mal mit zwölf Monaten Zwangsarbeit bestraft werden. Winstanley erhofft sich von der Zwangsarbeit nicht nur einen materiellen Gewinn für die Allgemeinheit, sondern auch den Reifungsprozess der Müßiggänger zu anständigen Mitgliedern der Gütergemeinschaft. Im Gegensatz dazu sollen Verstöße gegen das Gemeineigentum als Sakrileg unversöhnlich bestraft werden. Wer irgendwas kauft oder verkauft, soll hingerichtet werden.

Frühsozialismus: Kooperation statt Konkurrenz, Gemeinnutz statt Eigennutz

Als Frühsozialismus wird diejenige vormarxistische sozialistische Strömung bezeichnet, die mit der Französischen Revolution einsetzte. Im Unterschied zu den bürgerlichen Revolutionären verlangten die Frühsozialisten, nach einem Bericht von Heinrich Heine, »nicht bloß Gleichheit der Gesetze, sondern auch Gleichheit der Genüsse« (Heine 1840: 96).

Wie schon die Digger suchten auch die Frühsozialisten das Glück auf Erden. Auch sie richteten die Vorstellungen, die vorher auf ein Reich Gottes hin gespannt waren, aufs Diesseits; was bisher als Ausgang der göttlichen Vorsehung ersehnt ward, wurde nun als politisches Ziel proklamiert. Der englische Frühsozialist Robert Owen deklarierte die Gütergemeinschaft im Wortlaut der biblischen Propheten (Michah 4,4) als einen Zustand, in dem »jeder Mensch ohne Angst unter seinem eigenen Weinstock und Feigenbaum sitzt« (Owen 1835: 122). Auf dem ersten sogenannten Pariser Kommunistischen Bankett von 1840 wurde der Sozialismus als gelobtes Land gepriesen (vgl. Höppner u. a. 1975: 429.). Und der französische Frühsozialist Victor Considerant erwartete von der Umsetzung der sozialistischen Gütergemeinschaft nicht weniger als die »soziale Verwirklichung des Christentums, die Ankunft des Himmels und seiner Gerechtigkeit auf Erden, das wieder gewonnene Paradies!« (Considerant 1841: 248 f.) In solchen Worten zeigt sich zum einen, wie tief ausgerechnet die sozialistische Bewegung, die seit dem *Kommunistischen Manifest* ihren wissenschaftlichen und antiutopischen Charakter zu betonen nicht müde wurde, vom Heilsversprechen berührt war. Zum anderen zeigt sich in den Worten das materielle Versprechen der Moderne. Die Frühsozialisten waren die Zeitzeugen des hereinbrechenden Industriezeitalters. Sie erlebten, wie binnen kürzester Zeit gewaltige Produktivkräfte erwuchsen. Nach der Erfindung der Spinnmaschine konnte plötzlich ein Arbeiter so viel Tuch produzieren wie zuvor zweihundert. Und zugleich sahen die Frühsozialisten, wie trotz des Wachstums der Industrie die Zahl derjenigen wuchs, die in den Fabriken schufteten und in hässlichen Stadtvierteln in beengten Verhältnissen darbten. Mit dieser Schieflage von Fortschritt der Industrie und Verschleiß von Menschen wollten sich die Frühsozialisten nicht abfinden – die anstehende Aufgabe schien ihnen offensichtlich: »Wie schafft man das größte Angebot der wertvollsten Produkte mit dem geringsten Aufwand an Arbeitsleistung und mit größtem Nutzen für alle – das ist das Problem, welches die Wissenschaft aufgefordert ist zu lösen.« (Owen 1827: 36f.). Die Lösung des Problems verkündeten die Frühsozialisten gleich mit: die Gütergemeinschaft. Dass die Menschen im Elend lebten, liege an der mangelnden Organisation der Arbeit. Statt zu konkurrieren, müssten die Produzenten kooperieren (Babeuf 1795: 60f.). Man müsste »alle Tätigkeiten, Anstrengungen, Talente und Energien zentralisieren, konzentrieren, kombinieren, vereinigen und in Übereinstimmung bringen« (Dézamy 1842: 502). Während die Frühsozialisten in anderen Fragen unterschiedlicher Auffassung waren, etwa jener, ob der erwünschte Zustand friedlich oder militant, gegen oder mit der Bourgeoisie zu erreichen sei, waren sie sich in dem Ziel einer organisierten gesellschaftlichen Produktion einig. Sie wollten die Gütergemeinschaft oder Kommune, wie sie schon durch Morus, Campanella und Winstanley beschrieben worden war. Das Privateigentum müsse abgeschafft, die Arbeit kooperativ geleistet und gemeinsame Vorratsspeicher angelegt werden.

Auf die alte Frage Aristoteles', wie in einer Gesellschaft, in der an die Stelle des Privateigentums das Gemeineigentum getreten wäre, die Bürger zur Arbeit angehalten würden, lässt sich im Frühsozialismus oft eine Antwort finden, die schon bekannte: Müßiggang sei ein Kapitalverbrechen und müsse hart bestraft werden, zum Beispiel mit Verbannung oder Zwangsarbeit.[9]

9 Babeuf 1795: 63, Laponneraye 1838: 281, Buonarroti 1830: 105.

Die Frühsozialisten waren zumeist der Überzeugung, dass das Gemeinwohl zu schützen sei und dem individuellen Wohl schließlich zugutekäme, während umgekehrt jeder Egoismus dem Gemeinwohl schade und folglich auch allen Einzelnen. Gemeinnutz vor Eigennutz. Manche Frühsozialisten haben den individuellen Genuss regelrecht verachtet (z. B. Laponneraye 1838: 291 u. 282). Bei der Beurteilung dieses Antiindividualismus müssen gleichwohl mildernde Umstände in Erwägung gezogen werden, insbesondere historische: Die Frühsozialisten erlebten die kapitalistische Produktionsweise in ihrer besonders brutalen und durch keinen Sozialstaat gemilderten Entstehungsphase. Die Proletarisierung der Bauern und Handwerker und im Gegensatz dazu die Aufhäufung des Reichtums durch die Reichen ließen kaum einen anderen Schluss zu als den, dass einige Wenige auf Kosten vieler Armer lebten. Die überkommene Ständeordnung bestand teils fort; oftmals waren es Adlige, die aufgrund ihrer überlieferten Privilegien und ihres Landbesitzes zu den Gewinnern der hereinbrechenden kapitalistischen Epoche wurden und dabei ihr überkommenes Weltbild pflegten, wonach Standesunterschiede und das ausbeuterische System der Herrschaft gottgegeben seien. Die Frühsozialisten verurteilen das Wohlleben und den Reichtum der Oberschicht als Ursachen der weit verbreiteten Armut und hofften auf eine sozialistische Zukunft, in der das Allgemeinwohl geachtet und Arbeit und Reichtum gerecht verteilt würden.

Friedrich Nietzsche warnte davor, dass mit dem sozialistischen Ruf nach absoluter Gerechtigkeit eine neue »Schreckensherrschaft« errichtet würde, durch die das Individuum in ein »zweckmässiges Organ des Gemeinwesens umgebessert werden soll« (Nietzsche 1878: Aph. 473). Wie vorausschauend, könnte man heute meinen – angesichts des Realsozialismus. Vielleicht aber hatte Nietzsche schlichtweg die Schriften des Frühsozialisten Théodore Dézamys gelesen und ernst genommen. Dieser meint, die Gesellschaft sei wie ein Organismus und jeder Mensch wie ein Organ. Und kein Organ dürfe dabei versagen, seine Funktion auszuüben! Jedes Organ müsse dem Gemeinwohl dienen! Und wenn nicht? »Wenn aber ein Organ von diesem physiologischen Gesetz abweicht? Dann ist es irgendwie unpässlich, krank oder verletzt.« (Dézamy 1842: 492 f.) Was nun macht man mit einem kranken Organ? Man versucht, es zu heilen, es umzubessern. Bisweilen regen die Frühsozialisten auch restriktivere Maßnahmen an: etwa Ausstoßung (Owen 1827: 61).

Insoweit unterscheiden sich die Vorstellungen der Frühsozialisten kaum von denen Morus', Campanellas und Winstanleys. Neu war, dass sich die Frühsozialisten keine Existenz als »Digger« vorstellen wollten. Wenngleich viele frühsozialistischen Utopien noch in ländlichen Kommunen angesiedelt sind, wird die Industrialisierung nicht abgelehnt, sondern erhofft. Auch die mit Industrialisierung und Handel einhergehende Globalisierung soll im Zusammenhang der Kommunen aufbewahrt werden; viele Frühsozialisten bauten darauf, dass die Grenzen zwischen Völkern verschwinden, Fahnen und Folklore der Vernunft weichen und die Menschen auf Erden zu einem einzigen Volk würden. Um es mit einem deutschen Frühsozialisten auf den Punkt zu bringen: »Unsere Sache ist keine deutsche, sondern eine menschliche« (Becker 1844).

Ein zentrales Thema waren Industrie und Industrieorganisation allerdings bei den wenigsten Frühsozialisten. Wenn doch, so nahmen sie nicht selten die sozialistische Administrativwirtschaft oder gar Zentralverwaltungswirtschaft des Realsozialismus in Grundzügen vorweg (etwa Blanc 1839: 362 und Cabet 1841: 385 f.). Ausgestaltet wurde das Konzept von solcherart Planwirtschaft dann besonders durch Claude-Henri de Saint-Simon und dessen Anhänger, die Saint-Simonisten. Sozialismus, so ließe sich ihre Lehre zusammenfassen, sei durch die kooperative und fachmännische Direktion der Industrie gekennzeichnet. Industriedirektoren werden im Sozialismus noch wichtiger werden und die Leitung der Gesamtindustrie übernehmen, die Verwaltung perfektionieren, einen genauen Plan der durch die

Gesellschaft zu leistenden Arbeiten aufstellen und den Bürgern gemäß ihren Fähigkeiten ihren Platz im Produktionsorganismus zuweisen. Die Befürchtung, wonach diese »Oberen« falsch entscheiden oder willkürlich handeln könnten, sahen die Saint-Simonisten gelassen: »Zweifellos ist irren menschlich; doch wird man zugeben müssen, daß Menschen mit hervorragenden Fähigkeiten, die den Standpunkt der Allgemeinheit im Auge haben und nicht betriebsblind sind, in ihren Entscheidungen seltener fehl gehen.« (Carnot 1830: 166) Die Anklänge an Platon sind deutlich herauszuhören, auch in einer weiteren Hinsicht: Erziehung sei wichtig. Jeder müsse lernen, beflissen zur Gesellschaft beizutragen, ob als Direktor eines Betriebes, als Bauer auf dem Feld, als Arbeiter an einer Maschine, als Wissenschaftler in der Forschung oder als Künstler bei der Fertigung von Kunstwerken zum Wohle der Gesellschaft. Jene, die nichts beitragen, etwa Adlige, Grundstücksbesitzer, Wucherer und Herumtreiber, werden in der sozialistischen Industriegesellschaft nicht geduldet. Sämtliche Geburtsprivilegien und das Erbrecht werden abgeschafft und der liberale Individualismus durch ein christliches Miteinander abgelöst. Das Prinzip dieser Gesellschaft werde sein: »Jedem eine Arbeit nach seinen Fähigkeiten und jedem ein Entgelt nach seiner Leistung.« Das war der Leitspruch der Saint-Simonistischen Zeitung *Le Globe*, die 1831 und 1832 erschien. Etwas einprägsamer wurde er zum Motto der Saint-Simonisten: »Jeder nach seinen Fähigkeiten, jedem nach seiner Leistung!« Ganz neu war dieses Motto keineswegs; ähnlich hatte es schon in Campanellas Sonnenstaat geheißen: »Die Behörden achten streng darauf, daß keiner mehr erhält, als er verdient.«

Von Marx glauben wir zu wissen, dass Geschichte immer zweimal stattfindet: das erste Mal als Tragödie, das zweite Mal als Farce. Doch im Falle des Sozialismus verhielt es sich umgekehrt. Die Tragödie begann 1917 in Sowjetrussland. Die Farce aber hatte zuerst stattgefunden: als Realfrühsozialismus in den USA.

Die USA boten im 19. Jahrhundert zahlreichen Immigranten aus Europa, die zu neuen Horizonten aufbrechen wollten, genug Raum. Im Zuge dieser Einwanderungswellen spülte es auch viele Utopisten an Land, darunter auch Frühsozialisten (z.B. Victor Considerant, Robert Owen, Étienne Cabet), die dort Siedlungen nach eigenen Grundsätzen gründeten. »Die Geschichte dieser Experimente ist ein eintöniger Bericht von Mißerfolgen.« (Hillquit 1903d: 84) Nahezu alle Frühsozialisten gaben nach ein oder zwei Jahren schon auf – pleite, erschöpft und von Mücken zerstochen.

Beachtenswert an der Geschichte dieser frühsozialistischen Gemeinden in den USA ist, dass im Gegensatz zu ihnen die benachbarten und gleichzeitig entstandenen christlichen Gemeinschaften ungleich länger durchhielten, obwohl auch diese oft quasi-kommunistisch – von der Urkirche inspiriert – als Gütergemeinschaften gegründet worden waren. Die Gründe für diese Differenz mögen vielfältig gewesen sein: Zum einen waren die sozialistischen Gemeinden oftmals so demokratisch organisiert, dass sie sich an jeder Streitfrage spalteten, während die christlichen Gemeinden brav ihren jeweiligen Führern folgten. Zum zweiten wurden die christlichen Gemeinwesen durch die Religion zusammengehalten. Sie zerfielen nicht so schnell und gaben auch dem größten Leid einen Sinn. Zum dritten rekrutierten sich die christlichen Sekten in der Regel aus europäischen Bauern und Handwerkern. Die sozialistischen Siedler hingegen waren vornehmlich freie Geister aus dem europäischen Bürgertum. Und als solchen erging es ihnen wie Bouvard und Pécuchet im Roman von Gustave Flaubert: Ihr romantischer Dilettantismus versagte vor der Realität, ihr argloser Übereifer verpuffte nach ein paar Monaten Land- und Bauarbeit. Zum vierten hielten die christlichen Gemeinden nicht verbissen an der Gütergemeinschaft fest. Wesentlicher war ihnen ihr Glauben und Fortbestand: »So war ihr materieller Erfolg zum guten Teil nicht ihrem Kommunismus, sondern ihrem Abfall vom Kommunismus zuzuschreiben.« (ebd.: 130)

Dieses Urteil über die Misserfolge der frühsozialistischen Gemeinden in den USA stammt von dem dortigen Gründer der Sozialistischen Partei, Morris Hillquit. Ist er vom sozialistischen Glauben abgefallen? Nein, Hillquit war Marxist und hielt nicht viel von den frühsozialistischen Versuchen: »Die Zeiten der Robinson Crusoes, mögen es Individuen oder Gesellschaften sein, sind [...] vorbei. Die industrielle Entwicklung der letzten Jahrhunderte hat eine große gegenseitige Abhängigkeit der Menschen und Nationen voneinander geschaffen, und hat die Menschheit tatsächlich zu einem einzigen organischen Körper gemacht. In der Tat sind alle die bewundernswerten Werke unserer heutigen Zivilisation ein Produkt der bewußten oder unbewußten Zusammenarbeit der Arbeiter auf dem Felde, in den Gruben, auf den Eisenbahnen und den Dampfschiffen, in den Fabriken und Laboratorien der ganzen Welt; das einzelne Glied der Gesellschaft leitet seine Macht einzig und allein von der Teilnahme an dieser großen kooperativen Arbeit oder ihren Resultaten ab, und kein Mensch, so wenig wie eine Gruppe von Menschen, kann sich von ihr trennen, ohne in die Barbarei zurückzusinken. Diese Unteilbarkeit des gesellschaftlichen Organismus war der Fels, an dem alle kommunistischen Experimente scheiterten.« (ebd.: 131) Kommunismus, so gibt der Marxist Hillquit zu verstehen, wird nur im großen Stile funktionieren.

Kommunismus: Herrschaft der Vernunft?

Nikolaj Tschernyschewskis *Was tun?* von 1863 gehörte im späten 19. Jahrhundert zu den bekanntesten sozialistischen Werken. Zu Beginn des Romans sitzt die Hauptfigur, Wera Pawlowna, im Haus ihrer Familie fest, darauf wartend, dass ein möglichst reicher Mann erscheine, ihren Eltern gefalle und mit ihr eine Familie gründe. Als sie der Dinge harrt, die da kommen mögen, widerfährt ihr ein Albtraum: Sie ist im Keller eingeschlossen.

Daraus erwacht, begreift sie den bösen Traum als Parabel ihrer Lebenssituation und will aus dem Keller ausbrechen. Sogleich ergreift sie die Initiative, lernt Sozialisten kennen, liest wissenschaftliche, sozialistische Abhandlungen (von westeuropäischen Frühsozialisten) über Wirtschaft und Liebe, emanzipiert sich von ihrem Elternhaus, führt eine moderne, nicht der Tradition, sondern der Vernunft gehorchende Beziehung und gründet eine genossenschaftliche und erfolgreiche Näherei. Nachdem sie ihr Leben derart vernünftig eingerichtet hat, träumt sie wieder, diesmal von einem sozialistischen Russland, »so fruchtbar wie jener Landstrich, von dem man im Altertum sagte, dort flössen Milch und Honig« (Tschernyschewski 1863: 521), bewirtschaftet von Menschen, die nicht mehr gegeneinander, sondern miteinander arbeiten und sich abends in Gemeinschaftsunterkünften treffen, die lichtdurchflutet sind, ähnlich dem »Schloß auf dem Hügel von Sydenham: Stahl und Glas – weiter nichts« (ebd.: 517). Mit diesem Schloss ist ein Gebäude gemeint, das damals, ein Jahrzehnt zuvor, im Londoner Stadtteil Sydenham als Hauptgebäude der Weltausstellung errichtet worden war und seines Glases und Gerüstes wegen in der Weltöffentlichkeit *Kristallpalast* genannt und zum Symbol der Moderne wurde. Heute sind solche lichtdurchfluteten Gebäude Legion, damals bereitete der riesige, helle Innenraum seinen Besuchern einen magischen Moment. In besagtem sozialistischem Traum trifft sich abends die Kommune im Kristallpalast, hell erleuchtet durch elektrisches Licht. Vom finsteren Kellerloch in die hell erleuchtete Zukunft. Tschernyschewski fordert seine Leser auf, es der Romanheldin gleich zu tun: »Erhebt euch aus eurem Kellerloch, meine Freunde, erhebt euch, es ist nicht so schwer, kommt heraus in die freie, helle Welt« (ebd.: 438).

Ein Leser antwortete Tschernyschewski schnell und ausführlich. Dostojewski veröffentlichte 1864, ein Jahr nachdem *Was tun?* erschienen war, die *Aufzeichnungen aus dem Kellerloch*. Darin sträubt sich der Ich-Erzähler, in jene angepriesene freie, helle Welt zu streben. Das Leben, so argumentiert er, sei mehr als

Vernunft. Würde es dieser vollständig untergeordnet, so würden die Menschen vielleicht funktionstüchtig werden, aber zugleich einen Gutteil ihres Lebens aufgeben. Jenseits der Existenz im Kellerloch im Diesseits reiner Vernunft, das von den modernen Humanisten als Paradies angepriesen wird, drohe eine viel schlimmere Existenz. »Sie glauben an den Kristallpalast, den in aller Ewigkeit unzerstörbaren, also an etwas, dem man weder heimlich die Zunge herausstrecken noch die Faust in der Tasche ballen kann. Nun, und ich fürchte diesen Palast vielleicht gerade deshalb, weil er aus Kristall und in alle Ewigkeit unzerstörbar sein wird und weil man ihm nicht einmal heimlich die Zunge wird herausstrecken können.« (Dostojewski 1864: 41) Die Unkenrufe des Kellerbewohners erwiesen sich, wie der Realsozialismus zeigte, als richtig. Und auch auf Utopia müsste er seine Zunge hüten. »Nichts kann bei Tische gesagt oder getan werden, was den Nachbarn ringsum entginge«, die Türen der Häuser können nicht verschlossen werden, es gibt »keinerlei Privatbereich«, »keine Weinstube, keine Bierschenke, nirgendwo ein Freudenhaus, keine Gelegenheit zur Verführung, keinen Schlupfwinkel, keine Lasterhöhle. Vor aller Augen vielmehr muß man seine gewohnte Arbeit verrichten oder seine Freizeit anständig verbringen.« (Morus 1516: 52 u. 62 f.) Utopia wäre für den Kellerbewohner die Hölle!

Und wie würde es ihm in der kommunistischen Gesellschaft ergehen, die so eingerichtet wäre, wie Marx es sich gewünscht hat? Marx kritisierte die kapitalistische »Anarchie« und zielte auf »durchsichtige« ökonomische Verhältnisse (Marx 1871: 343 u. 1872k: 93). Malt er sich einen Kristallpalast aus und die Herrschaft der Vernunft? Oder vermag er wirtschaftliche Verhältnisse zu denken, die vernünftig sind, ohne dass die Vernunft im buchstäblichen Sinne herrscht und ohne dass das Wirtschaftsleben der Gesellschaft von oben bestimmt wird?

Marx

Proportionale Produktion

So detailliert, wie etwa Thomas Morus Utopia vorstellt, schildert Karl Marx den Kommunismus nicht. Eine Utopie auszumalen, war nicht sein Anspruch. Er wollte keine Luftschlösser erfinden, sondern die herrschende Gesellschaft kritisieren und darin die objektiven Tendenzen des Kommunismus auffinden.[10] Mit dem Anspruch der Kritik der herrschenden Gesellschaft war es Marx so ernst, dass er die letzten drei Jahrzehnte seines Lebens an seiner *Kritik der politischen Ökonomie* saß – ein Mammutwerk und »Monument prätentiöser Pedanterie« (Wells 1921: 24), das abgesehen von *Kapital* Band I niemals fertig wurde (Bd. II u. III hat Engels mühsam aus dem vorhandenen Manuskriptwust zusammengeflickt; überdies vorhanden sind Vorstudien, Notizen, Texte, Briefe etc.). Seite um Seite versucht Marx darin den kapitalistischen Wirtschaftsprozess nachzuvollziehen. Die kommunistische Gesellschaft wird dabei nirgends eingehend erläutert, bildet aber Ferment und Fluchtpunkt der Kritik, wird gelegentlich blitzlichtartig als Verneinung, Nachfolgerin und Nutznießerin der kapitalistischen Gesellschaft näher bestimmt und gewinnt so an Gestalt.

In einem Brief (an Ludwig Kugelmann) erklärt Marx das Problem, dem sich alle Produktionsweisen stellen müssen, auch die kommunistische. Hier soll dieser Brief, bei der Rekonstruktion des Kommunismus aus den Schriften Marx', als Vademecum dienen: »Daß jede Nation verrecken würde, die, ich will nicht sagen für ein Jahr, sondern für ein paar Wochen die Arbeit einstellt, weiß jedes Kind. Ebenso weiß es, daß die den verschiednen Bedürfnismassen entsprechenden Massen

10 Marx 1843: 344 u. Marx 1850: 89 sowie Engels u. Marx 1848: 490 f.

von Produkten verschiedne und quantitativ bestimmte Massen der gesellschaftlichen Gesamtarbeit erheischen. Daß diese Notwendigkeit der Verteilung der gesellschaftlichen Arbeit in bestimmten Proportionen durchaus nicht durch die bestimmte Form der gesellschaftlichen Produktion aufgehoben, sondern nur ihre Erscheinungsform ändern kann, ist self-evident. Naturgesetze können überhaupt nicht aufgehoben werden. Was sich in historisch verschiedenen Zuständen ändern kann, ist nur die Form, worin jene Gesetze sich durchsetzen. Und die Form, worin sich diese proportionale Verteilung der Arbeit durchsetzt in einem Gesellschaftszustand, worin der Zusammenhang der gesellschaftlichen Arbeit sich als Privataustausch der individuellen Arbeitsprodukte geltend macht, ist eben der Tauschwert dieser Produkte. Die Wissenschaft besteht nun eben darin, zu entwickeln, wie das Wertgesetz sich durchsetzt. [...] Der Witz der bürgerlichen Gesellschaft besteht eben darin, daß a priori keine bewußte gesellschaftliche Regelung der Produktion stattfindet. Das Vernünftige und Naturnotwendige setzt sich nur als blindwirkender Durchschnitt durch.« (Marx 1868: 552 f.)

Drei Aussagen aus diesem Briefabschnitt sollen hervorgehoben werden: a) In jeder Gesellschaft muss gearbeitet und die Arbeit den zu befriedigenden Bedürfnissen gemäß auf die verschiedenen Produktionszweige verteilt (proportioniert) werden. b) Der gesellschaftliche Zusammenhang der Produktion und die proportionale Verteilung der Arbeit regeln sich in der bürgerlichen, sprich kapitalistischen Gesellschaft, blindlings vermittels des Tauschwerts und des Wertgesetzes. c) Der Fluchtpunkt ist bewusste proportionale Produktion zum Zwecke der Bedürfnisbefriedigung.[11]

11 Zur »proportionalen Produktion« oder auch zum »gesellschaftlichen Gleichgewicht der Produktion« siehe auch Marx 1857/58: 87, 1872k: 93 sowie Marx 1894: 887 f. Vgl. ferner Rubin 1928. Isaak Rubin beginnt seine Studien zur Marxschen Werttheorie mit einer Erörterung des Briefes an Kugelmann und dem Thema »proportionale Produktion«.

a) Proportionale Produktion überhaupt

Die Menschen haben verschiedene Bedürfnisse. Um sie zu befriedigen, müssen sie arbeiten. Ist ihnen kalt, müssen sie Kleidung anfertigen oder Häuser bauen, haben sie Hunger, müssen sie Früchte sammeln oder Getreide ernten, leiden sie an Schmerzen, müssen sie Medizin herstellen. Die Befriedigung all dieser Bedürfnisse erfordert Arbeit. Diese ist Kraftverausgabung und Mittel zum Zweck. Marx kennt auch »freie Arbeiten, z. B. Komponieren« (Marx 1857/58: 512). Sofern es aber in seiner *Kritik der politischen Ökonomie* um Arbeit geht, ist in der Regel solche gemeint, die nicht aus Freiheit, sondern aus der Not geboren ist, und der Herstellung von Gütern dient, die die Existenz sichern. »Das Reich der Freiheit beginnt in der Tat erst da, wo das Arbeiten, das durch Not und äußere Zweckmäßigkeit bestimmt ist, aufhört; es liegt also der Natur der Sache nach jenseits der eigentlichen Sphäre der Produktion. Wie der Wilde mit der Natur ringen muß, um seine Bedürfnisse zu befriedigen, um sein Leben zu erhalten und zu reproduzieren, so muß es der Zivilisierte, und er muß es in allen Gesellschaftsformen und unter allen möglichen Produktionsweisen.« (Marx 1894: 828) Jede Gemeinschaft oder Gesellschaft, wie klein oder groß auch immer, hat nur in bestimmten Maßen Arbeitskraft zur Verfügung. Denn die Arbeitskräfte der Menschen können zwar verschiedentlich ausgebildet werden, etwa zur Arbeitskraft eines Jägers, Agrarwissenschaftlers oder Mediziners, basieren aber auf den »Naturkräften« (Marx 1872k: 192) des Menschen und bleiben durch diese bedingt. Diese Naturkräfte sind nicht unerschöpflich und müssen durch Kalorien, Schlaf und mehr oder weniger Balsam regeneriert werden. Da nun eine Gemeinschaft oder Gesellschaft nur ein begrenztes Maß an Arbeitskraft zur Verfügung hat, gilt es, diese klug einzuteilen, nämlich so, dass möglichst viele Bedürfnisse, insbesondere die dringlichsten, befriedigt werden. Es nützt wenig, wenn die Gesellschaft genügend Häuser gebaut hat, deren Bewohner im Winter aber nicht mit Brot zu versorgen vermag. Das ist quasi das Grundgesetz proportionaler Produktion: die Arbeitskraft so innerhalb des gesellschaftlichen Produktionszusammenhangs zu verteilen, dass möglichst viele Bedürfnisse befriedigt werden, mindestens aber solche, die existentiell sind.

Die kluge Verteilung dieser Arbeitskraft verkompliziert sich, da die Menschen nicht nur in der Lage sind, Lebensmittel zu produzieren, sondern auch Produktionsmittel. Deren Produktion hat große Vorteile, aber auch ihren Preis. In der Zeit, in der die Menschen für die Produktion produzieren, können sie keine Lebensmittel produzieren: »Wenn der Wilde Bogen, Pfeile, Steinhämmer, Äxte, Körbe etc. macht, so weiß er ganz genau, daß er die so verwendete Zeit nicht auf Herstellung von Konsumtionsmitteln verwendet hat, daß er also seinen Bedarf an Produktionsmitteln gedeckt hat und weiter nichts.« (Marx 1885: 436) Ob der Wilde das »ganz genau« weiß, sei dahingestellt. Zweifellos hängt aber die Güte seines Lebens davon ab, inwieweit es ihm gelingt, seine Arbeitskraft in den angebrachten Proportionen zu investieren. Modernen Gesellschaften geht es ebenso. Wenn eine Industriegesellschaft viele Traktoren und andere landwirtschaftliche Produktionsmittel herstellt und einen zu geringen Teil der Gesamtarbeit in die unmittelbare Bestellung der Felder und Herstellung von Brot investiert, wird es ihren Mitgliedern bald schon an Lebensmitteln mangeln. Wenn diese Gesellschaft aber umgekehrt zu wenig landwirtschaftliche Produktionsmittel produziert, wird es ihr bald daran mangeln und in der Folge auch an Lebensmitteln. In Industriegesellschaften kann der Produktionsprozess viele Glieder haben und das Endprodukt, d.h. Lebensmittel für ihre Mitglieder, in weite Ferne rücken: Wenn etwa Rohstoffe gefördert und Bauarbeiter engagiert werden, um ein Labor zu bauen, wenn Professoren jahrelang arbeiten, um Wissenschaftler auszubilden, wenn diese Wissenschaftler in jenem Labor endlich nach zehn Jahren Arbeit ein chemisches Verfahren entwickeln, durch welches Saatgut besonders gut und schonend gereinigt werden kann, und wenn das neuartig gereinigte Saatgut erstmals im großen Stile durch Bauern ausgesät wird und sich im folgenden Jahr als gute Ernte offenbart. Auch das ist proportionale Produktion: Nach Jahren oder Jahrzehnten zeigt sich in Gestalt von zahlreicheren oder besseren Produkten, dass der Teil der gesamtgesellschaftlichen Arbeitskraft, der nicht mehr unmittelbar für die Produktion von Konsumgütern verausgabt worden ist, in den richtigen Dosierungen in den Bau von Forschungseinrichtungen und die Ausbildung von Fachkräften investiert worden ist.

Die Grundzüge proportionaler Produktion illustriert Marx am Beispiel Robinsons. Dieser hat viele, verschiedene Bedürfnisse (Essen, Trinken, Obdach, usf.) und versucht, seine Arbeitskraft gemäß seinen Bedürfnissen auf verschiedene Produktionszweige (Jagen, Schöpfen, Bauen usf.) zu verteilen. Vormittags, so notiert Robinson in sein Tagebuch, gelte es für ihn zu jagen, um an Essen für den Tag zu kommen, mittags wolle er, solange die Sonne brenne, schlafen, abends könne er andere Tätigkeiten verrichten. Je mehr seiner Bedürfnisse er schließlich befriedigen kann, desto klüger hatte er seine Arbeitskraft eingeteilt, desto besser ist ihm proportionale Produktion geglückt. Dabei kommen zu den Bedürfnissen des Endverbrauchers Robinson noch die des Produzenten Robinson hinzu: Sichel, Spaten, Sieb etc. Robinson ist kein Wilder, sondern ein guter Engländer, und als solcher, so stellt Marx augenzwinkernd fest, nehme er die Organisation der Produktion sehr genau und beginne, »bald Buch über sich selbst zu führen. Sein Inventarium enthält ein Verzeichnis der Gebrauchsgegenstände, die er besitzt, der verschiednen Verrichtungen, die zu ihrer Produktion erheischt sind, endlich die Arbeitszeit, die ihm bestimmte Quanta dieser verschiednen Produkte im Durchschnitt kosten« (Marx 1872k: 91).

Auf Robinsons Insel ist der Produktionszusammenhang überschaubar. Schwerer wird proportionale Produktion, wo mehr Menschen füreinander und miteinander arbeiten. Traditionelle Gesellschaften meistern sie, weil sich in ihnen das Gefüge der Arbeitsteilung über Jahrtausende herausgebildet und bewährt hat. Marx führt die Beispiele der patriarchalischen Bauernfamilie und traditionellen indischen Dorfgemeinde an. Die Familienarbeit einer sich selbst versorgenden Bauernfamilie wird geteilt, indem jedes Mitglied durch Alter und Geschlecht in den Funktionszusammenhang eingetaktet ist und weiß, zu welcher Jahreszeit es welche Arbeiten zu erledigen hat. Auch in der urindischen Dorfgemeinde, so Marx' Beispiel, ist die Teilung der Gesamtarbeit bzw. Gemeindearbeit naturwüchsig entstanden. Sie hat sich über Jahrhunderte eingespielt. Der Sohn näht, weil der Vater schon genäht hat; würde er sich verweigern, brächte er den gewachsenen Organismus in Gefahr. »Das Gesetz, das die Teilung der Gemeindearbeit regelt, wirkt hier mit der unverbrüchlichen Autorität eines Naturgesetzes« (ebd.: 379). Neben der Tradition können noch Hierarchie, Befehl und Ausbeutung die Arbeitsteilung strukturieren, etwa in Sklavenhaltergesellschaften oder auf einem feudalen Gut. Wie auch immer sie zustande kommt, die Arbeitsteilung muss wohlproportioniert sein, sonst nützt die größte Arbeitsanstrengung wenig.

In dem Maße, wie die Arbeit geteilt und spezialisiert wird, und die Anzahl der Menschen, deren Tätigkeiten ineinandergreifen, größer wird, wächst die Komplexität der Aufgabe. Traktoren beispielsweise bestehen aus tausenden Teilen. Wenn am Ende der Produktion ein paar spezielle Schrauben fehlen, verkörpern nicht nur alle anderen Bestandteile der Traktoren sinnlos verausgabte Arbeit, sondern auch die Fabrikhallen, in denen sie lagern. Dann hätte sich der Teil der gesellschaftlichen Arbeitskraft, der anderen Produktionszweigen, beispielsweise der Landwirtschaft, entzogen wurde, um die Traktoren herzustellen, ohne Nutzen und auf unbestimmte Zeit in nutzlosen Fabrikhallen und funktionsuntüchtigen Traktoren manifestiert.

b) Proportionale Produktion mittels Wertgesetz

In der kapitalistischen Gesellschaft hat sich der Produktionszusammenhang und die Teilung der Arbeit globalisiert. In Traktoren *Made in Germany* sind Teile verbaut, die in der Slowakei aus Stahl gefertigt werden, der in Österreich mit polnischer Kohle geschmolzen wird. In einem amerikanischen Smartphone, das in China zusammengesetzt wird, sind Rohstoffe aus Afrika und Südamerika verbaut. Aber der globale Produktionszusammenhang ist weder traditionell gewachsen, noch wird er organisiert. Er regelt sich, wie Marx auf tausenden Seiten zu zeigen versucht, über den Wert und dessen Formen.

Das Geld als geläufigste aller Wertformen bezeichnet Marx als die »allgemeine Erscheinungsform« und die »allgemeine gesellschaftliche Verpuppung aller menschlichen Arbeit« (ebd.: 81). Diejenige Arbeit, die Wert bildet und sich im Geld verpuppt, nennt Marx »abstrakt menschliche«, »gleiche menschliche« oder »allgemein menschliche« Arbeit. Sie fasst, was allen Arbeiten gemein ist: Verausgabung von Kraft zum Zwecke der Herstellung nützlicher Dinge zu sein. So wie Robinsons verschiedene Arbeiten auf der Insel nur »verschiedne Betätigungsformen desselben Robinson« sind und dessen Kraft beanspruchen, so handelt es sich bei den Tätigkeiten des Bäckers, Lehrers, Maurers, Managers innerhalb des gesellschaftlichen Produktionszusammenhangs um »verschiedne Weisen menschlicher Arbeit« (ebd.: 90). Und so wie Robinson nicht unendlich arbeiten kann, so ist auch das Arbeitsvermögen im kapitalistischen Produktionszusammenhang bedingt. Egal, »wie verschieden die nützlichen Arbeiten oder produktiven Tätigkeiten sein mögen, es ist eine physiologische Wahrheit, daß sie Funktionen des menschlichen Organismus sind und daß jede solche Funktion, welches immer ihr Inhalt und ihre Form, wesentlich Verausgabung von menschlichem Hirn, Nerv, Muskel, Sinnesorgan usw. ist.« (ebd.: 85) Jedes Produkt des Weltmarktes resultiert, unabhängig von seiner konkreten Gestalt, aus der Verausgabung solcher Arbeitskraft. Zur Darstellung kommt diese Verausgabung in kapitalistischen Verhältnissen nicht bewusst, aber vermittels des Warentausches auf dem Markt: im Wert. Dieser erfasst im Grunde die Verausgabung von Naturkräften, selbst dann, wenn es sich um intellektuelle, komplizierte, hochqualifizierte Arbeit handelt. Gerade dann. Der Nanotechnologieingenieur etwa, aus dessen Arbeit große Werte resultieren, ohne dass er im herkömmlichen Sinne im Schweiße seines Angesichts schuftet, hat immense Schufterei zur Voraussetzung. Seine Ausbildung kostete die Arbeitskraft von Pförtnern, Professoren, Heizern, Köchen und Sekretären, für die Bücher, aus denen er sein Wissen schöpft, mussten Holzfäller, Buchbinder und Schriftsteller Kraft aufwenden, der Computer, mit dem er rechnet, resultierte aus den Anstrengungen in Minen, Fabriken und Kraftwerken. All diese Arbeitskräfte, die an der Herausbildung seiner Arbeitskraft mitgewirkt haben, konnte die Gesellschaft nicht unmittelbar für die Produktion von Konsumgütern aufwenden. Diese Arbeitskräfte schlagen sich erst nachträglich im Endprodukt nieder, vermittels seiner Arbeitskraft – indem er z. B. ein Produktionsmittel für die Landwirtschaft ersinnt, mit dessen Hilfe mehr Konsumgüter produziert werden können. Seine Arbeitskraft ist also eine zusammengesetzte Arbeitskraft; und der Wert, den er letztlich erschafft, drückt nicht nur die Verausgabung seiner, sondern vieler Arbeitskräfte aus (die alle ernährt werden müssen, wenngleich sie nicht unmittelbar Endprodukt herstellen).

Marx will der Ökonomie das Naturwesen Mensch ins Bewusstsein rufen: Produktion ist »Stoffwechsel mit der Natur« (ebd.: 192), Konsumtion ist es auch (ebd.: 185 u. 597). Die blank anmutenden Kategorien in der Zirkulationssphäre sind Ausdrücke dieses Stoffwechsels. Ähnlich wie diese blanken Kategorien hatte bereits der junge Marx Hegels Weltgeist auf den Stoffwechsel zurückzuführen versucht: Hegel habe im Weltgeist zwar den Produktionsprozess der Menschen erfasst, aber nur innerhalb der Abstraktion des Geistes. Doch der Mensch sei mehr als Geist. »Als Naturwesen und als lebendiges Naturwesen ist er teils mit natürlichen Kräften, mit Lebenskräften ausgerüstet, ein tätiges Naturwesen [...], teils ist er als natürliches, leibliches, sinnliches, gegenständliches Wesen ein leidendes, bedingtes und beschränktes Wesen, wie es auch das Tier und die Pflanze ist« (Marx 1844m: 578). Die jeweilige Rückführung der blanken ökonomischen Kategorien und des ehrwürdigen Weltgeists auf den Stoffwechsel zwischen Mensch und Natur kann auch materialistische Kränkung genannt werden: Höheres (Geld, Geist) wird auf Niederes (Natur, Stoffwechsel) zurückgeführt. So gesehen passt die grobe Formulierung von der »materialistischen Erdung« auf Marx' Methode ganz gut: Das Geld, als Inbegriff des Reichtums, und der Weltgeist, als Inbegriff des Denkens, werden in ihren Grund zurückgestoßen.

Angesichts des immensen Reichtums, der in Geld und Zins wie der numerische Ertrag unternehmerischen Geschicks erscheint, erinnert Marx an die eigentlichen Schöpfer und zugleich Leidtragenden des Reichtums: die ausgebeuteten Arbeitskräfte.[12] Das sind sowohl die Proletarier als auch die Naturkräfte im Menschen. Beides ist der Grund allen Kapitals und gleichzeitig dessen Opfer. Beides wird ausgebeutet: den Proletariern wird ein Teil des Äquivalents ihrer Arbeit vorenthalten, die Naturkräfte der Produzenten werden vom Kapital ausgesaugt und in dessen Substanz umgewandelt und einverleibt (Marx 1872k: 247). Die »kapitalistische Produktion« sei, so Marx, »eine Vergeuderin von Menschen, von lebendiger Arbeit, eine Vergeuderin nicht nur von Fleisch und Blut, sondern auch von Nerven und Hirn« (Marx 1894: 99). Gegen diesen Raubbau

12 Marx erinnerte in einer Kritik auch die deutschen Parteisozialisten an die Natur als Quelle des Reichtums und die Naturkraft als *conditio sine qua non* der Arbeitskraft: »Die Natur ist ebensosehr die Quelle der Gebrauchswerte (und aus solchen besteht doch wohl der sachliche Reichtum!) als die Arbeit, die selbst nur die Äußerung einer Naturkraft ist, der menschlichen Arbeitskraft.« (Marx 1875: 15)

richtet sich der Materialismus. »Seine Sehnsucht wäre die Auferstehung des Fleisches; dem Idealismus, dem Reich des absoluten Geistes, ist sie ganz fremd.« (Adorno 1966: 207) Diesseits dieses Konjunktivs zielt er auf die Schonung des Fleisches bzw. eine vernünftige Ökonomie der Kräfte. Die Produzenten sollen die kapitalistische Produktionsweise abschaffen, sich assoziieren und den Produktionsprozess »unter den ihrer menschlichen Natur würdigsten und adäquatesten Bedingungen vollziehn« (Marx 1894: 828). So die Idee des Kommunismus.

Im kapitalistischen Produktionszusammenhang planen nur die einzelnen Unternehmen den Einsatz der ihnen zur Verfügung stehenden Arbeitskräfte, das aber nicht mit Bedacht auf deren Schonung, sondern auf deren profitabelste Ausnutzung. Übergreifend gibt es innerhalb des kapitalistischen Wirtschaftsprozesses gar keine bewusste Ökonomie der Kraft. Es wird nicht bewusst auf die Gesamtkraft, deren Einteilung und Reproduktion reflektiert. Die Gesamtarbeit und ihre Teilung regeln sich Marx zufolge in der kapitalistischen Gesellschaft über das Wertgesetz. Dieses vermittle das »gesellschaftliche Verhältnis der Produzenten zur Gesamtarbeit« bzw. garantiere, »daß die unabhängig voneinander betriebenen, aber als naturwüchsige Glieder der gesellschaftlichen Teilung der Arbeit allseitig voneinander abhängigen Privatarbeiten fortwährend auf ihr gesellschaftliches Maß reduziert werden« (Marx 1872k: 86 u. 89). Während das Wertgesetz im Verlauf der Darstellung und besonders im Band III klarer wird, muss er es zu Beginn von Band I noch unterstellen. Dort behauptet er, dass sich in der Wertgröße Arbeitszeit darstelle, allerdings nicht irgendeine, sondern die »im Durchschnitt notwendige oder gesellschaftlich notwendige Arbeitszeit« (ebd.: 53). Die Formulierung »gesellschaftlich notwendig« bedeutet zweierlei. Erstens: Wer eine Ware außerordentlich langsam produziert, stellt deswegen keinen außerordentlich großen Wert her, sondern muss die Ware schließlich zu einem ähnlichen Preis verkaufen wie die Konkurrenz. Zweitens, was oft vergessen wird: In der Wertgröße einer

Ware stellt sich dar, inwieweit diese nötig ist (inwieweit diese nachgefragt wird) und somit, inwieweit die Arbeitszeit, die zu ihrer Produktion aufgebracht worden war, gesellschaftlich notwendig gewesen ist. Wenn jemand einen Gebrauchswert produziert, der kaum oder gar nicht nachgefragt wird, war seine Arbeit umsonst; Angebot und Nachfrage entscheiden mit über den Wert eines Gebrauchswertes (auch das ist Teil des Wertgesetzes; siehe Marx 1894: 33–220). Die Unternehmer versuchen die Herstellung jener Waren, die kaum mehr profitabel verkauft werden können, zu drosseln und stürzen sich und die Arbeitskraft, die ihnen zu Diensten ist, auf jene Produktionszweige, in denen Waren hergestellt werden, die sich gewinnbringend verkaufen lassen. Sie hecheln der Profitrate nach. Jedes einzelne Unternehmen versucht, die eigene Produktivität zu verbessern oder die nächste Marktlücke zu erspähen und zu füllen. Daher rührt die Innovationskraft des Kapitals, die bis heute fortwährt.

Am aktuellen Beispiel ausgeführt, dem Markt für Mobiltelefone: Die letzten Jahre krähte kein Hahn mehr nach denen des einstigen Branchenführers Nokia (neuerdings versucht Nokia, sich Marktanteile auf dem Mobiltelefonmarkt zurück zu erkämpfen). Zu den neuen Branchenführern wurden Firmen, die kräftig in die Produktion von Smartphones investierten: Samson, Apple, Huawei, Lenovo, LT. Die Profitrate war hoch, die Marktlücke da. Allein im Jahr 2013 wurden eine Milliarde Smartphones verkauft. Nun aber zeichnet sich ab, dass auf dem Smartphone-Markt die Profitrate durch die Menge der Anbieter und deren Preiskampf wieder sinken wird. Je mehr Waren (oder Dienstleistungen) einer Sorte auf den Markt geschleudert werden, ohne dass die Nachfrage entsprechend steigt, desto stärker sinkt der Anteil der gesellschaftlich notwendigen Arbeitszeit, die jede einzelne dieser Waren (oder Dienstleistungen) zu verkörpern imstande ist. Die Profitrate fällt. Die großen Anbieter von Gadgets sind schon auf der Suche nach noch unbekannten Märkten und investieren Milliarden in neue Wearables (tragbare Computer z. B. als Brillen oder Uhren) oder das Internet der Dinge. Nicht nur die jetzigen Marktführer auf dem Smartphone-Markt müssen dann auf der Hut sein, sondern auch ihre Zulieferer und App-Entwickler. Verschläft bspw. ein Produzent von Display-Glas den Schwenk und produziert weiter sein Glas für Smartphone-Touchscreens, so wird er es bald nur noch billig losschlagen können – summa summarum zu einem Gesamtwert, »als ob es in der notwendigen Proportion produziert wäre« (Marx 1894: 649). Der Gebrauchswert schlägt auf den Tauschwert zurück.

Indem die Unternehmen sich selbst erhalten und sich aus Produktionszweigen zurückziehen, in denen die Profitrate sinkt, und in Produktionszweige investieren, in denen mehr Profit zu erwirtschaften ist, verteilen sie die gesellschaftliche Arbeitskraft und Produktionsmittel auf die Produktionszweige – in den gebotenen Proportionen. So wie der große Weltmarkt funktioniert im Grunde auch der Konkurrenzkampf in einer beschaulichen Stadt: Der alteingesessene Techniker merkt anhand der Preise, die er für seine Dienste nehmen kann, wie notwendig diese noch sind. Ist ein neuer Techniker in die Stadt gezogen, womöglich einer, der in der Lage ist, Flachbildfernseher zu reparieren, so wird der angestammte Techniker auf seine alten Tage entweder noch mal in seine Produktionsmittel und eine Weiterbildung investieren oder sich vorzeitig aufs Altenteil setzen müssen. Ob Kleinstadt-Techniker oder Nokia, den privaten Warenproduzenten geht es heute kaum anders als zu Marx' Zeiten. Die sogenannten Launen des Marktes demonstrieren ihnen, dass sich ihre »Unabhängigkeit [...] in einem System allseitiger sachlicher Abhängigkeit ergänzt« (Marx 1872k: 122).

Der Anteil derjenigen in diesem System, die selber kein Endprodukt für die Konsumenten, sondern Produktionsmittel und Rohstoffe schaffen, wird im Vergleich zu denen, die Endprodukte schaffen, immer größer. Und die Kette bis zum Endprodukt wird immer länger: Rohstoffe werden für Produktionsmittel produziert, mit deren Hilfe Produktionsmittel produziert werden, die bei der Produktion von Endprodukten eingesetzt werden. Das System der Arbeitsteilung gerät immer komplexer und wird zum einen, innerhalb von großen Unternehmen, von technischen Direktoren und Computern koordiniert und zum anderen, zwischen den Unternehmen, vom Markt. Nachdem im März 2011 Japan durch einen Tsunami erschüttert wurde, musste die amerikanische Firma Apple etliche Tage lang die Produktion von Computern einstellen, weil ein bestimmtes Bauteil aus Japan, zwei Dollar das Stück, auf dem Weltmarkt nicht mehr zu erhalten war (*Die Zeit*, 6.10.2011). Doch bald schon versorgte der Weltmarkt Apple wieder. Bei solchen Bauteilen ist relativ offensichtlich, dass ihr Wert in den Wert der Produkte einfließt. Bei Produktionsmitteln verhält es sich ähnlich, aber weniger offensichtlich. Sie sind selbst das Ergebnis der Verausgabung von Arbeitskraft. Als solche haben sie Wert und verlieren diesen, im dem Maße, wie ihr Gebrauchswert im Einsatz verschleißt. Sie verlieren ihren Wert aber nicht so wie Lebensmittel, durch deren Konsumtion Gebrauchswert und Tauschwert gleichermaßen verschwinden. Sondern sie werden produktiv konsumiert; während sich ihr Gebrauchswert abnutzt, wandert ihr Wert in die hergestellten Waren ein: »Seelenwandrung« (Marx 1872k: 221) nannte Marx das, als er den Produktionsprozess des Kapitals analysierte.

Diese Seelenwanderung sei an einem anderen aktuellen Beispiel illustriert: Verteuert sich das Kerosin, so werden auch die Waren teurer, die mit Flugzeugen transportiert werden müssen, bevor sie verkauft werden können. Wobei der Wert nicht aus dem Kerosin entstammt, sondern aus dessen Produktion. Im Kerosinverbrauch überträgt er sich auf die Waren, die mithilfe des Kerosins produziert, d.h. transportiert werden. Während Robinson die Zeit, die er auf die Produktion von Produktionsmitteln und Endprodukten aufwendet, im Blick hat und nach bestem Wissen einteilt, regelt sich die Arbeitsteilung in der kapitalistischen Gesellschaft über den Wert und die Einzelaktionen der Unternehmen. So könnten sich amerikanische

Unternehmen entscheiden, bestimmte Bauteile aus China nicht mehr einfliegen zu lassen, weil sie mit dem Kerosin teurer geworden sind, sondern selber zu produzieren. Die chinesischen Unternehmer würden daraufhin womöglich nicht mehr Flugzeuge chartern, sondern Schiffe, um ihre Produkte auf dem amerikanischen Markt wieder konkurrenzfähiger zu machen. Die Luftspedition hätte sodann mit sinkender Nachfrage zu kämpfen, während in der Seespedition mit steigender Nachfrage die Profitrate wüchse, woraufhin Kapital samt lebendiger und geronnener Arbeitskraft (in Form von Lohnarbeitern und Schiffen) in diese Sparte wandern würde.

So setzt sich durch »das Gesetz des Werts« in der »vollständigsten Anarchie« und in den »zufälligen Fluktuationen« der Warenproduktion »das gesellschaftliche Gleichgewicht der Produktion« durch (Marx 1894: 887f.). Insofern trifft Adam Smith einen Punkt, wenn er von einer »invisible hand« spricht: Die Warenproduzenten handeln für sich genommen egoistisch und auf eigene Faust, fügen sich aber, wie von Zauberhand dirigiert, zu einem arbeitsteiligen Ganzen. Dass z. B. eine bestimmte Schraube für einen Traktor nicht zu haben ist, wenn dieser für die Ernte gebraucht wird, kommt in der kapitalistischen Produktionsweise kaum vor. Das Wertgesetz und die Jagd nach Profiten sorgen für die Schraube und insgesamt für proportionale Erledigung aller Tätigkeiten und deren Ineinandergreifen, sogar über Ländergrenzen und Kontinente hinweg. Allerdings hat die kapitalistische Marktwirtschaft, die »invisible hand«, einen hohen Preis. Ein paar Beispiele: Der Markt besorgt die Yacht jedem, der Geld hat, aber nicht Lebensmittel für die, die keins haben. Die eine Milliarde Smartphones, die 2013 verkauft wurden, sind größtenteils in China vom Band gelaufen, wo Arbeitskraft derzeit billig zu haben bzw. der »Exploitationsgrad der Arbeitskraft« (Marx 1872k: 232) besonders hoch ist. Die globale Industrie wächst schneller, als ihr Kohlendioxidausstoß gesenkt werden kann; die Autofirma VW hat, wie 2015 aufgedeckt wurde, auf dem US-amerikanischen Markt jahrelang Abgaswerte fingiert und somit Kunden und Gesetzgeber geprellt, um ihre Autos an die Kunden bringen zu können. Zusammengefasst: In ihrem Überlebenskampf um den Profit hecheln die Unternehmen nur der Befriedigung derjenigen Bedürfnisse nach, die sich durch Geld bekunden, und nehmen keine Rücksicht auf Arbeitskräfte und Natur.

Im Laufe der Darstellung des Kapitals zeigt Marx, wie sich der Zusammenhang der gesellschaftlichen Arbeit nicht nur in Warenwert und Geld verpuppt, sondern auch in allen weiteren Kategorien der Ökonomie: Kapital, Zins, Grundrente, Produktionskosten, Profit etc. Da all diese Kategorien in der Praxis den Anschein erwecken, als handele es sich bei ihnen um Eigenschaften von Produkten, Geld, Boden und anderen Dingen, bezeichnet Marx diese ökonomischen Kategorien auch als Fetische, Mystifikationen oder verrückte Formen. Sofern er sie so bezeichnet, will er nicht behaupten, sie ließen sich durch Aufklärung oder Ideologiekritik beseitigen: Die Erkenntnis ändert nichts an der Vergegenständlichung der gesellschaftlichen Arbeit (ebd.: 88). Immerhin hatte schon die klassische bürgerliche Ökonomie um Adam Smith, Benjamin Franklin und David Ricardo die Entdeckung gemacht, dass Geld und der Warenwert Ausdrücke menschlicher Arbeit sind. Da die klassische Ökonomie jedoch nicht über den Tellerrand der kapitalistischen Epoche habe schauen wollen, habe sie vergessen zu fragen, »warum dieser Inhalt jene Form annimmt, warum sich also die Arbeit im Wert und das Maß der Arbeit durch ihre Zeitdauer in der Wertgröße des Arbeitsprodukts darstellt« (ebd.: 94f.). Marx kennt die Antwort: die Eigentumsverhältnisse, speziell das Privateigentum an den Produktionsmitteln. Auf Basis ihres Privateigentums an den Produktionsmitteln produzieren die Privatunternehmen voneinander unabhängig, obwohl sie alle in einem großen Produktionszusammenhang verflochten sind, eigentlich also gar nicht voneinander unabhängig sind. Der Produktionszusammenhang existiert, aber nicht unmittelbar. Er zeigt sich erst vermittelt, nämlich in der Zirkulation. Dort erst, durch die Wertgrößen ihrer Produkte, setzen sich die verschiedensten Produktionseinheiten zueinander ins Verhältnis. Das wird laut Marx immer so bleiben, solange das Privateigentum an den Produktionsmitteln existiert. Der gegenständliche Schein der gesellschaftlichen Arbeit, d. h. die Vermittlung der Produktion über den Wert und seine Formen, könne nur durch die Revolution der Eigentumsverhältnisse verschwinden. Früher oder später werde diese Revolution stattfinden: Die Arbeiter würden ihre Ausbeuter enteignen, die Produktionsmittel vergesellschaften, ihre »vielen individuellen Arbeitskräfte selbstbewußt als eine gesellschaftliche Arbeitskraft« (ebd.: 93) organisieren und somit die bewusste Einheit der Produktion anstelle der unbewussten Einheit der kapitalistischen Produktion verwirklichen.

c) Planmäßige proportionale Produktion

Marx denkt sich die Revolution wie das Aufbrechen einer reifen Frucht. In der »kapitalistischen Hülle« sei der Kommunismus schon enthalten. »Sie wird gesprengt.« (ebd.: 791)[13] Ähnlich betrachtet er auch die kapitalistischen Kategorien. Als Formen seien diese nun, da der Inhalt darin herangereift ist und verborgen liegt, ein Problem. Der »Inhalt der Wertbestimmungen« selber sei nicht das Problem, sondern zu befreien (Marx 1872k: 85; vgl. auch Marx 1880w: 375) und einer höheren Rationalität zuzuführen. Mit dem »Inhalt der Wertbestimmungen« meint er zum einen die Verausgabung von Hirn, Muskel, Nerv, Sinnesorganen, die sich in Form des Wertes darstellt, und zum zweiten die gesellschaftlich notwendige Arbeitszeit, die sich in Form der Wertgröße darstellt. Mit der kommunistischen Revolution sollen die »verrückten Formen« (Marx 1872k: 90) beseitigt werden und ihr Inhalt eine bessere Form erhalten. Vorbildhaft sei

13 Ähnlich Marx 1857/58: 93, 395 f. u. 642.

Robinson und dessen Buchführung. In Robinsons Buch seien in vernünftiger Form »alle wesentlichen Bestimmungen des Werts enthalten« (ebd.: 91). So rationell müsse auch der Kommunismus die Produktion organisieren, »bloß gesellschaftlich statt individuell« (ebd.: 92). Es »bleibt, nach Aufhebung der kapitalistischen Produktionsweise, aber mit Beibehaltung gesellschaftlicher Produktion, die Wertbestimmung vorherrschend in dem Sinne, daß die Regelung der Arbeitszeit und die Verteilung der gesellschaftlichen Arbeit unter die verschiednen Produktionsgruppen, endlich die Buchführung hierüber, wesentlicher denn je wird.« (Marx 1894: 859) Via Buchführung und Regelung sollen die Verausgabung der Arbeitskräfte und die Zeiten, die für jede Tätigkeit aufgebracht werden muss, so vernünftig wie möglich geplant werden – vernünftig in dem Sinne, dass die Arbeitskräfte nicht überspannt, die Arbeiten gerecht auf alle Schultern verteilt und mit den Produkten der Arbeit die Bedürfnisse der Menschen befriedigt werden.

Später wurde die kommunistische bzw. sozialistische Wirtschaftsweise auch »Planwirtschaft« genannt. Marx hat kein planwirtschaftliches Konzept ausformuliert, aber gelegentlich Stichworte Richtung Planwirtschaft geliefert: »Produktion nach einem gemeinsamen Plan«, »planmäßige Kontrolle«, »bewußte und planmäßige Assoziation« (Marx 1871: 343, 1872k: 95, 1894: 673).[14] Öfter und bestimmter kommt er auf die planmäßige proportionale Produktion im Kommunismus zu sprechen: Die kommunistische Gesellschaft werde ihre Arbeitskraft so auf die verschiedenen Geschäftszweige verteilen, dass sie die Bedürfnisse ihrer Mitglieder erfüllen kann, mit kluger Voraussicht auch auf die Geschäftszweige, in denen erst

14 Bei Engels klingt ähnlich die Planwirtschaft an: »Mit der Besitzergreifung der Produktionsmittel durch die Gesellschaft ist die Warenproduktion beseitigt und damit die Herrschaft des Produkts über die Produzenten. Die Anarchie innerhalb der gesellschaftlichen Produktion wird ersetzt durch planmäßige bewußte Organisation.« (Engels 1880: 226)

mal Produktion für die Produktion stattfindet, sprich Produktionsmittel produziert werden, die später erst der Produktion von Konsumgütern zugutekommen.[15] Der Bau einer Eisenbahnlinie z. B. könne jahrelang viel Arbeitskraft beanspruchen, die der Gesellschaft dann anderswo, z. B. in der Produktion von Lebensmitteln, fehlt, und könne am Ende doch einen Nutzeffekt haben, der größer sein wird als Kosten und Entbehrungen. Das Verhältnis von Kosten und Nutzen werde die Gesellschaft im Voraus durchrechnen. Offenbar hielt Marx aber nicht alles für völlig berechenbar, so den Verschleiß von fixem Kapital (so nennt er alle Produktionsmittel, z. B. Maschinen und Fabrikhallen, die im Gegensatz zu Rohstoffen nur langsam verschleißen). Da dieser Verschleiß sich nicht genau antizipieren lasse, müsse die kommunistische Gesellschaft das betreffende Kapital auf Überschuss bzw. Vorrat produzieren. Insgesamt, so zeigt sich Marx überzeugt, werde die Proportionalität der Produktion durch bewusste Regelung im Kommunismus besser glücken als vermittels Wertgesetz und Krisen in der kapitalistischen Produktionsweise.

Erste und höhere Phase der kommunistischen Gesellschaft

Relativ ausführlich, verglichen mit seinen anderen Schriften, stellt Marx seine Vorstellung der kommunistischen Gesellschaft in der *Kritik des Gothaer Programms* vor, einer Schrift von 1875. Die kommunistische Gesellschaft, so behauptet Marx darin, untergliedere sich in zwei Phasen, nämlich in die erste Phase und die höhere Phase.[16] Beide Phasen, so hatte Marx schon in

15 Marx 1857/58: 105, 1885: 317, 359 u. 464 f. sowie 1894: 197.

16 Lenin hat die erste Phase als Sozialismus und die höhere Phase als Kommunismus definiert (Lenin 1918r: 478–481). Nachdem der Sozialismus nach 1917 der ersten Phase des Vereins freier Menschen aber nicht ähnlicher wurde,

der *Kritik der Politischen Ökonomie* angedeutet, würden sich durch die Art und Weise der Verteilung der Konsumgüter und den Entwicklungsstand der Produktivkräfte unterscheiden (Marx 1872k: 93).

Schon in der ersten Phase der kommunistischen Gesellschaft werden das Privateigentum an den Produktionsmitteln und mit ihm auch Ware, Geld, Kapital und Markt abgeschafft sein. »Innerhalb der genossenschaftlichen, auf Gemeingut an den Produktionsmitteln gegründeten Gesellschaft tauschen die Produzenten ihre Produkte nicht aus; ebensowenig erscheint hier die auf Produkte verwandte Arbeit als Wert dieser Produkte, als eine von ihnen besessene sachliche Eigenschaft, da jetzt, im Gegensatz zur kapitalistischen Gesellschaft, die individuellen Arbeiten nicht mehr auf einen Umweg, sondern unmittelbar als Bestandteile der Gesamtarbeit existieren.« (Marx 1875: 19f.). Die Gesamtarbeit aller würde bewusst organisiert und die Konsumtion durch den Tausch geregelt werden. Jeder Produzent, so Marx, erhielte »von der Gesellschaft einen Schein« (ebd.: 20), worauf verzeichnet sei, welche Arbeitsleistung er erbracht habe. Mit diesen Zertifikaten könne sich der Produzent einen entsprechenden Anteil der Lebensmittel aus den Güterdepots herausziehen. Wenngleich also der Tausch zwischen den Produzenten abgeschafft wäre, würde weiterhin getauscht: Arbeit gegen Konsumgüter. Dieser Tausch würde, nachdem ihn die kapitalistische Gesellschaft nur suggeriert hatte, erstmals tatsächlich stattfinden. In der kapitalistischen Gesellschaft nämlich gelte der Tausch von Arbeit und Produkten nur zwischen

wurde in der Mitte des 20. Jahrhunderts in der marxistischen Literatur noch eine andere Definition laut: Die Epoche vor dem Kommunismus, der sich in zwei Phasen untergliedern werde, nenne sich Sozialismus. In diesem herrsche schon das Proletariat, aber Geld, Markt, Ware und Privateigentum existierten mehr oder weniger noch fort. Erst wenn es dem Sozialismus gelänge, all diese Kategorien erfolgreich durch Gemeineigentum, Arbeitszeitrechnung, Arbeitsscheine und planmäßige Distribution zu ersetzen, könnte aus dem Sozialismus Kommunismus werden und dessen erste Phase beginnen.

den Warenproduzenten, sprich: den Kapitalisten. Hingegen auf dem sogenannten Arbeitsmarkt scheine es nur so, als tauschten die Arbeiter ihre Arbeit gegen Lohn. In Wahrheit verkauften die Arbeiter auf dem Arbeitsmarkt nicht ihre Arbeit, sondern gleich ihre Arbeitskraft. Und sie hätten gar keine andere Wahl, weil ihre Arbeitskraft ohne die Produktionsmittel, über die der Kapitalist verfüge, zu nichts zu gebrauchen sei. Der angebliche Tausch von Arbeit und Lohn sei gar keiner. Denn das Verhältnis von Arbeitern, die über keine Produktionsmittel verfügten, und Kapitalisten, die darüber verfügten, sei ein Zwangs- und Ausbeutungsverhältnis und kein Verhältnis von gleichberechtigten Tauschpartnern bzw. gleichgestellten Bürgern, als die Arbeiter wie Kapitalisten *de jure* gelten. Sobald ein Arbeiter seine Arbeitskraft an den Kapitalisten verkauft habe, gehöre diese dem Kapitalisten samt den Waren, die durch die Verausgabung der Arbeitskraft produziert würden. Was der Kapitalist dem Arbeiter für dessen Arbeitskraft gebe, sei nicht der Lohn für deren Verausgabung, sondern so viel, dass der Arbeiter sich und seine Arbeitskraft reproduzieren und keinen besser zahlenden Kapitalisten finden könne. Nach der Revolution aber, in der ersten Phase der kommunistischen Gesellschaft, wenn die Produktionsmittel vergesellschaftet und damit die Klassen abgeschafft wären, würde das Prinzip des Tausches auch in der Entlohnung der Arbeitsleistung gelten und mit ihm das Prinzip des Rechts, wonach alle Menschen am gleichen Maßstab zu messen sind. Jeder Arbeiter bekäme in Form der Arbeitsscheine und der Güter, die er sich damit aus den Güterdepots holen könne, ein tatsächliches Äquivalent für seine geleistete Arbeit: »Es wird gleich viel Arbeit in einer Form gegen gleich viel Arbeit in einer andern Form ausgetauscht. Das gleiche Recht ist hier daher immer noch – dem Prinzip nach – das bürgerliche Recht, obgleich Prinzip und Praxis sich nicht mehr in den Haaren liegen« (ebd.: 20).

Marx zählt die Arbeitsscheine zu den »Muttermalen« (ebd.) des kapitalistischen Systems, gegen die, wie es scheint, noch kein

Kraut gewachsen ist. Marx weiß um das erste Naturgesetz proportionaler Produktion: dass eine Gesellschaft nur das konsumieren kann, was sie produziert hat. Mit anderen Worten: In der Summe können alle Einzelnen nur so viel konsumieren, wie sie in der Summe produziert haben. Wenn nun ein Teil der Gesellschaft mehr konsumiert, als er produziert hat, muss ein anderer Teil der Gesellschaft weniger konsumieren, als er produziert hat. Eingedenk dieser Tatsachen gerät Marx' Appell für Gerechtigkeit zuweilen ebenso engherzig wie die Gesetze auf Morus' Utopia oder in Winstanleys Gütergemeinschaft: Wer nicht arbeitet, soll auch nicht essen (Marx 1867: 193). Offenbar sieht Marx in den Arbeitsscheinen das bestmögliche Instrument, um die Befolgung dieses Naturgesetzes zu garantieren. Wenn jedem Einzelnen nur so viel Reichtum zugestanden wird, wie er selber Reichtum produziert hat, kann in der Summe nicht mehr Reichtum konsumiert werden, als durch die Mitglieder der Gesellschaft produziert worden ist.

Um aber den Reichtum, den jeder produziert hat und konsumieren darf, ermessen zu können, müsse die »Arbeitszeit« als Maß dienen: »als Maß des individuell verzehrbaren Anteils des Produzenten an der Gemeinarbeit und daher auch an dem individuell verzehrbaren Teil des Gemeinprodukts« (Marx 1872k: 93). Dieses Maß könne aber nicht die individuelle Arbeitszeit sein. Sonst könnte sich ja, wer besonders lange arbeite, gleichviel wie viel er dabei produzierte, besonders umfangreich am gesellschaftlichen Gütervorrat bereichern. Wenn schon, denn schon: Die »Arbeit, um als Maß zu dienen, muß der Ausdehnung oder Intensität nach bestimmt werden« (Marx 1875: 21). Das hieße, dass alle Arbeiten, ob Holz hacken oder Herz operieren, als allgemeine Arbeit ausgedrückt werden müssten, um alle Produzenten mit der gleichen Sorte von Arbeitsscheinen entlohnen zu können. Damit diese Scheine ihren Sinn erfüllten, müssten schließlich auch die Güter in den Güterdepots auf den gleichen Nenner gebracht werden: »Die Gesellschaft«, so schreibt Engels im *Anti-Dühring*, einer politischen Kampfschrift, an der Marx mitgearbeitet hat, »kann einfach berechnen, wieviel Arbeitsstunden in einer Dampfmaschine, einem Hektoliter Weizen der letzten Ernte, in hundert Quadratmeter Tuch von bestimmter Qualität stecken.« (Engels 1878: 288)

Marx selber findet nicht viel Gefallen an der von ihm dargestellten ersten Phase der kommunistischen Gesellschaft. Denn das Prinzip der Arbeitsscheine, die Gerechtigkeit des Tausches von Arbeitsleistungen, hat eine ungerechte Kehrseite: Die Arbeiter werden nur unter dem Gesichtspunkt ihrer Arbeitsleistung betrachtet, während ihre Bedürftigkeit keine Berücksichtigung findet. »Ein Arbeiter ist verheiratet, der andre nicht; einer hat mehr Kinder als der andre etc. etc. Bei gleicher Arbeitsleistung und daher gleichem Anteil an dem gesellschaftlichen Konsumtionsfonds erhält also der eine faktisch mehr als der andre, ist der eine reicher als der andre etc.« (Marx 1875: 21) Daher müsse auch die erste Phase der kommunistischen Gesellschaft noch überwunden werden. »In einer höheren Phase der kommunistischen Gesellschaft [...] kann der enge bürgerliche Rechtshorizont ganz überschritten werden und die Gesellschaft auf ihre Fahnen schreiben: Jeder nach seinen Fähigkeiten, jedem nach seinen Bedürfnissen!« (ebd.) Dann würde das Individuum nicht mehr anhand des Maßstabs seiner Arbeitsleistung bemessen und nicht mehr allein unter diesem Gesichtspunkt seiner Arbeitsleistung gefasst, sondern es selbst lieferte dann den Maßstab für das, was es bekäme und gäbe.

Exkurs I: Jeder nach seinen Fähigkeiten, jedem nach seinen Bedürfnissen!

Pippi Langstrumpfs Vater ist ein »Negerkönig«. In den Neuveröffentlichungen der Pippi-Langstrumpf-Bücher wurde das Wort »Negerkönig« durch das Wort »Südseekönig« ersetzt. An den gesellschaftlichen Verhältnissen in den Romanen hat sich damit wenig geändert: Die Königstochter lebt von Reichtümern, die sie der Herrschaft ihres Vaters über die Bodenschätze und Untertanen seiner Insel verdankt. Pippi macht, was ihr gefällt; jedoch beruht ihre Freiheit auf Ausbeutung. Genauso wie die Freiheit in der »Abtei Thelema« in François Rabelais' Roman *Gargantua und Pantagruel*. Die Abtei stellt das Gegenteil der üblichen Klöster dar. Die einzige Ordensregel lautet: »TU, WAS DIR GEFÄLLT!« (Rabelais 1553: 180) Die Bewohner stehen auf, wann sie wollen, essen und trinken, wenn sie Appetit haben, und arbeiten oder schlafen, wie es ihnen passt. Sie wohnen in schönen Gemächern, besuchen die Büchereien, Lustgärten und Badehäuser der Abtei, werden nicht nach Geschlechtern getrennt, achten sehr auf ihre Kleidung und genießen auf Festen miteinander. Während Rabelais das Leben in der Abtei in bunten, kräftigen Farben schildert, beantwortet er die Frage der Bewirtschaftung der Abtei beiläufig: Jene, die den Saus und Braus der Abteibewohner ermöglichen, wohnen und arbeiten in einem riesigen Gebäude »außen am Park von Thelema« (ebd.: 179). Sie dienen dem schönen Leben und bleiben davon ausgeschlossen.

Zu leben, wie es einem gefällt, ist ein Wunschtraum vieler Menschen. Mitmenschlich und sozial ist er dann, wenn er die Ausbeutung anderer Menschen aus- und alle Menschen einschließt. Die Frage ist, inwieweit dieser Traum in das Idealbild der höheren Phase des Kommunismus eingeflossen ist. »Jeder nach seinen Fähigkeiten, jedem nach seinen Bedürfnissen!« Besonders der erste Halbsatz lässt sich unterschiedlich auslegen.[17] »Jeder nach seinen Fähigkeiten«, das kann entweder

17 Über die Entwicklung und Variationen des kommunistischen Gerechtigkeitsprinzips bei Charles Fourier, Richard Lahautière, Théodore Dézamy, Jean-Jacques Pillot und Wilhelm Weitling vgl. Meyer 1977: 142–147, 170–78 u. 279–94. Soweit sich die Literatur überblicken lässt, fehlt es an einer Darstellung, in der Geschichte, Bedeutung und Bezüge der verschiedenen Fassungen und Extreme durchdacht werden: Platons Begriff von Gerechtigkeit, wonach »jeder das Seinige und Gehörige hat und tut« (*Politeia* 433),

heißen: Jeder arbeite, was er will und wie es ihm liegt! Das kann aber auch heißen, und zwar im Sinne von Platon (*Politeia* 433) und damit im Sinne eines gemeinschaftlichen Funktionszusammenhanges: Jeder soll seinen Platz im Produktionsprozess einnehmen und seinen Teil zum Ganzen beitragen; jeder *soll* das Seine tun! In diesem Sinne hat es die offizielle DDR-Philosophie zumeist ausgelegt: »Die Verwirklichung des Prinzips ›Jeder nach seinen Fähigkeiten‹ ist eine große Errungenschaft für das Individuum, einer der wesentlichen Vorzüge des Sozialismus gegenüber dem Kapitalismus. Dieser Vorzug erschöpft sich nicht darin, daß der einzelne seine Fähigkeiten entfalten kann, sondern daß die Gesellschaft mit zwingender Notwendigkeit darauf bestehen kann, daß er dies tut. Jeder ist verpflichtet, seine Kräfte anzuspannen, um zur Entwicklung der Gemeinschaft und der Gesellschaft beizutragen.« (Stiehler 1978: 133)

Sinngemäß war das kommunistische Leitmotiv schon Mitte des 18. Jahrhunderts formuliert worden, und zwar von Étienne-Gabriel Morelly, einem in ärmlichen Verhältnissen lebendem Lehrer, der seine Bücher anonym veröffentlicht hat und erst nach seinem Tod als ihr Urheber ausgemacht werden konnte. Morelly zufolge bestünde der ideale Zustand darin, dass jeder seinen Nutzen zum Gemeinwesen beitrage und sich gemäß seinen Bedürfnissen aus dem gemeinschaftlichen Gütervorrat bediene, ohne dass von ihm eine Gegenleistung erwartet werden würde. Wie aber sollte der angestrebte Zustand verwirklicht werden? Ganz einfach! Es handele sich nicht um eine Utopie, sondern um einen Zustand, der durch den Sündenfall des Eigentums abhandengekommen sei und wiederhergestellt werden müsse.

Den unverdorbenen Zustand schildert Morelly in seinem Roman *Basiliade*, dessen Helden, wie in so vielen Utopien, auf

der römische Rechtsgrundsatz »suum cuique«, das kommunistische Gerechtigkeitsprinzip »Jeder nach seinen Fähigkeiten, jedem nach seinen Bedürfnissen« und der Imperativ »Jedem das Seine« am Tor vom KZ Buchenwald.

einer Insel leben – ohne Eigentum, gemäß der Schöpfung. »Die Absicht der Gottheit ist stets eindeutig: All ihre Gaben hat sie in ein und dieselbe Schatzkammer gelegt. Alle laufen herbei und bemühen sich, diese zu öffnen. Jeder schöpft aus ihr, je nach seinen Bedürfnissen, ohne sich darum zu kümmern, ob der eine mehr nimmt als der andere. Stillen Wanderer an einer Quelle ihren Durst, so werden sie nicht im geringsten neidisch, wenn ein anderer, von stärkerer Begierde geplagt, in langen Zügen mehrere Becher dieses erfrischenden Nasses hinunterstürzt. Soll der Zugang zu dieser köstlichen Quelle erweitert werden, so können mehrere Arme, wenn sie sich zusammentun, dies mühelos bewerkstelligen, und ihre Arbeit wird großzügig belohnt. Genauso verhält es sich mit den Gaben der Natur.« (Morelly 1753: 162) Zwei Jahre später versucht der Autor, einen solchen Zustand in einem weiteren Buch systematisch zu begründen und darzustellen. »Man kann also mit Seneca sagen: Quicquid nos meliores beatosque facturum est, natura in aperto aut in proximo posuit [Alles, wodurch wir besser und glücklicher werden können, hat uns die Natur offen oder sehr nahe gelegt]. Gerade in diesen Absichten also hat die Natur die Kräfte der ganzen Menschheit mit verschiedenen Verhältnissen unter alle Individuen der Gattung verteilt, aber sie hat ihnen ungeteilt das Eigentum des erzeugenden Feldes ihrer Gaben überlassen, allen und jedem die Benutzung der freien Geschenke. Die Welt ist ein für alle Gäste hinlänglich versehener Tisch, dessen Gerichte bald allen gehören, weil alle Hunger haben, bald nur einigen, weil die anderen gesättigt sind [...] Alles ist angepaßt, alles gewogen, alles vorhergesehen in dem wundersamen Automat der Gesellschaft« (Morelly 1755: 92–94). Plötzlich aber, wie in den Romanen Morus' und Campanellas, bekommt der ersehnte Zustand repressive Züge. In den verschiedenen Berufsständen werden Berufsuniformen getragen, die Erziehung der Kinder ist nicht frei, sondern wird allgemeinverbindlich geregelt, die Städte sind planmäßig eingerichtet und vor allem sauber, Gesetze und Strafen sorgen für ein geordnetes Zusammenleben.

Der Besitz von Privateigentum wird mit lebenslanger Gefangenschaft in einer Höhle geahndet. Dass der prädestinierte, natürliche Zustand in dem späteren Werk repressive Züge annimmt, ist der von Eigentum befleckten und von Mangel gekennzeichneten Realität geschuldet. Während der ursprüngliche Zustand in dem Roman auf einer unverdorbenen, fruchtbaren Insel präsentiert wird, muss er, wie es das zweite Werk zeigen will, in der verdorbenen Geschichte erst wieder zur Geltung gebracht werden. Die Vorsehung muss erst wieder durchgesetzt, der »wundersame Automat der Gesellschaft« wieder in Ordnung gebracht werden, um die Quellen der Natur wieder zum Sprießen zu bringen. Und in Ordnung käme der Automat, wie Morelly zu verstehen gibt, erst dann, wenn seine Teile wieder wie vorgesehen funktionierten. Die Einzelnen müssten der Vorsehung gehorchen. »Jeder nach seinen Fähigkeiten!« Jeder soll das Seine tun! Gott, so Morelly, habe jedem Einzelnen bestimmte Fähigkeiten in die Wiege gelegt, und zwar nicht beliebig, sondern wohlweislich. Kombiniert würden diese Fähigkeiten der Natur alle nötigen Gaben entlocken können. So erinnert das Bild vom »wundersamen Automaten der Gesellschaft« letztlich an jenes Bild vom Organismus, welches der Frühsozialist Dézamy zur Beschreibung der sozialistischen Gesellschaft verwandt hat: Die Organe sollen gefälligst ihre Funktion erfüllen.

Wie Morelly in seinem Roman spricht auch Charles Fourier von einem Zustand der Erlösung von Zwang, Herrschaft und Hunger. Für alle könne zukünftig genügend Reichtum zur Verfügung stehen und niemand bräuchte mehr zur Arbeit gezwungen werden – würde »die Arbeit so viel Reiz bieten wie heute unsere Festlichkeiten und Schauspiele« (Fourier 1829: 192). Arbeit sollte kein Fluch mehr sein, sondern attraktiv werden, nicht etwa ihres Lohnes, sondern ihrer Art und Weise wegen. Mit dieser Zukunftsutopie richtete er sich zugleich gegen die Saint-Simonisten, die zur gleichen Zeit wie er in Frankreich wirkten, und ihr Prinzip: »Jedem nach seiner Leistung!«

In Frankreich selber blieb Fourier einsam und unbeachtet. Seinen Lebensabend verbrachte er in einem bescheidenen Zimmer inmitten zahlloser Zimmerpflanzen, die er hegte und pflegte. Aber in den 1840er Jahren, ein reichliches Jahrzehnt nach seinem Ableben, fanden seine Ideen plötzlich in den USA zigtausende Anhänger und Widerhall in den größten Zeitschriften. Ein Bericht von Albert Brisbane, des Gründers der amerikanischen *Fourierist Society*, gibt einen Eindruck von der Begeisterung: »Jetzt zum ersten Mal war ich auf eine Idee gestoßen, der ich früher nie begegnet war – auf die Idee, die menschliche Handarbeit zu ›veredeln‹ und ›anziehend‹ zu machen, die bisher als eine göttliche, dem Menschen auferlegte Strafe betrachtet worden war. In diese Sphäre erniedrigender mühsamer Arbeit – das öde Los der Massen, die den Menschen mit ihrem prosaischen, lähmenden, ertötenden Einfluß zu überwältigen schien, den Gedanken der Anziehung einzuführen, diese Art der Arbeit zu erheben, ihr Würde zu verleihen – das war in der Tat eine gewaltige Revolution.« (zit. n. Hillquit 1903d: 73 f.) Brisbane hofft und bangt, die Massen mögen von ihrem öden Los befreit werden, indem dieses zu ihrem Glückslos würde. In diesem Punkt, so warnt Ludwig von Mises, würden sich die Sozialisten kräftig in die Taschen lügen: »Ex definitione kann Arbeit nicht unmittelbar Lust bereiten, da doch allgemein Arbeit gerade das genannt wird, was unmittelbar keine Lustgefühle bereitet und eben nur darum geleistet wird, weil mittelbar durch den Arbeitsertrag Lustgefühle erzeugt werden, die jene primären Unlustgefühle aufwiegen.« (Mises 1932: 147) Aber vielleicht hatte Fourier ja den Stein der Weisen gefunden, durch den die Arbeit in ein Fest verwandelt werden könnte?

Die Produktion, so Fourier, müsste grundlegend umorganisiert werden. Die Werkstätten und Arbeitsorte werden in der freien Assoziation nicht mehr eng und stickig sein, sondern gemütlich und festlich, zwischen den Arbeitsstätten und Wohnstätten wird es überdachte Spazierwege geben. Da Langweile eines der schlimmsten Übel sei, werden die Arbeiten nicht länger als zwei Stunden dauern und alternierend ausgeführt. Das bedeutet natürlich, dass jeder Bürger in der freien Assoziation mehrere Tätigkeiten beherrschen müsse. Darin sieht Fourier ganz und gar kein Problem und führt das Beispiel eines Kindes vor Augen, dem man eine Miniaturwerkstatt zur Verfügung stelle. Augenblicklich beginne das Kind zu zimmern, zu tischlern, zu schmieden, zu drehen usw. Zwanzig oder gar vierzig Tätigkeiten beherrsche jeder Mensch. Bloß blieben all seine Möglichkeiten in der auf Konkurrenz und Isolation gründenden Gesellschaft verschüttet (wie zudem das Potenzial eines jeden Menschen auf wissenschaftlichem und künstlerischem Gebiete). In der freien Assoziation könnte sich der Mensch endlich in vielen Tätigkeiten entfalten. Um noch mehr Freude zu bereiten, würden die Tätigkeiten in Gruppen ausgeführt. Und des Arbeitseifers und der Produktivität wegen würden die Gruppen miteinander konkurrieren. Nicht so wie in der bürgerlichen Konkurrenz, sondern im Sinne einer sozialen Konkurrenz: Einerseits käme jedes Arbeitsergebnis der ganzen Assoziation zugute, andererseits kämpften die Gruppen gegeneinander um Ruhm und Anerkennung – und zwar nicht zu knapp: Zwischen den Gruppen gebe es »Kämpfe« und ein »abwechslungsreiches Intrigenspiel von Bündnissen und Rivalitäten« (Fourier 1808: 365). Für gute, aber auch schlechte Arbeitsleistungen erhielten die Gruppen entsprechende Würdigungen in Form von Urkunden. Letztlich solle der unpersönliche und spielerische Charakter trotz allen Wettkampfs aber immer gewahrt bleiben, wofür auch insbesondere die Tatsache sorge, dass die Arbeiten und Gruppen beständig wechselten. Die Zusammensetzung der Gruppen sei eine Wissenschaft für sich. Die Mischung müsse stimmen. Langweilige Harmonie schwebt Fourier nicht vor. Die Charaktere und Leidenschaften müssten in einer Gruppe so zusammenfinden, dass sie sich gegenseitig entfachten, aufschaukelten und ergänzten. Das Gemisch dürfe nicht in die Luft fliegen, müsse aber brodeln. Jeder einzelne Bestandteil darin solle in Wallung sein, um zur Hochform aufzulaufen.

Fourier liebte es, den erwünschten Zustand auszumalen. Indes wirken seine Bilder nicht wie Ikonen, sondern eher wie Lieblingsbilder aus dem Zeichenblock eines Kindes – immer könnten neue dazukommen, beispielsweise seine Skizzen einer zukünftigen Armee. Zu dieser wolle dereinst jeder, aber nur den Schönsten und Besten, Männern wie Frauen, würde Einlass gewährt. Ungeheure romantische Genüsse warteten dort, garantiert durch Feste mit ausgeklügelten Zeremonien, an deren Ende keiner einsam zu Bett ginge. Tagsüber würde dann die ungeheure Kraft, die in der Vergangenheit in Kriege verschleudert worden sei, in Feldzüge investiert, auf jedem von diesen werde die Armee »dreißig Brücken über Flüsse schlagen, dreißig verkargste Berge mit Erde bedecken, dreißig Bewässerungsgräben ausheben und dreißig Sümpfe trocken legen« (ebd.: 242). Solche Arbeitsleistungen klingen gewaltig, sie überflügeln noch jene, die die kapitalistische Epoche zuwege gebracht hat. Und tatsächlich hat es den Anschein, als wolle Fourier den Akkumulationstrieb des Kapitals, der in der Menschheit ungeheure Arbeitsleistungen freigesetzt hat, buchstäblich humanisieren – der Trieb solle kein ökonomischer Zwang mehr sein, sondern von Herzen kommen, aus vollster Leidenschaft. Fourier, der jeden Zwang ablehnt und auf die Schöpfung vertraut, konnte auf keinen anderen Antrieb als diesen inneren kommen. Denn jeder äußere Antrieb, der es nur annähernd mit dem Akkumulationstrieb des Kapitals aufnehmen könnte, stünde doch sofort und zurecht unter Verdacht, ein Zwang zu sein. Er hoffte auf die Fortführung der Entfesselung der Produktivkräfte durch die Befreiung der menschlichen Leidenschaften von ihren Ketten. Sie sollten anstelle des Akkumulationstriebs des Kapitals treten; daher Fouriers eigenwillige Utopie der Leidenschaften.

»Die Moralisten«, darunter auch Platon, würden »die Leidenschaften zügeln und unterdrücken, die sie nicht befriedigen können« (ebd.: 124). Doch in den richtigen Verhältnissen wäre das, was heute als Not erscheint, eine Tugend: »Die Heftigkeit unserer Leidenschaften, über die wir uns beklagen, verbürgt unser zukünftiges Glück.« (ebd.: 148) All unsere Leidenschaften seien im Grunde gut, Hass und Habgier so gut wie Liebe und Freundschaft, es komme allein darauf an, sie zu befreien. In einer Gesellschaft, in der sich die Menschen in Familien und Privatarbeiten isolierten, sei die Unterdrückung der Leidenschaften logisch. Aber Menschen seien dazu gemacht, zusammen zu leben und zu arbeiten. Insofern wäre die genossenschaftliche Ordnung jener Zustand, der unserer Natur und darin dem Edelsten, unseren Leidenschaften, entspräche. In dieser Ordnung wäre es dann nur noch eine Frage der Wissenschaft und Perfektion, diese Leidenschaften so zusammen und ineinander zu fügen, dass die Menschen mehr und mehr Potenzial frei setzten. Es würde bewiesen werden, »daß alle unsere Eigenschaften gut und verständig verteilt sind« (ebd.: 123), und sich zeigen, dass alle Leidenschaften, richtig konzertiert, eine große Symphonie ergäben. Jedes Bedürfnis würde durch ein Produkt einer Arbeit befriedigt werden, die in irgendeiner Konstellation irgendwem Spaß machen würde.

Fourier mag derjenige gewesen sein, der diese Fügung aller Leidenschaften am stärksten betont und ausgemalt hat. Mit der Hoffnung auf diese Fügung ist er aber nicht ganz allein. So proklamiert der deutsche Frühsozialist Wilhelm Weitling: »Die Gesamtheit der Fähigkeiten aller reicht immer hin, die Summe von Genüssen herbeizuschaffen, welche die Begierden aller zu ihrer Befriedigung verlangen« (Weitling 1842: 114). Und der französische Frühsozialist Théodore Dézamy glaubt, dass »jeder nützlichen Tätigkeit ein natürlicher Trieb [...] entspricht« (zit. n. Meyer 1977: 142). Auch der junge Friedrich Engels ist von dieser Hoffnung erfüllt und voll des Lobes: »Fourier war es, der zum ersten Male das große Axiom der Sozialphilosophie aufstellte: Da jedes Individuum eine Neigung oder Vorliebe für eine ganz bestimmte Arbeit habe, müsse die Summe der Neigungen aller Individuen im großen ganzen eine ausreichende Kraft darstellen, um die Bedürfnisse aller zu befriedigen. Aus diesem Prinzip folgt: wenn jeder einzelne seiner persönlichen

Neigung gemäß tun und lassen darf, was er möchte, werden doch die Bedürfnisse aller befriedigt werden, und zwar ohne die gewaltsamen Mittel, die das gegenwärtige Gesellschaftssystem anwendet. Diese Behauptung scheint kühn zu sein, und doch ist sie in der Art wie Fourier sie aufstellt, ganz unanfechtbar, ja fast selbstverständlich – das Ei des Kolumbus. Fourier weist nach, [...] daß daher keine Notwendigkeit besteht, Menschen zur Tätigkeit zu zwingen, wie im gegenwärtigen bestehenden Gesellschaftszustand, sondern nur die, ihren natürlichen Tätigkeitsdrang in die richtige Bahn zu lenken. Er beweist ferner, daß Arbeit und Vergnügen identisch sind, und zeigt die Vernunftwidrigkeit der gegenwärtigen Gesellschaftsordnung, die beide voneinander trennt« (Engels 1843: 483). Allerdings lässt Engels der Behauptung, die Bedürfnisse der Menschen und ihre Neigungen zu bestimmten Tätigkeiten griffen perfekt ineinander, keinerlei Begründung folgen. Er behilft sich mit rhetorischem Nachdruck: Fourier habe eine »unanfechtbare« Behauptung aufgestellt, das »große Axiom der Sozialphilosophie« entdeckt, den »Nachweis« erbracht. Im Grunde aber handelte es sich bei Fouriers Entdeckung um kein neues Axiom der Sozialphilosophie, sondern um eine »sakramentale Formel«: »Sie unterstellt der realen Gesellschaft, einem Aggregat von vernunftbegabten Triebwesen, einem Kräfteparallelogramm von Wünschen, Interessen und Verantwortlichkeiten, die Verwandelbarkeit in einen Gesamtorganismus, dessen Glieder ähnlich zusammenstimmen sollen wie nach dem Wunsch des Apostels Paulus die Glieder der christlichen Gemeinde zum ›Leib Christi‹. Jedes Gemeindeglied, so Paulus [1. Kor. 12], hat sein ›Charisma‹, will sagen, seine je besondere Begabung und Energie, die es zum ›Leib‹ beiträgt. Es ist Organ, nicht bloß Funktion, und zwischen Organen eines Leibes besteht unmittelbare vitale Verbundenheit.« (Türcke 2015: 440) Wenn wirklich alle Bedürfnisse und Neigungen perfekt ineinander griffen, wäre das ein Beweis dafür, dass die Welt im Grunde nicht nur schnöde Materie, sondern ein Paradies wäre und jemand für das harmonische Ineinander aller Bedürfnisse und Neigungen gesorgt haben müsste.

»Die Natur hatte uns allen ein Paradies geschaffen [...] Lasst uns versuchen, es wiederherzustellen.« (Weitling 1842: 80) – Was bei Weitling noch deutlich herausklingt, versucht Engels im Begriff »Axiom« verschwinden zu lassen: Gott! Mit diesem begründet Fourier seine Sozialutopie. Die Ordnung der Leidenschaften und Anziehungskräfte sei »das weiseste und bewundernswürdigste Werk Gottes« und wird »die universelle Einheit auf Erden stiften und Kriege, Revolutionen, Armut und Ungerechtigkeit austilgen« (Fourier 1808: 139). Fourier glaubte an die Sinnhaftigkeit der Schöpfung, an eine Art glückliche Determination, daran, dass alles nur ins Lot gerückt werden müsste: »Ich will beweisen, daß alle Leidenschaften, so wie sie von Gott erschaffen wurden, gut sind. Sie sind gut und nützlich, vorausgesetzt, daß sie in einer Ordnung der Dinge, die das Gegenteil der zersplitterten [...] Arbeit bildet, zum Tragen kommen.« (Fourier 1822: 210) Diesen Ansatz verfolgt Fourier konsequent und alles Menschliche und Allzumenschliche umarmend. So zieht er aus der Tatsache, dass Kinder gerne Süßes essen, den Schluss, dass dies von Gott nicht anders gewollt sein könne und Kinder sich dereinst vornehmlich von Süßigkeiten ernähren würden. Zudem wären Kinder dafür gemacht, dereinst solche Arbeiten zu erledigen, die Erwachsene anwiderten: Toiletten putzen und Kanalisation reinigen. Hätten Kinder doch eine große Leidenschaft für Kot und Dreck. Und wo er einmal beim Thema ist, stellt er *en passant* auch noch fest, dass »in der neuen Gesellschaftsordnung der einfache Mann jeden Tag in Weinen schwelgen« werde (Fourier 1808: 231). Keine Leidenschaft gebe es, die von der Erlösung ausgespart bliebe und nicht ihren Sinn offenbaren würde.

Wenn es nun auch unmöglich erscheint, an ihre Erfüllung zu glauben, so muss zumindest zugegeben werden, dass die Gesellschaftsutopie Fouriers, wenngleich vielleicht etwas zu betriebsam und erregt, doch voller Herzlichkeit und Humanität ist. Seine Parteinahme für die Leidenschaften hebt ihn aus der Reihe der Frühsozialisten heraus, die die Einzelinteressen zum Zwecke des Allgemeinwohls zügeln wollten. Seine Überzeugung, »daß alle Wesen, so wie sie sind, gut sind« (ebd.: 378), beugt den Ketten vor, in die die Einzelnen auf *Utopia* und in der *Civitas Solis* geschlagen werden. Seine Utopie ist die größtmögliche Verneinung des Opfers. Keine Leidenschaft dürfe unterdrückt, keine Arbeit ungewollt angerührt, niemandem irgendetwas vorenthalten werden.

Ohne Gott allerdings wäre seine Utopie nicht plausibel. Und ihre Verwirklichung wäre, wenn man so will, ein Gottesbeweis. Denn wenn die Menschen einen Zustand im Sinne Fouriers eines Tages mit eigener Kraft herbeigeführt haben sollten, hätten sie ihn nicht aus dem Nichts schaffen können. Sie sind auf das Diesseits, wie sie es vorfinden, verwiesen. Sie können es umformen, neu zusammensetzen und in eine neue Ordnung bringen. Aber alles, was sie dabei zusammenfügen, muss sich zusammenfügen lassen, alles was sie dabei erschaffen, ist seiner Möglichkeit nach vorhanden, schlummert als Potenz in der Welt. Sollte es den Menschen daher wirklich eines Tages gelungen sein, alles, was ist, in eine solche Ordnung versetzt zu haben, dass sich alles gefügt hat und alles menschliche Leid beseitigt ist, dann muss dieser Zustand als möglicher in der Welt geschlummert haben. Die Vorstellung einer Welt aber, in der ein solcher Zustand schlummert, lässt sich rein materialistisch und ohne Zusatz oder Rest von Metaphysik kaum erklären.

Das im Hinterkopf zurück zu Marx: Dieser proklamiert die höhere Phase als Resultat der menschlichen Produktivkraftentwicklung, letztlich als eine Errungenschaft der Industrialisierung. Der »enge Rechtshorizont« (»Jedem nach seiner Leistung«) der ersten Phase könne, so Marx, »erst dann« überschritten werden, »nachdem die knechtende Unterordnung der Individuen unter die Teilung der Arbeit, damit auch der Gegensatz geistiger und körperlicher Arbeit verschwunden ist;

nachdem die Arbeit nicht nur Mittel zum Leben, sondern selbst das erste Lebensbedürfnis geworden; nachdem mit der allseitigen Entwicklung der Individuen auch ihre Produktivkräfte gewachsen und alle Springquellen des genossenschaftlichen Reichtums voller fließen [...].« (Marx 1875: 21) Drei Kennzeichen der höheren Phase gibt Marx hier an: 1. Die Unterordnung der Individuen unter die Teilung der Arbeit wird verschwinden. Das soll vermutlich nicht bedeuten, dass die Arbeitsteilung aufhörte, sondern dass sie nicht mehr Hemmschuh individueller Entfaltung wäre. Die Individuen sollen nicht mehr gezwungen sein, den ganzen Tag einen speziellen Handgriff oder Rechenschritt zu wiederholen. 2. Alle Springquellen des Reichtums werden voller fließen. Das bedeutet vermutlich, dass die Produktionsmittel allen gehörten und so effizient wären, dass genügend Reichtum für alle produziert würde. Am liebsten wäre es Marx, wenn die Menschen in Zukunft auf Basis industrieller Produktion kaum noch »materielle Arbeit« (Marx 1894: 827) zu erledigen hätten. 3. Die Arbeit wird selbst zum ersten Lebensbedürfnis werden. Das heißt vermutlich, dass alle Menschen, weil sie satt wären und dank der Produktionsmittel nicht mehr im Schweiße ihres Angesichts arbeiten müssten, schöpferischen Tätigkeiten nachgehen und als Erfinder, Wissenschaftler, Künstler etc. ihre Fähigkeiten bzw. Talente entwickeln könnten.[18] Marx selbst hat sich in jungen Jahren als Dichter versucht und im Alter mit Lust und Laune mathematischen Aufgaben und chemischen Formeln gewidmet. Jedenfalls scheint er darauf zu hoffen, dass in allen Menschen schöpferische Anlagen

18 In diesem Sinne lässt Erik Neutsch in seinem Roman *Spur der Steine* einen Maler sprechen: »Künstler und Wissenschaftler leben eigentlich von jeher, was ihre Arbeit betrifft, im Kommunismus. Oder wollen Sie behaupten, Rembrandt und Dürer, Einstein und Marx hätten ihre Arbeit als Fessel empfunden? Nein ... Sie bildeten darin lediglich die Ausnahme. Später, davon bin ich fest überzeugt, wird im übertragenen Sinne jeder Mensch einmal ein Künstler oder ein Forscher sein. Und als Begriff wird Arbeit etwa diese Bedeutung erhalten: Spiel zum Wohle der Gesellschaft.« (Neutsch 1964: 532)

schlummerten und im Kommunismus, wenn endlich Muße dafür wäre, zur Entfaltung drängten.

Bei den Produktivkräften handelt es sich offenkundig um eine Bedingung der höheren Phase, die sich nicht herbei dekretieren lässt, sondern im Vorfeld und im Laufe kommunistischer Produktion erarbeitet werden muss. Solange die Industrie noch unterentwickelt ist, besteht die Notwendigkeit kraftraubender und monotoner Arbeit fort, um zu überleben. Und so knausrig und engherzig das Prinzip der Tauschgerechtigkeit (»Jedem nach seiner Leistung«) auch ist, existiert schlechterdings kein gerechteres, um knappe Lebensmittel und leidige Arbeit in der Gesellschaft zu verteilen. Erst wenn die Produktivkräfte ausreichend entwickelt wären, könnten sich die Menschen zwanglos entfalten. Erst dann wäre die höhere Phase an der Zeit. »Jeder nach seinen Fähigkeiten, jedem nach seinen Bedürfnissen!«

Aufzug in die höhere Phase: Industrialisierung

»Schonet der mahlenden Hand, o Müllerin, und schlafet
Sanft! Es verkündet der Hahn euch den Morgen umsonst!
Däo hat die Arbeit der Mädchen den Nymphen befohlen,
Und itzt hüpfen sie leicht über die Räder dahin,
Daß die erschütternden Achsen mit ihren Speichen sich wälzen,
Und im Kreise die Last drehen des wälzenden Steins.
Laßt uns leben das Leben der Väter, und laßt uns der Gaben
Arbeitslos uns freun, welche die Göttin uns schenkt.«

Diese Wassermühlen-Hymne des griechischen Dichters Antipatros, eines Zeitgenossen Ciceros, zitiert Marx (Marx 1872k: 431, Anm. 156), um die Schöpferkraft und Produktivkräfte der Menschen zu würdigen. Im Gegensatz zu Morelly sieht er das Heil nicht in der Natur, sondern in deren Bearbeitung durch den Menschen. Gleichwohl kann aber auch ein solcher Heilsglauben nicht ganz auf den Glauben an die weise Anordnung der Natur verzichten. Denn die Menschen können nur das bearbeiten, was sie vorfinden; sie können ihre Produktivkräfte und die Produkte nicht aus dem Nichts schaffen, worauf Marx selbst hinweist, wenn er die Arbeitskräfte des Menschen als Naturkräfte und den Produktionsprozess als Stoffwechsel mit der Natur definiert. Ein Zustand wie die höhere Phase der kommunistischen Gesellschaft, wo die Springquellen des Reichtums reicher fließen, alle schnöde Arbeit durch die Industrie auf ein erträgliches Maß reduziert ist und alle Bedürfnisse befriedigt werden, muss, um wirklich werden zu können, zumindest dem Potenzial nach auf Erden angelegt sein.

Vermutlich sollen Marx' Worte, wonach die Springquellen des Reichtums voller fließen werden, absichtlich an jenes Land erinnern, worin Milch und Honig fließen. Bloß führt dahin kein Gott – wenn es wirklich würde, so aufgrund der Produktivkräfte der Menschen. Ähnlich und übertriebener argumentierte übrigens der berühmte Unternehmer Henry Ford. Die Maschine sei der neue Messias (Ford 1929: 37). Mithilfe der Industrie werde in nächster Zukunft für alle alles in ausreichendem Maße produziert werden, der Kampf ums Dasein ein Ende finden und Verhältnisse wirklich, »wie sie die Propheten seit unvordenklichen Zeiten ersehnt haben« (ebd.: 47). Anders als Ford aber glaubte Marx, dass erst die kapitalistische Gesellschaft abgeschafft werden müsste, bevor die Industrie ihren Dienst für die Menschen beginnen könnte. Gleichwohl hielt er die kapitalistische Gesellschaft für die notwendige Voraussetzung des Kommunismus. Sie soll als eine Art Zulieferbetrieb des Vereins freier Menschen fungieren: »Ihr historischer Beruf ist die rücksichtslose, in geometrischer Progression vorangetriebne Entfaltung der Produktivität der menschlichen Arbeit.« (Marx 1894: 272 f.; vgl. auch ebd. 260) Entsprechend fungiere der Kapitalist als eine Art Agent des Kommunismus: »Als Fanatiker der Verwertung des Werts zwingt er rücksichtslos die Menschheit zur Produktion um der Produktion willen, daher zu einer Entwicklung der gesellschaftlichen Produktivkräfte und zur Schöpfung von materiellen Produktionsbedingungen, welche allein die reale Basis einer höheren Gesellschaftsform bilden können, deren Grundprinzip die volle und freie Entwicklung jedes Individuums ist.« (Marx 1872k: 618) Gerichtet waren solche Worte auch gegen die Maschinenstürmerei und Rückwärtsgewandtheit, gegen die Engels und Marx in der sozialistischen Bewegung ebenso zu Felde zogen wie später zur Jahrhundertwende die Bolschewiki gegen die Volkstümler (Narodniki).[19] Technik und Industrie seien nicht das Problem! So sagt es auch Oscar Wilde in seinem Plädoyer für den Sozialismus: »Bis jetzt war der Mensch bis zu gewissem Grade der Sklave der Maschine, und es liegt etwas Tragisches in der Tatsache, dass der Mensch, sowie er eine Maschine erfunden hatte, die ihm seine Arbeit abnahm, Not zu leiden begann. Das kommt indessen natürlich von unserer Eigentums- und Konkurrenzwirtschaft. Ein Einzelner ist der Eigentümer einer Maschine, die die Arbeit von fünfhundert Menschen tut. Fünfhundert Menschen sind infolgedessen beschäftigungslos; und da man ihre Arbeit nicht braucht, sind sie dem Hunger preisgegeben und legen sich auf den Diebstahl. Der Einzelne eignet sich das Produkt der Maschine an und behält es und hat fünfhundertmal soviel, als er haben sollte, und wahrscheinlich, was viel wichtiger ist, bedeutend mehr, als er tatsächlich braucht. Wäre diese Maschine das Eigentum aller, so hätte jedermann Nutzen davon. Sie wäre der Gemeinschaft von grösstem Vorteil. Jede rein mechanische, jede eintönige und dumpfe Arbeit, jede Arbeit, die mit widerlichen Dingen zu tun hat und den Menschen in abstossende Situationen zwingt, muss von der Maschine getan werden. Die Maschine muss für uns in

19 1849 hatten Engels und Marx »den Arbeitern und Kleinbürgern« zugerufen: »Leidet lieber in der modernen bürgerlichen Gesellschaft, die durch ihre Industrie die materiellen Mittel zur Begründung einer neuen, euch alle befreienden Gesellschaft schafft, als daß ihr zu einer vergangenen Gesellschaftsform zurückkehrt, die unter dem Vorwand, eure Klassen zu retten, die ganze Nation in mittelalterige Barbarei zurückstürzt!« (Engels u. Marx 1849: 195)

den Kohlengruben arbeiten und gewisse hygienische Dienste tun und Schiffsheizer sein und die Strassen reinigen und an Regentagen Botendienste tun und muss alles tun, was unangenehm ist. Jetzt verdrängt die Maschine den Menschen. Unter richtigen Zuständen wird sie ihm dienen.« (Wilde 1891: 44 f.)

Als mit den Jahrzehnten die negativen Folgen des industriellen Fortschritts deutlicher wurden, etwa Atombombe und Umweltverschmutzung, und die positiven Folgen der Industrie im Ostblock ausblieben, begannen in den linken sozialen Bewegungen auch wieder solche Stimmen laut zu werden, gegen die Marx, Engels und besonders Lenin heftig gekämpft hatten. Zum bekanntesten Kritiker der Industrialisierung wurde Günther Anders. Anders lehnt zwar den technischen Fortschritt nicht rundherum ab und weiß den Wunsch zu würdigen, vermittels Maschinen Elend zu mildern und dem Schlaraffenland näher zu kommen, aber er fordert entschieden mehr Bedacht bei der Entwicklung und Skepsis beim Einsatz von Technik: »Wahnsinn wäre es, in der Gegenwart eines hungernden Inders, dessen Land durch die Serienproduktion von Traktoren gerettet werden könnte, Technik als solche zu beargwöhnen. Täten wir das, so hätte der Mann jedes Recht, uns als seine Feinde zu bekämpfen. [...] Es wird eine der Hauptaufgaben der Philosophie der Technik sein, den dialektischen Punkt ausfindig zu machen und zu bestimmen, wo sich unser Ja der Technik gegenüber in Skepsis oder in ein unverblümtes Nein zu verwandeln hat.« (Anders 1980: 127) Im gleichen Werk wendet sich Anders auch direkt an die Adresse der Sozialisten und gegen deren Auffassung, nicht die Industrie, sondern die gesellschaftlichen Zustände seien das Problem. Maschinen würden sich nicht willfährig den gesellschaftlichen Verhältnissen anpassen und auch nicht plötzlich nur noch die Ansprüche der Menschen erfüllen; sie hätten eigene Ansprüche, etwa nach Energie und Wartung, gehorchten eigenen Bewegungsgesetzen, stellten Anforderungen an ihre Umgebung (Autos etwa an das Verkehrsnetz), konstituierten selbst einen immer umfassenderen Zusammenhang, worin die eine die andere Maschine bedinge und voraussetze und auch die Menschen immer abhängiger würden, und bildeten mehr und mehr eine zweite Natur. Die Menschen passten die Maschinen nicht nur ihren Wünschen an, sondern wären auch gezwungen, sich an sie anzupassen, und das im Zeitalter der Industrialisierung mehr, als ihnen lieb ist. Sie reagierten mit »prometheischer Scham«. So nennt Anders das Phänomen, mit dessen Diagnose sein Werk beginnt.

Dem griechischen Mythos nach trotzte der Gott-Titan Prometheus wider die Götter und schlug sich auf Seiten der Menschen, brachte ihnen das Feuer und wurde ihr Lehrmeister und Vorbild. Statt sich den Göttern zu unterwerfen, lernten die Menschen von ihm zu rechnen und zu schreiben, die Bahnen von Mond, Sonne und Sternen zu verstehen, Häuser und Schiffe zu bauen, Felder zu bestellen, Tiere zu halten und Bodenschätze zu fördern. »Er unterwies sie in allem, was ihnen nützlich war und sie zufrieden und glücklich machte.« (Schwab 1840: 17) Darum hieß ihn der junge Marx den »vornehmsten Heiligen und Märtyrer im philosophischen Kalender« (Marx 1839: 263), darum die berühmte Ode des jungen Goethe über den prometheischen Schöpferstolz.[20]

Prometheischer Stolz sei überholt. Mehr und mehr, so Anders, sei der Mensch eingeschüchtert durch die Anzahl und Komplexität der ihn umgebenden Maschinen und die Überlegenheit und Übermacht der Industrie. »›Wer bin ich schon?‹ fragt der Prometheus von heute, der Hofzwerg seines eigenen Maschinenparks, ›wer bin ich schon?‹« (Anders 1956: 24 f.) Besonders beschämend für den Menschen sei, nicht perfekt konstruiert, sondern ein Abkömmling der Natur zu sein, ganz anders als seine Produkte, die planmäßig und zweckmäßig auf die Welt kämen. Lässt sich die prometheische Scham

20 Später, 1808, im Fragment gebliebenen Festspiel *Pandora*, hat der Dichter den Helden seiner Ode kritischer gezeichnet. Prometheus huldigt dem Hammerschlag des Fortschritts und zeigt keinen Sinn für das Gute und Schöne.

beobachten? Leicht zu erkennen sei sie nicht; da es ihr, wie jeder Scham, an Selbstüberzeugung fehle, äußere sie sich nicht aktiv, sondern versteckt und verkleidet, gar in der Flucht nach vorn: in der Selbstverdinglichung der Menschen, deren Identifikation mit den Maschinen. Durch Make-Up, Human Engineering und obstinate Tanzmusik versuchten sich die Menschen selbst »ins Reich des Hybriden und Artifiziellen hinüber« zu retten (ebd.: 38) und ihrer Scham zu entkommen. Sie hoffen in Hingabe an die Technik ihre Makel los und in der Identifikation mit dem technischen Fortschritt fortschrittlicher zu werden – heutzutage so wie die selbsternannte »Cyberanthropologin« Amber Case: »Wir schaffen Roboter, Handys und andere technische Geräte nach unseren eigenen Bedürfnissen. Sie machen uns funktionaler, produktiver, einfach besser. Die Technik macht uns zu Supermenschen. Autos machen uns schneller, das Internet lässt uns umfassender denken und durch Netzwerke werden wir sozialer.«[21]

Als 1893 Engels nach 16 Jahren Exil nach Deutschland heimkehrte, schilderte er seinen Genossen seine Begeisterung: »Und da habe ich mich bei meiner Reise überzeugen können, wie großartig der Umschwung ist, der in den ökonomischen Verhältnissen Deutschlands stattgefunden hat. Vor einem Menschenalter war Deutschland ein ackerbauendes Land mit einer zu zwei Dritteln ländlichen Bevölkerung; heute ist es ein Industrieland ersten Ranges, und den ganzen Rhein entlang, von der holländischen bis zur Schweizer Grenze, habe ich nicht ein einziges Fleckchen gefunden, wo man sich umschauen kann, ohne Dampfschlote zu sehen.« (Engels 1893r: 413)

Auch eine solche Welt, bloß unter kommunistischen Vorzeichen, schildert Alexander Bogdanov, eine enigmatische Gestalt

21 Interview mit Amber Case: »Virtuell bin ich besser«, in: *ZEIT WISSEN*, Jahrgang 2011 (Heft 3), S. 38–41, http://pdf.zeit.de/zeit-wissen/2011/03/Amber-Case.pdf (aufgerufen am 30.3.2016).

des russischen Kommunismus, in seinem Roman *Der Rote Stern* von 1908. Auf diesen Stern verschlägt es zu Beginn des Romans den Erdenmensch Leonid, ausgewählt, den Kommunismus kennenzulernen. Er besichtigt unter anderem das »Institut für Rechnungswesen«, das Rechenzentrum der Produktion. »Die schwarzen Mauern waren mit Reihen von glänzenden weißen Zeichen bedeckt; dies waren die statistischen Arbeitstabellen. Auf der einen mit Nummer eins bezeichneten stand: ›Der Maschinenbetrieb verfügt über einen Überschuß von 968.757 täglichen Arbeitsstunden, davon 11.325 Arbeitsstunden erfahrener Spezialisten. [...]‹ Auf der Tabelle, die die Nummer zwei trug, war zu lesen: ›In den Konfektionsbetrieben ist ein Mangel von 392.685 täglichen Arbeitsstunden, davon 21.380 Arbeitsstunden erfahrener Mechaniker für die Spezialmaschinen und 7.852 Arbeitsstunden der Spezialisten für Organisation.‹« (Bogdanov 1908: 50) Während Leonid die Tabellen betrachtet, wird er von einem Bewohner des roten Sterns aufgeklärt: Das Institut habe an allen Produktionsstandorten Agenturen, die stündlich den Umsatz der Arbeitskraft und den Umsatz der Rohstoffe und Güter verzeichneten und an die Zentrale übermittelten. Sodann berechnete es den globalen Arbeitsbedarf und lenkte die Arbeitskräfte in all jene Produktionszweige, wo Arbeit anstehe. Das sei schon die höhere Phase des Kommunismus. Früher, in der ersten Phase, habe allgemeine Arbeitspflicht geherrscht. Doch mit der Zeit hätten Erfindungen den Produktionsprozess mehr und mehr erleichtert, Maschinen unliebsame Arbeiten übernommen, den Arbeitstag verkürzt und die Arbeitspflicht hinfällig gemacht. Leonid zeigt sich besonders angetan von der allgegenwärtigen Kraft der Elektrizität und lernt auf seiner Reise den technischen Fortschritt kennen: gewaltige Maschinen, Fluggeräte, optische Apparate (zum *skypen*, wie man heute sagen würde) und Bluttransfusionen, die das Leben verlängern. Soweit scheint der Kommunismus auf dem roten Stern ein voller Erfolg zu sein. Doch in dem Roman herrscht kalte Grundstimmung. Anfangs hat der Leser noch das

Gefühl, als müsse er sich mit Leonid noch an die Umgebung gewöhnen. Doch die Stimmung will sich nicht aufhellen: Das rötliche Licht auf dem Stern, die Gleichheit seiner Bewohner, deren Tatkraft, Nüchternheit und Wissenschaftlichkeit, deren Geschlechts- und Lieblosigkeit, die schwarzen Wände und Zahlentabellen im Institut, die geometrischen Formen der Gebäude und die »gigantischen Fabriken mit schauerlich schönen Maschinen« (ebd.: 63). Leonid wird seelenkrank und kommt in eine Klinik. Dort verliebt er sich in seine Ärztin Netti, die er anfangs für einen Arzt hält. Doch kaum beginnt es auf dem Roten Stern zu menscheln, muss Netti zu einer Expedition auf die Venus aufbrechen. Ihr Fachwissen ist gefordert. Leonid bekommt erklärt, warum diese Expedition notwendig ist: »In der letzten Epoche der Geschichte haben wir die Ausbeutung unseres Planeten um das zehnfache erhöht, unsere Bevölkerung wächst an und noch weit mehr steigern sich unsere Bedürfnisse. Schon mehr als einmal bedrohte uns auf dem einen oder anderen Arbeitsfeld die Erschöpfung der Naturkräfte und Mittel.« (ebd.: 65) Die Wälder auf dem Roten Stern seien schon abgeholzt, seine Landschaft verunstaltet, die Luft verschmutzt und das Klima durcheinandergebracht. Leonid will daraufhin von den Bewohnern wissen, warum es nicht möglich sei, den Produktionsprozess zur Ruhe kommen zu lassen und das Erreichte glücklich und zufrieden zu genießen, woraufhin sie seine Unerfahrenheit und Naivität belächeln. In der Ruhe lasse sich Glück doch gar nicht finden. Von wegen: Auf dem Wasser liegen und in den Himmel schauen. Als Adorno sich ein solches Glück ausmalte, hatte er womöglich Nettis schlechtes Beispiel vor Augen. »Vielleicht wird die wahre Gesellschaft der Entfaltung überdrüssig und läßt aus Freiheit Möglichkeiten ungenützt, anstatt unter irrem Zwang auf fremde Sterne einzustürmen.« (Adorno 1951: Aph. 100)

Bogdanov illustriert in seinem Roman, wiewohl und weil er Industrialisierung und kommunistische Planwirtschaft guthieß, die Entfesselung der Produktivkräfte und die Beherrschung der Natur mit allen Konsequenzen, auch den negativen. Eine Mischung aus Utopie und Dystopie. Doch Günter Maschkes Nachwort der deutschen Ausgabe von 1972 zeigt, wie der Roman auch als reine Utopie missverstanden werden kann. Als würde Bogdanov im roten Stern den Fixstern des Kommunismus darstellen und die Ruhelosigkeit der Marsmenschen und den Raubbau an der Natur gutheißen. So liest Maschke den Roman und hebt sofort den Zeigefinger: »Versöhnung zu denken, ist Bogdanov, dem Propheten der Kooperation und Automation, verwehrt; er vermag das Verhältnis von Natur und Gesellschaft nur als Kampf, Ausbeutung, permanenten Krieg anzusehen – seine Definition der Technik bleibt bürgerlich.« (Maschke 1972: 137) Im Wissen um Bogdanovs Roter-Planet-artigen Lebenslauf und Tod kommt diese Lesart nicht von ungefähr. Der Kommunist Bogdanov war nicht nur Romancier, sondern hatte auch eine Theorie der Planung verfasst, sich als Tüftler und Forscher probiert und mit Bluttransfusionen experimentiert. Was Letztere betrifft, versuchte er deren lebensverlängernde Wirkung zu beweisen und ist dabei 1928 in einem Selbstversuch gestorben.

In seinem Eifer für den Kommunismus, seiner Hoffnung auf die Produktivkräfte und seinem Kampf gegen die Maschinenstürmer übersieht Marx einen Tatbestand, den er selber untersucht und auf zweihundert Seiten beschrieben hat: die reelle Subsumtion der Produktion unter das Kapital und die damit einhergehende Transformation der Produktionsbedingungen und -abläufe (Marx 1872k: 331–530). Diese zweihundert Seiten legen eigentlich den Schluss nahe, dass der Gebrauchswert der Industrie (und überhaupt der Produktivkräfte) von den Verhältnissen, in denen er entstand, kontaminiert ist. Abseits der Öffentlichkeit, in einem Manuskript, zieht Marx diesen Schluss auch: »In der Maschine und noch mehr in der Maschinerie als einem automatischen System ist das Arbeitsmittel verwandelt seinem Gebrauchswert nach, d. h. seinem stofflichen Dasein nach in eine dem Capital fixe und dem Kapital überhaupt adäquate Existenz und die Form, in der es als unmittelbares Arbeitsmittel in den Produktionsprozeß des Kapitals aufgenommen wurde, in eine durch das Kapital selbst gesetzte und ihm entsprechende Form aufgehoben. Die Maschine erscheint in keiner Beziehung als Arbeitsmittel des einzelnen Arbeiters. Ihre *differentia specifica* ist keineswegs, wie beim Arbeitsmittel, die Tätigkeit des Arbeiters auf das Objekt zu vermitteln; sondern diese Tätigkeit ist vielmehr so gesetzt, daß sie nur noch die Arbeit der Maschine, ihre Aktion auf das Rohmaterial vermittelt — überwacht und sie vor Störungen bewahrt. Nicht wie beim Instrument, das der Arbeiter als Organ mit seinem eignen Geschick und Tätigkeit beseelt und dessen Handhabung daher von seiner Virtuosität abhängt. Sondern die Maschine, die für den Arbeiter Geschick und Kraft besitzt, ist selbst der Virtuose, die ihre eigne Seele besitzt in den in ihr wirkenden mechanischen Gesetzen und zu ihrer beständigen Selbstbewegung, wie der Arbeiter Nahrungsmittel, so Kohlen, Öl etc. konsumiert (matières instrumentales). Die Tätigkeit des Arbeiters, auf eine bloße Abstraktion der Tätigkeit beschränkt, ist nach allen Seiten hin bestimmt und geregelt durch die Bewegung der Maschinerie, nicht umgekehrt. [...] In der Maschinerie tritt die vergegenständlichte Arbeit der lebendigen Arbeit im Arbeitsprozeß selbst als die sie beherrschende Macht gegenüber, die das Kapital als Aneignung der lebendigen Arbeit seiner Form nach ist. Das Aufnehmen des Arbeitsprozesses als bloßes Moment des Verwertungsprozesses des Kapitals ist auch der stofflichen Seite nach gesetzt durch die Verwandlung des Arbeitsmittels in Maschinerie und der lebendigen Arbeit in bloßes lebendiges Zubehör dieser Maschinerie; als Mittel ihrer Aktion.« (Marx 1857/58: 592 f.) Marx argumentiert hier nicht wie Anders; er analysiert die Maschine weiterhin als Produkt der gesellschaftlichen Verhältnisse, jedoch konsequenter als er es sonst tut. Er drückt sich nicht um die Wahrheit herum, dass auch der Gebrauchswert, das stoffliche Dasein der Maschinerie, kapitalistisch entstanden und kapitalistisch ist. Solcher

Gebrauchswert kann nicht einfach in den Kommunismus verpflanzt werden, aus der Pestquelle kapitalistischer Industrie kann im Kommunismus nicht plötzlich reinstes Wasser fließen. Das Fließband etwa könnte im Kommunismus vielleicht langsamer laufen, seine Eigenlogik – in Charlie Chaplins *Modern Times* treffend illustriert – aber bliebe: Die Menschen müssten sich ihr unterordnen und stumpfsinnigste Bewegungen in bleierner Monotonie ausführen.

Als einer der wenigen Marxisten hat Horst Friedrich, seinerzeit Hochschullehrer für Marxismus-Leninismus in der DDR, den oben zitierten Passus in den Marx'schen Manuskripten betont und daraus geschlossen, dass der Kommunismus nicht nur die Revolution der Eigentums- und Produktionsverhältnisse, sondern auch der Produktionsmittel erfordere (Friedrich 1981: 227 f.). Und was wäre in dieser Hinsicht heute nicht alles zu tun? Man denke etwa an die Zellen und Adern des kapitalistischen Produktionsorganismus, d. h. an die Fabriken und Bergwerke, in denen die Menschen schuften, und an das lärmende Straßennetz, in dem die Städte und Landschaften gefangen sind. Diese kapitalistische Industrie und Infrastruktur wären in der kommunistischen Gesellschaft nicht nur Erbe, sondern auch Bürde. Sie müssten umgestaltet werden. Was für ein Aufwand! Kommunisten wollen ihn in der Regel nicht wahrhaben. Sie, die sonst nie verlegen sind, sämtliche Übel des Kapitalismus aufzuzählen, erblicken in dessen Industrie und Technik naiv und frohgemut die Mitgift, die dem Kommunismus mit auf den Weg gegeben wird.[22]

22 Derzeit vertritt z. B. Hermann Luerr die klassische kommunistische Position, wonach der Gebrauchswert heutiger Produktivkräfte ein Segen für den Kommunismus wäre: »Mit der Befriedigung der gesellschaftlichen ›Grundbedürfnisse‹ – die im 21. Jahrhundert aufgrund des Standes der Wissenschaft sowie der bereits vorhandenen Technologie für die Gesellschaftsmitglieder auf hohem Niveau realisierbar ist – hätte die Mehrheit der Weltbevölkerung bereits gegenüber den kapitalistischen Produktionsverhältnissen gewonnen! Darüber hinaus – d. h. jenseits des Reiches der Notwendigkeit im Hinblick

Der Aufwand wäre selbst dann gewaltig, unterstellte man, der industrielle Organismus, wie ihn das Weltkapital geschaffen hat, sei nicht kontaminiert und könne in neuen Verhältnissen höheren Zwecken dienen. Denn dieser Organismus hat zwei Voraussetzungen: den Akkumulationstrieb des Kapitals und die Zufuhr großer Mengen Arbeitskraft. Das Kapital hat die menschliche Gesellschaft unvergleichlich unter Strom gesetzt und die Produktivkräfte gewaltig entfesselt. Wer sollte es halbwegs ersetzen und seine Produktivkräfte wach halten? Bevor es sich zum Prinzip der Produktion aufgeschwungen hatte, hatte die Entwicklung vom Rad bis zur Dampfmaschine Jahrtausende in Anspruch genommen. »In den vorkapitalistischen Gesellschaftsformationen existiert ja gar kein allgemeines, treibendes Motiv, die Produktivkräfte zu entwickeln [...] Nur die Konkurrenz als ›stummer Zwang‹ (Marx) des warenproduzierenden Systems, entstanden und wirkend ›hinter dem Rücken‹ der Subjekte, konnte die Produktivkräfte derart in Bewegung setzen, wenn auch in schreienden Widersprüchen von Destruktion und Emanzipation.« (Kurz 1991: 84f.) Unter der Ägide des Kapitals dauerte es von der Dampfmaschine bis zum Computer und zur Nanotechnologie dann nur noch drei Jahrhunderte. Eine Erfindung jagte die andere; auf die erste folgte die zweite und auf die zweite die dritte industrielle Revolution. Was würde mit dem kapitalistischen Produktionsorganismus geschehen, würde man ihm seine Lebensgier nehmen, d. h. den Akkumulationstrieb des Kapitals abschaffen? Wodurch könnte der Akkumulationstrieb des Kapitals ersetzt werden? – Es müsste ja nicht gleich die Hast der kapitalistischen Produktivkraftentwicklung beibehalten werden, aber es müsste zumindest so viel Kontinuität gewahrt bleiben, dass der Organismus weiter produzierte: nicht unbedingt PKW und Smartphones, aber unbedingt die

auf die gemeinsame Organisation des angenehmen Lebens – wäre die Organisation der über die ›Grundbedürfnisse‹ hinausgehenden Produktion also ein reines ›Luxusproblem‹.« (Luerr 2013: 280)

Nahrungsmittel, Wohnstätten, Kleider und Arzneien für sieben Milliarden Menschen (samt der Produktionsmittel, die zur Produktion dieser Güter notwendig sind). Was würde mit dem komplexen Produktionsorganismus ohne die Zufuhr gewaltiger Mengen Arbeitskraft geschehen? Er verschlingt, um sich daran zu weiden, tagtäglich die Energien und Lebenskräfte von Milliarden schwerstarbeitender Lohnarbeiter. Welchem Arbeiter wäre es zu verübeln, bliebe er nach der Revolution zuhause, statt sich morgens in den Berufsverkehr Richtung Fabrik zu stürzen, um darin einen weiteren Tag zwischen Stahl und Lärm mit monotonen Tätigkeiten zu verbringen? Blieben zu viele Arbeiter am Morgen nach der Weltrevolution im Bett, würden der globale Produktionsorganismus kollabieren und die Supermarktregale Tag für Tag leerer werden.

Arbeitsscheine in der ersten Phase: Notwendigkeit, Funktion, Konsequenz

Angenommen, der Produktionsorganismus würde nicht kollabieren, sondern wachsen, stellte sich immer noch die Frage, inwieweit das Leistungsprinzip abgeschafft und das höhere Prinzip des Kommunismus in Kraft treten könnte. Hatte doch Marx an anderer Stelle darauf hingewiesen, dass da »immer ein Reich der Notwendigkeit« bleiben würde, »in allen Gesellschaftsformen und unter allen Produktionsweisen«, und es nur darum gehen könne, dieses Reich so »rationell« wie möglich zu bewältigen (Marx 1894: 828). Bliebe ein solches Reich der Notwendigkeit bestehen, so blieben höchstwahrscheinlich auch Arbeiten übrig, um die sich niemand reißen würde. Darauf, wie diese Arbeiten gerecht verteilt werden könnten, gibt das Prinzip »Jeder nach seinen Fähigkeiten, jedem nach seinen Bedürfnissen!« keine Antwort. Bei Lichte betrachtet erweist es sich als außerökonomisches Prinzip, als eins, das im Reich der Notwendigkeit nicht weiterhilft, als auf das Reich der Freiheit zu verweisen. Zur Bewältigung des Reichs der Notwendigkeit vermag Marx kein besseres ökonomisches Prinzip anzugeben als das der Äquivalenz, das Prinzip der Tauschgerechtigkeit: Jedem nach seiner Leistung. Die Arbeitsscheine, wie sie Marx im Sinne hat, sollen dafür sorgen, dass es bestmöglich gilt.

Glücklich war Marx mit den Arbeitsscheinen nicht. Im ersten Band seines ökonomischen Hauptwerks deutet er sie erstmals, aber nur halbherzig an: »Nur zur Parallele mit der Warenproduktion setzen wir voraus, der Anteil jedes Produzenten an den Lebensmitteln sei [im Verein freier Menschen, H. G. F.] bestimmt durch seine Arbeitszeit.« (Marx 1872k: 93) Nur zur Parallele? Im zweiten Band bringt er abermals die Arbeitsscheine als zukünftige Instrumente ins Spiel, und wieder lässt er seinen Unmut durchblicken: »Die Produzenten mögen meinetwegen papierne Anweisungen erhalten, wofür sie den gesellschaftlichen Konsumtionsvorräten ein ihrer Arbeitszeit entsprechendes Quantum entziehn.« (Marx 1885: 358) Meinetwegen? In der *Kritik des Gothaer Programms* schließlich steht er dann unumwunden zum Einsatz der Arbeitsscheine – gefolgt von seinen Ausführungen, warum und wie der Einsatz dieser Zertifikate schließlich selbst ein Ende finden müsse.

Es mag nun den Anschein haben, als handele sich die kommunistische Gesellschaft in ihrer ersten Phase Geld und Waren wieder ein. Dass die Arbeitsscheine am Ende doch auch nur Geld seien, ist auch unter Marxisten keine seltene Behauptung, entweder als Vorwurf (Elbe 2001) an Marx gerichtet oder zwecks Rechtfertigung (S. Varga 1957: 239 u. Kosta 1984: 28) des Geldes im Sozialismus. Marx war anderer Auffassung. Im Gegensatz zu den Stundenzetteln in den Visionen von John Grey (1798–1850) und Pierre Joseph Proudhon (1809–1865), die die Warenwirtschaft fortbestehen lassen wollen, wären die Arbeitsscheine, so Marx, auf der Grundlage einer geplanten gesamtgesellschaftlichen Produktion kein Geld.

Die Frage, was Geld sei, behandelt Marx ausgehend vom Tausch zweier Waren. Würden zwanzig Ellen Leinwand gegen einen Rock getauscht, so stehe zur Debatte, auf welcher Grundlage ihr Verhältnis zustande komme. Marx' Erklärung: Die beiden Waren würden als »Ausdrücke derselben Einheit« getauscht (Marx 1872k: 64). Die Einheit sei der Wert, dessen Substanz die allgemein gesellschaftliche Arbeit. Diese aber, obgleich sie Marx dem Tausch zweier Waren vorerst unterstellt, kann aus diesem noch nicht hergeleitet werden. Denn die Abstraktion von Schneiderei und Weberei ergibt noch nicht allgemein gesellschaftliche Arbeit. Selbst wenn an den verschiedensten Orten immer wieder andere Waren getauscht würden und der Kreis sich am Ende schlösse: Autos gegen Schuhe, Schuhe gegen Bücher und Bücher gegen Autos, bliebe die Abstraktion auf den jeweiligen Tausch und die jeweiligen Arbeiten beschränkt. Damit sich die allgemein gesellschaftliche Arbeit als allen Arbeiten Gemeinsames und als Substanz des Wertes herausbilden könne, sei eine »einheitliche Erscheinungsform« (ebd.: 79) vonnöten, »die sichtbare Inkarnation, die allgemeine gesellschaftliche Verpuppung aller menschlichen Arbeit« (ebd.: 81). Eine solche Inkarnation müsse aber selber die Verkörperung von Arbeit, selber eine Ware sein. Sonst könnten sich die anderen Waren nicht zu ihr ins Verhältnis setzen. Schließlich sei die Produktion in der kapitalistischen Gesellschaft atomisiert; ihr allgemein gesellschaftlicher Charakter könne sich nur im Tausch darstellen, also im Warentausch. Außer den Waren gibt es nichts auf dem Markt; es ist keine Instanz auszumachen, die den Wert der Güter ausrechnen und ihn auf die Preisschilder schreiben würde. Angesicht von Banknoten, die an sich nur das Papier wert sind, aus dem sie bestehen, wirkt die Behauptung, dass das Geld im Grunde eine »besondre Ware neben andren Waren« (Marx 1894: 621) sei, nicht selbstverständlich. Doch die Banknoten, so Marx, stünden nicht für sich, sondern verwiesen als Geldzeichen auf tatsächliches Geld, d. h. die Geldware, die vorwiegend in Gestalt von Gold in den Kellern der Banken lagere. Wenn Banken und Staat zu viel Papier zu Wert stempelten, das keinen solchen repräsentiere, so würde sich dieser

Mangel früher oder später in Krisen offenbaren: im Wertverfall der Geldzeichen (Marx 1859ö: 98).

Historisch – aber ihrer Handlichkeit und Haltbarkeit wegen nicht zufällig – hätten sich die Edelmetalle, insbesondere das Gold, zur Geldware und damit zum Geld gemausert. In diesem wird die Verausgabung derjenigen Kraft, die der Schöpfung von Gebrauchswerten dient, als Essenz aller verschiedenen gesellschaftlichen Arbeiten in unbewusster Form erfasst. Sobald über die Grenzen der Gemeinwesen hinweg getauscht wird, wird die Arbeit über die Grenzen hinweg geteilt. Im entgrenzten Tauschhandel setzt jedes Gemeinwesen einen Teil der eigenen Arbeitskraft ein, um andere Gemeinwesen mit bestimmten Gütern zu versorgen und im Austausch Güter zu erhalten, die in anderen Gemeinwesen produziert wurden. Aus den isolierten Produktionszusammenhängen entsteht ein globaler Produktionszusammenhang, worin die verschiedenen Arbeitskräfte eine globale Arbeitskraft ergeben. Deren Verausgabung und Verteilung wird über den Weltmarkt organisiert und durch das Geld, genauer das Weltgeld dargestellt, welches »leibhaftes Gold und Silber« sei (Marx 1872k: 159): »Erst auf dem Weltmarkt funktioniert das Geld in vollem Umfang als die Ware, deren Naturalform zugleich unmittelbar gesellschaftliche Verwirklichungsform der menschlichen Arbeit in abstracto ist. Seine Daseinsweise wird seinem Begriff adäquat« (ebd.: 156).[23] Im Jargon des jungen Marx (Marx 1844m: 565) ließe sich auch sagen: Als Weltgeld ist das Geld das entäußerte Vermögen der ganzen Menschheit. Dass dieses Weltgeld Ware sein müsse, leuchtet besonders für frühere Zeiten ein: Was hätte ein Chinese, der im 3. Jahrhundert n. Chr. seine Seide mit einem alten Römer tauscht, mit einer papiernen altrömischen Banknote, hätte es diese damals gegeben, anfangen sollen. »Bringe Papiergeld in ein Land, wo man diesen Gebrauch des Papiers nicht kennt und jeder wird lachen über deine subjektive Vorstellung.« (Marx 1839: 371)

23 Vgl. auch Engels u. Marx 1848: 466.

Natürlich will der weitgereiste Händler etwas in die Hand, klingende Münzen und keine »Papierlappen« (Marx 1859ö: 98).

Die Produktion der Geldware, namentlich der Edelmetalle koste immense Arbeitskräfte. Die weltweiten Bestände der Geldware drückten ungeheuer viel Arbeit aus, größtenteils Minenarbeit.[24] Marx zählt diese Produktionskosten, wie auch den Arbeitsaufwand im Finanzsektor, zu den »faux frais« (Marx 1885: 138), d. h. zu den Fehl- bzw. Nebenkosten des kapitalistischen Systems. Unter kapitalistischen Vorzeichen, wo die Produktion geteilt, aber nicht organisiert sei, sei dieses Opfer an Arbeitskraft unvermeidlich. Nach der Revolution, unter den Vorzeichen einer geplanten Produktion, könnte diese Verschwendung von Arbeitskraft abgeschafft werden. Die für die Produktion und Verwaltung der Geldware geopferte Arbeitszeit könnte in Freizeit umgewandelt oder aber in die Produktion von »wirklichem Reichtum« (ebd.: 347) investiert werden.

Kritisch wurden Geld und Finanzsektor auch von dem Engländer John Grey und dem Franzosen Proudhon gesehen. An die Stelle des Geldes sollten ihres Erachtens Stundenzettel, an die Stelle des Marktes eine Volksbank treten. Die Warenproduzenten sollten ihre Waren nicht untereinander, sondern vermittels der Volksbank tauschen. Diese Institution würde die Waren einbehalten und den Produzenten gemäß deren geleisteten

24 Heutzutage werden jährlich und weltweit durchschnittlich 2500 Tonnen Gold gefördert. In der Goldproduktion, überwiegend in Goldminen, arbeiten derzeit weltweit hundert Millionen Menschen (ein Prozent davon Kinder), das sind immerhin anderthalb Prozent der Menschheit. An der knappen Unze, die ein durchschnittlicher Goldminenarbeiter pro Jahr aus der Erde holt, verdient er etwa die Hälfte, d. h. derzeit: 500 Euro pro Jahr. Pro Tonne stirbt heute ein Goldminenarbeiter. Hinzu kommen gesundheitliche Schäden: Vergiftungen, Haltungsschäden, Hör- und Lungenschäden. In Südafrika leiden 300.000 ehemalige Goldminenarbeiter an Lungenkrankheiten. Zehn Prozent des abgebauten Goldes finden in Medizin und Industrie Verwendung, der Rest als Schmuck oder Wertanlage. Zur Produktion und Verwendung des Goldes in Geschichte und Gegenwart vgl. Vilar 1986 u. Bachmann 2006.

Arbeiten sogenannte Stundenzettel aushändigen, mit welchen die Besitzer Waren aus dem Vorrat der Volksbank erwerben könnten.

Der Unterschied zur kommunistischen Gesellschaft, wie sie Marx vorschwebte, ist evident. Das Privateigentum an den Produktionsmitteln sowie die Privatarbeit sollen fortbestehen, d.h. die Produktion nicht vergesellschaftet und folglich auch nicht geplant werden. Marx hat diesen Sozialismus als halbherzig und naiv diffamiert, einen »Sozialismus, der die Privatproduktion bestehn lassen, aber den Austausch der Privatprodukte organisieren, der die Ware will, aber das Geld nicht will« (Marx 1859b: 573). Im Prinzip greift Marx hier auf eine Argumentationsfigur zurück, die er in jungen Jahren schon in der Auseinandersetzung mit Ludwig Feuerbachs Religionskritik ins Feld geführt hatte. Feuerbach hatte Gott als ins Himmelreich entäußerte Vermögen der Menschen interpretiert. Marx stimmt dem zu, begnügt sich aber nicht mit der Feststellung. Er will den Grund wissen, warum die Menschen diese Entäußerung nötig hätten, und ihn beseitigen. »Feuerbach geht von dem Faktum [...] der Verdoppelung der Welt in eine religiöse und eine weltliche aus. Seine Arbeit besteht darin, die religiöse Welt in ihre weltliche Grundlage aufzulösen. Aber daß die weltliche Grundlage sich von sich selbst abhebt und sich ein selbständiges Reich in den Wolken fixiert, ist nur aus der Selbstzerrissenheit und Sichselbstwidersprechen dieser weltlichen Grundlage zu erklären. Diese selbst muß also in sich selbst sowohl in ihrem Widerspruch verstanden als praktisch revolutioniert werden.« (Marx 1845: 5f.) Kurz zuvor, in seiner ersten längeren Auseinandersetzung mit der Ökonomie, hatte er die Formulierung Feuerbachs auf das Geld übertragen. Es stelle »das entäußerte Vermögen der Menschheit« dar (Marx 1844m: 565). Und wie er sich nicht mit Feuerbachs Feststellung zufriedengibt, wonach Gott das entäußerte Vermögen der Menschen sei, so gibt er sich schließlich nicht mit der Feststellung zufrieden, wonach das Geld der entäußerte Ausdruck menschlicher Arbeit sei (Marx

1872k: 94f.). Er will sowohl im Hinblick auf Gott wie auch auf das Geld ergründen, warum die Menschen diese Entäußerungen nötig hätten, und stößt in beiden Fällen auf »Selbstzerrissenheit und Sichselbstwidersprechen« der Grundlage. Das ökonomische Vermögen der Menschen, ihre gesellschaftliche Arbeitskraft, würde sich im Geld entäußern, weil die Produktion zerrissen sei (Privateigentum an den Produktionsmitteln) und sich selbst widerspreche (Konkurrenz). Grey und Proudhon würden die Entäußerung, also das Geld und den Finanzsektor, revolutionieren wollen, ohne die Warenproduktion und das Privateigentum an den Produktionsmitteln abschaffen zu wollen. »Solange die Operationen gegen das Geld als solches gerichtet sind, ist es bloß ein Angriff auf Konsequenzen, deren Ursachen bestehen bleiben [...]«. (Marx 1857/58: 166) Die Stundenzettel wären zur reinen Donquichotterie verdammt und würden scheitern; Volksbank und Stundenzettel seien die Ideen kleinbürgerlicher Sozialisten, die die grundlegende Revolution scheuten und ihre antikapitalistischen Energien gegen einen vermeintlich dysfunktionalen Finanzsektor richteten.

An anderer Stelle aber unterstellt er den kleinbürgerlichen Sozialisten Hartnäckigkeit und wagt ein Gedankenexperiment. Was wäre, wenn die Volksbank gegründet würde und die Stundenzettel mit aller Macht durchgesetzt würden? Die Volksbank, so beginnt das Gedankenexperiment, würde also Stundenzettel an die Warenproduzenten ausgeben. Dann müsste sie zum ersten dafür sorgen, dass die Warenproduzenten ihre Waren tatsächlich alle bei ihr deponierten und nicht untereinander tauschten. Denn brächten die Produzenten nur einen Teil ihrer Waren zur Bank, während sie ansonsten untereinander tauschten, verkümmerten die Stundenzettel zu »Theaterbilletts«, die nicht allgemeingültig den Warenverkehr vermittelten, sondern nur einen partikularen Tauschakt, hier den »zwischen der Bank und ihren Kunden« (ebd.: 89). Marx möchte das Experiment nicht schon an diesem Punkt scheitern lassen und unterstellt, dass die Warenproduzenten sich auf alle Konditionen einlassen.

»Die Bank wäre also der allgemeine Käufer und Verkäufer.« (ebd.: 89) Dann hätte sie als nächstes die Aufgabe zu meistern, das Maß der Stundenzettel zu finden. Die Bank müsste herausfinden, welche Zeit zur Produktion jeweiliger Waren angebracht wäre und schließlich noch alle unterschiedlichen Arbeiten auf einen Nenner bringen, um nicht Stundenzettel für die jeweiligen Waren, sondern einheitliche Stundenzettel auszugeben. »Aber auch das wäre nicht hinreichend.« (ebd.: 89) Die so ermittelte durchschnittliche Arbeitszeit wäre widersinnig, würde die gesamtgesellschaftliche Arbeitszeit in falschen Proportionen, d. h. für die Herstellung von Waren verausgabt, die nicht der Nachfrage entsprechen. Dann nämlich hätte die Bank nicht die gewünschten Waren parat – und die Stundenzettel der Einkäufer wären nicht konvertibel, ihr Tauschwert ließe sich nicht realisieren. Oder umgekehrt: Stundenzettel mit Anspruch auf Produkte wären von der Bank emittiert worden für Tätigkeiten, deren Produkte sich nicht verkauften.[25] Sofern sie Geldware und Markt aufgehoben hätte, müsste die Volksbank selber

25 An diesem Punkt scheiterte der Frühsozialist Robert Owen bei einem seiner Experimente: »Im Jahre 1832 finden wir ihn voll Enthusiasmus mit einem neuen Unternehmen, den ›gerechten Arbeitsaustauschbanken‹ (Equitable Banks of Labor Exchange) beschäftigt. [...] Um diese Idee zu verwirklichen, wurde die ›gerechte Arbeitsaustauschbank‹ in London nach dem folgenden Plane gegründet. Jeder Produzent einer nützlichen Ware konnte dieselbe zu dem mit der Bank verbundenen ›Basar‹ bringen und erhielt dafür von der Bank ausgegebene Noten, die den Wert der in seiner Ware enthaltenen Arbeit darstellten. Mit diesen Noten konnte deren Besitzer andere im Basar befindliche Waren kaufen, die ebenfalls nach der zu ihrer Produktion aufgewendeten Arbeitsmenge bewertet waren. Die Schwäche des Planes bestand darin, daß die Bank sich ausschließlich mit dem Austausch der Waren beschäftigte und nicht den geringsten Versuch zur Regelung ihrer Produktion machte. Alles, was in den Basar gebracht wurde, wurde ohne Rücksicht auf die tatsächliche Nachfrage danach angenommen. Die Folge davon war, daß nach kurzer Zeit alle nützlichen Waren aus dem Umlauf verschwanden und der Basar mit Waren angefüllt war, nach denen niemand fragte. Die ›gerechte Arbeitsaustauschbank‹ stellte ihren Betrieb ein, und ihr Gründer verlor ein Vermögen.« (Hillquit 1903d: 44 f.)

die proportionale Produktion garantieren und für die maßgerechte Verteilung der Arbeitszeit auf die verschiedenen Produktionszweige sorgen. Sie müsste also die Produktion der Warenproduzenten dirigieren. »Das ist noch nicht alles.« (Marx 1857/58: 89) Das System der Stundenzettel und die Notwendigkeit proportionaler Produktion bedingten auch die Aufhebung des Klassenverhältnisses; die Volksbank müsste regeln, wie viele Arbeitskräfte bei jedem Warenproduzenten angestellt wären, und die Arbeiter müssten ihre tatsächlich geleisteten Arbeitsstunden zertifiziert bekommen. Um es kurz zu machen: Die angeblichen Warenproduzenten und -eigentümer wären in der Konsequenz nur Filialleiter ohne Befugnisse. Sie könnten weder frei kaufen noch verkaufen, sie bekämen vorgeschrieben, was und wie viel sie zu produzieren hätten, damit würde auch ihr Privateigentum an den Produktionsmitteln sinnlos, weil sie nicht darüber entscheiden könnten, und ferner könnten die sogenannten Warenproduzenten auch nicht über die Anzahl ihrer Arbeitskräfte bestimmen und nicht mal Profit erwirtschaften. Die Volksbank auf der anderen Seite würde nicht nur Stundenzettel ausgeben und den Warenverkehr monopolisieren, sondern auch die gesamtgesellschaftliche Produktion organisieren. Sie »wäre nicht nur der allgemeine Käufer und Verkäufer: sondern auch der allgemeine Produzent. In der Tat wäre sie entweder die despotische Regierung der Produktion und Verwalterin der Distribution, oder sie wäre in der Tat nichts als ein board, was für die gemeinsam arbeitende Gesellschaft Buch und Rechnung führte. Die Gemeinsamkeit der Produktionsmittel ist vorausgesetzt etc.« (ebd.: 89)

In dem einen wie dem anderen Fall würde das System der Volksbank und Stundenzettel »die Negation der ganzen Grundlage der auf dem Tauschwert basierten Produktionsverhältnisse« (ebd.: 686) nach sich ziehen. Im besten Falle würde die Volksbank dabei zu einem »board«, zu einer vernünftigen Institution werden, die in einer Gesellschaft frei assoziierter Produzenten dafür sorgen würde, dass proportional produziert würde. Dieser Fall scheint aber unwahrscheinlich. Marx zufolge wäre die Gefahr groß, dass die Volksbank, da sie von vornherein als Zentralinstanz gesetzt sei, zum »Papsttum der Produktion« (ebd.: 89), d.h. zu einer despotischen Instanz würde.

Soweit Marx' Gedankenexperiment. Gleichwohl glaubte er nicht daran, dass sich die Warenproduzenten auf ihre Degradierung einlassen würden und die Gesellschaft von ihrer Zirkulationssphäre her umgekrempelt werden könnte. Und er fand es »verdächtig«, dass »Proudhon und Konsorten« daran glaubten (ebd.: 59). Die Produktions- und Eigentumsverhältnisse, so Marx, seien entscheidend, sie müssten geändert werden, sowohl um das Klassenverhältnis abzuschaffen, als auch, um den Warentausch und die sich anschließenden Kategorien: Geld, Kapital, Zins etc., überflüssig werden zu lassen. Konkret bedeutete dies, die Kapitalisten zu enteignen und die Produktionsmittel zu vergesellschaften. In jüngeren Jahren kündigte Marx die »wirkliche kommunistische Aktion« (Marx 1844m: 553) und die oft zitierte Diktatur des Proletariats an. Später glaubte er auch friedliche Möglichkeiten der Expropriation der Expropriateure entdecken zu können, so die Genossenschaftsbewegung und die Vergesellschaftung des Kapitals durch Aktiengesellschaften (Marx 1894: 452–457). Das änderte aber nichts an seiner Auffassung: Das Eigentum an den Produktionsmitteln müsse aufgehoben werden. Nur so könne am Ende die Warenproduktion aufhören und verhindert werden, dass sich die Gesellschaftlichkeit der Arbeit in einem verselbständigten Reich der Wertformen verdinglicht.

Dem äußeren Anschein nach unterschieden sich die Arbeitsscheine in der kommunistischen Gesellschaft nicht von den Stundenzetteln im Volksbanksystem: Sie bestünden, den Ideen nach, jeweils aus wertlosem Material, wahrscheinlich Papier, und wären mit einer Zahl beschrieben, welche die Größe geleisteter Arbeit ausdrückte. Aber, so Marx, ihrer Voraussetzung nach unterschieden sich die Arbeitsscheine und Stundenzettel. Proudhon wolle das Unmögliche: Stundenzettel auf Grundlage der Privatarbeit. Er selber wolle Arbeitsscheine auf der Grundlage unmittelbar vergesellschafteter Arbeit. Auf dieser Grundlage wäre jede Einzelarbeit, seiner Vorstellung nach, von vornherein als gesellschaftlich notwendige gesetzt; keine Arbeit müsste sich mehr im Verhältnis zur Geldware als gesellschaftlich notwendig beweisen, da die gesamtgesellschaftliche Arbeitszeit mittels gesamtgesellschaftlicher Buchführung und gemäß den Bedürfnissen geplant und auf die verschiedenen Geschäftszweige verteilt wäre. Unter dieser Voraussetzung, d. h. »proportionater Produktion«, »wird die Geldfrage ganz sekundär und speziell die Frage, ob tickets, blaue oder grüne, blecherne oder papierne, ausgegeben werden [...]« (Marx 1857/58: 87). Zwischen den Produzenten fände nicht nur kein Warentausch mehr statt, sondern überhaupt kein Tausch. Denn die Tickets bzw. Scheine dienten nicht im Verkehr zwischen den Produzenten, sondern allein dazu, das Verhältnis zwischen Produktion und Konsumtion zu regeln. Sie seien »ebensowenig ›Geld‹ wie etwa eine Theatermarke. [...] Das Arbeitszertifikat konstatiert nur den individuellen Anteil des Produzenten an der Gemeinarbeit und seinen individuellen Anspruch auf den zur Konsumtion bestimmten Teil des Gemeinprodukts.« (Marx 1872k: 109 f., Anm.) Als Inhaber solcher Arbeitsscheine (Arbeitszertifikate) könnten die Produzenten »den gesellschaftlichen Konsumtionsvorräten ein ihrer Arbeitszeit entsprechendes Quantum entziehn. Diese Anweisungen sind kein Geld. Sie zirkulieren nicht.« (Marx 1885: 358)

In einer solchen kommunistischen Produktionsweise wären Ware und Geld aufgehoben, aber aufgehoben auch in dem Sinne, dass ihr Inhalt, d. h. »Inhalt der Wertbestimmungen« (Marx 1872k: 85), nicht *ad acta* gelegt, sondern aus ihrer verrückten Form befreit und mittels der Buchführung »wesentlicher denn je« (Marx 1894: 859) würde. Die allgemein gesellschaftliche Arbeit, die Substanz des Wertes, solle – solcherart befreit – bewusst als Verausgabung der gesellschaftlichen Arbeitskraft organisiert werden. Die Arbeitszeit ihrerseits, welche sich unter kapitalistischen Vorzeichen als Wertgröße darstelle, würde »eine doppelte Rolle spielen. Ihre gesellschaftlich planmäßige Verteilung regelt die richtige Proportion der verschiednen Arbeitsfunktionen zu den verschiednen Bedürfnissen. Andrerseits dient die Arbeitszeit zugleich als Maß des individuellen Anteils des Produzenten an der Gemeinarbeit und daher auch an dem individuell verzehrbaren Teil des Gemeinprodukts. Die gesellschaftlichen Beziehungen der Menschen zu ihren Arbeiten und ihren Arbeitsprodukten bleiben hier durchsichtig einfach in der Produktion sowohl wie in der Distribution.« (Marx 1872k: 93)

Jirí Kosta, ein tschechisch-slowakischer Ökonom, der sich gegen die marxistische Orthodoxie auflehnte, widersprach Marx; die Arbeitsscheine würden zu Geld werden: »Ihre Funktion als Tauschmittel (wie das Geld) bliebe freilich dieselbe: Die Menschen würden mit den Bescheinigungen wie mit einem einzutauschenden Äquivalent umgehen, etwa wie es Inhaftierte mit Zigaretten im Knast tun.« (Kosta 1984: 28) Allerdings: Arbeitsscheine kann man nicht rauchen; auch sonst haben sie keinen Gebrauchswert. Ihnen müssen Gebrauchswert (dass sie Zahlungsmittel seien) und Nennwert aufgestempelt werden – und zwar allgemeinverbindlich, d. h. durch irgendeinen, wie auch immer gearteten, politischen Souverän, der den Nennwert der Arbeitsscheine in seinem Einflussgebiet garantiert. Ohne einen solchen Souverän, der ihren Nennwert stempelt und durchsetzt, wären die Arbeitsscheine nur Papierfetzen. Anders die Zigaretten im Knast: Dieser Leitwährung – vorausgesetzt, der Durchschnittsinhaftierte raucht noch – kommen Wert und Gebrauchswert zu, ohne draufgestempelt werden zu müssen. Die Zigaretten können trotz der Autorität des Staates als Geld dienen und geradezu an dieser und den Gefängniswärtern vorbei zirkulieren. Die Arbeitsscheine hingegen würden selbst auf dem Schwarzmarkt die Staatsautorität voraussetzen, die sie stempelt, ausgibt und ihre Funktionsfähigkeit garantiert.

Was wäre nicht alles zu tun, um die Arbeitsscheine durchzusetzen und die ihnen zugedachte Funktion zu garantieren! Es müsste dafür gesorgt werden, dass die Angestellten in den Güterdepots Arbeitsscheine und Güter gerecht tauschten. Es müsste für proportionale Produktion gesorgt sein. An jedem Ort müssten die benötigten Güter in den Güterdepots und in allen Betrieben die nötigen Arbeitskräfte und Produktionsmittel vorhanden sein. Ferner müsste jede Schattenwirtschaft unterbunden werden; die Arbeitsscheine dürften nirgendwo anders als zwischen den Produzenten und den Verwaltern der Güterdepots getauscht werden. Nicht umsonst bemerkt Marx: »Die Arbeitsscheine zirkulieren nicht.« (Marx 1885: 358) Besser gesagt: Sie dürften es nicht. Zirkulieren könnten sie schon. Soweit sie ein Anrecht auf sämtliche Güter in den Depots darstellten, wären sie auch als Tauschmittel auf dem Schwarzmarkt attraktiv. So könnte ein heimlicher Warenproduzent auf dem Schwarzmarkt verbotene oder anderswie nicht erhältliche Güter verkaufen und dafür eine besonders hohe Summe Arbeitsscheine erhalten. Nehmen wir an, dieser heimliche Warenproduzent wäre ein Drogendealer. Da in den Güterdepots Drogen vielleicht nicht zu erwerben wären, so könnte er wenige Drogen gegen große Summen Arbeitszertifkate verkaufen. So hätte er, den Scheinen nach, eine besonders große und gesellschaftlich notwendige Arbeitsleistung erbracht und könnte sich in den Güterdepots entsprechend bereichern. Vom Konsum her wäre das System noch intakt. Er würde diejenigen Arbeitsscheine in den Güterdepots eintauschen, die diejenigen Bürger der kommunistischen Gesellschaft, die bei ihm Drogen gekauft hätten, nicht mehr eintauschen könnten. Aber seitens der Produktion wäre das System unterhöhlt. Die Arbeitskraft des Drogendealers wäre aus der gesamtgesellschaftlichen Arbeitskraft herausgefallen. Ferner könnte der Drogendealer mittels der ihm gehörenden großen Summe von Arbeitsscheinen (A) auf dem Schwarzmarkt Arbeitskräfte (W Ak) und eine Destilliermaschine als Produktionsmittel (W PM) ankaufen, um damit Drogen (W') zu produzieren (P), die er wiederum auf dem Schwarzmarkt für Arbeitsscheine verkaufen würde: A – W(Ak+Pm) ... P ... W' – A'. Im Ergebnis erhielte er mehr Arbeitsscheine (A'), als er in den Produktionsprozess investiert hatte. Auf den ersten Blick mag es nun so aussehen, als handele es sich um den Produktionsprozess des Kapitals, den Marx auf folgende Formel bringt: »G – W ... P ... W' – G'« (ebd.: 31). In Worten: Mit Geld (G) würden die Ware Arbeitskraft (W) und die Produktionsmittel in Gestalt von Waren (W) angekauft, welche in der Produktion (P) fungierten und Waren (W') schaffen würden, die sich am Ende für mehr Geld (G') verkauften, als zu Beginn für den Ankauf der Arbeitskraft und der Produktionsmittel verausgabt worden sei. Allerdings würde es sich im Falle der Arbeitsscheine um kein Kapital im vollen Sinne handeln können. Zwar würden sich vermehrt Arbeitsscheine in den Händen des Drogendealers ansammeln, gleichwohl würde ihre Menge gesamtgesellschaftlich nicht wachsen, sondern schrumpfen. Schließlich sind sie keine Ware wie das Gold. Ihr Urheber, die kommunistische Gesellschaft, hätte nicht, wie der Goldproduzent in der kapitalistischen Gesellschaft, ein Interesse daran, sein Produkt zu verkaufen. Die kommunistische Gesellschaft würde die Arbeitsscheine nicht auf Nachfrage produzieren, sondern nach gesamtgesellschaftlicher Arbeitsleistung verteilen. Und diese würde in dem Maße geringer, wie der Schwarzmarkt der kommunistischen Gesellschaft Arbeitskräfte entzöge. Der Drogendealer und sein Angestellter in seinem Drogenlabor wären zwei Arbeitskräfte weniger, deren Arbeit die kommunistische Gesellschaft mit Arbeitsscheinen zu entlohnen hätte; die Anzahl der ausgegebenen Arbeitsscheine würde ebenso sinken wie die von der kommunistischen Gesellschaft produzierten Güter. Und je bedeutender die Schwarzmärkte, je größer ihr Warenumfang und je mehr Arbeitskraft sie der Gesellschaft entzögen, umso weniger Arbeitsscheine würden in den Händen der Bürger landen und umso weniger Güter in den Depots. Die Versorgung der Bevölkerung mit legalen Gütern wäre gefährdet.

Um die Zirkulation von Arbeitsscheinen und Waren zu verhindern, die kommunistische Produktionsweise aufrecht zu erhalten und die Konvertibilität der Arbeitsscheine zu sichern, könnte die Gesellschaft zwei verschiedene Vorrichtungen treffen. Die erste wäre, dass ein »board«, d.h. eine Institution, die proportionale Produktion arrangiert – und zwar voll und ganz. Alle Güter, nach denen es irgendein Bedürfnis gäbe, selbst wenn es Waffen, Drogen oder Tarotkarten wären, müssten in den Güterdepots vorhanden sein. Wenn dem so wäre, hätte der Schwarzmarkt keine ökonomische Funktion. Die alternative Vorrichtung wäre despotischer Natur. Die Schattenwirtschaft und alles eigensinnige ökonomische Handeln könnten polizeilich verhindert werden. Zudem könnten die Arbeitsscheine namentlich gekennzeichnet und in allen Güterdepots die Personalausweise der Käufer kontrolliert werden. Obendrein müsste kontrolliert werden, dass die Angestellten in den Güterdepots diese Ausweise auch wirklich verlangten und sich nicht *schmieren* ließen. Ein Überwachungsapparat wäre notwendig. Ob dieser notwendig wäre, hinge nicht nur vom guten Willen ab. Gelänge die proportionale Produktion in der kommunistischen Gesellschaft nicht, blieben ja nur despotische, polizeiliche Mittel, um den Schwarzmarkt zu unterbinden und die Arbeitsscheine und die ihnen zugedachten Funktionen halbwegs durchzusetzen.

Kostas Knast-Zigaretten hingegen fungieren als Geldware, wie sie im Buche steht. Als Leitwährung unter den Häftlingen existiert sie unabhängig von der Souveränität. Die Arbeitsscheine wären, sofern sie funktionierten, alles andere als Geldware. Sie wären reines Nominalgeld. Und als solches – auch dann, wenn man sie nicht als »Geld« bezeichnen mag – bedingen sie offenkundig einen außerordentlich funktionstüchtigen, umfangreichen und allgegenwärtigen Staatsapparat.

Direktion des kommunistischen Wirtschaftsprozesses

Auf den Staat wollten die Kommunisten eigentlich nicht setzen. Mit der Gewalt der Diktatur des Proletariats sollte der Kommunismus zwar beginnen, aber nur, um die Kapitalisten zu enteignen. Alsdann sollten Diktatur, polizeiliche Gewalt und politische Herrschaft überhaupt enden. So steht es unter anderem in Engels' *Anti-Dühring*, an dessen Verfassung Marx eifrig mitgewirkt hatte: Die »politische Regierung über Menschen«, wie sie bisher in der Geschichte stattfand, werde »in eine Verwaltung von Dingen und eine Leitung von Produktionsprozessen« überführt und die »Abschaffung des Staats« gelingen (Engels 1878: 241). Aber wie sollen die Arbeitsschritte und Betriebe koordiniert werden? Engels Antwort: »Die Leute machen alles sehr einfach ab« (ebd.: 288). Der Anarchist Errico Malatesta bezichtigte 1897 Engels der Täuschung und hielt die »Verwaltung von Dingen« für ein »bloßes Wortspiel. Wer Herrschaft über Dinge hat, hat Herrschaft über Menschen; wer die Produktion beherrscht, beherrscht den Produzenten; wer über den Verbrauch bestimmt, bestimmt über den Verbraucher.« (zit. n. Kellermann 2013: 11) Das ist richtig: Die Produktionsprozesse und Dinge existieren nicht ohne die Arbeiter, da diese doch die Handgriffe ausführen und die Produktionsmittel bedienen müssen. Eine ökonomische Verwaltung nur von Produktionsmitteln und -prozessen, ohne dass Arbeiter davon betroffen sind, gibt es nicht. Von wegen: »Die Leute machen alles sehr einfach ab.« Der spätere Engels klang ganz anders, fast wie Saint-Simon, und zielte auf eine Art sozialistische Politeia, in der die richtigen Entscheidungen von Experten getroffen werden: Die »Befreiung der Arbeiterklasse benötigt [...] Ärzte, Ingenieure, Chemiker, Agronomen und andere Spezialisten; denn es geht darum, die Leitung nicht nur der politischen Maschine, sondern ebenso der gesamten gesellschaftlichen Produktion in die Hand zu nehmen, und hier sind anstatt hochtönender Phrasen solide Kenntnisse vonnöten.« (Engels 1893s: 415)

Marx stößt gelegentlich in dasselbe Horn, in Passagen, die zwar nicht vom Kommunismus handeln, diesen aber streifen – in seiner Analyse des Produktionsprozesses in Fabriken, innerhalb derer die Tätigkeiten als unmittelbare Bestandteile der Gesamtfabrikarbeit existieren: »Alle unmittelbar gesellschaftliche oder gemeinschaftliche Arbeit auf größrem Maßstab bedarf mehr oder minder der Direktion, welche die Harmonie der individuellen Tätigkeiten vermittelt und die allgemeinen Funktionen vollzieht, die aus der Bewegung des produktiven Gesamtkörpers im Unterschied von der Bewegung seiner selbständigen Organe entspringen. Ein einzelner Violinspieler dirigiert sich selbst, ein Orchester bedarf des Musikdirektors.« (Marx 1872k: 350) Alle unmittelbar gesellschaftliche Arbeit? Auch in der kommunistischen Gesellschaft? Schließlich gibt er einen Hinweis, worin sich die Leitung der kombinierten Arbeit in der kapitalistischen Epoche und in der kommunistischen Gesellschaft unterscheiden würden: In der kapitalistischen Produktionsweise sei die Direktion »doppelter Natur«; sie entspringe einerseits dem Klassencharakter der kapitalistischen Produktionsweise, andererseits aber jedweder Kooperation: In »allen Arbeiten, worin viele Individuen kooperieren, stellt sich notwendig der Zusammenhang und die Einheit des Prozesses in einem kommandierenden Willen dar, und in Funktionen, die nicht die Teilarbeiten, sondern die Gesamttätigkeit der Werkstatt betreffen, wie bei dem Direktor eines Orchesters. Es ist dies eine produktive Arbeit, die verrichtet werden muß in jeder kombinierten Produktionsweise.« (Marx 1894: 397) Die Direktion des Produktionszusammenhangs bliebe somit im Kommunismus vonnöten, nur ihr Klassencharakter könnte abgeschafft werden.

Der Vergleich mit dem Orchester trifft es. Der Solist oder Robinson haben es einfach, sie können sich selbst dirigieren. Symphonien und Industrieprodukte hingegen sind seit dem 19. Jahrhundert dermaßen komplex zusammengesetzt, dass Orchester und Fabriken der Direktion nicht mehr entbehren können. Insoweit (und soweit man davon absieht, dass diejenigen, die die Drecksarbeit machen, oft im Elend leben) ist es durchaus zu bewundern, wie der weltweite Produktionszusammenhang von Millionen und Milliarden von Menschen durch die *invisible hand* des Marktes dirigiert wird. Marx versprach ein ums andere Mal, dass die gesamtgesellschaftliche Produktion und die Proportionen und Interdependenzen der verschiedenen Geschäftszweige planmäßig und mit Buchführung besser geregelt werden könnten als über den Markt. Friedrich August von Hayek hält das für die große Selbstüberschätzung des Sozialismus. So »außerordentlich vernünftig« die sozialistische Auffassung einer organisierten Produktion »auf den ersten Blick« auch scheinen möge, werde bei genauem Hinsehen klar, dass sich eine »Makro-Ordnung« schlichtweg nicht planmäßig koordinieren lasse, weil die vielen Arbeitsschritte und Produktionsmittel und ihr Ineinandergreifen gar nicht überblickt werden könnten (Hayek 1996: 79). Gegen diesen Einwand könnte die Existenz multinationaler Unternehmen angeführt werden, deren Produkt größer als manche Volkswirtschaft ist, die also auch Makro-Ordnungen darstellen. Jedoch müsste genauer überprüft werden, ob diese multinationalen Unternehmen wirklich komplexe Produktionsorganismen sind (oder nur Öl fördern und verkaufen) und, wenn ja, ob sie wirklich planmäßig organisiert sind. Apple z. B., eine der bekanntesten und wertvollsten Firmen der Welt, hat nur 60.000 direkte Angestellte, hingegen aber Hunderte von Vertragspartnern (mit hunderttausenden Angestellten), die diesen oder jenen Baustoff eines Laptops und dieses oder jene Teil eines Smartphones liefern und nur solange Bestandteil des Apple-Produktionsorganismus bleiben, wie sie der Mutterfirma günstige und notwendige Waren liefern können. Somit produziert Apple nur bedingt planmäßig und lässt sich bei der Direktion und Rationalisierung der Produktion vom Markt helfen.

Kann das, was anstelle des Marktes im Kommunismus treten soll, wirklich gut und nicht despotisch sein? Zweifel an einer positiven Antwort dürften Marx auch gekommen sein, sofern er zurückdachte. Denn in der Menschheitsgeschichte vermochte er keine Gestalt der Arbeitskooperation zu entdecken, die für den Kommunismus zu wünschen wäre. Ganz im Gegenteil: Was er entdeckte, sah er noch kritischer als die kapitalistische Produktionsweise.

Vormoderne Gesellschaften unterscheidet er grob in »primitive Gemeinwesen« und »Hörigkeitssysteme« (Marx 1885: 474). Mit Letzteren meint er Sklavenhalter- und Feudalgesellschaften. Darin sei die Arbeit durch Rangordnung geteilt und durch Befehle organisiert. Dass solche Gesellschaften durch die kapitalistische Produktionsweise abgelöst werden, begrüßen Engels und Marx.[26] Zu der anderen vormodernen Gesellschaftsformation, dem primitiven Gemeinwesen, rechnet Marx vor allem Stammesgesellschaften, aber auch sich selbst versorgende Bauernfamilien, die seinerzeit, auch in den Bergen rund um seine Heimat Trier, noch ohne viel Kontakt mit der Moderne vor sich hin wirtschafteten. In solchen Gemeinwesen gebe es weder Privateigentum noch Privatarbeit. Alle Mitglieder darin führten ihre Tätigkeiten als Bestandteile der Gesamtarbeit aus, aber nicht freiwillig und selbstbewusst, sondern gemäß ihrem Alter und Geschlecht. Die Kooperation hätte sich, naturwüchsig, über Jahrhunderte ausgeprägt. »Die Kooperation im Arbeitsprozeß, wie wir sie in den Kulturanfängen der Menschheit [...] vorherrschend finden, beruht einerseits auf dem Gemeineigentum an den Produktionsbedingungen, andererseits darauf, daß das einzelne Individuum sich von der Nabelschnur des Stammes oder des Gemeinwesens noch ebensowenig losgerissen hat wie das Bienenindividuum vom Bienenstock.« (Marx 1872k: 354) Leben möchte Marx in solchen Gemeinwesen offenkundig nicht. Er nennt sie »naturwüchsige Gemeinheiten«, missbilligt ihre »Bluturenge« und zieht ihnen den »sachlichen Zusammenhang« von Geld,

26 Engels u. Marx 1848: 464 sowie dies. 1849: 195.

Kapital und Weltmarkt vor (Marx 1857/58: 95 u. 134). Im späteren Marxismus wurde die Produktionsweise dieser Gemeinwesen »Urkommunismus« genannt.[27] Marx selber spricht von »naturwüchsigem Kommunismus« (Marx 1894: 839) und das nicht in apologetischer Absicht, sondern um festzuhalten, dass es darin keine Privatproduktion gibt. Nur soweit habe der naturwüchsige Kommunismus Vorbildfunktion. Er stelle eine Art Urzustand dar, dessen Produktionsweise wieder restituiert werden müsse – jedoch von freien, selbstbewussten Individuen und unter dem Einsatz modernster Produktionsmittel –, eine Art Paradies, das wieder einzuholen sei, ohne den Sündenfall der Selbstermächtigung und Selbstentfaltung des Individuums zurückzunehmen. Das soll der Kommunismus leisten. Marx' Glauben daran ist offenbar auch einer Verdrängungsleistung geschuldet. Er verdrängt das Problem: Wie kann die Funktion des sachlichen Zusammenhangs, also des Geldes, des Marktes und des Kapitals, substituiert bzw. wie genau die Produktion gemeinschaftlich organisiert werden, ohne damit die Freiheit des Individuums zu gefährden? Es begänne schon damit, dass die Produzenten in den Funktionszusammenhang des Produktionsprozesses eingetaktet werden müssten. Die Formulierung Marx', dass in der kommunistischen Gesellschaft »die individuellen Arbeiten nicht mehr auf einem Umweg, sondern unmittelbar als Bestandteile der Gesamtarbeit existieren« (Marx 1875: 19 f.), scheint auf den ersten Blick harmlos – ist dies aber so wenig wie Engels' Rede von der »Leitung von Produktionsprozessen«. Denn so wenig Produktionsprozesse ohne Arbeiter vonstattengehen, so wenig werden individuelle Arbeiten im menschenleeren Raum ausgeführt. Werden die arbeitenden Menschen in die Formulierung Marx' einbezogen, wird das Problem offenkundig: In der kommunistischen Gesellschaft

27 Vgl. Koenen 2017: 62. (Gert Koenens *Opus summum* über den Kommunismus erschien im Herbst 2017 und daher zu spät, um hier im Fortlauf der Darstellung noch stärker einzufließen.)

sollen die arbeitenden Menschen nicht mehr über den Umweg des Marktes vermittelt werden, sondern unmittelbar Bestandteile des gesamtgesellschaftlichen Produktionszusammenhangs sein. So unmittelbar, wie es Organe in einem Organismus oder Zahnräder in einem Mechanismus sind? Unmittelbarer jedenfalls als im kapitalistischen Produktionszusammenhang. Denn in der kommunistischen Gesellschaft sollen Kooperation und Produktionsplan nicht mehr nur im Betrieb, sondern im gesamten Produktionszusammenhang greifen. Kooperation erfordert kooperative Arbeiter und der Produktionsplan, dass alle ihren Teil zu seiner Erfüllung beitragen. Die Produzenten müssten, wenn sie nicht mehr durch den Markt vermittelt würden, einen Produktionszusammenhang bilden, sich in diesen einfügen oder notfalls eingefügt werden. Es ist schwerlich auszumalen, wie diese Fügung statthaben könnte, ohne Opfer an individueller Freiheit zu fordern.

Einmal hat Marx das Problem deutlich vor Augen, allerdings in einem Manuskript, das der Schublade seines Schreibtischs und nicht der kommunistischen Bewegung zugedacht war. In besagtem Manuskript gibt er auf die Frage, was anstelle des kapitalistischen Zusammenhangs treten könnte, keine vielversprechende Antwort. Die Passage beginnt mit der Beschreibung des kapitalistischen Zusammenhangs: »Die wechselseitige und allseitige Abhängigkeit der gegeneinander gleichgültigen Individuen bildet ihren gesellschaftlichen Zusammenhang. [...] [Das Individuum] trägt seine gesellschaftliche Macht, wie seinen Zusammenhang mit der Gesellschaft in der Tasche mit sich. [...] Im Tauschwert ist die gesellschaftliche Beziehung der Personen in ein gesellschaftliches Verhalten der Sachen verwandelt; das persönliche Vermögen in ein sachliches. Je weniger gesellschaftliche Kraft das Tauschmittel besitzt, [...] um so größer muß noch die Kraft des Gemeinwesens sein, das die Individuen zusammenbindet, patriarchalische Verhältnisse, antikes Gemeinwesen, Feudalismus und Zunftwesen. [...] Raubt der Sache diese gesellschaftliche Macht, und ihr müsst sie Personen über Personen geben.« (Marx 1857/58: 90 f.)[28] In diesen Zeilen seines Manuskripts konstatiert Marx zum einen, was er auch in den zur Veröffentlichung bestimmten Teilen der *Kritik der politischen Ökonomie* feststellt: dass in den Kategorien der

28 Einseitiger als Marx betonen Hegel und ausführlich Georg Simmel die Vorteile der Monetarisierung bzw. Versachlichung ökonomischer Beziehungen. Hegel: »Das zu Leistende aber kann nur, indem es auf Geld, als den existierenden allgemeinen Wert der Dinge und der Leistungen reduziert wird, auf eine gerechte Weise und zugleich auf eine Art bestimmt werden, daß die besonderen Arbeiten und Dienste, die der Einzelne leisten kann, durch seine Willkür vermittelt werden.« (Hegel 1821: § 299) Simmel: In Assoziationen, die durch Geld zusammengehalten würden, wären die Individuen persönlich freier als in anderweitig zusammengehaltenen Assoziationen (Simmel 1901: 463). In der Geldwirtschaft fessle der Besitz den Besitzer nicht mehr an sich wie einst die Scholle den Bauern. »Die Fernwirkung des Geldes gestattet dem Besitz und dem Besitzer so weit auseinanderzutreten, daß jedes seinen eigenen Gesetzen folgen kann, als da der Besitz noch in unmittelbarer Wechselwirkung mit der Person stand, jedes ökonomische Engagement zugleich ein persönliches war, jede Wendung in der persönlichen Direktive oder Stellung zugleich eine solche innerhalb der ökonomischen Interessen bedeutete.« (Simmel 1901: 449) Für den Arbeiter, das weiß auch Simmel, besteht diese Möglichkeit der Distanzierung von seinem Besitz nicht. Der Arbeiter muss seiner Arbeitskraft in den Betrieb folgen, an den er sie verkauft. Aber immerhin, so Simmel, sei der Arbeiter kein Sklave eines Herren: »Gewiß ist der Arbeiter an die Arbeit gefesselt wie der Bauer an die Scholle, allein die Häufigkeit, mit der die Geldwirtschaft die Unternehmer austauscht, und die vielfache Möglichkeit der Wahl und des Wechsels derselben, die die Form des Geldlohnes dem Arbeiter gewährt, geben diesem doch eine ganz neue Freiheit innerhalb seiner Gebundenheit.« (Simmel 1901: 399) Dadurch dass sie nicht mehr als ganze Personen Besitz seien, sondern als freie Personen ihre Arbeitskraft verkaufen könnten, sei das Selbstgefühl der Arbeiter gewachsen (Simmel 1901: 452). Generell zeichne sich die Geldwirtschaft dadurch aus, dass Leistungen tauschbar würden. Der moderne Großstadtmensch sei relativ frei, weil er nicht von Personen, sondern nur noch von Leistungen abhängig sei, deren Urheber keine Rolle spielten und wechseln könnten (Simmel 1901: 401). Simmel notiert, dass in der Geldwirtschaft die Leistungen ausdifferenziert würden und daher der Einzelne von einem weitaus »ausgedehnteren Kreis anderer Produzenten« abhängig sei (Simmel 1901: 396), widmet dabei jedoch den Krisen des ausdifferenzierten Systems, in denen die allseitige sachliche Abhängigkeit nicht mehr Freiheit, sondern Ohnmacht und Schicksal bedeutet, zu wenig Augenmerk.

kapitalistischen Produktionsweise gesellschaftliche Verhältnisse und die Verausgabung von Arbeitskraft verborgen und verdinglicht sind. Allerdings gibt er hier auf die große Frage, was nach der Abschaffung dieser an deren Stelle treten könnte, eine pessimistische Antwort: die Macht von Personen über Personen. Darauf wollte es Marx eigentlich nicht anlegen. Das Gemeineigentum an den Produktionsmitteln sollte zwar wieder Grundlage der Produktion werden, aber er und die meisten Kommunisten wollten nicht zurück zur Stammesgesellschaft, in der es schon einmal die Regel war, sondern über die kapitalistische Gesellschaftsordnung hinaus. Produktivität, Internationalität und Individualität, wie sie sich in der kapitalistischen Epoche entwickelten, sollten nicht enden, sondern gedeihen und allen zugutekommen. Die kapitalistische Gesellschaft sollte aufgehoben werden. »*Aufheben* hat in der Sprache den gedoppelten Sinn, daß es soviel als aufbewahren, *erhalten* bedeutet und zugleich soviel als aufhören lassen, *ein Ende machen.*« (Hegel 1831: 114). Man müsste noch, im Sinne von Hegel, hinzusetzen: *Aufheben* bedeutet auf ein neues Niveau hieven, *empor heben.* In dieser Weise wollten die Kommunisten das Privateigentum an den Produktionsmitteln und den Markt aufheben. Leichter gesagt als getan. Im Realsozialismus, in der Praxis der Aufhebung, gediehen Produktivität, Internationalität und Individualität viel weniger als gewollt, während der Staat und seine Organe nicht wie vorhergesagt abstarben, sondern wucherten.

Der Staat in der Kritik und sein Los in der kommunistischen Gesellschaft

Marx trat kaum als Apologet des Staates in Erscheinung. Im Gegenteil. Begutachtet man seine Schriften, muss ihm spätestens ab 1844 eine regelrechte Aversion gegen den Staat attestiert werden. Während er in früheren Schriften (1844) im Staat, wie ihn die bürgerliche Gesellschaft hervorbringt, die entäußerte

Einheit einer atomisierten Gesellschaft erblickte, erspähte er später (ab 1852) in ihm das Instrument der Kapitalisten.

Der frühe Marx interpretierte den Staat nach dem Modell der Religionskritik Feuerbachs und so, wie der späte Marx den Wert auffasste (Marx 1844j). Der Staat bilde im Gegensatz zur bürgerlichen Gesellschaft, worin die Einzelnen atomisiert seien und konkurrierten, über dieser deren Einheit. Würde nun die Atomisierung der Gesellschaft überwunden, also die bürgerliche Gesellschaft zugunsten einer Kommune abgeschafft, könnten die gemeinschaftlichen Belange unmittelbar durch die Gemeinschaft und müssten nicht mehr durch einen Staat geregelt werden, der sich von der Gesellschaft entfremdet und sich über diese stellt.

Als aber in den unruhigen vier Folgejahren der französischen 1848er Revolution Bourgeoisie und Monarchie ein Bündnis gegen das Proletariat schlossen und das allgemeine Wahlrecht in Frankreich wieder abschafften, revidierte Marx seine Analyse des bürgerlichen Staates. Die Ereignisse in Frankreich hätten »offenbart, daß bürgerliche Republik hier die uneingeschränkte Despotie einer Klasse über andre Klasse bedeute« (Marx 1852: 122). Die Bourgeoisie habe die Mehrheit im Parlament genutzt, um das allgemeine Wahlrecht abzuschaffen, und lasse nun nur noch die Exekutivgewalt sprechen. Die Niederschlagung der Pariser Kommune zwanzig Jahre später bestärkte Marx nochmals in diesem Eindruck. Der Staat, so formulierte Marx angesichts der Pariser Ereignisse aufgebracht, sei eine »Maschine der Klassenherrschaft« bzw. ein »Werkzeug zur Knechtung der Arbeit durch das Kapital« (Marx 1871: 336 u. 338). Zu dieser Zeit bot auch England kein positives Beispiel einer bürgerlichen Gesellschaft, noch herrschte auch dort kein allgemeines Wahlrecht. Dann aber, in den Folgejahren, setzten sich allgemeines Wahlrecht und Gleichheit vor dem Gesetz in Deutschland, England und Frankreich Schritt für Schritt durch. Offenbarte der Staat der bürgerlichen Gesellschaft plötzlich doch noch sein demokratisches Wesen?

Marx erlebte die Zeit der Verwirklichung demokratischer Verfassungen kaum noch. In seinen letzten Jahren war er an Tagen, an denen er noch zu arbeiten imstande war, damit beschäftigt, sein *Kapital* zu vervollständigen. Aus dieser Zeit sind nur noch wenige Äußerungen Marx' zum bürgerlichen Staat aktenkundig, darunter seine Aufforderung an die französischen Arbeiter, alle verfügbaren Mittel im Kampf zu nutzen, »einschließlich des allgemeinen Wahlrechts, das so aus einem Instrument des Betrugs, das es bisher gewesen ist, in ein Instrument der Emanzipation umgewandelt wird« (Marx 1880a: 238). Engels wiederholte diese Forderungen in den Folgejahren in offenen Briefen an die Arbeiter unermüdlich. Doch an sich würdigen wollen beide das Wahlrecht nicht. Es soll als Instrument oder Waffe dienen im Klassenkampf (Engels 1889: 383f. u. 1894p: 444). Und schließlich insistierte der alte Engels offen auf der »Überwindung des ganzen Staates, also auch der Demokratie« (Engels 1894v: 418). Worauf wollte er hinaus?

Der reife Marx hielt daran fest, dass der Staat im Kommunismus an Gewalt und Vormacht einbüßen solle, sprach aber eher von dessen Rücknahme als von dessen Absterben.[29] Und fragte: »Welche Umwandlung wird das Staatswesen in einer kommunistischen Gesellschaft erleiden? In anderen Worten, welche gesellschaftlichen Funktionen bleiben dort noch übrig, die jetzigen Staatsfunktionen analog sind?« (Marx 1875: 28) Diese Frage hätte Ausgangspunkt eingehender Überlegungen zum Staat in der kommunistischen Gesellschaft sein können. Jedoch bricht mit der Frage ihre Erörterung bei Marx schon ab – vielleicht weil er der Wahrheit nicht ins Auge blicken wollte. Es müssten nämlich gewichtige Funktionen in einer kommunistischen Gesellschaft ausgeübt werden, nicht nur solche, die jetzigen Staatsfunktionen analog wären, sondern auch solche, die neu hinzu kämen und mehr Staat (oder Institutionen, die

29 Marx 1871: 543 u. 1875: 23.

diesem analog sind) erforderten. Sie seien nochmals zusammengefasst: 1. Das gesellschaftliche Eigentum an den Produktionsmitteln muss gesichert werden, damit sich niemand Produktionsmittel erschleicht und sich als Privatproduzent selbständig machen kann. Natürlich sollen Marx zufolge alle Produzenten über die Produktionsmittel gemeinsam verfügen. Wie sie verwaltet werden, bleibt aber unklar. Marx' Verweis auf die »nationale Zentralisation der Produktionsmittel« (Marx 1872n: 62) gibt nicht viel Aufschluss. 2. Es muss festgestellt werden, wie viel jeder einzelne Produzent gearbeitet hat, um jedem die angemessene Menge an Arbeitsscheinen auszustellen. 3. Um solche Arbeitsscheine auszustellen, muss alle Arbeit auf einen Nenner gebracht, »der Ausdehnung oder Intensität nach bestimmt werden« (Marx 1875: 21). Ebenso müssen die Arbeitsprodukte auf diesen Nenner gebracht werden, damit sie sich gegen die Arbeitsscheine tauschen lassen. 4. Um Schwarzmärkte und Privatwirtschaft zu verhindern und die proportionale Produktion und mit dieser die Geltung der Arbeitsscheine nicht zu gefährden, muss der Umlauf der Arbeitsscheine geregelt und kontrolliert werden. Konkret: Die Arbeitsscheine müssen vom Produzenten direkt ins Güterdepot wandern. 5. Apropos proportionale Produktion: Diese muss geplant werden. Die Zahl der Schrauben, die für dieses oder jenes Werk bereitgestellt werden müssen, die dafür notwendigen Transportmittel etc. pp. 6. Um den Plan umsetzen zu können, müssen die Arbeitskräfte auf die entsprechenden Produktionszweige verteilt und entsprechend ausgebildet werden. 7. Um die proportionale Produktion auf das eigentliche Ziel: die Befriedigung der Bedürfnisse der Menschen, auszurichten, müssten deren Bedürfnisse ermittelt werden.

Sieben heikle Funktionen, man könnte sie auch die verflixten Sieben nennen: weil es solche sind, die mehr Staat heraufbeschwören. Konkreter: Die Funktionen 1, 4 und 6 beschwören die Staatsgewalt, jene Kraft und Macht, die die Einzelnen zu einem Gemeinwesen getreu den vereinbarten Prinzipien zusammenbindet. Nr. 2, 3, 5 und 7 beanspruchen eine wie auch immer geartete Verwaltung, die sich ihrer annimmt. Außer bei der ersten und vierten handelt es sich um Funktionen, die in der kapitalistischen Gesellschaft, wie recht oder schlecht, gut oder böse auch immer, vom Markt ausgeübt werden. Wenn dieser aufgehoben wäre, stellten sie keine Funktionen dar, die denen des bürgerlichen Staates analog wären, sondern zusätzlich neue, die voraussichtlich mehr Staat erforderten. Kurzum: Diese verflixten Sieben geben genug Anlass, an der Prophezeiung zu zweifeln, dass im Kommunismus der Staat absterben werde.

Gelegentlich lässt Marx das Ungemach des Staates im Kommunismus mit einem einfachen Taschenspielertrick verschwinden, in einem Begriff, der dafür genug Fassungsvermögen bietet und schön klingt: »Gesellschaft«. So schreibt er: Der einzelne Produzent »erhält von der Gesellschaft einen Schein, daß er soundso viel Arbeit geliefert« hat (ebd.: 20). Oder: »Die Gesellschaft verteilt Arbeitskraft und Produktionsmittel in die verschiednen Geschäftszweige.« (Marx 1885: 358) Aber wer soll die Gesellschaft sein, die die Arbeitsscheine ausstellt und die Arbeitskraft sowie die Produktionsmittel verteilt? Ludwig von Mises vermutete zurecht, dass die Rede von der »Gesellschaft« dem Zweck diene, den Ausdruck »Staat« oder einen gleichbedeutenden zu vermeiden. »›Staat‹ sollen nur jene Staaten und Staatsformen genannt werden, die das Mißfallen der sozialistischen Schriftsteller erregten. Für den von ihnen angestrebten Zukunftsstaat wurde diese als schimpflich und herabsetzend angesehene Ausdrucksweise mit Entrüstung zurückgewiesen. Er wird als Gesellschaft bezeichnet.« (Mises 1932: 108)[30] Mises

30 Ähnlich Hans Kelsen. Der hält solche marxistische Rede von der »Gesellschaft« für Kosmetik, die den zukünftigen Staat nur verdecken, nicht aber beseitigen könne. Gleiches gelte für den Begriff der »Sozialisierung der Produktionsmittel«, mit dem sich die Marxisten über die »Verstaatlichung der Produktionsmittel« hinwegtäuschten (Kelsen 1920: 35 u. 81).

liegt mit seiner Vermutung offenkundig richtig, wie ein briefliches Begleitschreiben zur *Kritik des Gothaer Programms* zeigt. Darin richtet sich Engels an die Adresse der Deutschen Arbeiterpartei, mokiert sich über deren im *Gothaer Programm* offenbarte Staatsgläubigkeit und rät ihr, »das ganze Gerede vom Staat fallenzulassen« und »überall statt Staat ›Gemeinwesen‹ zu setzen, ein gutes altes deutsches Wort, das das französische ›Kommune‹ sehr gut vertreten kann.« (Engels 1875: 6f.) Marx wollte »das Gerede vom Staat« anscheinend weitgehend vermeiden, wie sonst erklärte sich die Phrase »Gesellschaft« an besagter Stelle. Geholfen hat sie nicht. Denn so wenig das Wort vom Staat diesen in die Welt setzt, so wenig schafft kein Wort vom Staat diesen aus der Welt.

Bei Mises heißt es über die Verschleierung des Staates im Begriff der Gesellschaft weiter: »Es zeugt nicht gerade von großer Denkkraft der Menschen [...], daß sie diese Sophismen nicht durchschaut haben.« (Mises 1932: 108) Doch er lag falsch, der Sophismus »Gesellschaft« war schon durchschaut worden – von Lenin. Dieser erörtert in seiner Schrift *Staat und Revolution* jenen Satz aus Marx' *Kritik des Gothaer Programms*, laut dem die Produzenten von der Gesellschaft Scheine bekämen, und folgert: »Insofern bleibt noch die Notwendigkeit des Staates bestehen, der unter Wahrung des gesellschaftlichen Eigentums an den Produktionsmitteln die Gleichheit der Arbeitsleistung und die Gleichheit bei der Verteilung der Produktion zu schützen hat.« (Lenin 1918r: 481) Der Staat blieb im Realsozialismus nicht nur bestehen, er wurde totalitär.

II

Die Realität des Kommunismus

»Will man in aller Kürze die Anatomie der kommunistischen Gesellschaft skizzieren, so wird das eine Gesellschaft sein: a) in der es kein Privateigentum an Produktionsinstrumenten und -mitteln, sondern nur gesellschaftliches, kollektives Eigentum an ihnen geben wird; b) in der es keine Klassen und keine Staatsmacht, sondern Schaffende der Industrie und der Landwirtschaft geben wird, die sich als eine freie Assoziation der Werktätigen wirtschaftlich selbst verwalten werden; c) in der die Volkswirtschaft, nach einem Plan organisiert, auf der höchstentwickelten Technik sowohl in der Industrie als auch in der Landwirtschaft basieren wird; d) in der es keinen Gegensatz zwischen Stadt und Land, zwischen Industrie und Landwirtschaft geben wird; e) in der man die Produkte nach dem Prinzip der alten französischen Kommunisten verteilen wird: ›Jeder nach seinen Fähigkeiten, jedem nach seinen Bedürfnissen‹; f) in der Wissenschaft und Kunst sich unter so günstigen Verhältnissen entwickeln werden, dass sie zur vollen Blüte gelangen werden; g) in der die Persönlichkeit, befreit von der Sorge um das Stück Brot und von der Notwendigkeit, sich an die ›Mächtigen dieser Welt‹ anzupassen, wirklich frei sein wird.« (Stalin 1927u: 70) Viel besser kann der Kommunismus, wie er im Buche steht, nicht skizziert werden. Die sozialistische Realität wurde dann aber eine andere und im Stalinismus besonders grausam. a) Die Vergesellschaftung der Produktionsmittel realisierte sich als Verstaatlichung. b) Statt der Produzenten verwaltete der Staat die Produktion. c) Die Planwirtschaft mutierte zur Zentralverwaltungswirtschaft. Der Industrialisierung wegen wurden die Bevölkerung und die Natur strapaziert. d) Millionen von Privatbauern mussten in die sozialistische Eigentumsordnung hineingezwungen werden. e) Das Prinzip »Jeder nach seinen Fähigkeiten, jedem nach seinen Bedürfnissen« blieb Zukunftsmusik. Und auch das zweitbeste kommunistische Prinzip »Jedem nach seiner Leistung« vermochte der Realsozialismus kaum zufriedenstellend in die Tat umzusetzen. f) Die Kunst blühte eher im Stillen, zwischen den Zeilen oder in der Auflehnung, nicht aber als Pracht des neuen Systems. g) Innerhalb des Systems florierte eher der Opportunismus als die Persönlichkeit.

Aufbruch

Die Ausgangssituation des Kommunismus 1917

Eigentlich, der klassischen Lehre zufolge, war das Kapital dafür verantwortlich, die Industrie als Voraussetzung des Kommunismus zu schaffen. »Die Entwicklung der Produktivkräfte der gesellschaftlichen Arbeit ist die historische Aufgabe und Berechtigung des Kapitals. Eben damit schafft es unbewußt die materiellen Bedingungen einer höhern Produktionsform.« (Marx 1894: 269) Der Kommunismus sollte sich ins gemachte Nest setzen: in das der Industrie. Doch in diesem fand er sich 1917 nicht wieder. Die Bolschewiki waren in der Oktoberrevolution nur politisch siegreich gewesen. Aber ökonomisch? Wie sollte der Kommunismus ökonomisch das werden, was er sein wollte – unter Voraussetzungen, wie sie das Agrarland Russland bot? Entweder war der sowjetische Kommunismus in dieser Situation dazu verdammt, auf die Revolution in West- und oder Mitteleuropa zu warten und sodann von der Industrie des Westens zu partizipieren, oder dazu angehalten, sich die Industrie als Quelle seines Reichtums auf eigene Faust und Rechnung zu erschaffen. Es lief auf Letzteres hinaus, denn die kommunistischen Aufstände (etwa 1918 in der deutschen

Novemberrevolution) und Räterepubliken (1919 in München und Ungarn) in Europa erwiesen sich als zu schwach. So musste der sowjetische Kommunismus notgedrungen selbst, statt des Kapitals, die historische Aufgabe übernehmen, seine eigenen materiellen Bedingungen zu erarbeiten. »Es bleibt nur das eine: mit Hilfe der inneren Akkumulation die Industrie zu entwickeln, das Land zu industrialisieren.« (Stalin 1928g: 86) Und das nicht nur, damit jeder Bürger zu essen und ein warmes Zuhause hat, sondern auch, um sich gegen imperialistische, industriell fortschrittliche Länder erwehren zu können. »Wir müssen alle unsere Kräfte aufs äußerste anspannen [...] zur wirtschaftlichen Hebung des Landes, ohne die von einer einigermaßen ernsten Steigerung der Wehrkraft keine Rede sein kann.« (Lenin 1918s: 230). »Entweder bringen wir das zuwege, oder wir werden zermalmt.« (Stalin 1931: 30 f.)

Wie kann unter nicht-kapitalistischen Voraussetzungen für Industrialisierung gesorgt werden? – Das war eine der wichtigsten Fragen, die sich Lenin, Stalin und der ganzen bolschewistischen Partei stellten. Einer der führenden Theoretiker und sogenannten Linken innerhalb der Bolschewiki, E. A. Preobraschenski, hatte dieser Frage 1926 sein Buch *Die Neue Ökonomik* gewidmet. Darin entwickelt er die Theorie von der »ursprünglichen sozialistischen Akkumulation«. Dieser Theorie zufolge müsse die Diktatur des Proletariats die Voraussetzungen der kommunistischen Gesellschaft schaffen, indem sie die Produktionsmittel in ihren Händen akkumuliert und die Industrialisierung auf Kosten der Bauern vorantreibt. Die Diktatur des Proletariats sollte unter sozialistischen Vorzeichen nachholen, wofür in West- und Mitteleuropa die »sogenannte ursprüngliche Akkumulation des Kapitals« verantwortlich gewesen war, als welche Marx den »Verwandlungsprozeß von der feudalen zur kapitalistischen Produktionsweise« (Marx 1872k: 779) bezeichnet hatte. Auf seine Art gelang es dem stalinistischen Regime schließlich, diese Theorie in die Tat umzusetzen.

Wer die sowjetische Wirtschaftspolitik und deren Konsequenzen begreifen und kritisieren will, wird nicht umhinkommen, auch den Gedanken der Bolschewiki nachzusetzen, auf Wegen, die über Marx führen, hinein in die Analyse und Entstehungsgeschichte von Industrialisierung und kapitalistischer Produktionsweise, über das alte bäuerliche Russland und alte kommunistische agrarpolitische Debatten und schließlich, zurück, in die junge Sowjetunion.

Fehlende Industrialisierung

Industrialisierung, das ist »erweiterte Reproduktion der Produktionsmittel« respektive »Reproduktion der Produktionsmittel auf erweiterter Stufenleiter« (Marx 1885: 351–518). Deren Grundlage ist die »Einfache Reproduktion«, welche überall dort stattfindet, wo die Produktionsmittel (Energie, Maschinenteile, Saatgut usw.) in dem Maße, wie sie verschleißen, neu produziert werden. Bei der »Erweiterten Reproduktion« werden obendrein noch mehr und modernere Produktionsmittel produziert. Ihr Charakteristikum ist die Produktion von Produktionsmitteln oder auch: Produktion der Produktion wegen. Zumeist kommt diese über kurz oder lang, selbst unter kapitalistischen Vorzeichen, rückwirkend auch der Produktion von Lebensmitteln zugute. Am Beispiel Robinson: Dieser wendet in dem einen Jahr mehr Zeit auf, eine Sichel herzustellen, erntet in den Folgejahren mit dieser aber mehr Lebensmittel. Entsprechend heißt es im *Lehrbuch der politischen Ökonomie* aus dem Jahre 1954 unter der Kapitelüberschrift »Die sozialistische Reproduktion«: »Die erweiterte Reproduktion der Produktionsmittel ist die Grundlage dafür, die Produktion von Konsumtionsmitteln zu erweitern.« (Pentzel 1954) Die führenden Industrienationen hatten es einst vorgemacht, als dort immer mehr Arbeitskräfte vom primären (Landwirtschaft) in den sekundären Sektor (Industrie) wanderten und bald, durch den

Einsatz von industriell hergestellten Produktionsmitteln, die Produktivität im primären Sektor stieg – mit dem Nebeneffekt, dass die Zahl der Hungerkatastrophen im Vergleich zum Mittelalter deutlich abnahm (laut Bairoch 1973: 300). Schließlich war in England Mitte des 19. Jahrhunderts nur noch ein Drittel der arbeitenden Bevölkerung im primären Sektor beschäftigt, ein weiteres Drittel schon im sekundären Sektor und das restliche Drittel im tertiären Sektor (Dienstleistung). In Russland hingegen waren Anfang des 20. Jahrhunderts noch 75 Prozent der arbeitenden Bevölkerung im primären Sektor tätig und nur zehn Prozent im sekundären Sektor (laut Merl 1987: 600).

Angenommen nun, es gäbe den Verein freier Menschen und dieser würde auf dem technischen Niveau von Sowjetrussland (wie die spätere Sowjetunion bis 1922 hieß) agieren, bedeutete das, dass der Großteil des gesamtgesellschaftlichen Arbeitstages für die Produktion von Lebensmitteln und nur ein kleiner Teil der Arbeitszeit für die Produktion von Produktionsmitteln verausgabt würde.[31] Anders gesagt: Ein Großteil des Gesamtprodukts bestünde aus Konsumgütern. Und nur ein kleiner Teil des Gesamtprodukts käme der Produktion zugute bzw. könnte, um mit Marx und James Mill zu reden, produktiv konsumiert werden. Befände sich die kommunistische Gesellschaft hingegen auf dem industriellen Niveau Englands Mitte des 19. Jahrhunderts, hieße das, dass ein wesentlich kleinerer Anteil aus Konsumgütern bestünde, und dass ein größerer Teil des Produkts wieder in die Produktion zurückflösse. Welchen Verein freier Menschen hätte Marx gewählt? Marx hätte die englische Variante bevorzugt, wiewohl und weil darin ein größerer Teil der Produktion Produktion für die Produktion ist. Denn deren Produkt, also die Masse an Produktionsmitteln, macht möglich, in weniger Zeit mehr Lebensmittel produzieren zu können.

31 In dieser Illustration wird abstrahiert: zum einen von Import und Export, zum zweiten davon, dass in der Landwirtschaft mit zunehmender Industrialisierung zunehmend Rohstoffe für die Industrie produziert werden.

Dass es die englische Gesellschaft im 19. Jahrhundert soweit gebracht hatte, mithilfe von Produktionsmitteln schneller Lebensmittel produzieren zu können, lag daran, dass sie Mehrprodukt akkumuliert hatte – und das weniger in Gestalt von Luxusgütern als in der von Produktionsmitteln. Sie akkumulierte auf erweiterter Stufenleiter. Als ungerecht bezeichnete Marx diese Akkumulation, weil die Arbeiter nicht mit entscheiden können über Verwendung und Sinn des Mehrprodukts und den Zweck ihrer Arbeit. Mehrprodukt (i. e. das Produkt von Mehrarbeit) an sich verurteilt er nicht: »Mehrarbeit überhaupt, als Arbeit über das Maß der gegebnen Bedürfnisse hinaus, muß immer bleiben. [...] Ein bestimmtes Quantum Mehrarbeit ist erheischt durch die Assekuranz gegen Zufälle, durch die notwendige, der Entwicklung der Bedürfnisse und dem Fortschritt der Bevölkerung entsprechende, progressive Ausdehnung des Reproduktionsprozesses, was vom kapitalistischen Standpunkt aus Akkumulation heißt. Es ist eine der zivilisatorischen Seiten des Kapitals, daß es diese Mehrarbeit in einer Weise und unter Bedingungen erzwingt, die der Entwicklung der Produktivkräfte, der gesellschaftlichen Verhältnisse und der Schöpfung der Elemente für eine höhere Neubildung vorteilhafter sind als unter den frühern Formen der Sklaverei, Leibeigenschaft usw.« (Marx 1894: 827)

In der feudalen oder Sklavenwirtschaft gab es kaum technischen Fortschritt. Das Mehrprodukt wurde individuell konsumiert und nicht in die Produktion reinvestiert. Wollte der Herr vom Knecht mehr Produkt, so zwang er den Knecht zu noch mehr Arbeit. Das Mehrprodukt wurde absolut vergrößert, hatte aber seine Grenzen. In der kapitalistischen Produktionsweise ist diese Art der Steigerung des Mehrprodukts auch möglich. Marx nennt sie: die Erhöhung des absoluten Mehrwerts. In der kapitalistischen Epoche gewinnt aber eine andere Art an Bedeutung: die Erhöhung des relativen Mehrwerts. Für beide Arten der Mehrwerterhöhung gilt, dass der Arbeiter einen notwendigen ersten Teil des Arbeitstages für sich selbst (bzw. die Reproduktion seiner Arbeitskraft) und einen zusätzlichen zweiten

Teil des Arbeitstages für den Kapitalisten arbeitet. Den ersten Teil des Arbeitstages nennt Marx »notwendige Arbeitszeit«, den zweiten Teil »Surplusarbeitszeit« (Marx 1872k: 231). Der erste Teil verwandelt sich in Lohn für den Arbeiter, den dieser hauptsächlich für Lebensmittel ausgibt. Der zweite Teil verwandelt sich in Mehrwert (der Wert der Produktionsmittel, der im Produktionsprozess verbraucht und auf die produzierten Waren übertragen wird, sei hier ausgeklammert). Was macht der Kapitalist mit diesem Mehrwert? Er muss ihn hauptsächlich reinvestieren. d. h. er investiert ihn in Produktionsmittel, um damit den Produktionsprozess zu rationalisieren. Gelingt ihm das, steigt der relative Mehrwert: Der Arbeiter erhält weiterhin den gleichen Lohn und arbeitet gleich lang, produziert aber dank besserer Produktionsmittel mehr Waren als zuvor, die der Kapitalist gewinnbringend verkaufen kann. Jedoch: Auch die anderen Kapitalisten führen früher oder später die besseren Produktionsmethoden ein. Die Konkurrenz um das beste Angebot lässt die Marktpreise sinken. Der Kapitalist muss die Waren billiger verkaufen, womit der relative Mehrwert, den er einstreichen und reinvestieren konnte, wieder zerrinnt. Was aber bleibt, sind die neuen Produktionsmittel. Die Konkurrenz der Kapitalisten untereinander ist der Motor der permanenten Revolutionierung der Produktionsmittel in der kapitalistischen Epoche: von der Manufaktur zur Fabrik, vom Webstuhl zum Fließband, von der Wassermühle zum Atomkraftwerk. Diese ständige Revolutionierung erfasst auch die Produktion von Lebensmitteln: vom Dreschflegel zum Mähdrescher, vom Hybridmais zum transgenen Mais, vom Stall zur Massentierhaltung. Abgesehen davon, wie sittlich solcherart Fortschritt in der Produktion ist, die Steigerung der produzierten Kalorienzahl ist beachtlich. Mit einem durch eine Dampfmaschine betriebenen Pflug konnte der Bauer um 1900 zehnmal mehr Hektar Land pro Stunde umpflügen als zuvor mit einem Pferd oder Ochsen. Ohne dass die Kapitalisten, die in erster Linie profitabel wirtschaften wollen, dies bezwecken, verkürzen sie in der Summe ihres Tuns die notwendige

Arbeitszeit der gesamten Gesellschaft. Die Gesellschaft braucht immer weniger Arbeitszeit, um die nötigen Lebensmittel immer schneller zu produzieren. Ein immer kleinerer Teil der gesamtgesellschaftlichen Arbeitszeit reicht aus, um die nötigen Lebensmittel herzustellen – die gesellschaftliche, »allgemeine Rate des Mehrwerts« (ebd.: 338) steigt. Aus der Perspektive der Arbeiter: Mit ihrem Lohn könnten sie jetzt, da die Produktion von Lebensmitteln der Gesellschaft weniger Zeit gekostet hat, also z. B. Kleidung billiger geworden ist, mehr kaufen. In der Logik der Kapitalisten heißt das postwendend: Er senkt den Lohn der Arbeiter, da nun offenbar weniger ausreicht, damit sie genug Lebensmittel erwerben können. Und falls die Arbeiter gegen die Lohnsenkung aufmucken, warten draußen ja genug Arbeitslose, um sich einstellen zu lassen. In der kapitalistischen Gesellschaft wird so die Arbeitszeit, die notwendig ist, damit sich die Arbeiter und ihre Angehörigen reproduzieren, beständig minimiert, ohne dass aber die Arbeiterklasse viel davon hat: »Die Entwicklung der Produktivkraft der Arbeit, innerhalb der kapitalistischen Produktion, bezweckt, den Teil des Arbeitstags, den der Arbeiter für sich selbst arbeiten muß, zu verkürzen, um grade dadurch den andren Teil des Arbeitstags, den er für den Kapitalisten umsonst arbeiten kann, zu verlängern.« (ebd.: 340) In einer kommunistischen Gesellschaft, so die Idee, gäbe es keinen zwingenden Grund mehr, all jene Zeit, um die die notwendige Arbeitszeit verkürzt wird, in Surplusarbeitszeit und Mehrprodukt zu verwandeln. Ein Teil könnte auch in Freizeit verwandelt werden.

Rückblick auf die ursprüngliche Akkumulation des Kapitals

Der Fortschritt der Produktivkräfte hatte zumeist, auch in Russland, zur Geschichte der Menschheit dazugehört. Aber das Tempo hatte sich ab dem 18. Jahrhundert in weiten Teilen

Europas und Nordamerikas plötzlich gesteigert. Vom Feuer bis zum Rad hatte es mehr als eine halbe Million Jahre gedauert, vom Rad bis zur Dampfmaschine (1712) nochmals Jahrtausende, bis plötzlich eine Erfindung die nächste jagte: mechanischer Webstuhl (1745), Spinnmaschine (1769), Drehbank (1800), Dampfschiff (1800), Lokomotive (1814), Elektromotor (1834), Telefon (1861). Die Industrialisierung begann und hat bis heute nicht aufgehört. Ihre Ouvertüre hatte es im Hochmittelalter in den Städten Oberitaliens gegeben, als dort, hauptsächlich der Produktion von Tuch wegen, viele Manufakturen entstanden. Unterbrochen von Kriegen, Epidemien und Stockungen prägte die Industrialisierung schließlich die Frühe Neuzeit (vgl. Dülmen 1982). Die Gewerbezentren der Industrie verlagerten sich vom Süden in den Westen und Norden Europas, nach Holland, Frankreich, Schweden und vor allem England. Zur kurzen Illustration: Die Zahl der Hochöfen stieg in England und Wales zwischen 1500 und 1650 von drei auf weit über hundert; das jährliche Produkt an Kohle, die Energieträgerin der Industrialisierung, wuchs von 0,2 auf drei Millionen Tonnen.

Eine der Hauptursachen der Industrialisierung war die »Verteuerung von Herrschaft« (Gerstenberger 1990: 500) infolge der Verbreitung des Schießpulvers, der Entdeckung Amerikas und der Globalisierung des Handels. Die europäischen Königshäuser brauchten, wollten sie ihre Macht erhalten und ausbauen, Waffen und Befestigungsanlagen, gut ausgebildete Armeen und, zum Zwecke der Kolonisierung Amerikas und zum Schutz der Seewege, gut ausgerüstete Flotten. Zum einen nahmen sie große Kredite auf, zahlten sie mit Edelmetallen aus Amerika zurück, befeuerten so das Bankwesen und den Geldumlauf. Zum anderen förderten sie, weil sie Kanonen, Schiffe und Festungen benötigten, die Produktion, vor allem diejenige jenseits altehrwürdiger und rückwärtsgewandter Zünfte. Bergwerke, Gießereien und Reedereien entstanden und dazugehörige Infrastruktur, Zulieferbetriebe und Wissenschaften.

Waren andere Nationen wie Portugal und Holland aufgrund einer starken Flotte und geschäftstüchtiger Handelskapitalisten im 15. und 16. Jahrhundert aufgestiegen, so wurde im 17. und 18. Jahrhundert das Industriekapital maßgebend. Die englische Industrie produzierte und verkaufte die Waren, die in Europa begehrt waren, verhalf der englischen Nation so zu Exportüberschuss und zog Investitionen an. Ursache der Entstehung und des Vorsprungs der englischen Industrie war unter anderem die Reformation gewesen: Sie hatte das Bürgertum inspiriert, puritanisch zu wirtschaften, und ermöglichte die Neuverteilung und Kommerzialisierung von Ländereien, die zuvor Kirche und Klöstern gehört hatten.

Die Einwohnerzahl Manchesters, der Stadt, die zum Sinnbild der Industrialisierung wurde, wuchs zwischen 1760 und 1830 von 18.000 auf 180.000. In ganz England stieg zwischen 1800 und 1850, während sich die Bevölkerungszahl überhaupt vergrößerte, der Anteil der Stadtbevölkerung von dreißig auf fünfzig Prozent. Vor der Industrialisierung hatten fast nirgends in Europa mehr als zwanzig Prozent der Bevölkerung in Städten gelebt. Mehr ging einfach nicht: Das landwirtschaftliche Mehrprodukt betrug nur zwischen zwanzig und dreißig Prozent. Es wurde von den Bauern produziert und musste größtenteils an Adel, Kirche, Krone oder Staat abgegeben werden, durch die es verzehrt und verprasst, an Bedienstete und Streitkräfte weitergereicht sowie weiterverkauft und exportiert wurde. Die Industrialisierung aber erforderte, dass die Landwirtschaft die zusätzliche Zahl an Industriearbeitern ernährte und die Industrie mit Rohstoffen wie Schafwolle, Holz oder Raps versorgte. Kurzum: Wachstum der Industrie setzt die Steigerung des landwirtschaftlichen Produkts voraus.

In gewissen Maßen kann die Produktivitätssteigerung der Landwirtschaft durch eine größere Anstrengung der landwirtschaftlichen Arbeitskräfte erreicht werden. Diese Methode zum Zwecke der Steigerung des landwirtschaftlichen Produkts stößt aber schnell an Grenzen bzw. die Naturschranken der

Arbeitskraft auf dem Land. Sind diese erreicht und soll die Industrialisierung und Verstädterung weitergehen, dann kann das Mehrprodukt der Landwirtschaft nur noch durch Verbesserung der landwirtschaftlichen Technik und Methoden erhöht werden.

In den Jahrhunderten zwischen dem Ende des Römischen Reichs und 1600 hatte es in der europäischen Landwirtschaft im Vergleich mit dem, was danach kam, nur zögerliche Entwicklungen der Agrartechnik und -methoden gegeben. Im 12. und 13. Jahrhundert schauten sich die Europäer auf der iberischen Halbinsel und auf Sizilien die Bewässerungssysteme von den arabischen Invasoren ab. Sie selbst entwickelten im Mittelalter den Räderpflug und die Wassermühle, brachten zunehmend Eisen (z. B. die Egge) zum Einsatz, entwickelten die Dreifelderwirtschaft und verbesserten die Anspannmethoden. Überdies dehnten, verzweigten und konsolidierten sich Handelswege; im 14. Jahrhundert etwa gelangte Roggen regelmäßig aus dem Baltikum und der Ukraine nach West- und Südeuropa und beträchtliche Mengen Wein jährlich von Südfrankreich nach England. Im 15. und 16. Jahrhundert stieg dann die Produktivität der Landwirtschaft zunehmend an, infolge steigender Nachfrage nach Rohwolle durch die Industrie und der nach Getreide durch die wachsende Bevölkerung Europas. Es fanden Rodungen statt, Höhenlagen wurden besiedelt, Deiche gebaut, Bewässerungssysteme verbessert und Moore kolonisiert. Dann kam es zu einer Agrarrevolution, der größten seit der neolithischen. Begonnen hatte sie im 16. Jahrhundert in den Niederlanden und Flandern, nochmals Schwung bekam sie ab ca. 1700 in England. Dort verdoppelte sich innerhalb des 18. Jahrhunderts das landwirtschaftliche Mehrprodukt. In der Folge ergriff diese Revolution große Teile Kontinentaleuropas und der USA, wobei Letztere im 19. Jahrhundert zu ihrem neuen Zentrum wurden. Die agrarrevolutionären Fortschritte waren, kurz zusammengefasst (nach P. Bairoch 1973): 1. Vergrößerung der Anbaufläche durch Eindeichung, Melioration und Drainage. 2. Ablösung der Zweifelderwirtschaft und Dreifelderwirtschaft durch Mehrfelderwirtschaft und schließlich mehrjährigen Fruchtwechsel (ohne dass überhaupt noch Felder brach lagen). 3. Verbreitung agrarwissenschaftlicher Fachliteratur durch Buchdruck. 4. Systematische Düngung und Verwendung chemischer Dünger. 5. Verbreitung neuer Nahrungs- und Futtermittelpflanzen: Rüben, Klee, Raps, Hopfen, Buchweizen, Mais, Karotten, Kohl und die Kartoffel, die in einem wahren Feldzug Europa eroberte. 6. Kreuzung, Verbesserung und Reinigung von Saatgut. 7. Bessere Ernährung und Züchtung von Hilfstieren. Das geschwinde Pferd trat; als Zugtier, anstelle des trägen Ochsen. Der Hufbeschlag setzte sich durch. 8. Landwirtschaftliche Geräte wurden verbessert. Anstelle von Holz- gab es nun allerorten Eisenpflüge, die Sense verdrängte die Sichel. Dresch- und Mähmaschinen kamen zum Einsatz. Anfang des 20. Jh. wurden in den USA erste Mähdrescher eingesetzt.

Dass die Produktivkraftsteigerung in den frühkapitalistischen Ländern auf die Landwirtschaft übergreifen konnte, setzte auch auf dem Land entsprechende Verhältnisse voraus. Es musste auf dem Land kapitalistisch wirtschaftende Unternehmen geben, die in Produktionsmittel investieren, um mehr Mehrprodukt zu produzieren, das sie verkaufen, um den Mehrwert in Produktionsmittel zu investieren usf. In vorkapitalistischen Gesellschaften gab es lange keinen Grund für solche Betriebsamkeit: Der Adel lebte ganz gut von den Abgaben der Bauern, seinem Stand und seinem Einfluss in der Gesellschaft und die Bauern selbst hatten keine Möglichkeiten, geschäftstüchtig zu werden. Damit sich eine gewisse Betriebsamkeit auf dem Land entwickelte, musste dort die Grundordnung des Feudalismus kapitalistischen Verhältnissen weichen. Dieser Umwandlungsprozess war wesentlich für die »sogenannte ursprüngliche Akkumulation des Kapitals«.

Zu jeder Akkumulation gehören Akkumulate. Im Falle der sogenannten ursprünglichen Akkumulation des Kapitals waren das neben den Edelmetallen aus Amerika besonders die Arbeitskraft und die Produktionsmittel, allen voran der Boden. In der Feudalverfassung war dieser kein eindeutiges Eigentum. Er gehörte einerseits dem Grundherrn, andererseits den darauf lebenden Hintersassen. Genaueres war durch Gewohnheitsrechte, Machtverhältnisse und gegenseitige Abhängigkeit geregelt. Als das Gewerbe in Europa sodann nach Wolle lechzte, bot sich den Grundherren oder Pächtern eine neue Möglichkeit von Einkünften: nicht mehr durch Lebensmittel, die die Bauern für sie erwirtschafteten, sondern durch Wolle von Schafen. Derenthalben mussten die Gewohnheitsrechte der Bauern an dem Boden hinfällig, dieser zu unzweideutigem Eigentum und in Weide umgewandelt werden. Dazu bei trug die Kommerzialisierung. Die päpstliche Kirche hatte schon im 14. Jahrhundert, während ihrer Zeit in Avignon, damit begonnen, Kirchenämter und damit auch Abteien und Bischofssitze zu verkaufen bzw. zu versteigern. Die Käufer traten ihr Amt oft verschuldet an und mussten zusehen, wie sie aus dem Minus herauskamen und mit dem Boden wieder Plus erwirtschafteten: »Die Münze hatte buchstäblich den Grund der Gesellschaft erreicht.« (Türcke 2015: 183) Regenten taten es der Kirche gleich. Der englische König Heinrich VIII. beispielsweise ließ, um den Krieg gegen Frankreich zu finanzieren, zu Beginn des 16. Jahrhunderts viel Land, das die Krone im Zuge der Reformation erlangt hatte, verkaufen. Nachdem sich zeigte, dass sich Wolle, besonders solche wohlgenährter englischer Schafe, gut in Geld verwandeln ließ, nahm die Kommerzialisierung ihren Lauf. Die alten, grundherrlichen Eigentümer, weil sie um ihren sozialen Stand fürchteten, und die neuen Eigentümer, weil sie sich mit dem Kauf verschuldet hatten, versuchten am Boden zu verdienen. Die Hintersassen waren die Leidtragenden. Sie wurden vertrieben, die Äcker, Wiesen und Farmen von Eigentümern eingehegt (»hedging«, »enclosures«) und zusammengelegt (»engrossing«). Begonnen hatte diese Praxis in England schon im 15. Jahrhundert, bahnbrechend wurde sie dann später: »Die umfänglichen Einhegungen, die der Agrarrevolution vorausgingen, fanden erst im 18. Jahrhundert statt.« (Dülmen 1982: 46) Die Gerichte schlugen sich zunehmend auf die Seite der Grundherren und Pächter. In Frankreich versuchten französische Regierungsbeamte in der Mitte des 18. Jh. einen ähnlichen Privatisierungsprozess zu fördern. »Sie befürworteten insbesondere die Auflösung von Allmenden, die Erweiterung der privaten Verfügungsgewalt über Landbesitz und die Aufhebung der Exportverbote für Weizen.« (Gerstenberger 1990: 359) Kurze Zeit später verhalf zwar die Französische Revolution den Kleinbauern zu mehr Macht, aber langfristig half auch sie, den Boden zu privatisieren und die Landwirtschaft zu kapitalisieren, etwa indem die Nationalversammlung im Zuge der Revolution und Verschuldung des Staates beschloss, Kirchenländereien zu verkaufen.

»Fragt sich« noch, »wo kommen die Kapitalisten ursprünglich her« (Marx 1872k: 770) bzw. die ersten Akkumulatoren im Prozess der sogenannten ursprünglichen Akkumulation. Handelskapitalisten bzw. Kaufleute hatte es schon ewig gegeben. Ebenso lange hatten sie wenig Einfluss auf die Produktionsweisen gehabt und ihren Profit nicht aus der Beschäftigung und Ausbeutung von Arbeitern, sondern aus den unterschiedlichen Güterangeboten in den Gemeinwesen gezogen. Sie hatten sogenannten »profit of alienation« (Marx 1894: 342) gemacht, indem sie dort, wo es daran nicht mangelte, bestimmte Waren (Gewürze, Tulpen, Sklaven u. a.) billig aufkauften und diese andernorts, wo man danach dürstete, teurer weiterverkauften. Sie tangierten die Produktion, ohne in sie einzugreifen. Kapitalistisch wurde die Produktionsweise erst, als nicht mehr nur Überschüsse zum Verkauf standen, sondern die Produktion auf den Verkauf ausgerichtet wurde. Der Markt blieb dann nicht länger Abfluss der Produktion, um deren Überfluss aufzufangen und zu verwerten, sondern wurde mehr und mehr zum Ziel der gesellschaftlichen Produktion. Bei diesem Prozess der Subsumtion der Produktion unter das Kapital hat der eine oder andere

Handelskapitalist eifrig mitgewirkt, indem er sein Handelskapital in produktives Kapital transponierte, auch in der Landwirtschaft. Aber solche Kapitalisten, die sich Produktionsmittel zulegten, Arbeitskräfte einstellten und für den Markt produzierten, rekrutierten sich auch aus anderen Milieus. Teils handelte es sich um alte Grundherren, die sich, von Abstiegsängsten getrieben, nicht mehr auf ihrem Adel ausruhen, sondern sich ihren Grund und Boden auf neue Weise zunutze machen wollten und sich so zu Agrarkapitalisten wandelten. Mitunter handelte es sich bei den ersten Agrarkapitalisten auch um Stadtbürger, die Ländereien kauften oder pachteten, die Geschäftigkeit der Stadt aufs Land übertrugen und die angestammten Bauern vertrieben. Gar nicht so selten (meint Bairoch 1973: 327) waren es aber auch Bauern selbst, die sich gegen ihresgleichen durchsetzten, Land pachteten, ihre Nachbarn bei sich einstellten, gar eine Fabrik oder ein Bergwerk errichteten und Getreide, Schafwolle, Tuch oder Kohle für den Markt produzierten. Aus welchem Milieu sie auch kamen, Marx nennt all diese Kapitalisten, die ihren Reichtum in die Produktion investieren (auch in die landwirtschaftliche), im Gegensatz zu den Handelskapitalisten, die nur in der Sphäre der Zirkulation wirtschaften, industrielle Kapitalisten. Es ist ihr Kapital, dessen Eigenlogik zum allgemeinen Zwang der kapitalistischen Produktionsweise geworden ist: Investition von Gewinnen in den Produktionsprozess, um konkurrenzfähig zu bleiben (vgl. Marx 1885: 61). Auch die Anleger, Bänker und Derivatehändler (das Finanzkapital), die ihrer Geldgeschäfte wegen als besonders kapitalistisch erscheinen, stünden ohne dieses industrielle Kapital auf verlorenem Posten. Sie setzen darauf, dass das industrielle Kapital weiter akkumuliert und sich der Produktionsprozess auf erweiterter Stufenleiter reproduziert.

Während die Kapitalisten sich den Boden und andere landwirtschaftliche Produktionsmittel aneigneten, gingen diese den Kleinbauern im Prozess der sogenannten ursprünglichen Akkumulation verloren. Die Bauern wurden so zu doppelt freien

Lohnarbeitern: Erstens wurden sie dermaßen frei von Produktionsmitteln, dass ihnen fortan, um zu überleben, kaum etwas anderes übrigblieb, als ihre Arbeitskraft zu verkaufen. Zweitens, da nicht weiter leibeigen oder an die Scholle gefesselt, wurden sie so frei, ihre Arbeitskraft verkaufen zu können. Diese Kommodifizierung ihrer Arbeitskraft und Proletarisierung der Bauern geschah nicht von jetzt auf gleich. Die Kleinbauern hatten ihren Vorfahren gleich immer im selben Ort gelebt und wurden durch den jähen Wandel nicht selten aus der Bahn geworfen, in ihrer Not zu Tagelöhnern, Vagabunden, Dirnen, Bettlern, Wegelagerern und gefährdeten so Sicherheit und Ordnung, die ihnen selber genommen worden waren. Erst nach und nach, durch Gesetze, Polizei, Strafen und Armenfürsorge, konnten sie in das sich neu formierende System der Lohnarbeit und kapitalistischen Ausbeutung integriert werden.

So bildete sich das grundlegende Verhältnis der kapitalistischen Produktionsweise heraus: das Klassenverhältnis. Auf der einen Seite befinden sich darin die Kapitalisten, die über die Hauptsache der Produktion verfügen, nämlich Produktionsmittel, und auf der anderen Seite die Proletarier, die produktionsmittellos und deswegen sachlich abhängig von den Kapitalisten sind. Zwar hatte es das Klassenverhältnis bereits vorher gegeben, etwa in den oberitalienischen Städten des 13. und 14. Jahrhunderts. In diese aber waren die Bauern freiwillig gekommen, um als Arbeiter ihr Glück zu probieren. Sie gingen wieder aufs Land zurück, als die Manufakturen in den Städten in die Krise gerieten (vgl. Türcke 2015: 187). In England jedoch machten es die historischen Umstände, dass dieses Verhältnis sich verallgemeinern, die darauf basierende kapitalistische Produktionsweise ihre Durchschlagskraft entwickeln und zum Gravitationszentrum der gesamten gesellschaftlichen Produktion werden konnte. Von England aus eroberte diese Produktionsweise Europa und Amerika.

Russland lag in diesem Entwicklungsprozess zu Beginn des 20. Jahrhunderts weit zurück: Der landwirtschaftliche

Überschuss war in Russland noch so gering wie einst im mittelalterlichen Europa; es standen den russischen Bauern keine Maschinen, Stromanschlüsse, ausgetüftelten Düngemethoden u. dgl. zur Verfügung, weswegen sie pro Kopf vier Mal weniger Kalorien produzierten als ihre amerikanischer Berufs- und Zeitgenossen; entsprechend litt die russische Bevölkerung (auch die Armee) wesentlich häufiger unter Hungerkatastrophen und Epidemien als die Bevölkerung in den fortschrittlichen, kapitalistischen Ländern.[32]

Die Landwirtschaft im alten Russland

Dass Russland wirtschaftlich zurückgeblieben war und seine Bevölkerungsmehrheit mehrheitlich aus leibeigenen und schollengebundenen Bauern bestand, hatte neben politischen auch geografische und klimatische Ursachen: Im Verhältnis zur Landfläche mangelte es Russland an attraktiven Handelshäfen; das große Land war dünn besiedelt, die Siedlungen weit voneinander entfernt, der Warentransport daher müßig; Klima und Landschaften ähnelten sich dort, wo Russland besiedelt war, sodass es an fremden, interessanten Waren mangelte, die innerhalb des Landes zu Tausch und Transport hätten anregen können; die Arbeitsteilung zwischen Handwerk und Landwirtschaft war gering ausgeprägt, da die Bauern in der relativ kurzen Vegetationsperiode wenig Überschuss produzierten, den sie hätten gegen Handwerkerdienste eintauschen können, und die langen Winter nutzten, um angefallene Handwerksarbeiten eigenhändig zu erledigen.

Vom 17. bis tief ins 19. Jahrhundert hinein lebten die Bauern in Russland auf dem Grundbesitz des Adels, der Kirche,

32 Zur vergleichsweise geringen Produktivität der russischen Landwirtschaft zu Beginn des 20. Jahrhunderts vgl. Bairoch 1973: 300, 306 u. 319, Nove 1992: 15 sowie Beyrau 2001: 41.

des Hofes oder des Staates. Sie mussten Abgaben leisten, eine bestimmte Anzahl ihrer Söhne zum Militärdienst schicken und sich ihrem Schicksal fügen, wenn sie vom Grundbesitzer verkauft oder umgesiedelt wurden. Egal auf wessen Boden, die Bauern lebten traditionell in sechs- bis zehnköpfigen Familienhaushalten, die wiederum zu Dorfgemeinden (Obschtschinas) zusammengefasst waren. In diesen Obschtschinas verteilten die Bauern untereinander das Land, welches ihnen vom Grundherren zugemessen worden war (daher wird die »Obschtschina« in der deutschen Forschungsliteratur, z. B. von Merl 1987, auch als »Umverteilungsgemeinde« bezeichnet). Teile des Gemeindegebiets definierten sie als allen zugängliche Weide, den Rest verteilten sie periodisch untereinander, wobei Qualität und Lage der Böden, Zahl und Alter der Familienmitglieder, aber auch Hackordnung und Faustrecht maßgebend waren. Ferner waren die Obschtschinas dafür verantwortlich, Abgaben oder Steuern einzutreiben und Mitglieder zum Militärdienst abzustellen. Kam eine Obschtschina dieser Pflicht nicht nach, haftete sie kollektiv. Es lag daher in ihrem Interesse, die Forderungen der Obrigkeit intern durchzusetzen. Säumige Mitglieder wurden von der Dorfgemeinschaft gemeinhin mit Prügel, Landwegnahme oder Zwangsarbeit bestraft. Somit hatte die Obschtschina zwei Seiten: Einerseits diente sie der Selbstverwaltung der Bauern, andererseits als Erfüllungsgehilfin der Feudalordnung.

Über den Bauern standen in der feudalen Ordnung die Adligen. Auch diese waren im alten Russland oft arme Wichte. Sie mussten eine bestimmte Lebenszeit dem zaristischen Staat dienen und durften Russland bis auf Ausnahmen nicht mal für Reisen verlassen; sie waren Beamte, mit denen der Staat das große Land verwaltete und das Militär führte. Es gab eine Menge Adlige, die kein Land besaßen, d. h. nur Dienstadel waren, und in ziemlich ärmlichen Verhältnissen lebten. Dem Grundadel ging es teils besser, aber auch er war unfrei, aufgrund von Gesetzen und weil er nicht selten in der ökonomischen Schuld des Staates stand. Mit der Zeit setzte sich im Zarenhaus die Erkenntnis durch, dass Russland den anderen europäischen Großmächten nicht mehr lange standhalten könne, wenn es nicht an ökonomischer Produktivkraft zulegen würde. Schon Peter der Große (1672–1725) und Katharina II. (1729–1796) hatten versucht, Russland zu modernisieren, aber nur halbherzig, denn sie wollten die Ordnung, an deren Spitze sie standen, nicht gefährden. Nachdem dann der Krimkrieg (1853–56) Russlands Mangel an Wirtschafts- und Wehrkraft verdeutlicht und in der Mitte des 19. Jahrhunderts Bauernaufstände das Land heimgesucht hatten, versuchte das Zarenhaus in den 1860er Jahren nochmals, Russland auf die Sprünge zu helfen. Die Russische Reichsbank wurde gegründet und das Eisenbahnnetz enorm ausgebaut und weitere Reformen zum Zwecke der Förderung der Landwirtschaft auf den Weg gebracht, solche, die ganz unten bei den Bauern ansetzten. Leibeigenschaft und Schollenbindung wurden aufgehoben, die Bauern rechtlich Bürger. Außerdem wurden sie vom Staat mit Krediten darin unterstützt, sich eigenes Land zuzulegen. Die Rückzahlung der Kredite sollte über die Obschtschinas durchgesetzt werden. Diese bekamen das Recht, über das Land mitzubestimmen, solange der Bauer seinen Kredit noch nicht abgezahlt hatte, und mussten im Gegenzug kollektiv haften, sollte der schuldige Bauer mit der Rückzahlung in Verzug sein. Die Reformen brachten nicht den gewünschten Erfolg, was auch an den Obschtschinas lag. Sie beanspruchten das Land für ihre Zwecke nach althergebrachten Regeln. Melioration und Ökonomisierung des Bodens fanden nicht statt, weil die Obschtschinas an der Tradition der periodischen Umverteilung des Landes festhielten. Die Bauern bekamen Parzellen zugeordnet, oft mehrere kleine, die nicht zusammenhingen und nach den Regeln der Dreifelderwirtschaft bestellt werden mussten. Für sie gab es damit keinen Grund, sich sonderlich anzustrengen und den Boden zu meliorieren, schließlich wurden die Parzellen alle neun Jahre (so der Turnus der Dreifelderwirtschaft) neu verteilt. Flure konnten kaum bereinigt, Maschinen nicht gewinnbringend eingesetzt werden, Unternehmen nicht florieren. Ferner konnten die Gemeindemitglieder ihren Obschtschinas auch nicht entfliehen, denn diese prolongierten, aus Tradition und zwecks Selbsterhaltung, die Schollenbindung in Gestalt von Gemeindebindung; sie konnten nicht weg, weder gen Osten, an dessen Besiedlung und Aufwertung dem Zarenregime gelegen war, noch als Arbeitsmigranten in die Städte. Damit machten es die Dorfgemeinschaften nicht nur den Bauern schwer, sondern auch denjenigen Großgrundbesitzern, die ihre Ländereien gerne ohne die ansässigen Bauern verpachtet oder genutzt hätten, sowie potenziellen Käufern des Landes.

Einen nächsten Anlauf, Russland zu modernisieren, unternahm das Zarenhaus mit Aufbau und Subventionierung von Großindustrie und Verkehrsnetz sowie den Stolypinschen Agrarreformen zu Beginn des 20. Jahrhunderts. Diese Agrarreformen richteten sich nun gegen die Macht der Obschtschinas, auf die sich die Reformen der 1860er Jahre noch gestützt hatten. Staatliche Kredite wurden jetzt besonders Bauern und Genossenschaften gewährt, die aus der Dorfgemeinschaft ausscherten oder Flure bereinigten. Umzugswillige Bauern bekamen Land im unbesiedelten Osten geschenkt und Startguthaben zwecks dessen Kultivierung. Überdies wurden die Agrarwissenschaft gefördert und Stipendien vergeben. Bei den Bauern anzusetzen war ein ambitioniertes Unterfangen: Die meisten Bauern waren aufgrund ihres engen Lebenshorizontes schwerfällig und voreingenommen; in vielen wurzelten Komplexe, Angst und Argwohn zu tief, um bei der Bank in der Stadt einen Investitionsplan vorzulegen und einen Kredit aufzunehmen; der Überschuss der meisten Bauernfamilien war nicht groß genug, um daraus Angestellte zu entlohnen; die bäuerlichen Ställe und Weiden waren zu klein, um größeren Herden Platz und Nahrung zu geben, die Felder zu begrenzt, als dass sich darauf Traktoren amortisiert hätten; und die Bauernkinder wurden von ihren Eltern nicht auf weiterführende Schulen oder gar die Universität, sondern aufs Feld geschickt. Doch im Laufe der Jahre entfalteten die Reformen, die langfristig angelegt waren, ihre Wirkung: Bis 1913 nahmen knapp zwanzig Prozent der Bauern die Möglichkeit wahr, die Dorfgemeinschaften zu verlassen, ein Zehntel des ursprünglich von Obschtschinas verwalteten Landes wurde Privatland, die Zahl der jährlichen Abschlüsse im Studienfach Agrarwissenschaft verzigfachte sich auf Viertausend.[33] Jäh aber endeten die Reformen, als der Erste Weltkrieg begann. Der Zar verordnete Kriegswirtschaft, der Versorgung der Armee wegen. Der Getreidemarkt wurde verboten, die Abgaben der Bauern extrem hochgetrieben, gewaltsam eingetrieben und Millionen Bauernsöhne in die Armee eingezogen. Der Krieg währte lange und zermürbte die Bauernschaft. Die Bauern revoltierten. Die Bolschewiki erkannten die Gunst des Augenblicks und begannen, den Bauern aus dem Herzen zu sprechen und auch deren Söhnen, aus denen sich das Gros der Zarenarmee rekrutierte: »Friede, Land und Brot!« Die Bolschewiki zeigten sich den Bauern gewogen und verhinderten so den Widerstand, der der Oktoberrevolution aus der traditionalistischen Bauernschaft drohte.

Doch das Land betrachteten sie in Wahrheit nicht als das der Bauern, sondern als das der ganzen Gesellschaft. Und auch das Brot, dass die Bauern herstellten, betrachteten die Bolschewiki als das der Gesellschaft. Und sofern die Bauern nicht spurten, war es nach 1917 auch schnell mit dem Frieden vorbei. Der Kreml trommelte zum »Krieg gegen die Kulaken« (Lenin 1918h: 434), im Namen der Diktatur des Proletariats. Deklariert wurde dieser Krieg als einer gegen die Kapitalisten auf dem Land. Tatsächlich handelte es sich um einen Krieg gegen alle, die noch eigene Produktionsmittel bzw. Subsistenzmittel besaßen und damit unabhängig produzieren konnten.

33 Vgl. Ott u. Schäfer 1984: 383 sowie Nove 1992: 16.

Die Landwirtschaft in der kommunistischen Diskussion vor 1917

Die kommunistischen Klassiker hatten sich gelegentlich mit agrarwirtschaftlichen und -politischen Fragen beschäftigt. Laut Engels werde es im Kommunismus nötig sein, die landwirtschaftliche Produktivität in dem Maße zu steigern, wie Industrie und Bevölkerung wachsen (Engels 1847: 373). Marx lobte die Rationalisierung der Landwirtschaft durch das Kapital, kritisierte aber, dass dieser Fortschritt auf Kosten der Landbevölkerung stattgefunden habe.[34]

Nicht wenige Marxisten zogen den Schluss, jede Landwirtschaft auf der Welt müsste erst den Prozess der Privatisierung durchmachen, um auf ein Niveau zu gelangen, auf dem ihre kommunistische Transformation gelingen könnte. Von solchen »Marxisten« berichtet 1881 auch die russische Kommunistin Wera Sassulitsch in einem Brief an Marx. Sie zweifelt am Marxismus und will von dessen Vorbild persönlich wissen, was mit der traditionellen, russischen Dorfgemeinde in Zukunft und im Kommunismus werden solle. Sollte die Obschtschina wirklich dem Zersetzungswerk des Kapitals ausgesetzt werden? Marx, gesundheitlich schon stark angeschlagen, ringt um Antwort, verfasst vier längere Entwürfe, bevor er schließlich nur ein paar Zeilen abschickt. In den Entwürfen taucht jeweils ein nahezu gleichlautender Passus auf: »Das Gemeineigentum an Grund und Boden bietet ihr [der Dorfgemeinde, H. G. F.] die natürliche Basis der kollektiven Aneignung und ihr historisches Milieu, die Gleichzeitigkeit mit der kapitalistischen Produktion, bietet ihr fix und fertig dar die materiellen Bedingungen der in großem Maßstabe organisierten kollektiven Arbeit. Sie kann sich also die von dem kapitalistischen System hervorgebrachten positiven Errungenschaften aneignen, ohne dessen Kaudinisches Joch durchschreiten zu müssen.« (Marx 1881: 405) Ihre archaische

34 Marx 1894: 631 u. 793 f. sowie 1872n: 60.

Form des Kollektivbesitzes werde es der Dorfgemeinde leicht machen, sich in die kommunistische Produktionsweise zu integrieren, denn die kommunistische Produktionsweise werde eine »Rückkehr der modernen Gesellschaft zu einer höheren Form des archaischsten Typus« darstellen (ebd.: 392). Mit anderen Worten, fast so dialektisch wie von Marx: Der Kommunismus wird der Obschtschina auf höherem Niveau entgegenkommen. Wie sich aus den Briefentwürfen überdies herauslesen lässt, bestehe das höhere Niveau neben Wissenschaft und Technik auch darin, die Vielzahl an einzeln und familiär bewirtschafteten Parzellen zu großen und kooperativ bewirtschafteten Feldern zu vereinen.

Marx hatte sich auch in Mittel- und Westeuropa in eine kommunistische Debatte über die Zukunft der Landwirtschaft eingeschaltet, dort aber apodiktischer. Der strittige Punkt der Debatte war: Soll die Landwirtschaft genossenschaftlich organisiert oder ganz und gar vergesellschaftet bzw. nationalisiert werden? Marx plädierte für die »nationale Zentralisation« des Bodens und überhaupt aller Produktionsmittel und wendet sich gegen die Vergenossenschaftlichung: »Das Land an assoziierte Landarbeiter zu übergeben, würde heißen, die ganze Gesellschaft einer besonderen Klasse von Produzenten auszuliefern.« (Marx 1872n: 62) Zwanzig Jahre später griff der alte Engels das Thema wieder auf, plädiert auch für Nationalisierung, rät aber zu einer Übergangsphase. Die Bauernwirtschaften müssten erst in Genossenschaften eingegliedert werden, um sie von da aus allmählich zu sozialisieren (Engels 1894b).

Ausführlich und schon im Wissen, was im Kriegskommunismus in der Sowjetunion geschehen war, hat sich 1922 der deutsche Sozialist Karl Kautsky zur »Sozialisierung« der Landwirtschaft geäußert. Grundsätzlich gelte: »Je erfolgreicher und je eher der Sozialismus sich in der Landwirtschaft geltend macht, um so leichter entwaffnet er seinen gefährlichsten Gegner, die Bauernschaft.« (Kautsky 1922: 305) Gefährlich sei die Bauernschaft nicht wegen entschiedener Feindschaft gegen den

Sozialismus, sondern eher aufgrund ihrer Behäbigkeit und Produktionsweise. In der Landwirtschaft habe der kapitalistische Großbetrieb den Kleinbetrieb noch nicht verdrängt. Auf Basis von Kleinbetrieben werde es für den Sozialismus unmöglich, nach Plan zu wirtschaften, und schwierig, die Gesellschaft zu ernähren. Der Kleinbetrieb produziere nämlich kaum Überschüsse. Für Deutschland präsentiert Kautsky Zahlen: Der Großbetrieb ernähre durchschnittlich fünf Personen pro Hektar, der Klein- und Mittelbetrieb nur zwei. Kautsky warnt daher vor romantischen Anschauungen der Landwirtschaft: »Wird die Landwirtschaft auf Zwergwirtschaft reduziert, so bedeutet das ein Zurücksinken in die Barbarei.« (ebd.: 288) Kautsky macht das deutlich: Wenn in Deutschland nur noch landwirtschaftliche Kleinbetriebe existierten, könnten statt 23 nur noch neun Millionen Menschen ernährt werden. Auch für die Bauern bedeute der Kleinbetrieb Barbarei; in Kleinwirtschaften, so die Erfahrung, sei immerzu Arbeit zu erledigen und keine Zeit für Ausruhen und Feiern. Kautskys Ausblick: Die Kleinbetriebe werden mit der sozialistischen Produktion unvereinbar sein. Sie müssen sozialisiert, vereinigt und industrialisiert werden. »Und das wird eine harte Nuß für uns werden.« (ebd.: 285) Selbst die Enteignung der Großbetriebe werde schwierig werden, da die Arbeiter auf dem Land rückständig und nicht sozialistisch organisiert seien. Noch schwerer würde dann die Sozialisierung der Kleinbetriebe. Weil in diesen, so führt Kautsky aus, wirtschaftlicher Betrieb und privater Haushalt nicht getrennt seien. Die Kleinbauern hätten gar keine Distanz zu ihren Produktionsmitteln und Produkten; sie produzierten nicht für andere, sondern für sich selbst und könnten sich daher schwerlich mit der Idee anfreunden, ihre Betriebe respektive Haushalte sozialisieren zu lassen. Kautsky fallen zwei Mittel ein, wie die Kleinbetriebe mit der Zeit in größere sozialistische Produktionseinheiten eingegliedert werden könnten. Erstens: Verbesserung der Dorfschulen und Kultureinrichtungen auf dem Land, um wenigstens geistig das Niveau zu schaffen, das der Sozialismus bedürfe.

Zweitens: Verstaatlichung des Bodens. Wenn der Boden Staatseigentum wäre, könnten die Pachtverträge mit der Zeit so gestaltet werden, »daß es möglich wird, die Gesamtheit der verstaatlichten Äcker in einem Dorfe zu einem zusammenhängenden Bodenkomplex zu vereinigen und die Staatspächter in einer Genossenschaft zu organisieren, die den dörflichen Staatsboden bewirtschaftet« (ebd.: 300). Wenn dem sozialistischen Staat erst mal das Hauptproduktionsmittel, der Boden, gehöre, könne er Einfluss auf die Produktionsweise auf dem Land nehmen. Die Verstaatlichung des Bodens werde in den Regionen und Ländern leicht sein, wo der Boden Großgrundbesitzern gehörte, die den Boden selbst nicht bewirtschafteten, sondern nur verpachteten. Die Großgrundbesitzer würden einfach expropriiert; die Pächter würden sich dagegen nicht erheben, schließlich veränderte sich für sie erst mal (bevor der Staat dann irgendwann die Pachtverträge änderte) nichts außer ihr Verpächter. Schwieriger wäre es in Regionen und Ländern wie den USA, wo die Besitzer des Bodens zugleich dessen Bewirtschafter sind. »Ihr Grundeigentum antasten zu wollen, wäre politisch äußerst gefährlich und auch ökonomisch kaum ohne schwere Störungen möglich, die große Schädigungen für die Ernährung der Volksmassen, namentlich der städtischen, nach sich ziehen würde.« (ebd.: 284) Immerhin bliebe dem sozialistischen Staat noch die Möglichkeit, sich Ödland anzueignen und dieses günstig zu verpachten, möglichst nur an Genossenschaften. Sodann müsste man hoffen, dass die Genossenschaften ein positives Beispiel lieferten, sodass die Vergenossenschaftlichung und Sozialisierung weiter vorangetrieben werden könnte. Schritt für Schritt. Selbst unter günstigen Bedingungen, so glaubt Kautsky, werde die Sozialisierung der Landwirtschaft sehr viel länger dauern als die der Industrie.[35]

35 Weniger ausführlich als Kautsky, aber ähnlich hatte sich vier Jahre zuvor Rosa Luxemburg in ihrer Schrift *Die russische Revolution* zur Landwirtschafts- und Bauernfrage positioniert.

Weil ihr Land ein Agrarland war, hatten die russischen Kommunisten schon vor 1917 besonders viel über Fragen der Landwirtschaft nachgedacht und diskutiert. Im April 1906, auf dem vierten Parteitag der Sozialdemokratischen Arbeiterpartei Russlands (SDAPR), dem sogenannten Vereinigungsparteitag von Menschewiki und Bolschewiki, stritten drei Fraktionen. 1. Die Munizipalisten (hauptsächlich Menschewiki): Sobald in Russland die bürgerliche Revolution gesiegt habe (denn mehr würde die nähere Zukunft nicht bringen), müsse Grund und Boden den Grundherren weggenommen und den Dorfgemeinden zur Verwaltung übergeben werden. 2. Die Aufteiler: Sobald in Russland die bürgerliche Revolution gesiegt habe, müsse Grund und Boden den Grundherren weggenommen und an die Bauern verteilt werden, aber nicht zu den Konditionen der Dorfgemeinden. Denn diese seien reaktionär. Gefördert werden müsse vielmehr die private Bauernwirtschaft als Vorstufe zur kapitalistischen Wirtschaft und als Bedingung des Klassenkampfs, der dann zum Kommunismus führen werde. 3. Die Nationalisierer (hauptsächlich Bolschewiki): Wenn die bürgerliche Revolution gesiegt habe, müssten Grund und Boden den Grundherren weggenommen und verstaatlicht werden, um erstens den Grund und Boden an die Bauern zu verpachten, und zwar so, dass der Boden nach und nach zu den besten Bauern wandert, und um zweitens kommunistische Eigentumsverhältnisse zu präjudizieren. Wenn der Boden schon mal dem Staat gehöre, könne er später im Zuge der kommunistischen Revolution schneller vergesellschaftet werden. Diese Position, die der Nationalisierung und Verpachtung, vertrat Lenin. Dagegen vertrat der junge Stalin die Position der Aufteiler bzw. kleinbürgerlichen Bauern. Seine Rede auf dem Parteitag schloss mit dem Satz: »Kann die Befreiung des Proletariats die Sache des Proletariats selbst sein, so kann auch die Befreiung der Bauern die Sache der Bauern selbst sein.« (Stalin 1906r: 123) Später, 1946, im Vorwort zum ersten Band seiner Werke, legt er vor sich und der Öffentlichkeit eine Beichte ab. Damals, als junger Aktionist, habe er sich auf dem Holzweg befunden und die Agrarfrage zu wenig studiert. Reif geworden plädiert Stalin deutlich für die »Sozialisierung der gesamten Landwirtschaft« (Stalin 1928e: 10). Dabei gebraucht er das Wort »Sozialisierung« als Euphemismus für das, was geschah; denn die »Sozialisierung« verlief für die meisten Bauern nicht »sozial«. Andererseits steckt in dem Wort auch Wahrheit: Der Sozialismus braucht und will eine soziale Landwirtschaft, eine, die nicht allein für sich, sondern für die Gesellschaft produziert. »Brot für alle!« ist eine Forderung, die voraussetzt, dass die Landbevölkerung mehr produziert, als sie selbst verbraucht.

Lenin, der dem späteren Stalin zufolge schon in der Debatte von 1906 eine reife Position vertreten habe, hatte seit 1893 zum Thema viele Quellen gewälzt, Statistiken studiert und Texte und Bücher verfasst (abgedruckt in Bd. 1 u. 3 der »Lenin Werke«). Wie kein zweiter unter den Bolschewiki hatte er sich mit den Verhältnissen der russischen Landwirtschaft und der Frage ihrer zukünftigen Transformation beschäftigt. Inbrünstig setzte er sich in den 1890er Jahren an die Spitze eines intellektuellen Kreuzzuges, den die sogenannten Westler und Fortschrittler in der russischen Linken gegen die Narodniki, Slavophilen, Munizipalisten, Sozialrevolutionäre, Bakunisten und Tolstoianer führten, die das russische und slawische Landleben romantisierten. Lenin versuchte wider die Romantiker, denen zufolge der Kapitalismus von außen ins Land einbrechen und Volk und Obschtschina bedrohen würde, zu zeigen, dass der Kapitalismus aus dem Volk kommt und längst in der Dorfgemeinde zu gedeihen begonnen habe. So schlecht sei das gar nicht, dass der Kapitalismus begonnen habe, fügte er eine Dekade später hinzu (Lenin 1912: 133–139): Der Kapitalismus trage zur Überwindung des Mittelalters in Russland bei und schaffe Bedingungen einer kommunistischen Revolution.

Kriegskommunismus unter Lenin

Lenin überraschte seine Partei, als er im April 1917, kaum aus dem Exil zurückgekehrt und kaum dass die bürgerliche Revolution in Russland einen Monat alt war, es für möglich hielt und die Partei dazu aufforderte, aus der mehr oder weniger bürgerlichen eine proletarische Revolution zu machen. Die Bolschewiki schwenkten im Sog der Ereignisse mehrheitlich auf Lenins Kurs ein, forcierten zusammen mit den linken Sozialrevolutionären die Angriffe auf die provisorische Regierung und setzten sich durch, mit der Zeit auch gegen die Sozialrevolutionäre. Sie errichteten eine Diktatur und rechtfertigten sie als die des Proletariats. Dieses machte 1917 nur einen kleinen Teil der Bevölkerung aus und wuchs alsdann erst, unter der Ägide besagter Diktatur, zur gewaltigen Masse heran.

Zur gleichen Zeit, als Lenins Aprilthesen unter den Bolschewiki für Diskussionen gesorgt hatten, waren die Bauern von der Februarrevolution enttäuscht worden. Sie waren im Frühjahr 1917 mit drei Forderungen an die provisorische Regierung herangetreten: Senkung der Pachtpreise, Frieden und mehr Mitsprache. Die provisorische Regierung hatte die Forderungen vorerst nicht erfüllen wollen und stattdessen das staatliche Getreidemonopol über Ankauf und Vertrieb der Ernte bestätigt und verschärft, welches eine Kriegsmaßnahme des Zaren gewesen war. Daran entzündete sich eine Bauernrevolution, die im Schatten des Weltkrieges und der revolutionären Situation in den Städten und mangels Widerstand des Staates ohne viel Geräusch stattfand. Die Bauern, die sich nach drei Jahren Weltkrieg lange genug geschröpft sahen und zur bürgerlichen Regierung wenig Bindung hatten, eigneten sich das Land des Staates, der Großgrundbesitzer und der Großbauern an. Schlussendlich hatte auf dem Land, als in den Metropolen die kommunistische Revolution begann, die provisorische Regierung längst verloren. Die Bauern ließen die Bolschewiki, die ihre Revolution auf dem Land gewähren ließen, in den Städten gewähren. Sie bestellten ihre neuen Felder und ihre Söhne, aus denen sich die Armee rekrutierte, ließen sich nicht gegen die Oktoberrevolution mobilisieren, sondern wollten keinen Krieg mehr und nachhause.

Die Bolschewiki hatten Ende 1917 die Macht gewonnen, die Bauern ungefähr zehn Prozent mehr Land. Im Oktober 1917 legalisierte der Zweite Sowjetkongress durch ein von den Bolschewiki initiiertes »Dekret über Grund und Boden« die wilde Enteignung nachträglich – und damit auch die Parzellierung des Landes. Denn die Bauernschaft hatte nicht nur Land hinzugewonnen, sondern hatte es unter der Patronanz der traditionellen Dorfgemeinden auch neu aufgeteilt, teils untereinander, teils an die Söhne, die aus dem Krieg heimkehrten, und teils an Verwandte aus der Stadt.[36] Auf diese Art wuchs die Zahl der Bauernwirtschaften, angeblich von 15 auf 20 Millionen (Stalin 1928s: 50 f.). Somit waren die landwirtschaftlichen Flächen erst mal nicht, wie von Marx erhofft, vereinigt, sondern dividiert worden, und die junge Sowjetmacht hatte, kaum dass die Revolution gewonnen war, eine Niederlage erlitten, zumal ihr selbst nur zwei Prozent der landwirtschaftlichen Nutzfläche geblieben waren, viel weniger als der zaristische Staat bis 1917 besessen hatte (laut Bucharin u. Preobraschenski 1919: 301). Mit diesen unsozialistischen Eigentumsverhältnissen auf dem Land mussten sich die Bolschewiki mangels Mitteln, sie zu ändern, vorerst abfinden. Immerhin gaben sie im Januar 1918 schon mal einen Fingerzeig, wohin es in Zukunft gehen sollte. Das »Grundgesetz über den Boden« erklärte allen Boden zum Eigentum des Staates – *de jure*. *De facto* blieb es aber erst mal dabei, dass die Bauern den Boden besaßen. Die Durchsetzung sozialistischer Eigentumsverhältnisse in der Landwirtschaft wurde in die Ferne verschoben. »Dazu reichen unsere Kräfte jetzt nicht aus.« (Lenin 1920g: 475)

36 Ein Fünftel der Stadtbevölkerung ist 1913 bis 1920 im Zuge von Weltkrieg, Hunger, Revolutionen und Bürgerkrieg aufs Land geflohen (Hildermeier 1998: 266).

Die Bolschewiki schauten gen Westen in der Hoffnung, dort werde alsbald die Revolution ausbrechen und Sowjetrussland geholfen werden. Gleichzeitig mussten sie ihre Macht festigen, Russland aus dem Ersten Weltkrieg heraus manövrieren und Chaos, Hunger und Elend mindern. Der Krieg hatte die Wirtschaftskraft des Landes in Mitleidenschaft gezogen. Und die Gutsherrenbetriebe und größeren Bauernwirtschaften, die vor dem Krieg die Städte beliefert hatten, waren durch Kleinbauernwirtschaften, die für sich und wenig Überschüsse produzierten, ersetzt worden; es gelangten nur noch halb so viele landwirtschaftliche Produkte in die Städte wie 1913.[37] Im Winter 1917/18 sank die tägliche Brotration für Industriearbeiter auf fünfzig Gramm.

Gegen den Hunger in den Städten, aber auch, um im tobenden Bürgerkrieg die Gegner von den Lebensmitteln abzuschneiden, begannen die Bolschewiki im Mai 1918 mit drastischen agrarpolitischen Maßnahmen, u.a. Getreiderequisitionen. »Kriegskommunismus« nannten die Bolschewiki diese Phase des Kommunismus (1917–1921), weil dieser sich zum einen im Bürgerkrieg behaupten musste und zum anderen an die zaristische Kriegswirtschaft anknüpfte. »Das Getreidemonopol und die Brotkarten haben nicht wir eingeführt [...].« (Lenin 1917: 92) Das Getreidemonopol, welches der Zar erlassen hatte, um die Armee im Ersten Weltkrieg zu ernähren, wurde im Mai 1918 durch die Bolschewiki bestätigt und verschärft; die Bauern bekamen Pflichten auferlegt, wie viel Getreide sie zu liefern hatten. Gegen die »räuberischen Kulaken«, d.h. jene Bauern, die ihrer Pflicht nicht nachkamen, wurde eine »Lebensmittelbeschaffungsarmee« aufs Land geschickt (Lenin 1918t: 454), um Getreide einzutreiben und Strafen zu vollstrecken. In einem Akt symbolischer Politik bekam dieser Kriegskommunismus auch noch die Krone aufgesetzt; »Hammer und Sichel« wurden zum Staatsemblem.

37 Vgl. Nove 1992: 106 u. Stalin 1928s: 50f.

Rückblickend lässt sich sagen, dass ausgerechnet der notdürftige und abgefeimte Kriegskommunismus eine Phase des Realsozialismus war, in der der Markt am radikalsten unterbunden wurde – jedoch zugunsten unmittelbarer Herrschaft: Raub statt Warentausch, Ausbeutung statt Äquivalenz, Zwang statt Profit. Für die Bauern bedeutete der Kriegskommunismus einen Rückfall in die Zeit des alten Russlands und noch schlimmer. Sie hatten Abgaben zu leisten, mehr als je zuvor. Hatten sie kurzfristig zu den Gewinnern des Revolutionsjahres gehört, so jetzt zu den Verlierern. Hatten sie 1917 Land hinzugewonnen und bestellt, so wurde ihnen nun, kaum dass sie die Ernte einfahren wollten, ein Teil des Ernteertrags entwendet. Hatten ihnen die Bolschewiki 1917 noch aus dem Herzen gesprochen, so wurden sie von diesen nun als »Hauptfeind« bezeichnet (Lenin 1918k: 327). An ihrem Los seien die Bauern selbst schuld, analysierte Lenin. Die ländliche Kleinbourgeoisie habe 1917 die Großbourgeoisie enteignet und sich bereichert; dann habe sie auf eigene Faust gewirtschaftet und einen Teil der Gesellschaft in egoistischer, kapitalistischer Manier verhungern lassen. Es sei Zeit für den »entschiedensten, schonungslosesten Kampf« (Lenin 1918a: 294). Zum Kampf kam es, auch seitens der Bauern. In verschiedenen Teilen des Landes formierten sich Bauerntrupps, teils mehrere tausend Mann stark, darunter auch viele Deserteure der Roten Armee. Allein in der Ukraine sollen tausend Mitglieder der Lebensmittelbeschaffungsarmee von Aufständischen getötet worden sein. Neben den bewaffneten Organen des bolschewistischen Regimes wurden staatliche Speicher, Parteibüros, Dorfsowjets, landwirtschaftliche Kollektive, Fabriken und Eisenbahnstationen angegriffen. Schließlich, 1921, konnten die Bolschewiki auch den Kampf gegen die Bauern für sich entscheiden. Einerseits durch Härte: Nachdem sie an anderen Fronten im Bürgerkrieg gewonnen hatten, konnte die bolschewistische Diktatur einen Großteil ihrer militärischen Kräfte gegen die Bauerntrupps richten. Andererseits durch wirtschaftliche Konzessionen, die den Bauern gemacht wurden: mit der Neuen Ökonomischen Politik (NÖP).

Neue Ökonomische Politik unter Lenin

Wirtschaftlich erfolgreich war der Kriegskommunismus nicht.[38] Nur die Hälfte der erhofften Menge an Getreide hatte eingetrieben werden können, Schwarzmärkte florierten, der Hunger trieb die Bürger auf diese Märkte, aber auch aus der Stadt aufs Land; das industrielle Gesamtprodukt des Landes ging zurück, die landwirtschaftliche Produktivität sank ebenfalls. Die bäuerlichen Arbeitskräfte waren erschöpft, die Landwirtschaft konnte sich nicht weiterentwickeln, da die Produktion von Gerät brach lag und die Bauern auch nichts für ihr Getreide bekamen, was sie hätten investieren können. Der Kriegskommunismus sorgte nicht für erweiterte Reproduktion, nicht mal für einfache Reproduktion, sondern für einen Schwund der gesellschaftlichen Produktivkräfte (Preobraschenski 1926: 42). Diese »organisierte Raubökonomie« (Baberowski 2007: 6) konnte nicht von Dauer sein. Die Ernährung der Gesellschaft stand auf dem Spiel.

In Anbetracht der wirtschaftlichen Situation und als der Bürgerkrieg gewonnen war, setzte bei Lenin ein Umdenken ein. 1921 war er soweit, laut und deutlich für eine Neue Ökonomische Politik zu plädieren. Einer der Hauptprogrammpunkte war, die »Freiheit des Kapitalismus für die Landwirtschaft wiederherzustellen« (Lenin 1921a: 221). Freiheit des Kapitalismus? Lenin begründete den Kurswechsel schweren Herzens und als Übergangslösung. Man könne den Kommunismus nicht mit der Brechstange erreichen, sondern nur auf Umwegen. Die rasche Nationalisierung der Landwirtschaft sei unrealistisch, die Vorherrschaft der Kleinbauernschaft auf dem Lande könne

38 Vgl. Lenin 1919d: 95, Conert 1971: 39, Nove 1992: 110 u. Erlich 1961: 10.

nicht geleugnet und weggezaubert werden. Man müsse die Kleinbauern, d. h. die Masse der Bevölkerung in Sowjetrussland mitnehmen auf dem Weg in den Kommunismus. Als Preisgabe des Kommunismus wollte er die NÖP nicht verstanden wissen, sondern als Strategie. Sie sollte eine Interimslösung sein, während der zugleich die Nationalisierung der Landwirtschaft vorbereitet werden sollte.

Zur Interimslösung gehörte, dass die Bauern Arbeitskräfte anstellen durften und ihre Überschüsse nicht mehr an den Staat abtreten mussten. Sie mussten nur noch Steuern bezahlen, erst in Gestalt von Naturalien, ab 1924 in Geldgestalt. Den Rest ihres Mehrprodukts konnten sie selbständig verkaufen, wenngleich zu Preisen, die vom Staat, der Hauptabnehmer des Getreides blieb, mitbestimmt wurden. Die Schwarzmärkte wurden legalisiert und mit dem Gewinn konnten die Bauern machen, was sie wollten. Die Bolschewiki hofften, dass die Bauern unter den neuen marktwirtschaftlichen Bedingungen mehr Getreide produzierten, es verkauften und mit den Gewinnen ihre Betriebe verbesserten und die Produktion steigerten (Bucharin 1925: 153).

Die andere Seite der NÖP, d. h. die Vorbereitung der Nationalisierung der Landwirtschaft, bestand im Wesentlichen aus drei Punkten. 1. Sowjetmacht: Im Land sollten die Institutionen des Staatsapparats bzw. des Kommunismus ausgebaut und verbessert werden (Lenin 1921n: 369–371). Dieser Staatsbildungsprozess lief bei weitem nicht so friedlich ab, wie es die Rede von der bauernfreundlichen NÖP nahelegt. Wo sich die Bauern gegen die Sowjetmacht wehrten, bekamen sie deren ganze Härte zu spüren (vgl. Baberowski 2007). 2. Elektrifizierung: Das Land sollte umfangreich elektrifiziert werden. Nur wo Stromleitungen verlegt wären, könnten, Lenin zufolge, Großbetriebe entstehen, nur wenn es im ganzen Land ausreichend Strom gäbe, könnten Parzellenwirtschaft und Markt sowie Hunger und Elend überwunden werden.[39] Diese ersten beiden Punkte hat Lenin zu

39 Lenin 1921s: 395 u. 1922: 172.

jener berühmten Formel zusammengefasst: »Kommunismus – das ist Sowjetmacht plus Elektrifizierung des ganzen Landes.« (Lenin 1920v: 513) 3. Genossenschaftlicher Zusammenschluss: Dieser Zusammenschluss sollte während der NÖP forciert und binnen ein bis zwei Jahrzehnten vollendet sein, wobei darauf geachtet werden sollte, die Führungspositionen in den Genossenschaften teils mit Bolschewisten zu besetzen, teils mit ehemaligen Großbauern, da diese wüssten, wie landwirtschaftliche Großbetriebe zu arbeiten und zu wirtschaften hätten (Lenin 1923: 456). Bauern, die Genossenschaften beitraten, bekamen Prämien und einen Teil der Genossenschaftsgewinne. Sie sollten Kollaborateure im Klassenkampf werden, der mit Waren statt Waffen geführt werden sollte: »Wir haben die Genossenschaften, wir haben die staatlichen Unternehmen, es gibt aber auch einige Unternehmen in der Hand von Privatkapitalisten, unsere Klassenfeinde. Wir nehmen den Kampf mit ihnen auf, wir verdrängen die Privatkapitalisten über die Konkurrenz. Verkauft der Privathändler billiger, so werden wir uns auch bemühen, billiger zu verkaufen. Das ist eine besondere Form des Klassenkampfes in der gegenwärtigen Periode.« (Bucharin 1925: 151)

Mit dem genossenschaftlichen Zusammenschluss griff Lenin kein neues Konzept auf. Schon Engels hatte ihn, wie bereits erwähnt, als Übergangslösung gen Kommunismus erörtert. In der Sowjetunion war die Strategie auch nicht neu. Bereits 1918 war ein Milliardentopf bereitgestellt worden, um Genossenschaften daraus Startguthaben, Darlehen und Prämien zu gewähren und ans Gängelband des Geldes zu legen. Im *ABC des Kommunismus*, einem Buch, das nach der Oktoberrevolution von zwei der wichtigsten bolschewistischen Theoretiker publiziert wurde, wird der genossenschaftliche Zusammenschluss der Bauern zum einen als Maßnahme gegen die »barbarische Kraftverschwendung in den Zwergenwirtschaften« (Bucharin u. Preobraschenski 1919: 305) angepriesen: Genossenschaftliche Landwirtschaftsbetriebe könnten in Elektrizitätsanschlüsse, große Ställe und Maschinen investieren und die Maschinen auf genügend großen Feldern rentabel einsetzen; auf größeren Feldern gäbe es weniger Ecken und Raine und somit weniger Ernteverlust; die größeren Anbauflächen böten Möglichkeiten für komplexere Fruchtfolgen und stellenweise Zuchtexperimente; es gäbe mehr Platz für Weide für Hornvieh und somit für die Produktion von Dünger; Arbeiten könnten geteilt und Wissenschaftler und Mechaniker angestellt werden; Küchen könnten zusammengelegt und somit viele Frauen von der Küchenarbeit befreit werden. Zum anderen rühmen die beiden Autoren die Genossenschaft als eine Art Eingliederungsmaßnahme: Die Kleinproduzenten müssten bei der Bildung von Genossenschaften »unterstützt«, vom organisierten Proletariat »abhängig« gemacht und in die sozialistische Produktion »hineingezogen« werden (ebd.: 276–278). Etwa mithilfe von Krediten – schließlich hatte schon Marx »keinen Zweifel, daß das Kreditsystem als ein mächtiger Hebel dienen wird während des Übergangs aus der kapitalistischen Produktionsweise in die Produktionsweise der assoziierten Arbeit [...].« (Marx 1894: 621) Überdies besaß der sowjetische Staat das Monopol über Maschinen und Rohstoffe und wollte die Bauern darüber abhängig machen und in die sozialistische Produktion hineinziehen. Und zur Not konnte eine Genossenschaft, die »die ihr von der Regierung, der Sowjetmacht, und vom Proletariat übertragenen Aufgaben nicht durchführt«, nach einem Worte Lenins, »geprügelt« werden (Lenin 1920g: 474).[40]

40 Bezüglich »prügeln« die Erinnerungen Maxim Gorkis: »Eines Abends hörte Lenin in Moskau bei Jekaterina Pawlowna Peschkowa Beethovensche Sonaten in der Wiedergabe von Issai Debrowen und machte die Bemerkung: ›Ich kenne nichts Schöneres als die *Appassionata*, und könnte sie jeden Tag hören. Eine wunderbare, nicht mehr menschliche Musik! Ich denke immer, mit vielleicht naivem, kindlichem Stolz: daß Menschen solche Wunder schaffen können!‹ Dann kniff er die Augen zu, lächelte und setzte unfroh hinzu: ›Aber allzuoft kann ich Musik doch nicht hören. Sie wirkt auf die Nerven, man möchte liebe Dummheiten reden und Menschen den Kopf streicheln, die in schmutzigen Höhlen leben und trotzdem solche Schönheiten schaffen

Soweit die Theorie. In der Praxis sah es anders aus. Nahezu alle Genossenschaften, die sich 1918 mit und wegen finanzieller Unterstützung des Staates gegründet hatten, existierten (laut Kautsky 1922: 292) Mitte 1919 schon nicht mehr. 1928 lag der Anteil der von Genossenschaften oder Staatsbetrieben bearbeiteten Saatfläche in der Sowjetunion gerade mal bei 1,2 Prozent (laut Pollock 1929: 128 f.). Warum sollte ein Bauer auch in eine Genossenschaft eintreten? Für Bauern, die zu wenig besitzen, um über die Runden zu kommen, sind Genossenschaften attraktiv. Aber warum sollen jene, die kraft ihrer eigenen Arbeit und Felder überleben können, eintreten?

Der Realsozialismus laborierte zeit seines Lebens an dieser Frage. In Erik Neutschs Roman *Spur der Steine* versucht sie ein SED-Parteifunktionär, ein richtiger Sozialist und kein Parteikarrierist, zu beantworten – in der Dorfversammlung. Er malt eine Zukunft aus, in der die Bauern zusammenarbeiten, die Felder nur noch vom Horizont begrenzt werden, in der ferngelenkte Maschinen den Weizen mähen und tausende Rinder in riesigen Ställen von Automaten gemolken werden. »So könnte es sein, wenn sich alle Bauern entschlössen.« (Neutsch 1964: 348) Doch sie entschlossen sich dazu auch in der DDR nicht freiwillig. Was soll einem Bauernhaushalt eine Genossenschaft mit all ihren modernen Maschinen und riesigen Feldern auch bringen, wenn der Bauer dadurch auf dem Land entbehrlich wird und die Bäuerin dann Stunde um Stunde den genossenschaftlichen Melkautomaten bedienen muss? Genossenschaftsmitgliedschaft erscheint Bauern als Verzicht ihrer Selbständigkeit, als Beginn von Abhängigkeit, Arbeitsteilung, Hierarchie und Fremdbestimmung und als Unterordnung unter das Kommando von Funktionären. Gegen diese Unterwerfung unter

können. Aber heutzutage darf man niemandem den Kopf streicheln – die Hand wird einem sonst abgebissen. Schlagen muß man auf die Köpfe, unbarmherzig schlagen, – obwohl wir im Ideal gegen jede Vergewaltigung der Menschen sind. Hm, hm – unser Amt ist höllisch schwer!‹« (Gorki 1928: 45 f.)

das Produktionskollektiv verkörpert die selbständige Bauernwirtschaft die Urnatur des Wirtschaftsliberalismus; man lebt von der eigenen Hände Arbeit und ist stolz, sich von Staat und Gesellschaft nicht vereinnahmen und von Schwätzern aus Stadt und Partei nichts sagen zu lassen. Kurzum, die Bauern ließen sich nicht aus freien Stücken auf die Genossenschaften ein. Und während der NÖP war der Staat darauf bedacht, auf dem Land erst mal die eigene Macht auszuweiten und die Landbevölkerung, zumindest was deren Wirtschaftsweise anbelangte, nicht zu bedrängen.

Wurden die sonstigen NÖP-Ziele erreicht? Teilweise. Auf dem Lande konnten die Organe der Sowjetmacht aufgebaut werden. Die Elektrifizierung des Landes kam auch vorwärts. Die Ernährungssituation verbesserte sich etwas, allerdings blieben die Ernten unter Vorkriegsniveau (vgl. Nove 1992: 186 u. 242). Unter der Bedingung des freien Marktes wirtschafteten die Bauernwirtschaften zwar produktiver als unter denen des Kriegskommunismus, aber noch lange nicht produktiv genug. Besonders die Ausrichtung der bäuerlichen Produktion ließ zu wünschen übrig; die Bauern produzierten Produkte für die Endverbraucher, aber zu wenig für die Industrie (z. B. Wolle, Flachs, Leder). So schien die NÖP ihren Zenit schnell erreicht zu haben und der reichte für die angestrebte Industrialisierung nicht hin. Hätte Lenin, der immer für Überraschungen gut war, die NÖP widerrufen oder bekräftigt? Die Partei wusste es nicht. Er war im Januar 1924 gestorben und es kam zum Machtkampf – und zur Diskussion, wie, wie schnell und auf wessen Kosten die Volkswirtschaft industrialisiert werden müsse. Die Linksbolschewiki insistierten auf mehr Geschwindigkeit zulasten der Bauern, die rechten Bolschewiki auf eine bauernfreundliche, moderate Industrialisierung. Zwischen den beiden Flügeln – Stalin, das Zünglein an der Waage.

Die Industrialisierungsdebatte

Nach dem Tod Lenins wurde die NÖP erst mal verstärkt und NÖP II genannt. Verstärkt wurde sie zugunsten von Privatbauern, unter anderem durch eine Reprise von Elementen der Stolypinschen Agrarreformen. Pachtung und Verpachtung von Land wurden erleichtert, landwirtschaftliche Einzelbetriebe in unkultivierten Gegenden gefördert, mehrere tausend Traktoren importiert und günstig an Bauern verkauft, besonders produktive Bauern in Zeitungen gelobt, hunderttausend Bauern in die Partei aufgenommen und Neuwahlen für Dorfsowjets erlaubt. Allerdings währte die NÖP II nur kurz. Ab Herbst 1925 setzte ein Stimmungsumschwung ein, nachdem die Ernte 1925 eigentlich gut, aber die Menge an Getreide, die auf dem Markt und in den Händen des Staates landete, enttäuschend gering war. Die Bauern und die rechten Bolschewiki warfen den staatlichen Institutionen vor, den Bauern das Getreide zu unverhältnismäßig niedrigen Preisen abzunehmen, sodass Getreideverkauf nichts einbrachte, zumal landwirtschaftliche Produktionsmittel meist teuer waren, es also für die Bauernwirtschaften gar nicht lohnte, Gewinn zu machen, um ihn in die Produktion zu investieren. Die Linksbolschewiki dagegen warfen den Bauern »Spekulation« vor; die Kulaken würden das Getreide zurückhalten, weil sie auf Hunger und steigende Preise spekulierten. Diese Vorwürfe wurden mit einer Theorie Trotzkis, des bekanntesten Vertreters des linken Parteiflügels, unterlegt, wonach die ländliche Bourgeoisie kurz davor sei, zur offenen Konterrevolution überzugehen. Die rechten Bolschewiki hingegen stritten dafür, die Interessen der Bauern ernst zu nehmen und das Bündnis von Arbeitern und Bauern nicht durch eine neuerliche »militärisch-feudale Ausbeutung der Bauern« zu zerstören.

Die »Industrialisierungsdebatte« zerrüttete die Partei. Wie soll die Sowjetunion industrialisiert werden? Soll die Landwirtschaft gefördert und die Industrie über den Umweg Landwirtschaft stimuliert oder direkt die Industrie gefördert werden? In welche Geschäftszweige soll die Gesellschaft ihre Arbeitskraft und die schon vorhandenen Mittel investieren? Um die Landwirtschaft zu fördern, wie es der rechte Flügel der Bolschewiki forderte, bedurfte es vieler kleiner Investitionen (Sämaschine etc.), die aber in der Summe zu Buche schlagen. Die existierende Industrie hätte auf die Produktion von landwirtschaftlichen Maschinen und Hilfsmitteln ausgerichtet werden müssen, um diese an die Bauern verteilen oder kostengünstig verkaufen zu können. Nach Auffassung der Linksbolschewiki sollte die Gesellschaft hingegen direkt die Industrie fördern, und zwar nicht so, dass diese mehr landwirtschaftliche Geräte herstellt, sondern so, dass die Industrie erst mal sich selbst vergrößert, d. h. auf erweiterter Stufenleiter reproduziert; die industrielle Arbeitskraft und die vorhandenen Produktionsmittel sollten in den Aufbau von neuen, fortschrittlichen Industrieanlagen investiert werden. Die Linksbolschewiki gaben freimütig zu, dass bei Umsetzung ihres Planes die Bauern die Industrie und Städte vorerst mit Rohstoffen und Lebensmitteln versorgen müssten, ohne dafür im Gegenzug viele und günstige landwirtschaftliche Produktionsmittel erhalten zu können.

An der Streitfrage, ob eher die Landwirtschaft oder die Industrie ausgebaut werden sollte, hing gleichzeitig auch die Frage, in welche Art Ausbildung die sowjetische Gesellschaft Arbeitskraft (durch den Bau von Fachhochschulen, die Ausbildung und Ernährung von Lehrkräften, die Produktion von Lehrmaterial) investieren sollte. Fachhochschulen für Agraringenieure oder für Industrieingenieure? Ferner ging es um den Ausbau der Infrastruktur. Sollten eher Straßen auf dem Land oder besser Häfen, Kanäle und Eisenbahnen in den Industrieregionen gebaut werden? Von Brisanz war auch die Frage des Handels mit dem Ausland. Wenn man die Agrarwirtschaft förderte, könnte man mehr Getreide exportieren und im Gegenzug mehr Industriegüter importieren. Dann aber, so hielten die Linksbolschewiki entgegen, mache man sich abhängig vom imperialistischen Ausland. Die rechten Bolschewiki erwiderten postwendend, dass die wirtschaftliche Unabhängigkeit vom Ausland im Kriegsfall nichts bringen würde, wenn man im Inneren mit den Bauern, von deren Produktion Staat und Militär abhängig sind, auf Kriegsfuß stünde. Selbst wer sich in einem Punkt einig war, wie etwa die Linksbolschewiki über die Notwendigkeit einer schnellen Industrialisierung, konnte über Details in Streit geraten, etwa ob eher die Leicht-, die Schwer- oder die Waffenindustrie zu fördern sei, oder darüber, ob die alte Industriesubstanz kostengünstig renoviert oder sehr viel Arbeitskraft in neue, produktivere Anlagen investiert werden sollte (die Fertigstellung einer neuen Fabrik dauerte, so hatten es die Bolschewiki in der Debatte ausgerechnet, durchschnittlich drei bis vier Jahre; so lange absorbierte der Neubau Arbeitskraft, ohne dass die Volkswirtschaft etwas davon hatte).

Obwohl die Industrialisierung in der Geschichte der Menschheit nicht die Regel, sondern die Ausnahme und ein Charakteristikum der kapitalistischen Epoche war, stand dieses Ziel in der ganzen Debatte nicht zur Disposition. Alle Bolschewiki, ob links oder rechts, glaubten an die Notwendigkeit der Industrialisierung. Ohne Industrie kein Kommunismus! Und sie waren fest davon überzeugt, den Akkumulationstrieb des Kapitals, der die Industrialisierung in den kapitalistischen Ländern vorantrieb, früher oder später durch bewusste Planung ersetzen und übertrumpfen zu können. Sozialistisch-administrativ gesteuert, so war man überzeugt, würde die sozialistische Volkswirtschaft den Vorteil haben, sich ohne Krisen, wie sie die kapitalistische Konkurrenz mit sich bringt, reproduzieren und erweitern zu können. Die Gesetze der proportionalen Produktion könnten planmäßig berücksichtigt und ausgenutzt werden. Nur über die konkrete Berücksichtigung und Ausnutzung der Gesetze und das Tempo, nicht aber über den Sinn der Industrialisierung an sich, stritten die Bolschewiki. Während die rechten Bolschewiki die Förderung der Landwirtschaft sowie ein moderates Tempo der Industrialisierung mit dem Hinweis auf die Gesetze der proportionalen Produktion begründeten, wiesen die Linksbolschewiki darauf hin, dass im Sozialismus gerade aufgrund des Wissens um die Gesetze und aufgrund der Möglichkeit, die Volkswirtschaft insgesamt zu dirigieren, ein besonders hohes Tempo bei der Industrialisierung angeschlagen werden könne: »Wenn der Kapitalismus Bewegung ist, so ist der Sozialismus noch schnellere Bewegung.« (Preobraschenski 1926: 141)

Es war diese Debatte, in der Preobraschenski, neben Trotzki einer der wichtigsten Theoretiker des linken Flügels, seine Theorie der ursprünglichen sozialistischen Akkumulation in die Waagschale warf. Er definierte diese Akkumulation als eine Akkumulation von Produktionsmitteln in den Händen des Staates »auf Kosten des nicht sozialistischen Milieus« (ebd.: 141), welches aus 22 Millionen privaten Bauernhaushalten bestehe. Binnen weniger Jahre, so drängte er, müsse sich die Sowjetunion den Kapitalstock (die Menge der für die Produktion zur Verfügung stehenden Produktionsmittel) erschaffen, den andere Nationen über Jahrzehnte aufgetürmt hätten. Langfristig werde sich das auch positiv auf die Produktivität der Landwirtschaft und die Menge an privaten Konsumgütern auswirken. Doch kurzfristig ginge es erst mal nicht anders: Die Konsumenten müssten sich auf das Nötigste beschränken und die Bauern schuften, um die Industrialisierung zu ermöglichen. Kontra bekam er von Bucharin, seinem ehemaligen intellektuellen Partner, den die NÖP zum rechten Bolschewiki erweckt hatte. Der beschied sich, was die Industrialisierung anbelangte, 1926 mit der Prognose, »daß wir uns im Schneckentempo bewegen werden« (zit. n. Erlich 1961: 82), und forderte Konzessionen an die Bauern. Dagegen brachten die Linksbolschewiki die Imperialismustheorie in Anschlag, laut derer der Kapitalismus die Welt bald schon in den nächsten Krieg stürzen werde und der Sozialismus wehrhaft sein müsse. Preobraschenski 1926: »Wir bauen den Sozialismus in der Atempause zwischen zwei Schlachten.« (zit. n. ebd.: 47) Die Partei diskutierte, die landwirtschaftliche Situation verschlechterte sich.

Im Winter 1927/28 litten Staat und Gesellschaft an Getreidemangel, sodass der Staat erneute kriegskommunistische Maßnahmen durchführte, um an Getreide zu gelangen. Das konnte aber, wie Stalin im Kreise seiner Partei betonte, keine langfristige Lösung sein. Er forderte die Kollektivierung und Modernisierung der Landwirtschaft: »Die Statistik besagt, dass [...] wir ein Land mit ausgesprochen kleinbäuerlicher Wirtschaft sind. [...] Gibt es bei uns überhaupt Großwirtschaften im Dorf, die Maschinen, Düngemittel, agronomische Kenntnisse usw. anwenden? Ja, die gibt es. Das sind erstens die Kollektivwirtschaften und Sowjetwirtschaften. Aber wir haben davon nur wenig, Genossen. Das sind zweitens die kulakischen (kapitalistischen) Großwirtschaften. Von diesen Wirtschaften gibt es in unserem Land gar nicht so wenig, und sie spielen immer noch eine beträchtliche Rolle in der Landwirtschaft. Können wir den Weg der Förderung privater kapitalistischer Großwirtschaften im Dorfe betreten? Es ist klar, dass wir das nicht können. Daraus ergibt sich die Schlussfolgerung: alles daransetzen, um im Dorf Großwirtschaften vom Typ der Kollektivwirtschaften und Sowjetwirtschaften zu entwickeln, und dabei bemüht sein, sie zu Getreidefabriken für das ganze Land zu machen, die auf der Grundlage der modernen Wissenschaft organisiert sind.« (Stalin 1928a: 28)

Stalin nutzte die Richtungskämpfe und die Angst vor einem Auseinanderbrechen der Partei, um ein unbeirrtes, handlungsweisendes Zentrum und eine Parteilinie zu suggerieren – gegen die bedrohlichen Abweichungen von links und rechts. Ab 1926 hatte er, im Namen Lenins und dessen Kampfes gegen die Kinderkrankheiten des Kommunismus, noch die Kritik an den »Linksabweichlern« unterstützt (Stalin 1926: 182) und 1927 deren Parteiausschluss bewirkt; hinterdrein aber machte er deren Hauptforderung nach schnellstmöglicher Industrialisierung zur Sache der Partei. Die Sowjetunion, so Stalins quasi linke

Überzeugung, sollte sich nicht von Importen abhängig machen, die Industrialisierung aus eigener Kraft schaffen und militärisch aufs Schlimmste vorbereitet werden. In diesem Sinne sah der erste Fünfjahrplan von 1928 dann auch vor, den Kapitalstock der sowjetischen Volkswirtschaft in fünf Jahren zu verdoppeln. Kaum dass der Parteiausschluss der Linksabweichler geschafft war, eröffnete Stalin das Feuer auf die Rechtsabweichler. Allerdings nahm er auch deren Hauptforderung ernst und integrierte sie ins Parteiprogramm. Die Landwirtschaft, so Stalins quasi rechte Überzeugung, sollte auf ein höheres Niveau gehoben werden. Investitionen in die Industrie und Hebung des landwirtschaftlichen Niveaus zugleich? Tatsächlich durchschlug Stalin den gordischen Knoten der Industrialisierungsdebatte – mit Kalkül und Gewalt. Das Kalkül: »Allein schon die einfache Hebung des Kulturniveaus des Bauern, seiner Sachkenntnis, allein schon eine so einfache Sache wie die Reinigung des Saatguts könnte die Bruttoproduktion der Landwirtschaft um 10–15 Prozent steigern. Man berechne einmal, was das für das ganze Land bedeutet.« (Stalin 1928i: 141) Mit Gewalt: Kollektivierung der Landwirtschaft. Die Kleinbauernbetriebe sollten zu Genossenschaften zusammengeschlossen werden, mit allen Mitteln, die nun, nachdem sich die Sowjetmacht während der NÖP konsolidiert hatte, zur Verfügung standen.

Begonnen wurde mit der Kollektivierung der Landwirtschaft in den Getreideüberschussgebieten, die größtenteils im Südwesten der SU lagen, einem Gebiet, das mit Schwarzerde und ausreichend Sonne und Regen gesegnet ist. Der Rest des Landes folgte. Der genossenschaftliche Zusammenschluss wurde rasch durchgesetzt: mit viel Peitsche, aber auch etwas Zucker. Die Bauern, die mitmachten, bekamen ihre Prämien und die Möglichkeit, genossenschaftliche Geräte zu nutzen. Bauern, die sich nicht kollektivieren lassen oder einen Arbeitsplatz in der Stadt annehmen wollten, machten sich als Kulaken verdächtig und wurden bestraft – Expropriation, Deportation, Arbeitslager. Stalin hat den Kampf gegen die Kulaken nicht erfunden, sondern konsequent geführt und gewonnen. An sich war der »schonungslose Kampf gegen die Kulaken« (Lenin 1918e: 350) eine Erfindung Lenins. Dieser hatte vor der »kleinbürgerlichen Hydra mit ihren Millionen Fangarmen« (Lenin 1918k: 329) gewarnt und die Bauernschaft gemeint. »Es ist tausendmal leichter, die zentralisierte Großbourgeoisie zu besiegen, als die Millionen und aber Millionen der Kleinbesitzer ›zu besiegen‹; diese aber führen durch ihre tagtägliche, alltägliche, unmerkliche, unfaßbare, zersetzende Tätigkeit eben jene Resultate herbei, welche die Bourgeoisie braucht, durch welche die Macht der Bourgeoisie restauriert wird.« (Lenin 1920k: 29f.) Wer im Kriegskommunismus nicht das geforderte Getreide ablieferte oder sich gegen die Sowjetmacht stellte, wurde als Kulak bezeichnet und bestraft. Die NÖP gewährte den Bauern dann Ruhe, zumindest was ihre Wirtschaftsweise anbelangte. 1927 gerieten sie wieder ins Visier. Anfang 1930 rief das Regime schließlich die »Liquidierung der Kulaken als Klasse« aus. Die missbilligten Subsistenz- und Privatbauern wurden enteignet, Millionen auch umgesiedelt oder in Arbeitslager gesteckt. Weil mit Kollektivierung und Enteignung die gewachsene wirtschaftliche Struktur auf dem Land zerstört wurde, die Privatbauern obendrein ihre Tiere schlachteten und ihre Produktionsmittel verbrannten, um sie dem Staat zu entziehen und um selber nicht als Kulak identifiziert werden zu können, und weil das stalinistische Regime darauf drängte, dass genügend Getreide in den Städten ankam, kam es Anfang der dreißiger Jahre auf dem Land zu einer schwerwiegenden und jahrelangen Hungerkatastrophe mit sechs bis acht Millionen Toten.

Die Definition »Kulak« war schwammig. Schon im Kriegskommunismus hatten als Kulaken nicht nur wohlhabende, kapitalistische Bauern gegolten, sondern auch solche, die Getreide zurückhielten, sich den Requisitionen widersetzten oder zu den Aufständischen zählten. Im Stalinismus wurde die Definition alles andere als geschärft. Letztlich waren damit alle Bauern gemeint, die sich nicht an die Kandare nehmen ließen.

Auch Parteivertreter, die die Maßnahmen zur Kollektivierung und gegen die Kulaken nicht durchsetzten, machten sich als »Kostgänger der Kulaken« (Stalin 1928e: 9) verdächtig und fielen sogenannten Parteisäuberungen zum Opfer. Als Kulak verfemt und behandelt zu werden, damit mussten letztlich sogar Genossenschaftler rechnen. »Die Kulaken von heute und ihre Tellerlecker, die heutigen sowjetfeindlichen Elemente auf dem Lande – das sind größtenteils ›stille‹, ›honigtriefende‹ Leute, beinahe ›Heilige‹. Man braucht sie nicht weit von der Kollektivwirtschaft zu suchen, sie sitzen in der Kollektivwirtschaft selbst und bekleiden dort die Posten von Lagerverwaltern, Wirtschaftsleitern, Rechnungsführern, Sekretären usw. [...] Und wenn in diesen oder jenen Kollektivwirtschaften nicht wir die Führung haben, dann bedeutet das, dass sie von sowjetfeindlichen Elementen geführt werden.« (Stalin 1931: 135 f.) »Kulak« diente als Bezeichnung für alle auf dem Dorf, die man das Fürchten lehren wollte. Es drohte der Gulag, die wesentliche Erfindung und Institution des Stalinismus. Der Kriegskommunismus hatte zwar schon die Strafanstalten, die der Zarismus hinterlassen hatte, weidlich genutzt, um politische Gegner und deren Angehörige einzusperren und zu foltern – das waren aber nur Zehntausende, für mehr war nicht Platz. Auch verfügte der Staat unter Lenin überhaupt nicht über die Organe, d. h. die Sowjetmacht, um Millionen von Bürgern zu expropriieren, zu deportieren und zu internieren – und das auch noch so rentabel, wie es das System Gulag in Aussicht stellte.[41] Das System begann Anfang der dreißiger Jahre Gestalt anzunehmen. Zweimillionen »Kulaken« wurden 1930/31 im Zuge der Zwangskollektivierung in abgelegene Gegenden deportiert, 30.000 wurden sofort erschossen (vgl. Wemheuer 2014: 57). Stalin hatte mit diesem System der Sowjetmacht das entscheidende Machtmittel verschafft, um die gesamte Gesellschaft gefügig zu machen. Der

41 Zu dessen Wirtschaftlichkeit und Unwirtschaftlichkeit vgl. Gerber 2016: 80 f.

Bauernschaft blieb unter der Drohung des Gulags kaum etwas anderes übrig, als sich dem Schicksal der Kollektivierung zu beugen. 1933 war der Anteil der Saatfläche, die von Genossenschaften und Staatsbetrieben bewirtschaftet wurde, schon auf über 80 Prozent gewachsen, wie Stalin verkündete (Stalin 1934: 184). Ende der dreißiger Jahre waren schließlich fast hundert Prozent der Landwirtschaft kollektiviert. In diesem Umwälzungsprozess nebenbei erodierten die traditionellen russischen Dorfgemeinden und damit die Bande, durch welche die Bauern an ihre träge, urtümliche Existenzweise gebunden waren.

Angesichts der stalinistischen Verbrechen und Erfolge verwundert, welche Vorwürfe erst Trotzki (Trotzki 1936: 234) und 1952 dann Amadeo Bordiga, der Anführer der italienischen Kommunisten, an die Adresse Stalins richtet. Stalin, so Bordiga, habe Lenins Politik der Verstaatlichung der Landwirtschaft unterminiert, die kleinbäuerliche Warenproduktion rehabilitiert und das Land auf Kosten der Arbeiterklasse industrialisiert (Bordiga 1952). Die ersten beiden Vorwürfe sind haltlos (außer man wollte kleinlich sein und Stalin vorwerfen, den Genossenschaften die Kolchosmärkte zugestanden zu haben) und der dritte Vorwurf stimmt nur soweit, wie am Ende alle, auch die Bauern, zur Arbeiterklasse gehörten. Anders als Bordiga behauptet, hat Stalin Lenin nicht verraten, sondern entschieden beim Wort genommen. Lenin hatte die Verwandlung aller Bürger in Arbeiter und die Unterordnung aller Produktion unter das Kommando des proletarischen Staats angekündigt und die Bauernschaft als Hauptfeind der neuen sozialistischen Ordnung bezeichnet (Lenin 1918r: 484 u. 1919d: 97); und Stalin beugte den Hauptfeind durch Terror und erreichte Lenins Ziel.

Nach Stalins Tod wurde die Vergesellschaftung der Landwirtschaft dann noch weiter vorangetrieben. In der Ära Chruschtschow halbierte sich die Anzahl der landwirtschaftlichen Genossenschaften (Kolchosen: Kollektivbetriebe) durch ihre Fusionierung, Umwandlung sowie Eingliederung in Staatsbetriebe (Sowchosen: Sowjetbetriebe), deren Anzahl ferner durch ein großangelegtes Investitionsprogramm bzw. massenhafte Neugründungen auf Brach- und Neuland wuchs (vgl. Torke 1991: 143 u. 301). Der vorausgegangene Schritt unter Stalin war aber entscheidend gewesen. Seitdem sie vergenossenschaftlicht war, hatte die Landwirtschaft unter der Jurisdiktion des Staates und seiner Planungsbehörden gestanden und konnte der Industrialisierung des Landes dienstbar gemacht werden. Die Genossenschaften bekamen Vorgaben, was sie mit welchen Mitteln zu produzieren hatten, etwa Flachs statt Rüben, auf Feldern statt Parzellen, mit Traktoren statt Spaten, und durften nur einen kleinen und ganz bestimmten Teil ihrer Produkte auf eigene Faust produzieren und auf dem Kolchosmarkt feilbieten, nämlich ausschließlich Güter für den Endverbraucher und keinerlei Produktionsmittel wie etwa Tierfutter oder Dünger. Produktionsmittel sollten keine Warenform annehmen; der Staat verlangte, zwecks planmäßiger proportionaler Produktion bzw. Planung der Industrialisierung, die totale Kontrolle über Produktion, Reproduktion und Distribution der Produktionsmittel. Die gewünschten Resultate stellten sich bald ein. Die Landwirtschaft produzierte wesentlich mehr Rohstoffe für die Industrie. Indes wuchs mittelfristig zwar auch der Umfang der produzierten Lebensmittel, aber nicht schnell genug, um mit dem Bevölkerungswachstum mitzuhalten, sodass der durchschnittliche Pro-Kopf-Konsum sogar sank und erst in den fünfziger Jahren wieder das 1927er-Niveau erreichte.[42]

Während der NÖP war die Kollektivierung Ziel gewesen, aber im Ansatz stecken geblieben. Erst Stalins Revolution von oben, die »durchgepeitschte Vergenossenschaftlichung« (Kosta 1984: 46), hat das erwünschte Resultat gebracht. Durch sie ist der »Sozialismus in einem Land« wirklich geworden. Diese Losung hatte Stalin 1924 ausgegeben, als die Weltrevolution, deren Vorhut die Bolschewiki 1917 noch zu sein geglaubt hatten, verpufft war. Der Sozialismus, so hatte es die Losung

42 Vgl. Carlo 1971: 32, Gey 1982: 370 sowie Kosta 1984: 54.

besagt, musste sich vorerst damit bescheiden, in nur einem Land verwirklicht zu werden. Ein solcher Sozialismus hatte einer erschöpften Generation, die nach Erstem Weltkrieg, Revolution, Kriegskommunismus, Bürgerkrieg, Hunger und Umwälzung der Gesellschaft keine Opfer mehr bringen, sondern vielmehr Ruhe wollte, immerhin Beständigkeit und Sicherheit in Aussicht gestellt – im Gegensatz etwa zur Losung »Weltrevolution«, die das Volk auf ein äußeres, höheres Ereignis vertröstet hatte, oder Trotzkis Parole von der »permanenten Revolution«, die Unruhe und Aufopferung auf ewig zu geloben schien. Im Zuge seiner Umsetzung hatte dann aber auch der »Sozialismus in einem Land« keine Ruhe gebracht, sondern Opfer gefordert – die Opfer der »inneren Akkumulation« (Stalin 1928g: 86). Um es mit Marx zu sagen: Die sowjetische Gesellschaft wurde durch das Kaudinische Joch getrieben. Mehr noch, als Preobraschenski sie gefordert hatte, hat es sich dabei um eine »ursprüngliche sozialistische Akkumulation« gehandelt. Die Linksbolschewiki hatten nur auf den Ankauf der Landwirtschaftsprodukte zu Niedrigpreisen durch den Staat gedrängt und auf die Förderung des Genossenschaftswesens, aber nicht auf rasante Kollektivierung von oben und nicht auf die terroristische Subsumtion der landwirtschaftlichen Produktion unter den Staat, wie sie dann unter Stalin statthatte. Schlussendlich, wegen des Stalinismus, gehörte der Boden der Nation und die Ställe, das Saatgut und die Gerätschaften den Genossenschaften, die der Staat kontrollierte. Die Bauern, von nun an außerstande, selbständig zu wirtschaften, mussten sich als Landarbeiter verdingen oder, wenn in den Kolchosen kein Platz mehr für sie war, als Industriearbeiter. Rund fünfzig Jahre vorher, so überliefert es Marx, hatten sich die »russischen Grundeigentümer« noch darüber beschwert, dass »man nicht in hinreichendem Umfang und zu beliebiger Zeit die zu kaufenden Arbeitskräfte disponibel finde« und der »russische Landarbeiter infolge des Gemeineigentums der Dorfgemeinde an Grund und Boden noch nicht völlig von seinen Produktionsmitteln getrennt, daher noch kein

›freier Landarbeiter‹ im vollen Sinne des Wortes ist.« (Marx 1885: 39) In der Sowjetunion der 1930er Jahre gab es diese Landarbeiter dann zahlreich und im vollen Sinne des Wortes, aber – und das ist sowohl die *differentia specifica* der ursprünglichen sozialistischen Akkumulation als auch die Voraussetzung des Sozialismus – auch keine privaten Grundeigentümer und Produktionsmittelbesitzer mehr. Und es gab auch mehr Industrieproletarier. Denn infolge der Kollektivierung und großen Hungerkatastrophe Anfang der dreißiger Jahre waren Millionen Bauern in die Städte geflüchtet, wo es mehr Nahrung und Lohnarbeit für sie gab.

Marx zufolge stünden sich am Ende der sogenannten ursprünglichen Akkumulation des Kapitals zwei Klassen gegenüber: auf der einen Seite die Proletarier, die über keine Produktionsmittel mehr verfügen und daher gezwungen sind, ihre Arbeitskraft zu verkaufen, auf der anderen Seite die Kapitalisten, die die Produktionsmittel besitzen und die Arbeitskraft der Proletarier kaufen. Am Ende der ursprünglichen sozialistischen Akkumulation sind die Eigentumsverhältnisse andere. Zwar finden sich auch im Realsozialismus auf der einen Seite die Proletarier wieder, die über keine Produktionsmittel mehr verfügen und daher gezwungen sind, ihre Arbeitskraft zu verkaufen. Aber auf der anderen Seite sind es nicht die Kapitalisten, sondern ist es nun der Staat, der über alle Produktionsmittel verfügt und die Proletarier beschäftigt und entlohnt. Und während die Proletarier in den kapitalistischen Industrienationen doppelt frei sind, nämlich einerseits frei von Produktionsmitteln und andererseits frei, ihren Arbeitgeber zu wechseln, notfalls indem sie einen niedrigeren Lohn in Kauf nahmen, sind sie im Realsozialismus nur in einer Hinsicht frei, nämlich frei von Produktionsmitteln. Während die Arbeiter in den westlichen Industrienationen darauf hoffen können, dass, wenn sie streiken, der Staat sich raushält oder vielleicht gar ein Wort für sie einlegt, bekommen es streikende Arbeiter im Realsozialismus mit einem Arbeitgeber zu tun, den sie nicht wechseln können und der auch noch der politische Souverän ist, zumal einer, der nichts von Gewaltenteilung hält und alle Gewalt in sich vereint. »Wehe dem Proletariat, das gegen solchen Machtapparat den Kampf aufnehmen muß.« (Internationale Kommunisten Holland 1930: 12)[43]

Nach außen, Richtung Volk, hatte sich Stalin bemüht, die Kollektivierung als antikapitalistische Aktion im Sinne Lenins darzustellen – so in einer Rede in der sibirischen Provinz: »Lenin sagt, daß, solange im Lande die individuelle Bauernschaft überwiegt, die Kapitalisten und Kapitalismus hervorbringt, die Gefahr einer Restauration des Kapitalismus bestehen bleibt.« (Stalin 1928e: 10) Tatsächlich hatte Lenin die Theorie vertreten, dass aus dem Warentausch das Geld und aus dem Geld das Kapital erwachse, und als marxistische deklariert (Lenin 1908: 294f. u. 1919d: 92–94). Damit hatte er allerdings Marx Unrecht getan.[44] Dieser stellt zwar auf den ersten zweihundert Seiten seines *Kapital* erst den Warentausch, dann das Geld und schließlich das Kapital dar, aber ohne zu behaupten, Warentausch und Geldverkehr seien hinreichende Bedingungen für die Herausbildung und Ausbreitung des industriellen Kapitals und dessen Entwicklung zur herrschenden Produktionsform: »Zur Verwandlung von Geld in Kapital muß der Geldbesitzer [...] den freien Arbeiter auf dem Warenmarkt vorfinden, frei in dem Doppelsinn, daß er als freie Person über seine Arbeitskraft als seine Ware verfügt, daß er andrerseits andre Waren nicht zu verkaufen hat, los und ledig, frei ist von allen zur Verwirklichung seiner Arbeitskraft nötigen Sachen.« Die »historischen

43 Ähnlich Volin 1949: 309.

44 Ausführlicher: Gey 1984. Übrigens hatte in der Sowjetunion 1928 Isaak Rubin (bevor er wegen Teilnahme an einer angeblichen Kulakenverschwörung interniert und hingerichtet wurde) in seinen *Studien zur Marxschen Werttheorie* betont, dass die Abfolge, in der Marx die Kategorien der kapitalistischen Produktionsweise im *Kapital* darstellt (Warentausch, Geld, Kapital), nicht verwechselt werden darf mit der historischen Entstehung der kapitalistischen Kategorien (Rubin 1928: 231–236).

Existenzbedingungen« des Kapitals »sind durchaus nicht da mit der Waren- und Geldzirkulation. Es entsteht nur, wo der Besitzer von Produktions- und Lebensmitteln den freien Arbeiter als Verkäufer seiner Arbeitskraft auf dem Markt vorfindet« (Marx 1872k: 183f.). Wie es dazu kam, dass die Besitzer der Produktions- und Lebensmittel den freien Arbeiter auf dem Markt vorfanden, beschreibt Marx in seinem langen Exkurs über die »sogenannte ursprüngliche Akkumulation des Kapitals«. Einer von deren Hauptmomenten, nämlich die Akkumulation der Produktionsmittel auf Kosten der einfachen Bauern, wiederholte sich in der ursprünglichen sozialistischen Akkumulation. Sozialismus und Kapitalismus hatten den gleichen Feind: die träge vor sich hin und selbstgenügsam wirtschaftende Bauernschaft bzw. die bäuerliche Verfügungsmacht über Subsistenz- bzw. Produktionsmittel. Die Bolschewiki peitschten unter Stalin durch, was das Kapital vorgemacht hatte und im Interesse des Sozialismus lag – die Expropriation des Landvolks; aber ihre Propaganda verlautbarte, es handele sich um eine antikapitalistische Aktion. Jenseits der Propaganda, im Führungszirkel seiner Partei, war sich Stalin völlig im Klaren darüber, dass man es in der bäuerlichen Landwirtschaft nicht mit einem kapitalistischen Feind zu tun hatte, sondern mit einer »äußerst primitiven und unentwickelten Wirtschaft mit einer äußerst geringen Warenproduktion« (Stalin 1928a: 28), also einem Hindernis jedweder erweiterten Reproduktion – sei diese kapitalistisch oder sozialistisch. Kurzum: Es handelte sich bei der Kollektivierung nicht um antikapitalistische Aktionen, nicht um die Liquidierung einer landwirtschaftlichen Kapitalistenklasse, sondern um Aktionen nach dem Vorbild der ursprünglichen Akkumulation des Kapitals, jedoch noch gewaltsamer, noch dahinpreschender und mit anderer Stoßrichtung: sozialistische Eigentumsverhältnisse bzw. vorerst staatssozialistische Eigentumsverhältnisse. »Um gesellschaftliches Eigentum zu werden, muss das Privateigentum unvermeidlich das staatliche Stadium durchlaufen, so wie die Raupe durch das Stadium der Larve gehen muss, um

Schmetterling zu werden. Aber die Larve ist noch kein Schmetterling.« (Trotzki 1936: 236 f.)

Ähnlich wie einige sozialistische Linke den Staatssozialismus als Staatskapitalismus bezeichnen, interpretieren sie die ursprüngliche sozialistische Akkumulation als nachgeholte und beschleunigte, ursprünglich kapitalistische Akkumulation.[45] Zwar gibt es dafür Anhaltspunkte, doch bleibt in dieser Interpretation die *differentia specifica* der ursprünglichen sozialistischen Akkumulation unterbelichtet: die Abschaffung des Privateigentums an den Produktionsmitteln. Und diese Abschaffung ist nicht zuletzt das wesentliche Ziel der kommunistischen Revolution. Zwar fand sie in der ursprünglichen Akkumulation des Realsozialismus nur als Verstaatlichung statt und nicht, wie gewünscht, als Vergesellschaftung. Aber angesichts der ursprünglichen sozialistischen Akkumulation zeigt sich auch, wie utopisch Vergesellschaftung ohne Staatsgewalt gedacht ist. Die Bauern der Sowjetunion jedenfalls hatten sich nicht freiwillig sozialisieren lassen und sich auch kaum freiwillig, wie es Engels und Lenin gehofft hatten, zu Genossenschaften zusammengeschlossen. Sie stellten ihre Produktionsmittel und Arbeitskraft erst in den Dienst der sozialistischen Gesellschaft, als sie durch Staatsterrorismus dazu gezwungen wurden.[46]

45 Siehe Cliff 1955, bes. 1. u. 3. Kap., sowie Kurz 1987.

46 Halb in die Ära Stalin, halb in die Ära danach fiel die Kollektivierung der Landwirtschaften in den Staaten, die infolge des Zweiten Weltkriegs in die Einflusssphäre der Sowjetunion gerieten und dem Rat für gegenseitige Wirtschaftshilfe (RGW) beitraten. In der DDR etwa wurden nach dem Krieg binnen 15 Jahren 765.000 Einzelbauernbetriebe zu 19.000 landwirtschaftlichen Produktionsgenossenschaften zusammengefasst (laut Zwass 1982: 109). Mit einer Ausnahme, nämlich in Polen, gelang diese Kollektivierung nach 1945 in allen RGW-Ländern. Da die betroffenen Landwirtschaften zumeist schon die sogenannte ursprüngliche Akkumulation des Kapitals durchgemacht hatten, also schon darauf ausgerichtet waren, für die Gesellschaft zu produzieren, und somit ökonomisch besser unter Druck gesetzt werden konnten als auf sich konzentrierte Kleinbauernwirtschaften, konnten sie größtenteils ohne den Einsatz von roher Staatsgewalt kollektiviert werden. Mitunter wurde aber auch

1934, auf dem 17. Parteitag der KpdSU, verkündete Stalin stolz den Etappensieg vulgo den Eintritt ins Larvenstadium: »Wir können jetzt sagen, daß [...] die fünfte gesellschaftlich ökonomische Form, die sozialistische, die uneingeschränkt herrschende und einzig bestimmende Kraft in der gesamten Volkswirtschaft ist. (Stürmischer, anhaltender Beifall.)« (Stalin 1934: 176) Dem Beifall, den er nach dieser Deklaration bekam, schloss sich abseits des Parteitags übrigens auch Preobreschanski an, in Anbetracht der geschaffenen Eigentumsverhältnisse und der Erfolge bei der Industrialisierung, womöglich aber auch aus Angst vor dem Terrorregime (dem er 1937 zum Opfer fiel). Er gratulierte Stalin öffentlich und gestand ein, dass die Parteilinke das Land zwar auch hatte industrialisieren wollen, Stalin aber derjenige gewesen sei, der auf die Kollektivierung als entscheidende Voraussetzung der Industrialisierung hingewiesen und auf sie gedrängt habe (vgl. Erlich 1961: 165). Trotzki äußerte sich aus dem Exil differenzierter bzw. widersprüchlicher; er lobt die Industrialisierung zwischen 1917 und 1935 als »Titanenwerk«, kritisierte jedoch das »Ungestüm« und die Vormachtstellung der stalinistischen Bürokratie, und grenzt sich dabei zugleich nochmals von der Parteirechten ab, die einst nur »Schneckentempo« gefordert habe (Trotzki 1936: 10, 36f. u. 178). Und die Parteirechte selbst? Wovor Stalin und die Parteilinke gewarnt hatten, trat tatsächlich ein: das Ende der Atempause. Der Zweite Weltkrieg. Die Sowjetunion wurde fast zermalmt und konnte sich, gerade noch so und auch dank ihrer

in den neuen RGW-Ländern pure Gewalt angewendet, wie in Rumänien, wo Bauernaufstände niedergeschlagen wurden und Massenverhaftungen und Hinrichtungen stattfanden. In Polen widersetzten sich die Bauern erfolgreich, ihre Kollektivierung misslang. 1982 schrieb ein Kritiker der Planwirtschaft, der alles andere als ein Befürworter der Kollektivierung war: »Polen ist das einzige Land im RGW-Raum, in dem mehr als 80 Prozent des Ackerlandes von Privatbauern bearbeitet werden [...] Es überwiegen die Kleinbetriebe, die nicht imstande sind, eine vielseitige Agrarwirtschaft zu entwickeln. [...] Polens Landwirtschaft ist derzeit eine der unergiebigsten im gesamten Ostblock.« (Zwass 1982: 83f.)

Industrieprodukte (T34, Stalinorgel, Schturmowik), zur Wehr setzen. In den Gulags während des Krieges fieberten die Parteirechten (so schildert es Wassily Grossmann in seinem Meisterwerk *Leben und Schicksal*) mit der Roten Armee und zermarterten sich den Kopf darüber, inwieweit Stalin Recht damit getan hatte, sie zwecks Disziplinierung und Industrialisierung des Landes wegzusperren.

Der Zustand des Sozialismus unter Stalin war natürlich Hohn auf die Vorstellung, die sich Marx vom »Verein freier Menschen« gemacht hatte. Angesichts dessen, was der Kommunismus, wie er im Buche stand, zu sein versprochen hatte, war der Sozialismus, soweit er entstanden war, alles andere als zufriedenstellend. Auch Stalin gestand ein, dass die Larve noch kein Schmetterling war, und gelobte Besserung: »Der Staat wird absterben, aber die Gesellschaft wird bleiben. Folglich wird das allgemeine Volkseigentum dann nicht mehr vom Staat übernommen werden, der absterben wird, sondern von der Gesellschaft selbst, vertreten durch ihr zentrales leitendes Wirtschaftsorgan.« (Stalin 1952: 238) Doch obwohl seine Voraussetzungen (Sozialisierung der Landwirtschaft und Industrialisierung) schlussendlich nachgearbeitet worden waren, wollte sich kein Kommunismus einstellen. Zum Absterben des Staates kam es ebenso wenig wie zur Transformation des Staatseigentums in gesellschaftliches Eigentum.

Pragmatismus

Entwicklung und Überforderung der Planwirtschaft

Nach der Oktoberrevolution hatten die Bolschewiki nicht nur damit begonnen, die Voraussetzungen des Kommunismus zu schaffen, sondern bereits versucht, diesen halbwegs durchzusetzen und Teile der Wirtschaft zu einem sozialistischen Sektor zu vereinen – mit Maßnahmen, wie sie auch das erste revolutionäre Programm von Engels und Marx vorgesehen hatte.[47] Zuerst, unmittelbar nach der Oktoberrevolution, richteten sie den Obersten Volkswirtschaftsrat ein und nationalisierten die Banken, kurzfristig zwecks Enteignung der Kapitalisten und Einziehung von Steuern, mittelfristig zum Zwecke der »Umwandlung der Banken in einen einheitlichen Apparat der Buchführung und Regulierung des sozialistisch organisierten Wirtschaftslebens« (Lenin 1918b: 212). Dann, noch in den ersten beiden Jahren nach der Revolution, wurden der Außenhandel, die Post, das Transportwesen und die Großindustrie nationalisiert und dem Obersten Volkswirtschaftsrat unterstellt, der private Handel mit Produktionsmitteln verboten sowie damit begonnen, die Interaktion innerhalb des entstandenen Staatssektors unentgeltlich via übergeordnetem Rechnungswesen und Buchgeld oder auch gar nicht mehr abzurechnen, wie ein Insider und Kommunist aus Sowjetrussland berichtete: »Die Fabriken des Staates bekommen Kohle ohne Kostenberechnung, die Eisenbahn führt die Güter ohne Frachtkosten.« (E. Varga 1921: 290)

In Zukunft sollte der Staat alle Produktion und Distribution kontrollieren.[48] Die Lebensmittel sollten dann ohne den Umweg über den Privathandel, vermittels eines staatlichen Verteilungsapparates, von den Bauern zu den Arbeitern gelangen. »Um es [das Geld, H. G. F.] zu beseitigen, gilt es, die Organisation der Verteilung der Produkte für Hundert Millionen Menschen in Gang zu bringen – eine Sache vieler Jahre.« (Lenin 1919v: 356) Die Produktionsmittel, so umriss Lenin die große Aufgabe, müssten inventarisiert und nationalisiert, der Markt durch ein Netz von planmäßigen Beziehungen ersetzt, die

47 Siehe Engels 1847: 373 f. sowie Engels u. Marx 1848: 373 f.

48 1920 wurde von den Bolschewiki auch die Enteignung von kleineren Industrie- und Handwerksbetrieben angekündigt, dann aber nicht mehr umgesetzt. Die NÖP folgte und mit ihr auch mehr wirtschaftliche Freiheit für städtische Kleinbetriebe.

Buch- und Rechnungsführung verallgemeinert, die Verteilung der Arbeitskraft durch Entlohnung gesteuert und unwirtschaftliche Betriebe liquidiert werden. Sodann hätten alle Bürger ein Arbeitsbuch bekommen sollen, worin vermerkt würde, wie viel Arbeit sie für die Gesellschaft leisten und wie viel Konsumgüter sie deswegen verdienen.[49] Ziel war die erste Phase des Kommunismus (bzw. der Sozialismus, wie Lenin diese Phase nannte). Davon ließ sich real, im Kriegskommunismus, erst mal nur ein schwaches Abbild erblicken: ein Lebensmittelkartensystem. Die Angestellten in den staatlichen Betrieben, angeblich 58 Millionen (Internationale Kommunisten Holland 1930: 169), bekamen einen Großteil ihres Lohnes in Gestalt von Naturalien oder Lebensmittelkarten ausgezahlt, von denen es verschiedene Kategorien gab und die wie Schwundgeld nach einem Monat ihren Wert verloren. Ganz am Anfang wurden, getreu dem Klassenstandpunkt, vor allem Soldaten und Schwerstarbeiter mit den wertvollsten Lebensmittelkarten honoriert; um aber die Fachkräfte in den Staatsbetrieben zu halten, wurden ab 1919 auch Ingenieure, Betriebsdirektoren und Buchhalter höher entlohnt. In Petrograd zählte man im Winter 1919/20 33 verschiedene Kategorien von Karten. Diese konnten, je nach örtlichen Umständen, in der Betriebskantine, im Betriebslager oder bei staatlichen Ausgabestellen in Lebensmittel umgetauscht werden. Ein kleiner Teil des Lohnes (unter zwanzig Prozent) wurde weiterhin in Geld ausgezahlt.

Insoweit verlor das herkömmliche Geld, d.h. der Rubel, im Kriegskommunismus wirklich an Bedeutung. Allerdings ist schwerlich zu rekonstruieren, inwieweit seine Teilabschaffung dem politischen Programm des Kommunismus geschuldet war oder purer Not. Die Inflation betrug mehrere hundert Prozent

49 Zur Ersetzung des Marktes durch Kontrolle, Buchführung, Planwirtschaft, ein Netz von Konsumgenossenschaften etc., sowie zu den Arbeitsbüchern siehe Lenin 1918s: 241–253 u. 1919p: 121 sowie Bucharin u. Preobraschenski 1919: 328–335 u. 547.

und wurde von den Parteitheoretikern schön geredet. Sie sei nicht schlimm, sondern Ausdruck der bezweckten Annullierung des Geldes, und diene obendrein der Enteignung der Kapitalisten (Bucharin u. Preobraschenski 1919: 342 u. 347). So optimistische Interpretationen wären vielleicht angebracht gewesen, hätten die Bolschewiki zu dieser Zeit Erfolge beim Aufbau des neuen Wirtschaftssystems vorzuweisen gehabt. Aber sie hatten es nicht vermocht, anstelle von Warentausch, Geld und Markt ein funktionierendes Produktions- und Distributionssystem zu setzen. Derart unkontrolliert, wie sie galoppierte, war die Inflation kein Vorbote des Kommunismus, sondern ein Zeichen unheilvollen Niedergangs. Die abgekämpfte Gesellschaft litt Hunger, die Bauernschaft entfremdete sich von Staat und Restwirtschaft, die überalterte Industrie bekam keine Rohstoffe und lag brach, die nationalisierten Eisenbahnen fuhren kaum noch planmäßig, und der revolutionäre, paramilitärische Verteilungsapparat scheiterte an seiner Aufgabe: »Milch soll abgeliefert und an dem und dem Tag da und da hingeschafft werden. Kannen gab es nicht. Man goß die Milch auf die Erde. So geschehen in der Nähe von Tver. Das erzählte mir der Vorsitzende einer Kommission zur Einziehung von Lebensmittelabgaben (ein Kommunist).« (Sklovski 1922: 251)

Die NÖP schließlich war einerseits Eingeständnis, dass planmäßige Produktion und Distribution im größeren Maßstab vorerst missglückt waren. Die Schwarzmärkte wurden legalisiert, das Geldsystem stabilisiert und der Rubel auf Basis des Goldstandards gestellt; dem Markt wurde wieder offiziell die Aufgabe überantwortet, die Bevölkerung zu versorgen, mit Lebensmitteln einer Landwirtschaft, an deren Unterwerfung der Kriegskommunismus gescheitert war. Andererseits sollte die NÖP den Bolschewiki den Rücken freihalten und dem Kommunismus die Möglichkeit geben, sich auszuprobieren: im abgesteckten Bereich des Staatssektors (vgl. Baberowski 2007: 7). Nach zehnmonatiger Arbeit erschien im Dezember 1920 ein Zehnjahrplanentwurf (1921–1930), der im Auftrag der *Kommunistischen*

Partei und unter der Leitung der *Staatlichen Kommission für die Elektrifizierung Rußlands* (GOELRO) erarbeitet wurde, bei den Bedürfnissen der Bevölkerung (zwei Paar Schuhe pro Jahr pro Person) ansetzte und auf zwei große Ziele ausgerichtet war: Elektrifizierung und erweiterte Reproduktion. Lenin lobte das Werk: »Das Ergebnis der Arbeit der ›GOELRO‹ ist das obenerwähnte umfangreiche – und hervorragende – wissenschaftliche Werk. Mehr als 180 Spezialisten haben daran mitgearbeitet. Die Liste der von ihnen der ›GOELRO‹ eingereichten Arbeiten umfaßt mehr als 200 Beiträge. Wir haben zunächst eine übersichtliche Zusammenfassung dieser Arbeiten (der erste Teil des genannten Bandes, über 200 Seiten stark): a) Elektrifizierung und Plan der staatlichen Wirtschaft; ferner b) Brennstoffversorgung (mit einem genau ausgearbeiteten ›Brennstoffbudget‹ der RSFSR innerhalb des nächsten Jahrzehnts unter Berücksichtigung der erforderlichen Zahl von Arbeitern); c) Wasserkraft; d) Landwirtschaft; e) Verkehrswesen und f) Industrie. Der Plan ist auf ungefähr ein Jahrzehnt berechnet, unter Angabe der Arbeiterzahl und Kapazität (in 1000 PS). Natürlich ist dies nur ein annähernder Plan, ein erster Rohentwurf, mit Fehlern, in ›allgemeinen Zügen‹, aber es ist ein wirklich wissenschaftlicher Plan.« (Lenin 1921w: 134) So sehr Lenin in diesem Text GOELRO lobt, so sehr kritisiert er seine Partei (übrigens öffentlich, in der *Prawda*). Die Partei habe den Planentwurf abgewürgt und die Experten und Wissenschaftler, die sich mühevoll den Tatsachen, Zahlen und Daten gewidmet hätten, als Bürgerliche lächerlich gemacht. Warum dieses schändliche Verhalten der Partei? Weil den Revolutionären der Sieg der Revolution und die vielen großen Parolen und abstrakten Thesen zu Kopf gestiegen seien. Jetzt aber, so Lenins Appell, müsse es endlich darum gehen, die Volkswirtschaft praktisch und konkret zu organisieren; jetzt könne ein bürgerlicher Spezialist oder Wissenschaftler, der etwas vom Wirtschaftsleben verstehe, für den Aufbau des Kommunismus viel mehr leisten als all jene Kommunisten, die sich nur auf große Worte verstünden.

Im Dezember 1921 trat der Plan in Kraft, reduziert und konzentriert auf die Errichtung von Kraftwerken und den Ausbau des Stromnetzes. Binnen 15 Jahren, so der Plan, sollte die Sowjetunion flächendeckend mit Strom versorgt werden. Der Plan wurde, über Lenins Tod hinaus, erfolgreich umgesetzt, Energieproduktion und -verbrauch verzigfachten sich. Es wurde Licht im Land dank »Iljitschs Lampe« (der Spitzname der Glühbirne in der Sowjetunion). Damit hatte GOELRO die Feuerprobe bestanden und avancierte zur Staatlichen Planungskommission, zur GOSPLAN.

Vor 1928 hatte die GOSPLAN den ersten Fünfjahrplan ausgearbeitet, zur Direktion der sowjetischen Wirtschaft wurde sie 1928 mit seinem Inkrafttreten. Damit verloren die Wirtschaftseinheiten selbst an Entscheidungsbefugnis, die planmäßige Kontrolle der gesamtgesellschaftlichen Produktion nahm Gestalt an – womöglich die ihr angemessenste Gestalt: Zentralverwaltungswirtschaft. Oben in der Entscheidungshierarchie thronte die GOSPLAN, auf der Ebene darunter die Ministerien der Branchen, wiederum darunter die Betriebe. Kleinere Betriebe wurden den Planungsbehörden auf Bezirksebene unterstellt. Die Reste der Privatwirtschaft sollten, besonders sofern es sich um Produzenten von Produktionsmitteln handelte, durch Extrabesteuerung und Verweigerung von Krediten und Rohstofflieferungen niedergerungen werden.

Absolute Priorität hatte in den ersten beiden Fünfjahrplänen die Industrialisierung. Die Verteilung der gesellschaftlich zur Verfügung stehenden Produktionsmittel und Arbeitskräfte, die Ausrichtung der Produktion der Betriebe und der Stoffwechsel zwischen ihnen sollte dem Aufbau der Industrie bzw. der Vermehrung der Produktionsmittel dienen. Baubetriebe beispielsweise, die bis dato auf den Wohnungsbau spezialisiert waren, bekamen im Sinne der Industrialisierung die Order, von nun an am Bau von Fabriken mitzuwirken. Der Planungsapparat legte Ziele, Arbeitsmethoden, Produktsortiment und Absatz der

Betriebe fest und bestimmte, zu welchen Teilen die Einnahmen für Investitionen und Löhne verwendet werden durften.

Es wurde noch tiefer ins Wirtschaftsleben der Gesellschaft eingegriffen, bis ins Privatleben der Arbeiter. Das Regime verbot 1929 die freie Arbeitsplatzwahl (das Verbot bestand bis 1937 weitgehend fort) und kommandierte Arbeiter von einem Arbeitsplatz zum anderen – frei nach Marx' Vorstellung des Kommunismus: »Die Gesellschaft verteilt Arbeitskraft [...] in die verschiednen Geschäftszweige.« (Marx 1885: 358) Betroffene dieser Verteilung waren besonders Landarbeiter. So wurde die Stadtflucht, die die Städte zwischen 1913 und 1920 um ein Fünftel geleert hatte, rückgängig gemacht und ins Gegenteil gewendet, in eine Landflucht, wie sie in Industrienationen üblich ist. Ende der 20er Jahre, zu Beginn der von oben angetriebenen Landflucht, hatten bolschewistische Statistiker herausgefunden, dass 15 Prozent der ländlichen Arbeitskraft brach lagen und somit zehn Millionen Arbeitskräfte zusätzlich zur Verfügung standen (Minc 1929). Das Potenzial sollte genutzt werden. In die Industrie abkommandiert wurden aber nicht Kulaken oder politische Gegner (denen widerfuhr Schlimmeres), sondern Landarbeiter, die sich nichts weiter hatten zu Schulden kommen lassen, als in den neu entstandenen Kolchosen überflüssig zu sein. Aus »Jeder nach seinen Fähigkeiten« oder »Jedem nach seiner Leistung« wurde: Jeder, was der Staat ihm befiehlt!

Nicht zuletzt durch solche Maßnahmen stieg die Sowjetunion während der ersten beiden Fünfjahrpläne in den Kreis der Industrienationen auf. »Es unterliegt keinem Zweifel, daß die Planwirtschaft die Etappen des Frühindustrialismus viel schneller hinter sich brachte als die Marktwirtschaften Westeuropas. Und in den dreißiger Jahren, als die westliche Welt die tiefste Krise in ihrer Geschichte erlitt, verzeichnete die sowjetische Wirtschaft im Laufe der Verwirklichung ihrer ersten Fünfjahrpläne ein präzedenzloses Wirtschaftswachstum: zwischen 1929 und 1939 stieg die Stromerzeugung auf das Siebenfache, die

Produktion von Kohle und Stahl auf mehr als das Vierfache, die von Rohöl fast auf das Dreifache; 1941 war die Gesamtproduktion der sowjetischen Maschinenindustrie fünfzigmal größer als 1913.« (Zwass 1982: 182) Der Anteil des sekundären Sektors an der volkswirtschaftlichen Produktion vergrößerte sich auf 24 Prozent (während der Anteil des primären Sektors auf 54 Prozent verringert werden konnte); die Anzahl der Studienabschlüsse stieg stark an, die der veröffentlichten Bücher ebenso; der Anteil der Stadt- an der Gesamtbevölkerung wuchs von zwanzig auf über dreißig Prozent. Wie mit den ersten beiden Fünfjahrplänen nicht anders intendiert, profitierten die Konsumenten von der Industrialisierung noch nicht. Teils stieg der Lebensstandard zwar schon, etwa das Niveau der medizinischen Versorgung, teils verschlechterte er sich aber auch. So schrumpfte beispielsweise die Wohnfläche, die jedem Moskauer durchschnittlich zur Verfügung stand, im Zuge der Landflucht und mangels Wohnungsbau auf unter fünf Quadratmeter. Die Bevölkerung sollte sich vorerst weiter mit dem bescheiden, was kreatürlich notwendig war. Die Direktive »Jedem nach seinen Bedürfnissen!« galt als Zukunftsmusik.[50]

Vorerst fehlte es der Lebensmittelindustrie noch an Produktivität, dem Sowjetsozialismus aber auch an einem funktionstüchtigen Verteilungsapparat: »Wir müssen einen solchen, den Austausch zwischen Stadt und Land vermittelnden Verteilungsapparat aufbauen, der imstande ist, die Bedürfnisse von Stadt

50 Zu den Zahlen im letzten Abschnitt, d.h. zu den Ergebnissen der ersten beiden Fünfjahrpläne und den Vorteilen und Nachteilen für die Konsumenten vgl. Deutscher 1966: 821, Anm. 74, Conert 1971: 59, Zwass 1982: 167, Merl 1987: 660, Nove 1992: 272 sowie Hildermeier 1998: 416 u. 418. Ferner noch ein Überblick über die rasante Entwicklung des sekundären und tertiären Sektors in der Sowjetunion: 1913 arbeiteten in Russland 75 % der arbeitenden Bevölkerung im primären Sektor, 9 % im sekundären Sektor und 16 % im tertiären Sektor. Russland 1960: 39 % im primären Sektor, 32 % im sekundären Sektor, 29 % im tertiären Sektor. 1985 arbeiteten in der SU nur noch 19 % im primären Sektor (vgl. Merl 1987: 600 u. Kornai 1992: 6).

und Land im ganzen Land zu berechnen und zu befriedigen, so, wie jedermann für sich in seinem Haushalt seine Ausgaben und Einnahmen berechnet. Und wenn wir all dies erreicht haben, wird – so ist anzunehmen – die Zeit eintreten, da man kein Geld mehr brauchen wird.« (Stalin 1927a: 114) Tatsächlich kam zu Zeiten Stalins dann ein Verteilungsapparat zum Einsatz, allerdings wiederum nur auf notdürftigste Weise. Vorgeblich zwecks Durchsetzung der Planwirtschaft und Austrocknung der Schwarzmärkte (Kronrod 1960: 108), tatsächlich bedingt durch den Mangel an Konsumgütern und der Notwendigkeit ihrer Rationierung, wurden ab 1929 in den Städten wieder Lebensmittel rationiert, ein Lebensmittelkartensystem eingeführt und über dieses 40 Millionen Menschen versorgt. 1935 wurde dieses Kartensystem wieder eingestellt, aber die Preise fast aller Konsumgüter behördlich festgelegt, im Zweiten Weltkrieg wurde es mit der Kriegswirtschaft wieder eingeführt. Ein Verteilungsapparat, welcher zahlreiche individuelle und differenzierte Bedürfnisse bedient, kam im Realsozialismus nie zustande. Auch nicht später, als Lebensmittel aller Art produziert wurden. Sein Ausbau war zu aufwendig, seine Arbeitsweise zu schwerfällig. Der Markt erwies sich, um die Produkte an den Endverbraucher zu bringen, als unverzichtbar, gerade nachdem in den fünfziger und sechziger Jahren das Angebot an Lebens- und Luxusmitteln in den meisten Ländern des sozialistischen Ostblocks größer und vielfältiger geworden war. Zwar versuchten die Planungsbehörden, was die Preise der Waren und die Rechtsform der Händler betraf, den Rahmen weiterhin vorzugeben, doch rückten sie vom Aufbau eines Verteilungsapparates zugunsten von mehr Markt ab.

Im Gegensatz zum Verteilungsapparat, der sich nur in Notzeiten bewährt hatte, avancierte die Planung der Produktion, nachdem sie unter Stalin Gestalt gewonnen hatte, zum Stolz und Erkennungsmerkmal des real existierenden Sozialismus und wurde lange verteidigt – obwohl sie alles andere als reibungslos funktionierte, jedenfalls nicht so, wie man sich das anfangs vorgestellt hatte. Ursprünglich war der Kommunismus ja angetreten, die Proportionalität der Produktion besser als das Wertgesetz zu garantieren. Der Wert sollte durch die gemessene Arbeitszeit, die Ware durch das Produkt, der Markt durch Buchhaltung, der Mehrwert durch das Mehrprodukt und das Wertgesetz durch die bewusste Verteilung der Arbeitskraft auf die Produktionszweige ersetzt werden – also so, wie es die »Wissenschaft von der organisierten Produktion« versprochen hatte, ganz ohne »Verdinglichung der menschlichen Beziehungen« (Preobraschenski 1926: 62 u. 70). In der Praxis jedoch zeigten sich die Behörden mit der Planung der mannigfaltigen Interdependenzen der Volkswirtschaft, ergo der planmäßigen Verwirklichung proportionaler Produktion überfordert. Besonders, und mit der Entfaltung der Industriegesellschaft immer stärker, an zwei Problemen laborierte die Planwirtschaft: an ihrer Struktur bzw. der des Planungsapparates und an dessen Wucherung.

In Hinsicht auf ein erfundenes, aber durchaus mögliches Beispiel lassen sich diese Probleme verdeutlichen: ein Metallurgiebetrieb in dem Ort Komsomolsk. Welchem automatisierten Teilsystem soll dieser Betrieb subordiniert werden? Gehört er zur lokalen Wirtschaft, weil er dort ansässig ist, zur Wirtschaft der Region Chabarowsk, weil aus dieser Region seine Arbeitskräfte und zahlreiche Zulieferer stammen, zur sowjetischen Metallurgie oder eher zur Rüstungsindustrie, weil das Eisen aus Komsomolsk insbesondere dem Bau von Militärfahrzeugen dient? Welcher Planungsbehörde soll er untergeordnet werden: der lokalen, der regionalen, der sowjetischen? Gehört er in die Branche der Metallurgie oder in die der Rüstungsindustrie? »Ohne die Lösung dieser und anderer analoger Fragen [...] können Doppelungen in der Arbeit nicht vermieden werden, die unterschiedlichen Anforderungen und Interessen mittels der gegenseitigen Informationen nicht zu einer harmonischen Einheit zusammengefügt und folglich auch die Aufgaben, die vor allen Leitungsorganen insgesamt stehen, nicht effektiv erfüllt werden.« (Shimerin 1973: 16) Welcher Planungsbehörde ein

Betrieb untergeordnet wird, beeinflusst auch die Ausrichtung der Produktion: Die lokale Planungsbehörde würde vielleicht akzentuieren, dass der Betrieb dem Reichtum und Leben in der Stadt zugutekäme, die regionale Behörde, dass die Zulieferung weiter über den Amur und Chabarowsker Schiffe erfolge, die Planungsbehörde für Metallurgie in Moskau, dass die Zulieferung über die Baikal-Amur-Magistrale geschehe, und das Ministerium für Rüstungsindustrie vielleicht, dass neben dem Betrieb noch ein metallverarbeitender Rüstungsbetrieb entstünde. Welcher Planungsbehörde der Betrieb auch immer unterstellt würde, die anderen Planungsbehörden müssten in die Planung mit einbezogen werden sowie all jene Planungsbehörden, aus deren Branchen unser Betrieb beliefert wird. Wird bedacht, dass alle Betriebe in der Sowjetunion einer Planungsbehörde zugeordnet werden mussten, wird die Schwierigkeit, vor der die Planer standen, deutlich. Zumal nicht nur die Zuordnung der Betriebe zu den Teilsystemen unsicher war, sondern auch, nach welchen Kriterien die Teilsysteme unterschieden werden sollten. Zwei mögliche Kriterien sind hier schon vorgestellt worden: Die Volkswirtschaft könnte in Regionen, aber auch in Branchen eingeteilt werden. Sie könnte auch noch anders untergliedert werden: in die Teilbereiche »der Produktion, der Distribution, der Zirkulation und der Konsumtion und, noch weiter detailliert, der technisch-ökonomischen Beziehungen, der Finanz- und Kreditbeziehungen, der Versorgung, des Rechnungs- und Berichtswesens u. a.« (Maiminas 1968: 159). Gehört der Komsomolsker Betrieb nun ins Teilsystem Chabarowsk, ins Teilsystem Metallurgie oder ins Teilsystem Produktion?

Angenommen, das perfekte System wäre zustande gekommen und alle Betriebe hätten darin ihren Platz zugewiesen bekommen, dann hätten die Planbehörden diejenigen Interaktionen auf höherer Ebene substituieren müssen, für die sonst, wenn die Betriebe selbständig agieren können, die Direktorate der Betriebe Sorge tragen. Und es steht zur Debatte, wie effektiv die Planungsbehörden dabei überhaupt sein könnten. Auf der einen Seite mögen Synergieeffekte dadurch entstehen, dass die Planungsbehörden viele Betriebe unter ihre Aufsicht stellen, auf der anderen Seite verdoppeln sich die Interaktionen, denn die Planungsbehörden müssen ja nicht nur die Betriebe untereinander koordinieren, sondern auch sich selbst und ihr eigenes Miteinander. In der Sprache der Kybernetik (in den 60er und 70er Jahren eine beliebte Hilfswissenschaft der sozialistischen Planer): Die Integration verschiedener Systeme in ein Metasystem führt zur Entstehung von Metainformationen. Etwa angenommen, der Metallurgiebetrieb in Komsomolsk benötigte mehr Strom und wäre der Planungsbehörde für Metallurgie untergeordnet, so müsste er diese mit einem Schriftstück in Kenntnis setzen und diese müsste dann die Planungsbehörde für Elektrizität informieren, bis diese endlich dem Komsomolsker Elektrizitätswerk befiehlt, eine zusätzliche Stromleitung in den benachbarten Metallurgiebetrieb zu legen. Die Überlegung läge dann nahe, diesen Prozess mittels einer übergeordneten Planungsbehörde zu effektivieren, etwa dem zentralen Ministerium für Volkswirtschaftsplanung. Dann aber würde womöglich zu den vier Gliedern der Kommunikationskette noch ein fünftes hinzukommen, die Anzahl der hin und her gesendeten Schriftstücke noch weiter anwachsen – der Planungsapparat noch weiter aufblähen.

Vor diesem Hintergrund erscheinen auch die durch Marx gerügten *faux frais* in einem neuen Licht. Sie bestehen Marx zufolge in jenem Kosten- bzw. Arbeitsaufwand, den der Warentausch in Gestalt der Produktion der Geldware und der Unterhaltung eines Finanzsektors verschlingt. Im Kommunismus, wenn die Arbeit unmittelbar vergesellschaftet und planmäßig organisiert wäre, sollten sich diese *faux frais* laut Marx erübrigen. Die Arbeitszeit, die in der kapitalistischen Gesellschaft durch die Zirkulationssphäre und die Produktion der Geldware absorbiert wäre, könnte im Kommunismus in Freizeit umgewandelt oder in die Produktion von wirklichem Reichtum investiert werden. Der Realsozialismus strafte diese Prognose

Lügen. Die *faux frais* tauchten in anderer Gestalt wieder auf, mit Zinseszins: in einem gigantischen Planungsapparat. Marx war zwar so ehrlich, auf diesen Posten im kommunistischen Haushalt hinzuweisen: »Im Buchhalter ist ein Teil der Arbeitskraft der Gemeinde der Produktion entzogen, und die Kosten seiner Funktion werden nicht durch seine eigne Arbeit ersetzt, sondern durch einen Abzug vom Gemeindeprodukt.« (Marx 1885: 136 Anm.) Aber Marx hatte geglaubt, diese Kosten ließen sich senken, wenn die Betriebsführung vereinigt und rationalisiert würde: »Die Kosten der Buchführung reduzieren sich aber mit der Konzentration der Produktion und je mehr sie sich in gesellschaftliche Buchführung verwandelt.« (ebd.: 137) Er hatte sich sicherlich keinen so kolossalen Planungsapparat vorstellen können und wollen, wie er dann im Realsozialismus entstanden ist. Der Apparat zeigte sich mit der Organisation der Produktion umso mehr überfordert, als mit der Industrialisierung die Produktions- und Lieferketten komplexer wurden; er wuchs an und absorbierte dadurch selber einen immer größeren Teil der gesellschaftlichen Arbeitskraft.[51]

Grenzen des Staatssozialismus, Ansätze des Reformsozialismus

Ursprüngliche sozialistische Akkumulation und Fünfjahrpläne hatten sich in der Sowjetunion als nützlich erwiesen, um die Gesellschaft zu industrialisieren. Vielleicht war das der Grund, warum in weiteren Nationen Revolutionen stattfanden und kommunistische Parteien an die Macht gelangten, aber anders als von Engels und Marx erwartet, nicht in Industriestaaten, sondern in rückständigen Nationen: China 1949, Vietnam 1954, Kuba 1959, Kongo 1963, Somalia 1969, Südjemen 1969, Benin

51 Vgl. Berg u. Birjukow 1972: 63, Ticktin 1973/75: 15 u. 40–42 sowie Masuch 1981: 171.

1972, Äthiopien 1974, Mosambik 1975, Nikaragua 1979, Zimbabwe 1980. Nach sowjetischem Modell versuchten diese Staaten brachliegende Arbeitskraft zu mobilisieren, Arbeitskräfte umzugruppieren, den Investitionsfond zu vergrößern und ihren Kapitalstock zu erhöhen. Marxistischer ausgedrückt: Indem sie ihre Bevölkerungen zur Arbeit antrieben, pressten sie absolutes Mehrprodukt in Gestalt von Industrie aus dem gesellschaftlichen Produktionsprozess heraus, um sodann mittels der Industrie das relative Mehrprodukt erhöhen zu können. Sie verfuhren mit ihren Nationen quasi so, wie es tatkräftige Inhaber mit ihren Unternehmen zu tun pflegen, wenn diese den Anforderungen nicht mehr entsprechen und daher saniert und restrukturiert gehören – mit dem Unterschied, dass die Arbeiter einem Unternehmen kündigen können, dem sozialistischen Staat jedoch nicht.

Insoweit gibt es Anhaltspunkte, den Realsozialismus, wie er im Stalinismus entstanden ist, als Staatskapitalismus zu bezeichnen, wie es sozialistische Linke tun, die sich vom Realsozialismus abgrenzen wollen. Doch es liegt der Verdacht nahe, dass diese sozialistischen Linken Stalins Realsozialismus als »Staatskapitalismus« definieren, um ihn als Altlast schnell entsorgen und damit anbei ihr bewährtes Feindbild Kapitalismus anreichern zu können, statt sich darüber Gedanken machen zu müssen, inwieweit das Übel aus der Idee des Kommunismus herrührte. Denn Entscheidendes und Offenkundiges spricht gegen diese Bezeichnung. Im Realsozialismus, wie ihn Stalin hinterlassen hat, gab es keine kapitalistische Produktionsweise; die Produktionsmittel konnten nicht als Waren gekauft werden, sie waren kein Privateigentum, die Betriebe konnten nicht frei agieren und um Anteile an der allgemeinen Profitrate konkurrieren, ferner stand keine Reservearmee von Arbeitskräften bereit. »Der Begriff des ›Staatskapitalismus‹ erträgt überhaupt keine ökonomische Analyse. Sobald der Staat zum alleinigen Besitzer aller Produktionsmittel wird, macht er das Funktionieren der kapitalistischen Wirtschaft unmöglich, beseitigt den Mechanismus selbst, der den ökonomischen Kreislauf in Bewegung bringt.« (Hilferding 1940: 291)[52]

Auch die Bolschewiki hatten den Begriff Staatskapitalismus gelegentlich benutzt, zuerst einmal, um damit die Kriegswirtschaften der kapitalistischen Nationen zwischen 1914 und 1918 zu beschreiben. Demnach seien in diesen Kriegswirtschaften, besonders der deutschen, Konkurrenz und Wertgesetz zugunsten von Planwirtschaft suspendiert worden. Dabei habe eine »Verschmelzung« von Staat und Wirtschaft stattgefunden. Und diese sollte in der Sowjetunion auf einem höheren Niveau, d. h. sozialistisch und ohne die Widersprüche, die aus den kapitalistischen Eigentumsverhältnissen resultierten, vollendet werden. »Unter der proletarischen Diktatur geht dieser Prozeß der Verschmelzung wesentlich weiter. Der proletarische Staat und die proletarische Wirtschaft bilden im vollen Sinn des Wortes ein einziges Ganzes.« (Preobraschenski 1926: 167) Lenin hatte 1918 eine ähnliche Definition des Staatskapitalismus, aber die

52 Der Realsozialismus wird bspw. von der Gruppe Internationale Kommunisten Holland und von den Sozialisten Tony Cliff und Hermann Luerr als Staatskapitalismus definiert (Internationale Kommunisten Holland 1933: These 48f., 58f., 64; Cliff 1955 u. Luerr 2013: 110–141). Auch Volin, der 1922 als Anarchist aus der SU verbannt wurde, stellt den Staatssozialismus als Staatskapitalismus dar (Volin 1949: 304–321), hat dabei allerdings einen ungenauen Begriff von Kapitalismus. So bezeichnet er die Arbeiter und Bauern in der Sowjetunion als Sklaven und Leibeigene des bolschewistischen Staats, was die Sache vielleicht trifft, aber im Begriff des Kapitalismus nicht aufgeht. Ausführlich Kritik an der Auffassung vieler westlicher Marxisten (besonders Charles Bettelheim), in der Sowjetunion habe Staatskapitalismus oder auf andere Weise das Wertgesetz geherrscht, formuliert der britische Marxist Hillel Ticktin (Ticktin 1973/75). Bei seinem eigenen Versuch, den Realsozialismus auf den Begriff zu bringen, versteift sich Ticktin allerdings in seinem Streben, objektive ökonomische Gesetze der realsozialistischen Gesellschaftsformation ausfindig zu machen. Ein letzter Gedanke zum Begriff des Staatskapitalismus: In Hinsicht auf das heutige China passt er vielleicht. Dort ist der Staat nicht alleiniger Eigentümer der Produktionsmittel, greift aber kraft seiner innenpolitischen Allmacht ins Wirtschaftsleben der chinesischen Gesellschaft ein, erteilt Kommandos und gibt Richtungsanweisungen.

Tatsache herausgestellt, dass die Sowjetgesellschaft das halbfeudale Russland beerbt habe und auf dieser Grundlage nicht fähig sei, an den Staatskapitalismus anzuknüpfen. Könnte die Sowjetunion an den Staatskapitalismus anknüpfen, so Lenins Lamento, würde ihr der Aufbau einer sozialistischen Wirtschaftsweise und Planwirtschaft nicht so schwer fallen (Lenin 1918a: 287). Ein paar Jahre später bezeichnete er das Verhältnis von Unternehmen und Staat während der NÖP als staatskapitalistisch. »Wir haben uns auf den Staatskapitalismus zurückgezogen. Aber wir haben uns mit Maß zurückgezogen.« (Lenin 1921g: 98) Man gestehe, so Lenin weiter, den Unternehmen Eigeninitiative zu, behalte aber das Heft des Handelns zugunsten der Arbeiterklasse in der Hand: durch Verträge mit den Unternehmen und das Monopol auf Kreditvergabe, Schlüsselindustrien, Rohstoffe und Großmaschinen.[53] Unter Stalin konnte der Sowjetsozialismus dieses Stadium des Kompromisses hinter sich lassen und die Wirtschaft verstaatlichen. Was dabei entstand, war kein Staatskapitalismus, sondern vielmehr Staatssozialismus oder, mit Hilferding gesprochen, eine totalitäre Staatswirtschaft (Hilferding 1940).

Kaum zu dem geworden, was er war, geriet dieser Staatssozialismus, aus sich heraus, in die Krise. Zwar erzielte der Planungsapparat, wie er sich in der ursprünglichen Akkumulation herausgebildet und erhärtet hatte, auch später noch Erfolge, so bei der Realisierung großer Investitionsprojekte wie der Nowa Huta in Polen, den Gottwald-Stahlwerken in der Tschechoslowakei und den Stalin-Werken in Ungarn. Doch erstens wurde die Industriegesellschaft, indem sie sich entfaltete, komplexer und differenzierter und konnte dergestalt von zentraler Stelle kaum noch überblickt und immer schlechter im Ganzen geplant werden. Und zweitens ließ sich der Ausnahmezustand einer Akkumulation, worin die Arbeitskräfte Opfer bringen mussten

53 Zu Lenins Definition der NÖP als Staatskapitalismus siehe Lenin 1921n: 358–362, 1921t: 480 sowie 1921r: 514.

und auf später vertröstet wurden, nicht beliebig ausdehnen. Die Arbeiter konnten nicht ewig hingehalten werden, sie wollten als Konsumenten von der Industrialisierung profitieren. Die Produktion von Konsumgütern, die hätte gesteigert werden müssen, aber fand kaum in den großen Vorzeigeindustrien statt, sondern meist in kleineren Betrieben. Dort hätte sie gesteigert werden müssen, und ebendort fehlte es an Elan und Initiative, solange der Planungsapparat allmächtig thronte.

Erste reformsozialistische Maßnahmen hatte Ende der 1930er Jahre schon Stalins Regime getroffen (aber später, in der Kriegswirtschaft, wieder zurückgenommen), als es den Verkauf von Konsumgütern etwas deregulierte und die Lebensmittelpreise wie auch die Arbeitslöhne verstärkt dem Spiel von Angebot und Nachfrage aussetzte. Nach Stalin, in der Ära Chruschtschows, wurden die Reformen neu aufgelegt und verstärkt. Nun wurden auch den Betrieben mehr Spielräume eingeräumt und der Planungsapparat neu geordnet: Die Branchenministerien verloren an Befugnissen zugunsten regionaler Planungsbehörden, die Pläne wurden grobmaschiger. Die Betriebe bekamen mehr Anreize, effektiv zu wirtschaften, mussten nur noch sechzig Prozent ihrer Gewinne an den Staat bzw. den Planungsapparat abführen und durften den Rest nach eigenem Ermessen reinvestieren; ihnen wurde mehr Eigenverantwortung eingeräumt, sie konnten die Preise ihrer Produkte in einem vorgegebenen Rahmen selber festlegen und Kompensationsgeschäfte mit anderen Betrieben aushandeln, die Betriebsdirektoren konnten eigenständiger über die Anzahl, Einstellung und Entlohnung der Arbeiter entscheiden. Zu den Erfolgen, z.B. größeren Ernten, wie sie Chruschtschow versprochen hatte, führten die Reformen aber nicht. Als Breschnew Chruschtschow ablöste, wurden sie wieder revidiert, insbesondere die Regionalisierung des Planungsapparates, die zu Lokalpatriotismus bei der Verteilung von Wirtschaftsressourcen geführt hatte. Den Betrieben blieben aber einige Spielräume erhalten, weil auch Breschnew um die Behäbigkeit des Planungsapparates wusste und darum, dass die Betriebe Anreize nötig hatten, damit sie kostensparend wirtschafteten und der Volkswirtschaft nicht schadeten. Solches Hin und Her zwischen Staatssozialismus und Reformsozialismus wiederholte sich in vielen sozialistischen Ländern, z. B. in Ungarn. Durch Reformen auf Initiative des Sekretärs für Wirtschaftsfragen, Rezső Nyers, wurde dort Ende der 1960er Jahre der »Neue Ökonomische Mechanismus«, d. h. mehr Markt eingeführt. Die Gegner innerhalb der Partei bezeichneten die Reformen als neoliberal und warnten vor einer Atomisierung des sozialistischen Produktionszusammenhangs, wurden durch Moskau unterstützt und durch Fakten bestätigt. Die Wirtschaftsleistung der ungarischen Volkswirtschaft verschlechterte sich, die Schwerindustrie zeigte Auflösungserscheinungen. Mitte der 1970er Jahre wurden die Reformen zurückgenommen, aber auch hier nicht gänzlich (vgl. Zwass 1982: 170).

So mäanderte der Sozialismus, einerseits auf Wirtschaftlichkeit, andererseits auf Wahrung seines Wirtschaftsprinzips bedacht, in seinen letzten drei Jahrzehnten zwischen Regulierung und Deregulierung bzw. Zentralisierung und Dezentralisierung hin und her. Walter Ulbricht 1966: »Es kommt also darauf an, durch richtige Ausnutzung der ökonomischen Gesetze des Sozialismus und die Anwendung des neuen ökonomischen Systems der Planung und Leitung der Volkswirtschaft eine gewisse Selbstregulierung im wirtschaftlichen System auf der Grundlage des Planes zu erreichen.« (Ulbricht 1966: 551) Breschnew 1976: »Man muss einerseits den Zentralismus entwickeln, um auf diese Weise den partikularen Interessen der Ressorts einen Riegel vorzuschieben, andererseits muß man die demokratischen Prinzipien und die Initiative der Mikroebene entwickeln, um die zentralen Behörden von Kleinproblemen zu befreien und auf diese Weise ein operatives und elastisches Entscheiden zu gewährleisten.« (zit. n. Zwass 1982: 169) Zu viel Planwirtschaft nahm die Betriebe an der Basis aus der Verantwortung, zu viel Deregulierung stellte die Planwirtschaft in

Frage. Das richtige Maß an Deregulierung – ein dritter Weg – war schwer zu finden.[54]

Nichts machte den Anschein, als käme der eigentliche Kommunismus noch. Genau wie die Arbeiter im Westen bekamen auch die im Osten den Lohn in Form von Geld ausgezahlt und konnten damit in Läden Produkte kaufen, die Waren genannt wurden und Preisschilder trugen. Anstatt sie abzuschaffen, wurden Geld und Warenproduktion in ehedem rückständigen Ländern wie China und der Sowjetunion durch den Realsozialismus überhaupt erst flächendeckend durchgesetzt. Abermillionen ehemalige Bauern, die vormals hauptsächlich mit ihrer Familie für sich selbst gewirtschaftet hatten und nur sporadisch mit Geld in Berührung gekommen waren, wurden durch den Sozialismus zu Land- oder Industriearbeitern und somit zu Lohnempfängern, die fast alles, was sie brauchten, mit Geld erwerben mussten. Neue Schlagworte begannen die Runde zu machen: sozialistische Warenproduktion, sozialistische Anwendung des Wertgesetzes, sozialistisches Geld usf. (vgl. Krause 1998: 89–109). So begann man die Realitäten anzuerkennen, auch um eine realistische Politik machen und eine sozialistische Volkswirtschafts- und Betriebswirtschaftslehre entwickeln zu können. Anstatt den Sozialismus weiter als Mittel zum Zweck (Kommunismus) zu apostrophieren, begann man sich in ihm einzurichten: »Wir verfügen heute über die bedeutsame Erkenntnis, über die bekanntlich eine jahrzehntelange kontroverse Diskussion geführt wurde, daß die sozialistische Planwirtschaft als neuer Typ der Wirtschaft auf die Warenproduktion und das durch sie hervorgebrachte Geld überhaupt nicht verzichten kann.« (Richter 1989: 27) Doch wie vertrug sich diese sozialistische Realität mit dem großen Ziel des Kommunismus, durch das sich die Regime legitimierten? Offenbar nur »dialektisch«. – Bevor

54 Teils wurden Ansätze eines dritten Weges auch unterdrückt (vgl. Götz 2013).

der Kommunismus aus dem Sozialismus hervorgehen könnte, so dozierte Walter Ulbricht in den sechziger Jahren, müsste überhaupt erst der Ausbau des Sozialismus vollendet werden; bevor Geld und Waren im Kommunismus absterben könnten, müsste die sozialistische Warenproduktion voll entfaltet werden (Ulbricht 1966: 29–31).

Die Bevölkerung begann sich über solches und ähnliches Gerede vom Kommunismus lustig zu machen – unter anderem mit einem der berühmten Jerewan-Witze: ›Anfrage an Radio Jerewan: Stimmt es, dass der Kommunismus am Horizont schon zu sehen ist? Radio Jerewan antwortet: Im Prinzip ja. Aber in dem Maße, wie wir ihm näher kommen, rückt der Horizont von uns ab.‹ Ziemlich offensichtlich befand sich der Sozialismus, der mit der Effektivität seiner Planwirtschaft haderte, reförmchenweise Lohnanreize, Markt und Wettbewerb einführte und ein paar Jahre später wieder annullierte, nicht auf direktem Weg in den Kommunismus, sondern auf dem Rückzug, auf der Suche oder in der Krise.

Nach Jahrzehnten sozialistischer Praxis war nicht mehr viel übrig geblieben vom einstigen Programm, wie es Stalin noch formuliert hatte: »Die Verwirklichung des Sozialismus – das ist die Aufhebung der Warenproduktion, die Abschaffung der Geldwirtschaft, die Zerstörung des Kapitalismus bis auf sein Fundament und die Vergesellschaftung aller Produktionsmittel.« (Stalin 1906a: 114) Geldwirtschaft und Warenproduktion wurden nicht abgeschafft. Besser gesagt: Sie ließen sich nicht so einfach abschaffen. Das einzugestehen, war ein Erfahrungsprozess, der, um es ähnlich wie Horst Richter zu sagen (s. o.), Jahrzehnte gedauert und die Vorstellungswelt des Sozialismus erschüttert hat. Andere allerdings erblickten darin keinen Erfahrungsprozess, sondern eine Kapitulation. So urteilte beispielsweise der westdeutsche, linksradikale Studentenführer Rudi Dutschke 1975 über den Realsozialismus: »Das Lohn- und Geldsystem ist nicht aufgehoben, so wenig wie die Warenproduktion. Das Herz des Kapitalverhältnisses schlägt somit.« (zit. n. Masuch 1981: 17)

Sozialistische Waren, sozialistischer Markt

Der marxistischen Theorie zufolge gibt es Geld und Waren dort, wo es ein Privateigentum an den Produktionsmitteln gibt und somit die gesellschaftliche Produktion zerrissen ist: »Gebrauchsgüter werden überhaupt nur Waren, weil sie Produkte voneinander unabhängig betriebener Privatarbeiten sind.« (Marx 1872k: 87) Nicht mehr zu Waren, so die Schlussfolgerung, würden die Produkte, wenn das Privateigentum an den Produktionsmitteln und der Privatcharakter der Arbeiten abgeschafft wären. Oder positiv formuliert: Nicht mehr zu Waren würden die Produkte, sobald der Zusammenhang der Produktion unmittelbar hergestellt und organisiert wäre und die gesamte Gesellschaft über die Produktion und die Produkte verfügen würde. Daran hielt Stalin noch 1952 fest (Stalin 1952: 241). Dass es in der Sowjetunion noch Waren gebe und das Wertgesetz teils noch wirke, so rechtfertigt er den Zustand, liege vor allem daran, dass es nicht nur einen staatlichen, sondern auf dem Land auch einen genossenschaftlichen Sektor gebe. Zwar seien Boden und Maschinen auf dem Land schon nationalisiert, nicht aber Saatgut und Arbeit der Genossenschaften. Und die strebten danach, ihre Produkte als Waren zu verkaufen. Erst wenn staatlicher und genossenschaftlicher Sektor zu einer Einheit verschmelzen würden, könnten Geldwirtschaft und Warentausch überflüssig werden. Jedoch warnt Stalin – altersmilde? – vor einer brüsken Einverleibung des kollektivwirtschaftlichen in den staatlichen Sektor, weil das von den Betroffenen »als Expropriation der Kollektivwirtschaft aufgefasst werden« würde (ebd.: 202). Besser wäre es, wenn ein übergeordnetes Wirtschaftsorgan, in dem Vertreter beider Sektoren säßen, für die Verschmelzung sorgen würde. Stalin rät zur Behutsamkeit dem Agrarsektor gegenüber. Das ist es, was Bordiga, sein linkskommunistischer Kritiker in Italien, ihm zum Vorwurf machte. Stalin habe seinen Frieden mit der Warenproduktion gemacht, Marx würde sich im Grab umdrehen. »Es würde zu lang dauern, wollten wir die gegen Proudhon, Lassalle, Rodbertus und zig andere gerichteten Marxschen Passagen anführen, die jedweden Versuch anprangern, die Warenproduktion mit der sozialistischen Emanzipation des Proletariats zu versöhnen.« (Bordiga 1954: 5) Laut Bordiga gibt es nur einen Weg: Vergesellschaftung des Agrarsektors durch die Diktatur des Proletariats, Umwandlung der Kolchosen in Sowchosen, absolute Beseitigung der Warenproduktion. Danach könnten Diktatur und Staat absterben. Bordiga äußert sich radikal – nur hält er sich bedeckt, mit welchen Mitteln der Agrarsektor vergesellschaftet werden soll.

Dass die Kolchosen in der Ära Stalin noch nicht in Sowchosen umgewandelt wurden, lag vermutlich auch daran, dass diese damals schlechter als jene wirtschafteten und den Staat teuer zu stehen kamen. Deswegen soll Stalin, bevor er starb, gar den Verkauf der Sowchosen an die Kolchosen in Erwägung gezogen haben (vgl. Eitner 1966: 315). Jedoch entschied sich dann sein Nachfolger, Chruschtschow, für die Sowchosierung der Landwirtschaft und vermochte es, diese relativ gewaltlos durchzusetzen: mit der Entsendung von Parteikadern aufs Land, einem groß angelegten Investitionsprogramm bzw. der Neugründung von Sowchosen, der Zusammenlegung von Kolchosen, ihrer Eingliederung in Sowchosen sowie Anreizen für Sowchosearbeiter. Trotz dieser Sowchosierung blieben die Produkte Waren – auch die Produkte der Staatsbetriebe. Die einst vorherrschende Ansicht, wonach der private und genossenschaftliche Sektor noch Waren produzierte, aber das Produkt des staatlichen Sektors »keine Ware im Sinne der politischen Ökonomie, jedenfalls nicht nur Ware, nicht mehr Ware« (Lenin 1921s: 401) sei, verlor an Überzeugungskraft. Nun wurde der Warencharakter der Produktion auch im Staatssektor eingestanden, in Reformen bestärkt und mit positiven Vorzeichen ausgestattet. Dem sozialistischen Staat, so behauptete man schließlich, sei es gelungen, die Sphäre der Warenzirkulation durch sozialistische Eigentumsverhältnisse, vertraglich fixierte Warenbeziehungen sowie Preis- und Planvorgaben unter Kontrolle zu bringen und das Wertgesetz planmäßig anzuwenden. Zwar wisse man, »daß Marx und Engels die Möglichkeit, den Wert und das Wertgesetz im Sozialismus beizubehalten, ausgeschlossen haben« (Kronrod 1960: 115). Doch nach Jahrzehnten sozialistischer Praxis habe man eine andere Lehre ziehen müssen: Trotz Vergesellschaftung der Produktionsmittel konstituiere sich der stoffliche Austausch zwischen den Betrieben wie auch der Verkauf von Produkten an die Konsumenten weiterhin warenförmig.

Ähnlich wie der Sowjetökonom Kronrod argumentierten Karl Bichtler und Otto Reinhold, zwei hochrangige Akademiker aus der DDR, 1967 auf einer marxistischen Konferenz in Frankfurt am Main. Ein Konferenzteilnehmer aus der BRD hatte gefragt, warum die volkseigenen Betriebe (VEB) in der DDR immer noch Waren produzierten, obwohl ihre Produktionsmittel kein Privateigentum seien. Die Antwort der DDR-Wissenschaftler: Mit der Vergesellschaftung der Produktionsmittel habe sich nicht gänzlich die Autonomie der Betriebe erübrigt; darum verhielten sich die Produkte noch wie Waren (vgl. Euchner u. Schmidt 1968: 347–349). Diese Erklärung der sozialistischen Warenproduktion stellte jedoch offenkundig infrage, was Primat des Sozialismus war: Planmäßigkeit und Einheit der Produktion. Wie war es darum bestellt, wenn die Betriebe doch Autonomie genossen? In seinem Buch über *Die Produktionsverhältnisse* bemühte sich Horst Friedrich, damals Professor für Marxismus-Leninismus, darum, die Autonomie der Betriebe und die Planmäßigkeit und Einheit der Produktion im Sinne des sozialistischen Selbstverständnisses zusammenzubringen – mit Hegel'schem Zungenschlag: »Die Assoziation als das Ganze, Gemeinschaftliche besondert sich in die verschiedenen Wirtschaftseinheiten, aber so, daß sie in ihr bleiben, nicht aus ihr heraustreten. Das Verhältnis der so Besonderten zueinander stellt sich dar als ihre relative Selbständigkeit gegeneinander.« (Friedrich 1981: 197) Einerseits herrsche – übergeordnet – der Plan und garantiere die Einheit der Produktion. Andererseits agierten die Betriebe technisch und damit auch ökonomisch autonom. Und erst dann, wenn in Zukunft eine technische Einheit der Betriebe möglich sei, könne auch ihre ökonomische Einheit realisiert werden und damit die Ware-Geld-Beziehungen absterben. »Es wird eine historische Aufgabe des Sozialismus sein, einen Umschwung in der technischen Basis der Produktion vorzubereiten und zu vollziehen, der die komplexe Automatisierung aller Glieder der Volkswirtschaft und auf dieser Grundlage die Verwandlung der maschinellen Großproduktion in ein einheitliches, zusammenhängendes, allumfassendes System sichert.« (ebd.: 200 f.) Ohne dass es Friedrich direkt ausspricht, hieß das 1981 aber auch: Die Planmäßigkeit und Einheit der Produktion war noch gar nicht vollends gegeben.

Die Unmöglichkeit, die gesamte Volkswirtschaft zu planen, die Konzessionen an die Autonomie der Betriebe und den Warencharakter der Produktion blieben bis zum Schluss sozialistische Wirklichkeit. Aber, was sich nicht verändern ließ, konnte zumindest interpretiert werden. Anstatt die Unvollkommenheit sozialistischer Planwirtschaft klar zu benennen, wurde sie – gut marxistisch – als »Dialektik« gefasst: als »Dialektik zwischen der gesamtgesellschaftlichen Planung durch den Staat und den ökonomischen Beziehungen der Wirtschaftseinheiten als Warenproduzenten« (Koziolek u. Reinhold 1989: 20).

Mit dem sozialistischen Warenverkehr gab es im Sozialismus auch so etwas wie einen sozialistischen Markt. Für ihn fand die sozialistische Ökonomie unter anderem die Formulierung »organisierter Markt« (Kronrod 1960: 91). Ein hölzernes Eisen, ein fauler Kompromiss zwischen Planwirtschaft und Markt? Im »organisierten Markt« scheint sich dieselbe Verlegenheit wie in obiger »Dialektik« auszudrücken.

Am ehesten war noch der sozialistische Konsumgütermarkt ein Markt. Da die Planungsbehörden die Distribution nicht planmäßig zu organisieren vermochten, das Volk aber versorgt sein wollte, musste dieser Markt bei der Verteilung der

Lebensmittel und der »Erfassung der kaufkräftigen Nachfrage« (Koziolek u. Reinhold 1989: 20) seine Dienste leisten. Die Verkäufer auf diesem Markt waren Staatsbetriebe, Konsumgenossenschaften und private Kleinhändler, wobei von Letzteren mal mehr und mal weniger zugelassen waren, je nachdem, in welcher Reformphase sich die Planwirtschaft gerade befand. Abhängig von diesen Phasen war auch, wie exakt die Warenpreise auf dem Konsumgütermarkt festgelegt waren. Anders verhielt es sich jenseits des Konsumgütermarktes. Zwischen den Betrieben ließen die Behörden kaum Markt zu. »Nur Güter des persönlichen Verbrauchs werden frei verkauft und gekauft.« (Atlas 1953: 669) Die Betriebe mussten ihre Stoffwechsel (Produktenaustausch, der nur gelegentlich als Warenaustausch tituliert wurde) in der Regel durch Verträge festlegen, die abzusegnen sich die Planungsbehörden vorbehielten. Schließlich handelte es sich bei den Produkten, die zwischen den Betrieben ausgetauscht wurden, um Produktionsmittel, welche *de jure* dem Staat bzw. dem Volk und somit allesamt nur einem einzigen Eigentümer gehörten. Sofern alle Produktionsmittel nur einem Eigentümer gehörten, sollten sie zwischen den Betrieben nur als Verrechnungsposten zirkulieren. Zudem handelte es sich bei den Produktionsmitteln, die zwischen den Betrieben getauscht wurden, um Investitionsgüter; und die Kontrolle über die Ausrichtung der Investitionen bzw. die proportionale Verteilung der Produktionsmittel in der Volkswirtschaft wollten die sozialistischen Planungsbehörden nicht einbüßen.

Angesichts des geplanten Warenverkehrs zwischen den Betrieben wird klar, was Kronrod mit der Formulierung »organisierter Markt« im Sinn hatte: einen vertraglich geregelten Warenverkehr (wobei der Staat die Verträge mitgestaltete und absegnete) bzw. einen Warenverkehr ohne Markt. Solcher Warenverkehr ohne Markt ist möglich und ein Phänomen, das auch für Kriegswirtschaften typisch ist. Der Staat diktiert die Warenpreise und nimmt den Warenverkehr zwischen den Betrieben in Regie.

Die Festlegung der Preise, egal ob es sich um Produktionsmittel oder Konsumgüter handelte, erwies sich für die Planungsbehörden als knifflige Angelegenheit. Diktierten sie zum Beispiel niedrigere Preise für Leder, weil die Industriebetriebe nach billigerem verlangten, so versuchten die landwirtschaftlichen Betriebe um dessen Produktion drumherum zu kommen, weil der Verkaufspreis den Produktionsaufwand nun nicht mehr lohnte. Sofern die landwirtschaftlichen Betriebe ihre Produktion umstellten (weg vom Leder), taten sie es eigentlich sogar im Sinne der Planungsbehörden, die die Betriebe zur Wirtschaftlichkeit ermahnten und einen bestimmten Anteil der Betriebsgewinne einzogen, um damit den Investitionstopf der Volkswirtschaft zu füllen. Gleichzeitig aber machten sie so das Leder gegen den Willen der Planer knapper und damit letztlich teurer. Und wissenschaftlich, d.h. unabhängig von den Wünschen einzelner Branchen und der Politik, ließen sich die Preise auch nicht festsetzen, da die Arbeitszeitrechnung Desiderat geblieben war und sich die in den Waren enthaltene »gesellschaftlich notwendige Arbeitszeit« nicht ermitteln ließ. Folglich gab es immer wieder Stimmen, die die Instanz des Marktes für unverzichtbar erklärten, so Anfang 1989 die eines DDR-Ökonomen: »Ich meine auch, daß die Arbeit im Sozialismus unmittelbar gesellschaftlichen Charakter trägt, weil sie auf Rechnung der Gesellschaft verausgabt wird. Jedoch existiert ein Widerspruch zwischen dem betriebsindividuellen und dem gesellschaftlich notwendigen Arbeitsaufwand, wie er jeder Warenproduktion eigen ist, wobei sich erst auf dem Markt beim Verkauf der Ware herausstellt, inwiefern der betriebliche Aufwand als gesellschaftlich notwendig anerkannt wird.« (Luft 1989: 63) So ähnlich hatte 1927 auch der parteilose, aber geachtete Wirtschaftstheoretiker Wladimir A. Basarow in der Sowjetunion argumentiert. Der Markt sei eine »automatische Rechenmaschine, die die Ergebnisse der Aktivitäten eines jeden Wirtschaftszweigs und eines jeden Unternehmens zeigt. Ich glaube fest, daß [...] die Existenz des Marktmechanismus und einer Wirtschaftsbuchführung die notwendige Vorbedingung für jede mögliche Planung ist, ob es eine Weltrevolution gibt oder nicht.« (zit. n. Erlich 1971: 78)

Die Versuche, mehr Markt zuzulassen, gingen zumeist mit Versuchen einher, indirekte Mittel zu entwickeln, mithilfe derer die Wirtschaft alternativ geplant werden konnte. Als Walter Ulbricht und Erich Apel das »Neue Ökonomische System« (NÖS) durchsetzen wollten, das weniger Planung von oben und mehr Wirtschaftsinitiative von unten vorsah, ließen sie 1963 in den Führungskreisen der SED ein Papier zirkulieren. Dessen Titel: »Grundriß zur Schaffung eines in sich geschlossenen Systems ökonomischer Hebel«. Mit den ökonomischen Hebeln waren monetäre Kategorien gemeint: Kredite, Steuern, Gewinne, Prämien und Lohnanreize. Nicht mehr mit Planvorgaben, sondern mit der wissenschaftlichen Bedienung solcher Hebel sollte fortan die Volkswirtschaft gesteuert werden. Ob ein in sich geschlossenes System solch ökonomischer Hebel möglich und in sich schlüssig gewesen wäre, darf bezweifelt werden. Bevor es sich ökonomisch bewähren konnte, scheiterte das NÖS politisch, an Moskaus Unduldsamkeit infolge des Prager Frühlings.[55] Es kam zum Comeback der Hardliner, auch in der SED. Bevor Ulbricht 1971 mehr oder weniger freiwillig zurücktrat, waren ihm schon Ketten angelegt worden. So wurde die Neuauflage (1968) seines Buchs zum Neuen Ökonomischen System geändert, beispielsweise das Plädoyer für mehr Selbstregelung gestrichen.[56] 1966 hatte Ulbricht für »eine gewisse Selbstregelung im wirtschaftlichen System« plädiert (Ulbricht 1966: 531). Die Kybernetik klingt nicht zufällig an. In einem anderen Text forderte

55 Auch weil Ulbrichts Kurs mehr Handel mit dem Westen vorsah (zwecks Verbesserung der technischen Ausstattung in den DDR-Betrieben), kämpfte die sowjetische Führung dagegen an.

56 Um den Gesinnungswandel des Ministerpräsidenten zu kaschieren, wurden Sperrdruck und andere gestalterische Kniffe angewandt, sodass trotz Streichungen die Seitenzahlen der 68er- und der originalen 66er-Ausgabe übereinstimmten.

Ulbricht die »Anwendung von der Wissenschaft der Kybernetik« (Ulbricht 1967: 6). Diese Wissenschaft hatte im Ostblock seit Beginn der 60er Jahre großes Ansehen erlangt; man erhoffte sich von ihr Aufschluss über das volkswirtschaftliche System und Hilfe bei seiner Steuerung. Das erklärt den Jargon vieler ökonomischer Debatten in den 60er und 70er Jahren im Ostblock.

In den Jahren vor dem Prager Frühling hatte es eine recht offene Debatte unter Kybernetikern und Ökonomen in der DDR über die Planwirtschaft und deren Steuerung gegeben. Entschieden wurde sie, als der Ökonom Gunter Kohlmey, der sich für das Prinzip der wirtschaftlichen Selbstregelung stark gemacht hatte, im Jahre 1968 auf der 9. Tagung des Zentralkomitees der SED durch den Wirtschaftssekretär Günter Mittag gerügt wurde. Die moderne sozialistische Planung, so hat Mittag klargestellt, sei zentralistisch und mit der Autonomie von Betrieben nicht zu vereinbaren (vgl. Werner 1977: 99). Die Position Mittags hatte in der Debatte zuvor unter anderem Johannes Rudolph, der Direktor des Instituts für Volkswirtschaftsplanung an der Hochschule für Ökonomie (Ost-Berlin), vertreten. Er votierte für eine Zentralverwaltungswirtschaft und vergleicht die sozialistische Volkswirtschaft mit einem Regelkreis. Dieser bestehe aus der Regelstrecke (dem Reproduktionsprozess der Wirtschaft), einem Messwerk (den Planungsbehörden), mit dem Informationen gewonnen würden, und einem Stellwerk (Staat), mit dem Veränderungen durchgesetzt werden könnten. Die Stellgrößen, die mehr oder weniger verändert werden könnten, seien die Planvorgaben, die Verteilung der Arbeit, die Verteilung des Einkommens sowie Steuern, Preise, Exporte und Importe und die Bedürfnisse der Menschen. Das Ziel, welchem das Stellwerk verpflichtet sein müsse, sei die Verwirklichung des Sozialismus und darüber hinaus des Kommunismus, d. h. die Befriedigung möglichst vieler materieller und kultureller Bedürfnisse. Das Gesetz, welches das Stellwerk dabei niemals außer Acht lassen dürfe, sei das Gesetz der proportionalen Produktion, welches sich, wie Rudolph im Sinne von Marx bemerkt, unbewusst und entstellt auch in der kapitalistischen Produktionsweise als Wertgesetz geltend mache und im Sozialismus planmäßig angewandt werden müsse (Rudolph 1963: 86). Seine bewusste Anwendung sei aber mit großem Aufwand verbunden. Die »Kausalität des Produktionsprozesses« müsste »in seiner ganzen Komplexität simultan« erfasst, die »Wirkung jeder Veränderung an einer Stelle hinsichtlich ihrer Auswirkung auf alle anderen Zweige und Elemente« antizipiert, der »spezifische Arbeitsaufwand für das Gesamtprodukt jeder Kombination von Zweigvarianten« berechnet, die »Optimalvariante der Entwicklung der Produktionszweige« bestimmt und die »Proportionen letztlich bis auf Zweige und Betriebe detailliert festgelegt werden« (Rudolph 1961: 316–319). Um das zu gewährleisten, müsste nicht nur der Planungsapparat mit Computern ausgestattet und verbessert, sondern die Volkswirtschaft grundlegend umgestaltet werden. Solange die Betriebe der alten kapitalistischen Tradition folgten, mehrgleisig zu produzieren, ließen sich die Interdependenzen und Proportionen im Produktionsprozess schlechterdings weder bilanzieren noch planen. Geordnete Verhältnisse seien notwendig, d. h. »homogene Produktionssektoren« und »reine Zweige« (ebd.: 313 f.).

Georg Klaus widerspricht. Wer glaubt, die Planwirtschaft ließe sich bis auf die letzte Schraube abstimmen, glaube an den Laplaceschen Dämon, d. h. eine Superintelligenz, die die Welt in all ihren Facetten vollständig begreifen und somit auch ihre Zukunft vorhersagen könne (Klaus 1961: 335). So könne Planwirtschaft nicht funktionieren. Klaus plädiert für ein Wirtschaftssystem, worin den Teilsystemen größere Autonomie zugestanden wäre. So konzipiert auch Kohlmey das sozialistische Wirtschaftssystem: »Das Gesamtsystem besteht aus vielen Teilsystemen, die miteinander ver- und gekoppelt sind.« (Kohlmey 1968: 90) Die Teilsysteme erhielten nicht nur Direktiven, sondern könnten in einem gewissen Rahmen eigenverantwortlich handeln; die Informationsströme innerhalb des Gesamtsystems flössen in beiden Richtung: von der Steuerungszentrale zu den Teilsystemen und von den Teilsystemen zur Steuerungszentrale. Bis hierhin klingt alles sehr abstrakt. Die entscheidende Frage müssen die Befürworter von mehr Selbstregulation erst noch beantworten: Wie könnte das Gesamtsystem vernünftig geplant und zugleich die Autonomie der Teilsysteme gewahrt werden? Bei einer »richtigen Handhabung der kybernetischen Organisationsprinzipien«, so die Antwort Klaus', »wird auf den unteren Ebenen weitgehend Selbstregelung in dem Sinne möglich, daß ein Eingreifen des ›zentralen Reglers‹, der staatlichen Planungsorgane, auf das System der innerbetrieblichen Organisation nur noch in ganz besonderen Fällen erforderlich sein wird« (Klaus 1964: 95). Was soll das sein – »kybernetische Organisationsprinzipien«? Das dürfte auch die Hardliner in der SED interessiert haben, insbesondere aufgrund der Gefahr einer Desintegration des Gesamtsystems. Klaus bemüht sich, die Gefahr zu verschleiern – durch Schaubilder, auf denen Kreise und Pfeile die Teilsysteme und Planungsbehörden verbinden, und kybernetische Phrasen wie »Wechselwirkung«, »vermaschtes Regelsystem«, »sich gegenseitig beeinflussende Regelkreise« (ebd.: 23 u. 504). Im Gegensatz zu Klaus wird Kohlmey konkreter und preist monetäre Kategorien als Steuerungsmittel und Informationsträger. Die Planungsbehörden an der Spitze müssten »das Rationalitätsprinzip im Verhalten des Gesamtsystems« vermittels »Stimuli« bzw. »ökonomischer Hebel« (Löhne, Kredite, Zinssätze, Steuern usf.) durchsetzen und ihrerseits für das »Feedback« offen sein, welches von der Wirtschaftsbasis vermittels der Preise der Waren zurückkommt (Kohlmey 1968: 101–108). Die Marktkategorien seien solange unverzichtbar, wie der sozialistische Produktionsprozess nicht unmittelbar durchsichtig sei. Wie die gesellschaftliche Produktion in Zukunft unmittelbar vergesellschaftet und ohne den Markt vermittelt, der Kommunismus also schlussendlich doch noch erreicht werden könne, verrät er nicht.

In der Debatte fiel denjenigen Kybernetikern, die ein multistabiles Gesamtsystem anstrebten und die zentrale Steuerung anfochten, als kybernetisches Ordnungsprinzip der gesamtgesellschaftlichen Produktion offenkundig nichts anderes ein als der Markt. Dieser, so hatten zur gleichen Zeit auch einige sowjetische Kybernetiker behauptet, sei als Rückkopplungs-Mechanismus, durch den sich das ökonomische System selbst reguliere, nicht zu ersetzen (vgl. Gerovitch 2002: 274–279). Und auf der Gegenseite hatten Ökonomen und Kybernetiker wie Rudolph, die mehr Markt verhindern wollten und auf mehr Planwirtschaft drängten, in der Debatte nichts anderes anzubieten als das Modell der Zentralverwaltungswirtschaft.

Kommunistische Arbeitszeitrechnung, sozialistisches Geld

1946 versuchte Lola Zahn, eine deutsche Wirtschaftswissenschaftlerin in der Sowjetischen Besatzungszone, die sowjetische Planwirtschaft zu erklären: »Der Direktor eines Sowjetbetriebes denkt nicht zuerst in Rubeln. Er denkt in Ballen Baumwolle, in Stückzahlen Spinnmaschinen und Webstühlen, in Metern Geweben, kurz, ihn interessieren vor allem die Güter in ihrer stofflichen Form. Ausgangspunkt der sozialistischen Produktionsplanung ist die Naturalrechnung, die Ausstellung von Materialplänen und nicht die Verfügung über Geld [...] Endpunkt der sozialistischen Produktion ist das Gut und nicht die Ware, ist das stoffliche Arbeitsprodukt.« (Zahn 1948: 111) Was Zahn beschrieb, stimmt höchstens für technische Direktoren, genügt aber weder den wirtschaftlichen Ansprüchen von Betrieben noch denen der Gesellschaft. »Weil es wirtschaftlich keinen Sinn hat, Gewicht, Körpermaße oder Stückzahl der verschiedenen Arbeitsprodukte zusammenzuzählen.« (Internationale Kommunisten Holland 1930: 171)[57] Wirtschaftlich Sinn macht das Wissen, wie viel die Produkte die Betriebe und die

57 So argumentiert auch Kautsky 1922: 198 f.

Gesellschaft kosten. Wie viel Arbeitszeit kostet die Gesellschaft ein Ballen Schur-, wie viel ein Ballen Baumwolle? Wie viel Arbeitszeit kostet eine Spinnmaschine? Kostet sie weniger Arbeitskraft, als sie am Ende einspart? In welchen Produktionszweigen kann auf Arbeitszeit verzichtet werden, um sie in den Bau von Spinnmaschinen zu investieren?

Der Zweite Ökonomische Kongress der Bolschewiki hatte 1919 auf die Dringlichkeit der Aufgabe hingewiesen, die Arbeitszeit in den Produkten der nationalisierten Betriebe zu berechnen (vgl. Goldschmidt 1920: 133). Zwei Jahre später berichtete Eugen Varga aus Sowjetrussland, dass die Staatsbetriebe dort bereits ohne Geld wirtschafteten und sich an der geldlosen Kostenrechnung versuchten, die Bestimmung der Arbeitszeit aber größte Schwierigkeiten bereitete. Er beginnt seine Ausführungen damit, den Lesern der deutschen Zeitschrift *Kommunismus* auseinanderzusetzen, warum Arbeitszeitrechnung notwendig sei. Weil es wichtig sei, »zu wissen, wie viel Arbeitszeit die Produktion jedes Gutes kostet [...]. Das Ziel der sozialistischen Wirtschaftspolitik kann ja nichts anderes sein, als alle Güter mit der Anwendung der möglichst geringsten Arbeit zu produzieren.« (E. Varga 1921: 293) Da sich in einer sozialistischen Wirtschaft, wo keine Waren getauscht würden, auch kein Tauschwert bilde, so fährt Varga fort, müsste die gesellschaftlich notwendige Arbeitszeit, die ein Produkt kostet, direkt berechnet werden. Die dabei zu berücksichtigenden Faktoren seien bekannt; neben der direkt an der Produktion beteiligten Arbeitszeit müsste auch diejenige berücksichtigt werden, die in den Produktionsmitteln steckt, welche bei der Produktion abgenutzt werden. Und da beginne das Problem, an dem die geldlose Wirtschaft in Sowjetrussland laboriere. Die Taxierung der Arbeitszeit habe sich als »eine sehr schwierige Aufgabe« entpuppt – »Marx hat sie nirgends behandelt« (ebd.: 293). Tatsächlich findet sich bei Marx nur das Postulat, laut dem die verausgabte Arbeit zukünftig ihrer Ausdehnung und Intensität nach zu bestimmen ist, und bei Engels noch der laxe Hinweis, dass diese Taxierung leicht fallen werde.[58] Nach der Revolution wurde dann, wie Varga berichtet, offenbar, dass diese Taxierung alles andere als einfach ist. Ohne solche Taxierung aber hätte die geldlose Ökonomie auf die Fähigkeit verzichten müssen, Arbeitsaufwand und Nutzeffekt in der Produktion abzuwägen. Anders gesagt: ohne Arbeitszeitrechnung keine Rationalität der kommunistischen Wirtschaftsweise – darin waren und sind sich viele Befürworter und Kritiker des Kommunismus einig.[59]

Holländische Kommunisten beschäftigten sich mit dem Problem und präsentierten 1930 eine Lösung. Die Grundeinheit, mit der zu rechnen wäre, soll die gesellschaftlich durchschnittliche Arbeitsstunde sein. Man müsste die Betriebe, die gleiche Produkte produzieren, miteinander vergleichen. Würde z. B. ein Schuhbetrieb pro Mitarbeiter ein, der zweite Betrieb zwei und der dritte Betrieb drei Paar Schuhe binnen sechzig Minuten produzieren, so wäre schon mal klar, dass in den Betrieben durchschnittlich eine halbe gesellschaftliche Arbeitsstunde aufgewandt wird, um ein Paar Schuhe zu produzieren, bzw. dass der durchschnittliche Arbeiter des ersten Betriebes pro Zeitstunde eine halbe gesellschaftliche Arbeitsstunde leistet, der des zweiten Betriebs eine gesellschaftliche Arbeitsstunde und der des dritten anderthalb. Ferner müsste, um die Kosten der Schuhe zu ermitteln, neben der unmittelbar im Betrieb verbrauchten Arbeitszeit (a) noch festgestellt werden, wie viel Produktionsmittel (p) und Rohstoffe (r) pro Schuh verbraucht werden. Denn auch (p) und (r) stellen Arbeitszeit dar. Für jedes Produkt, wirklich jedes, soll so die »Gesamtsumme an Arbeitszeit von seinen ersten Anfängen an bis zur völligen Fertigstellung berechnet« werden (Internationale Kommunisten Holland 1930: 47) Alle Betriebe müssten sich beteiligen und genau Buch führen über ihren Verbrauch

58 Siehe Marx 1875: 21 u. Engels 1878: 288.

59 Vgl. E. Varga 1921: 292 f., Weber 1921: 55 f., Internationale Kommunisten Holland 1930: 171, Landauer 1931: 115, Mises 1932: 100 f. u. 188, Johannes 2001: 77–81 u. Luerr 2013: 245–247.

von a, p, und r: »Die Durchführung der sozialen Revolution ist im Wesen nichts anderes als die Durchführung der Arbeitsstunde als Maßstab im gesamten Wirtschaftsleben.« (ebd.: 176) Um beim Beispiel zu bleiben: Würde ein Paar Schuhe summa summarum (a + p + r) eine gesellschaftliche Arbeitsstunde kosten, so würde schließlich ein effektiver Schuhbetrieb, der weniger (a + p + r) aufgewandt hätte, schwarze Zahlen, und ein unwirtschaftlicher Betrieb, d. h. einer mit mehr Aufwand, rote schreiben. Betriebe, die zu sehr in den roten Zahlen stünden, müssten, so das Konzept der Holländischen Rätekommunisten, geschlossen werden – der Wirtschaftlichkeit der Gesellschaft wegen.

Etwas allerdings vergessen oder übersehen die holländischen Kommunisten, was die Ermittlung der Arbeitszeit in den Produkten und die Entlohnung der Arbeitskräfte noch kniffliger macht: Selbst wenn zwei Arbeiter sich gleichermaßen anstrengen, heißt das nicht, dass sie in derselben Arbeitsstunde gleichermaßen gesellschaftliche Arbeitszeit verbrauchen. Eine qualifizierte Arbeitskraft nämlich überträgt in einer Arbeitsstunde mehr gesellschaftliche Arbeitszeit auf das Produkt als eine unqualifizierte. Sie fügt dem Produkt auch diejenige Arbeitszeit zu, die zu ihrer Ausbildung aufgewandt wurde. Am altbekannten Beispiel illustriert: Freitag lehrt Robinson das Jagen; Robinson bringt Freitag die Errungenschaften der neolithischen Revolution nahe. Diese Ausbildungszeit ist an sich Zeit, in der beide keine Lebensmittel produzieren. Und trotzdem rentiert sie sich später: Wenn Robinson als Jagdexperte mehr Tiere erlegt und Freitag als qualifizierter Bauer mehr erntet. So schlägt sich Zeit, die die beiden gegenseitig in ihre Ausbildung investiert haben, im Endprodukt nieder – in mehr Produkt pro Arbeitsstunde. In diesem Sinne spricht Marx von einfacher und komplizierter Arbeit (Marx 1872k: 59), d. h. unqualifizierter und qualifizierter Arbeit, oder auch davon, dass die Arbeitskraft selbst mehr oder weniger »Produktionskosten« voraussetzt bzw. »Bildungszeit« erfordert (Marx 1849: 406). Wie die

Arbeitszeit, die die Herstellung eines Produktionsmittels erfordert, sich im Produktionsprozess auf die hergestellten Produkte überträgt, überträgt sich auch Arbeitszeit, die die Herausbildung einer qualifizierten Arbeitskraft der Gesellschaft erfordert hat, auf diese. Eine Gesellschaft, die ihre Produktion bewusst gestalten will, darf diese Arbeitszeit nicht unberücksichtigt lassen.[60] Sie kann nicht einfach die Arbeitsstunde eines Handlangers, dessen Ausbildung sie keine Zeit gekostet hat, mit der Arbeitsstunde eines Ingenieurs vergleichen, dessen Ausbildung sie viel Zeit gekostet hat.

60 In der kapitalistischen Gesellschaft macht sich die Ausbildungszeit übrigens auch geltend: im Lohn der Arbeitskraft (Marx 1849: 406). Natürlich nützt eine gut ausgebildete Arbeitskraft allein noch nichts, sie muss auch gebraucht werden. Wie vom Kampf um die Profitrate könnte man von einem Kampf um die Lohnrate sprechen: Ist ein Berufszweig mit Arbeitskräften unterbesetzt, steigt dort der Lohn, ist er überbesetzt, sinkt er. Im Grunde ist alle Ausbildung immer auch etwas Spekulation, und zwar in jedweder Gesellschaftsform. Robinson kann nicht wissen, ob seine Ausbildung zum Jäger durch Freitag lohnt – bald könnte ja das rettende Schiff eintreffen. In der reinen kapitalistischen Gesellschaft, wo Bildung Ware ist, wird das Risiko dieser Spekulation von den Auszubildenden und deren Familien getragen. Diese werden daher versuchen, den Markt zu belauschen, um herauszufinden, welche Berufe in Zukunft lohnen. In der sozialen Marktwirtschaft trägt der Sozialstaat das Risiko und nimmt die Auszubildenden somit auch aus der Verantwortung; er muss seinerseits den Markt belauschen und durch die Verteilung von Drittmitteln, die Vergabe von Stipendien und die Schließung und Subventionierung von Fakultäten und Fachhochschulen für proportionale Verteilung der Auszubildenden auf die Lehreinrichtungen sorgen – gemäß den zukünftigen Bedürfnissen der Gesellschaft. Ihrem Anspruch nach müsste auch die kommunistische Gesellschaft das Risiko der Ausbildung tragen und damit auch die Verantwortung. Sie müsste die Bedürfnisse der Gesellschaft und ihre Entwicklung belauschen und demgemäß versuchen, ihre Auszubildenden auf die Studiengänge zu verteilen. Das würde die Frage aufwerfen, inwiefern die freie Wahl der Ausbildung möglich wäre. Zudem müsste die Gesellschaft kalkulieren: Lohnt es z.B., eine neue Fachhochschule zur Ausbildung von Landwirtschaftsmaschineningenieuren zu bauen und jahrelang auf die ersten Absolventen zu warten oder sollte man die Arbeitskraft, die dafür aufzuwenden ist, nicht besser gleich in die Produktion von Lebensmitteln investieren?

Zur Verdeutlichung abstrahiere man von allen Mitgliedern, die nicht zu arbeiten imstande sind, und stelle sich einen Verein freier Menschen mit einer Million Arbeitskräften vor. An sich handelt es sich bei jedem einzelnen dieser Arbeiter um einen einfachen Arbeiter – in dem Sinne, dass jeder am Ende seinen Teil vom Konsumprodukt benötigt: Brot, Trinken, Schuhe, Kleidung, Medikamente, Warmwasser, Bett und ein Dach über dem Kopf.[61] Aber nicht alle produzieren diese Produkte unmittelbar. Einige produzieren als Dozenten jene Arbeitskräfte, welche als Schuhmacher Schuhe produzieren, andere helfen als Pförtner in der Universität bei der Produktion von Lehrern, welche die Schuhmacher ausbilden, usf. Schlussendlich macht sich so in den Schuhen nicht nur die Arbeitszeit der Schuhmacher geltend, sondern auch diejenige der Dozenten, Pförtner usf. Der Schuhmacher überträgt die Arbeitskraft derjenigen, die an seiner Ausbildung mitgewirkt haben, vermittels qualifizierter Schuhmacherei auf die Schuhe. Mal geschätzt nun, dass nur 400.000 Arbeitskräfte im Verein freier Menschen direkt Endprodukt herstellen, so wird dieses Endprodukt trotzdem das Produkt von einer Million Arbeitskräften sein und nicht das Produkt von nur 400.000. Schließlich können auch die 600.000 anderen Arbeitskräfte mit ihren Arbeitsscheinen vom Endprodukt zehren. Dreierlei wird nun für die kommunistische Gesellschaft sehr schwierig sein (und ist in obiger Rechnung der Holländischen Kommunisten noch nicht berücksichtigt): 1. Die kommunistische Gesellschaft muss feststellen, was zum Beispiel die Pförtner und Dozenten geleistet haben, d. h. einen wie großen Teil des Endprodukts sie konsumieren können. 2. Die kommunistische Gesellschaft muss nicht nur feststellen, wie viel Arbeitszeit der 400.000 Arbeiter, die das Endprodukt herstellen, sich auf dieses überträgt, sondern auch inwiefern sich

61 Kulturelle Produktion sei hier dem Reich der Freiheit zugeordnet: Die Arbeiter schaffen Bücher, Musik und Gemälde in ihrer Freizeit. Ob das der Kultur dienlich wäre, mag hier nicht erörtert werden.

die Arbeitszeit der anderen 600.000 darin geltend macht. Noch genauer: Sie müsste feststellen, in welchen Dosierungen sich die Arbeitszeit der Fachhochschulmitarbeiter vermittels der ausgebildeten Schuhmacher auf die Schuhe überträgt. Denn nur so könnte sie errechnen, ob die Ausbildung der Schuhmacher, d. h. die Investition von Arbeitskraft in die Fachhochschule, lohnt oder ob auf die Fachhochschule nicht besser verzichtet werden kann. 3. Die kommunistische Gesellschaft müsste nicht nur die 400.000 Arbeitskräfte, die direkt Endprodukt herstellen, in den richtigen Proportionen auf die Geschäftszweige verteilen, sondern auch die anderen 600.000 Arbeitskräfte zur richtigen Zeit in den richtigen Proportionen am richtigen Ort einsetzen, zum Beispiel die Pförtner und Dozenten.

Angesichts solcher Schwierigkeiten gibt es auch Kommunisten, die die Möglichkeit der Arbeitszeitrechnung bestreiten. Allen voran der Anarchokommunist Peter Kropotkin. Die industrielle Produktion sei zu komplex, wendet er ein; unmöglich könne errechnet werden, wie viel Arbeitszeit der Gesellschaft z. B. ein Korb Kohle gekostet habe, da zu diesem verschiedenste Arbeitsschritte an verschiedensten Orten beigetragen haben (Kropotkin 1892: 247). Wenn er Recht hat, fragt sich bloß, wie dann seine politische Forderung umgesetzt werden soll: »Es kommt darauf an, mit dem geringstmöglichen Verschleiß menschlicher Kraft die größtmögliche Menge der zu aller Wohlergehen nötigsten Güter zu produzieren.« (ebd.: 165) Wie soll die Gesellschaft an Kraft sparen, wenn es ihr nicht möglich ist, diese zu berechnen? Er gibt darauf keine Antwort.

Ähnlich wie er zweifelt auch Karl Kautsky: Arbeitszeitrechnung, so Kautsky, sei ein Werk der Unmöglichkeit; genauso gut könnte Wasser mit einem Sieb gemessen werden. Daher, wiewohl im Gegensatz zu Kropotkin, der es abschaffen wollte, plädiert Kautsky dafür, das Geld beizubehalten. Die »Maschine«, als welche er die kapitalistische Geldordnung begreift, müsse modifiziert werden; die Geldware müsse zu reinem Papiergeld werden und das Geld als Zirkulationsmittel und besonders als Rechengeld in den Dienst des Sozialismus treten (Kautsky 1922: 324). Erst später, so schweift Kautsky ins Ungewisse, werde vielleicht einmal ein besserer als der Geldmechanismus gefunden werden.

Mit dem Vorschlag, das Geld beizubehalten und ihm die Arbeitszeitrechnung zu überlassen, nahm er vorweg, was sich als Realitätsprinzip des Realsozialismus durchsetzte oder, besser gesagt, nicht beseitigen ließ.

Solange es noch existiert, hat der Kommunismus nicht gewonnen. Das war anfangs die bolschewistische Auffassung vom Geld. Es galt als Zeichen unvollendeter Nationalisierung der Produktionsmittel. Es »wird wahrscheinlich endgültig erst mit der Kleinwirtschaft selbst absterben« (Bucharin u. Preobraschenski 1919: 342). Dann aber blieb es – von unrühmlichen Ausnahmen einmal abgesehen[62] – im Realsozialismus existent, obwohl es kaum noch Privateigentum an Produktionsmitteln gab, und verlangte nach Rechtfertigung, etwa solcherart: »Die Dialektik der Entwicklung des Geldes in der Epoche des entfalteten Aufbaus des Kommunismus besteht darin, daß durch die allseitige Festigung der Geldzirkulation in der sozialistischen Gesellschaft und durch die Erhöhung der Bedeutung des Geldes in der Volkswirtschaft sein Verschwinden in dem Stadium vorbereitet wird, in dem die sozialistische Gesellschaft ihre Produktivkraft und gesellschaftlichen Produktionsverhältnisse auf einen Stand gebracht haben wird, der den Eintritt in die zweite, die höchste Phase des Kommunismus sicherstellt.« (Kronrod 1960: 391) ›Anfrage an Radio Jerewan: Stimmt es, dass das Geld abgeschafft wird? Radio Jerewan antwortet: Im

62 Zu den unrühmlichen Ausnahmen gehörten die bolschewistische Raubökonomie im Kriegskommunismus und das Regime der Roten Khmer, welche, maoistisch und buddhistisch inspiriert, das Geld verboten und Kambodscha in eine gewaltige Volkskommune umzuwandeln trachteten (zum Fundamentalismus der Roten Khmer vgl. Priestland 2007: 583–593).

Prinzip ja. Aber dialektisch: Es wird erst verschwinden, wenn es volle Bedeutung erlangt hat.‹ Während Kronrod als Marxist alter Schule Mühe hatte, eine plausible Rechtfertigung des Geldes zu formulieren, nahmen Pragmatiker die Existenz des Geldes weniger schwer. Ihnen zufolge hat sich das Geld »grundlegend gewandelt« (Atlas 1953: 665) – sozusagen vom Bock zum Gärtner. Sozialistisches Geld sei gutartiges Geld. Während kapitalistisches Geld die Produktion hinter den Rücken der Produzenten und Konsumenten vermittle, werde das Sowjetgeld »bewußt und planmäßig« angewandt (ebd.: 670). Planmäßigkeit! Nachdem das Geld selbst sich nicht hatte abschaffen lassen, wurde ihm unterstellt, was an seine Stelle hatte treten sollen: Planmäßigkeit. Diese wurde in den Texten der sozialistischen Ökonomie zu einem Mantra. Das Geld diene »der planmäßigen Organisierung und Entwicklung des gesamten sozialistischen Reproduktionsprozesses« und sei die »Organisationsgrundlage der sozialistischen Wirtschaft« bzw. ein »Mittel ihrer Planung und Kontrolle, ferner der planmäßigen Verteilung des Sozialprodukts bzw. der planmäßigen Umverteilung des Volkseinkommens« (S. Varga 1957: 243). Das schrieb Stefan Varga, Professor der Nationalökonomie und damals Leiter der ungarischen Finanzpolitik. »Planmäßigkeit« war das letzte Bollwerk, in das sich die sozialistische Ideologie zurückziehen konnte, nachdem die Abschaffung des Geldes nicht mehr auszudenken war.

Zwar gab es weiterhin orthodoxe Marxisten, auch in Amt und Würden, wie Alfred Lemmnitz, die das Geld im Sozialismus nicht kritiklos hinnehmen wollten und in seiner Fortexistenz ein Indiz unvollendeter Vergesellschaftung und Planung sahen (Lemmnitz 1948 u. 1989). Doch als praktischer erwies sich mit den Jahrzehnten des Realsozialismus eine Wissenschaft, die das sozialistische Geld nicht als Mangelzeichen auffasste, sondern als Rechengeld, Planungsmittel, Lohn, Zirkulationsmittel und Staatspapiergeld.

Als Instrument der Planwirtschaft sollte das Geld vor allem Rechenmittel sein bzw. »Generalnenner« (S. Varga 1962: 20). Mit diesem, so hoffte man, werde »das Problem der Wirtschaftsrechnung im Sozialismus gelöst« (ebd.: 255) und die Rationalität der Planwirtschaft garantiert. Was da auf einen Nenner im Geld gebraucht wurde, schien im Geiste des Marxismus ziemlich klar zu sein: gesellschaftlich notwendige Arbeit.[63] Ziel der vorgeblichen Wirtschaftsrechnung war, die Volkswirtschaft möglichst rentabel zu gestalten. Rentabilität im Sozialismus bedeutete: mit möglichst wenig Arbeitsaufwand und Verschleiß von Produktionsmitteln möglichst viele gesellschaftlich notwendige Produkte schaffen. Im Großen und Ganzen sollte die Volkswirtschaft rentabel wirtschaften und im Kleinen jeder einzelne Betrieb: »Die ökonomische Hauptaufgabe der sozialistischen Betriebe besteht darin, ihren Plan mit dem geringsten Aufwand an gesellschaftlicher – vergegenständlichter und lebendiger – Arbeit zu verwirklichen.« (Behrens 1957: 133) Die Staatsbank, auch »Staatsrechnungshof« (S. Varga 1962: 27) genannt, war dazu da, die Konten der Unternehmen zu führen und alle Transaktionen zu überprüfen. Die Gewinne der Betriebe sollten, so die Idee, der Staatskasse zufließen und von dort aus mit Bedacht den Fonds der Gesellschaft zukommen, z. B. dem Sozialfond der Gesellschaft oder dem Investitionsfond der Volkswirtschaft. Von letzterem sollte das Geld wieder an die Betriebe weitergereicht werden. Erhielt ein Betrieb Geld, so sollte dieses an Planvorgaben gekoppelt sein. In der Realität lief es etwas anders: Dort durften die Betriebe mal mehr und mal weniger Gewinn behalten und selbständig reinvestieren. Allerdings blieben sie dabei Befehlsempfänger und samt ihren Produktionsmitteln und Gewinnen Eigentum des Staates; sie bekamen nur gewisse Spielräume zugesprochen.

Das Geld, das der arbeitenden Bevölkerung als Lohn ausgezahlt wurde, wurde von der sozialistischen Wirtschaftswissen-

63 Siehe Kronrod 1960: 211 u. Ehlert 1989: 32.

schaft als Zahlungsmittel definiert und sollte idealerweise nach dem Prinzip verteilt werden: »Jedem nach seiner Leistung!« Jeder sollte sich mit seinem Lohn einen Anteil am Konsumgütergesamtprodukt gemäß seinem Anteil an der Gesamtarbeit aneignen. Dem Konzept nach sollte der Staat insgesamt so viel Lohn an die Bevölkerung ausschütten, wie Waren in den sozialistischen Läden lagen. »Ob dies geschieht, ist wiederum eine Frage der richtigen Planung.« (S. Varga 1957: 246)[64] Es lief in der Realität nicht so, wie Varga sich das vorstellte. Richtige Planung war schwer, es gab viele Fallstricke. Entweder wurde zu viel Geld an die Bevölkerung ausgeschüttet. Dann waren am Ende alle Läden leer gekauft, aber noch Bargeldbeträge übrig – als uneingelöste Versprechen. Oder es wurde zu wenig Geld an die Bevölkerung ausgeschüttet, dann vergammelten am Ende die Waren in den Läden. Der Staat musste auch nicht nur genau die Menge an Bargeld an die Bevölkerung ausschütten, wie die Waren in den Läden insgesamt kosteten, sondern darüber hinaus auch für die richtige Proportionierung der verschiedenen Waren – gemäß den Bedürfnissen – sorgen. Und er hatte mit den Schwarzmärkten zu kämpfen, die das Geld der Bevölkerung anzogen und ungeplante, unsozialistische Waren feilboten.

Und dann waren da noch zwei grundlegende Mängel des sozialistischen Lohnes – Mängel, die ihn von Arbeitsscheinen unterschieden, wie sie Marx skizziert hatte. Den Planungsbehörden war es nicht möglich, die Arbeitsleistungen der Arbeiter halbwegs genau zu bestimmen und zu bescheinigen. Die Löhne wurden pauschal festgelegt: je nach Berufsgruppe. Außerdem hatte Marx über die Arbeitsscheine gesagt: »Sie zirkulieren nicht.« (Marx 1885: 358) Das sozialistische Geld aber zirkulierte – zum Leidwesen der Planer und Theoretiker.

Soweit Pläne und Verträge den Stoffwechsel zwischen den Betrieben bzw. den Austausch von Produktionsmitteln regulierten, wurde in diesem Bereich die Funktion des Geldes als

64 Siehe auch Kronrod 1960: 289.

Zirkulationsmittel ausgeschaltet. Zwar tauchte das Geld in den Plänen und der Buchführung sowie auf den Konten der Betriebe auf, aber nur als Recheneinheit bzw. als Buchgeld.[65] Jedoch, ganz offensichtlich, trat das Geld als Zirkulationsmittel in Erscheinung, auf den Schwarzmärkten und Konsummärkten, auf Letzteren auch völlig legal, etwa in den Läden der landwirtschaftlichen Genossenschaften, in denen die Bauern einen bestimmten Teil ihrer Produkte frei an die Konsumenten für bares Geld verkaufen durften. Dieses Geld lief somit mehrfach um. Die Arbeiterin eines staatlichen Industriebetriebs etwa gab einen Teil ihres Lohns als Bargeld auf dem Kolchosmarkt für Kartoffeln aus; der Verkäufer der Kartoffeln gab das Geld am Stand nebenan für frische Wurst aus, usf. Ein Geldstück konnte von Hand zu Hand laufen und dabei eine Ware nach der anderen in den Endverbrauch überführen. Durch diese Zirkulation des Bargeldes wurde jedoch die sozialistische Idee des Lohnes untergraben und obendrein die planmäßige Festsetzung der Warenpreise zu einer komplizierten Aufgabe für Statistiker und Stochastiker. Denn wenn Geldstücke auf dem Konsumgütermarkt mehrfach zirkulierten (in unterschiedlicher Umlaufanzahl und -geschwindigkeit) und immer wieder neu in Waren umgetauscht wurden, konnte der Umfang der Bargeldmasse vom Staat kaum oder nur schätzungsweise auf den Umfang der Konsumgüter und deren Preise abgestimmt werden. Und der Lohn konnte so schlecht dem sozialistischen Ideal entsprechen, wonach sich der Lohn eines Arbeiters zum Konsumgütergesamtprodukt verhalten sollte wie die von dem Arbeiter geleistete gesellschaftlich notwendige Arbeit zur gesellschaftlichen Gesamtarbeit.

Schon Lenin hatte die »staatliche Kontrolle des Geldumlaufs« angedeutet (Lenin 1918s: 242). Varga kam darauf zurück. Er proklamierte, alles Bargeld dürfte, nachdem es die Staatskasse verlassen habe, nur einmal umlaufen und müsste dann wieder

65 Siehe Atlas 1953: 669 u. S. Varga 1962: 29.

in die Staatskasse zurückkehren. Und er behauptete, diese Form von Geldumlauf sei in vielen sozialistischen Staaten, weil die meisten Läden verstaatlicht seien, quasi schon Realität. »Die Einnahmen der sozialistischen Läden [...] werden täglich nach Ladenschluß in die Notenbank, die über ein ausgedehntes Filialnetz verfügt, oder bei der Post für Rechnung der Notenbank einbezahlt [...] Die Umlaufzahl des größten Teils des Bargeldes ist gleich 1« (S. Varga 1957: 279 f.).[66] Mit Marx formuliert: Es zirkuliert nicht.

Was hätte dieser Zustand, den Varga voreilig unterstellt, vorausgesetzt? Alle Verkaufsläden hätten dem Staat gehören und alle Einnahmen der Staatsbank ausgehändigt, alle Schwarzmärkte und Hand-zu-Hand-Geschäfte hätten verboten und unterbunden werden, der Staat hätte das Wirtschaftsleben der Gesellschaft ganz und gar überwachen, er hätte ein totaler Staat sein müssen. Auf diesen Zustand – die »Regulierung des sozialistisch organisierten Wirtschaftslebens des ganzen Landes« (Lenin 1918b: 212) – strebten die sozialistischen Staaten der Ideologie nach zwar hin, je konsequenter sie auf Planmäßigkeit insistierten. Doch ließ sie die wirtschaftliche Erstarrung, die ein solcher Zustand nach sich zog, in ihrem Bestreben immer wieder zaudern und zurückschrecken. So beschieden sie sich mit vierteljährlichen »Bargeldumsatzplänen«, wie sie in den 1930er Jahren in der Sowjetunion allen Betrieben abverlangt wurden, oder ähnlichen Nachweisen und überließen den Dingen ansonsten ihren Lauf. »Jeder Rubel läuft mehrmals um.« (Atlas 1953: 682)

Jahrzehntelang wurde im Ostblock debattiert, ob das sozialistische Geld Geldware sei oder nicht. In seiner *Kritik der politischen Ökonomie* hatte Marx die Auffassung vertreten, dass die

66 Siehe auch S. Varga 1962: 14 f. Kronrod malt einen ähnlichen Zustand aus, aber weniger als Realität, sondern als Idealzustand des Sozialismus (Kronrod 1960: 289).

Geldzeichen (etwa die Banknoten) nicht selbst das Geld ausmachten, sondern nur Zeichen für das eigentliche Geld seien: die Edelmetalle. Diese seien selbst eine Ware und hätten ihren Produktionskosten gemäß selbst einen Wert. Und nur als Ware sei Geld fähig, den Wert anderer Waren auszudrücken. In den Worten eines DDR-Marxisten: Das Geld kann »seine Funktion als Maß der Werte nur ausüben [...], wenn es selbst einen Wert hat« (Lemmnitz 1989: 43). Das gelte auch für das sozialistische Geld. Wenn das stimmte, war das kaum zu vereinbaren mit dem Ideal der Planmäßigkeit, demnach die Werte und Preise der sozialistischen Waren sich nicht, wie in der kapitalistischen Gesellschaft, im Tauschverhältnis zu Gold oder einer anderen Geldware ergeben, sondern durchdacht und von den Planungsbehörden angeordnet werden sollten. Das war die Zwickmühle, in der sich viele Marxisten im Realsozialismus befanden: Entweder man zweifelte an der Marx'schen Geldtheorie oder an der Planmäßigkeit im Sozialismus. Kronrod fand einen Ausweg und konstatierte ein »Planpreissystem« (Kronrod 1960: 200), mit dem er nicht an Marx rütteln musste und zugleich die Arbeit der Planungsbehörden würdigen konnte. In diesem System würden die sozialistischen Planungsbehörden das Gold ausnutzen, um die Preise der Waren zu ermitteln und ins richtige Verhältnis zu setzen. Das Gold diene dabei »planmäßig« als Wertmaß, während es im Kapitalismus »spontan«, d.h. unplanmäßig wirke (ebd.: 211). Kronrods Auslegung setzte sich nicht durch, sondern die Interpretation derjenigen Ökonomen, denen zufolge sich das sozialistische Geld grundlegend gewandelt hat. Marx, so meinten sie, habe doch in der *Kritik der politischen Ökonomie* nicht das sozialistische, sondern das kapitalistische Geld analysiert, zumal das des 19. Jahrhunderts. »Die Praxis der sozialistischen Geldwirtschaft ist erfolgreich, erweist sich also als gut, warum sollte man daher an dem für sie nicht passenden, den Tatsachen widersprechenden, für eine überholte Geschichtsperiode gültigen theoretischen Unterbau festhalten?« (S. Varga 1957: 246) Und nachdem sich im Westen seit Beginn der

1970er keine Notenbank mehr verpflichtet sah, Banknoten in Gold einzutauschen, wurden im Ostblock auch Stimmen deutlicher (etwa Stiemerling 1989: 16), die den Warencharakter des kapitalistischen Geldes für Geschichte hielten.

Im Sozialismus, so Varga, emittierten die staatlichen Behörden hauptsächlich auf zwei Weisen Geld. Zum einen schöpfe der Staat (Staatsbank und Planungsbehörden) Buchgeld für die Betriebe, welches diesen als Kredit gewährt würde. Sobald die Betriebe den Kredit tilgten, verschwinde das Buchgeld wieder. Zum zweiten emittiere der Staat (Staatsbank und Planungsbehörden) Bargeld, und zwar so viel, wie Konsumgüter vorhanden seien, als Lohn an die Angestellten und Arbeiter, das von diesen aus in die sozialistischen Läden wandere und von dort retour an den Staat. Sozialistisches Geld entstehe also durch »Kreditschöpfung« (S. Varga 1957: 285); andere Befürworter dieser Theorie nannten es daher kurz und knapp und in Abgrenzung zum kapitalistischen Geld sozialistisches »Kreditgeld«.[67] Der DDR-Ökonom Klaus Müller fand den Begriff falsch, bezeichnete es als »Staatspapiergeld« (Müller 1989: 52) und wiederholte damit eine Position Rudolf Hilferdings: »Das Staatspapiergeld [...] beruht nicht auf einem Kreditverhältnis und es ist ganz irreführend, es als Staatsschuld oder als Kreditgeld zu bezeichnen. [...] Das Kreditgeld ist Schöpfung der Privatleute.« (Hilferding 1910: 54)

67 Das »Kreditgeld« war 1989 in der DDR Gegenstand einer Debatte, dokumentiert in dem Sammelband *Wesen und aktive Rolle des Geldes in der sozialistischen Planwirtschaft* (hg. v. Koziolek 1989). Darin wurde auch der klassische Einwand gegen die Theorie vom Kreditgeld vorgetragen: »Der grundlegende Einwand gegen die Kreditgeldtheorie des Geldes besteht darin, daß die Konzeption des Geldes als Repräsentant einer Schuld oder Verbindlichkeit die Messung dieser Schuld voraussetzt und nicht erklären kann. Der Kredit hat keine Wertmaßfunktion, sondern ist selbst schon gemessener Wert. In Wirklichkeit hat aller Kredit, der als Zahlungsmittel fungiert, das Geld als Wertmaß und Preismaßstab, als besondere Ware, als Geldware zur Grundlage. Deshalb ist notwendigerweise das Geld die Basis des Kredits und nicht umgekehrt der Kredit die Basis des Geldes.« (Schließer 1989: 8)

Müller und Hilferding definieren Kreditgeld als schriftlich festgehaltenes Schuldeingeständnis und Zahlungsversprechen des Schuldners, das der Gläubiger erhalte und von diesem als Zahlungsmittel benutzt werde. Heißt: Der Schuldner ist der Emittent des Kreditgelds. Oft wird aber genau das Gegenteil behauptet: Der Gläubiger ist der Emittent des Kreditgelds.[68] Dieser stelle den Schuldnern, denen er Kredit gewähre, Anrechtszeichen auf sein Eigentum aus, welche, von den Schuldnern ausgehend, als Geld zu zirkulieren begännen und daher Kreditgeld genannt werden müssten. Die Praxis der Geldemission der ersten modernen Zentralbank betrachtet, stimmt beides (vgl. Vilar 1984: 191–257). Nachdem die Bank von England 1694 von Geschäftsleuten gegründet wurde, brachte sie unterschiedlichste Noten in Umlauf. Als Schuldner emittierte sie sogenannte *bank bills* für die Gläubiger, um diesen ihre Schuld und ihr Zahlungsversprechen zu dokumentieren. Diese Scheine gaben die Gläubiger der Bank als Zahlungsmittel an Dritte weiter; sie begannen als Geld zu zirkulieren. Als Gläubiger wiederum emittierte die Bank Anrechtszeichen auf Edelmetalleinlagen an Kreditnehmer, d. h. ihre Schuldner, welche diese Anrechtszeichen als Zahlungsmittel nutzten und so in Umlauf brachten. Obendrein stellte sie ihren Kunden für deren Einlagen sogenannte *running cash-notes* aus, die das Anrecht auf diese Metalleinlagen darstellten und in Umlauf gerieten, und gab Papiergeld heraus, das durch Grund und Boden abgesichert war. In allen vier Fällen war das Papiergeld Zeichen für eine Geldware oder Ware. In allen vier Fällen hätte Marx also recht gehabt: Hinter dem Geld verbirgt sich die Geldware. Doch heute erschaffen Zentralbanken Geld aus dem Nichts – »Kaufkraft an sich« (Türcke 2015: 323). Um solches Fiat-Geld (Fiat lux! Es werde Licht!) als Kredit zu bekommen, müssen die Geschäftsbanken

68 Sören Wolff (Wolff 2010) merkt in seinem Buch über die Geschichte des Kreditgeldes wiederholt an, dass die Gläubiger die Emittenten des Kreditgelds seien. Ähnlich Seuß 1969: 39.

in der Zentralbank Wertpapiere als Pfand hinterlegen (etwa Rechtstitel für Grund und Boden). Diese sind die einzigen Zeichen für wirkliche Ware, die bei dieser Geldschöpfung übrigbleiben. Das Zentralbankgeld selber verbürgt keinerlei Anrecht auf irgendwelche Einlagen. Es besteht nur aus Zahlen (manchmal noch aus Papier oder Metall), kraft derer es auf dem Markt in Waren umgetauscht werden kann. Ohne einen politischen Souverän würde dieses Zentralbankgeld nicht funktionieren. Hilferding hat zwar übertrieben, aber in die richtige Richtung, als er 1910 behauptet hatte, reines Staatspapiergeld sei denkbar: in einem geschlossenem Handelsstaat (Hilferding 1910: 46f.). Edelmetalle und Kurantmünzen können als Geldware am Staat vorbei zirkulieren; im Gegensatz zum Staatspapiergeld bedürfen sie seiner nicht, um den Warentausch zu vermitteln. Die Noten der Bank von England als Zeichen für die Geldware bedürfen weitaus mehr des Staates und seiner Judikative und Exekutive, besonders dann, wenn Gläubiger oder Schuldner von Krediten ihren vertraglichen Pflichten nicht nachkommen. Das heutige Zentralbankgeld schließlich erfordert noch mehr Staat. Der Staat muss eine Bank auswählen, die sich über alle anderen Banken erhebt, er muss Pflichten und Rechte der Geschäftsbanken und Zentralbank festlegen und sanktionieren, er muss die Kaufkraft der Banknoten durchsetzen und die Händler im Land darauf verpflichten, die Papierscheine anzunehmen und in richtige Waren umzutauschen, und die Bevölkerung muss dem Papiergeld, der Zentralbank und dem Staat vertrauen (und die Besitzer von Bar- und Giralgeld müssen hoffen, dass das System nicht zusammenbricht). Marx hatte sich im 19. Jahrhundert ein dermaßen verstaatlichtes Geld, wie es das Zentralbankgeld heute ist, in einer bürgerlichen Gesellschaft und auf dem freien Markt gar nicht vorstellen können. Mit gutem Grund: Im Extremfall einer Krise kann kaum etwas schneller wertlos und unnütz werden als Zentralbankgeld. Zudem scheint die Geldware im internationalen Austausch ihre Funktion nicht restlos verloren zu haben, wie die Goldreserven vieler Länder anzeigen.

Zurück in den sozialistischen Ostblock. Dort vermochte das sozialistische Staatspapiergeld nicht vollends zu überzeugen und nicht alle Funktionen der Geldware zu ersetzen: Die Sowjetunion pflegte und hegte ihren Goldschatz; sozialistische Länder tauschten untereinander lieber Waren gegen Waren als gegen Geld; Touristen aus sozialistischen Ländern mussten an den Grenzen anderer sozialistischer Länder bisweilen kehrtmachen, weil sie ihr Geld, das dort keiner wollte, nicht umgetauscht bekamen (vgl. Zwass 1982: 49 u. 84).

Wenn man so will, erinnerte zumindest das Buchgeld im sozialistischen Plansystem ein bisschen an Kreditgeld: Der Staat als Gläubiger gab Buchgeld an einen Betrieb, z. B. einen Landwirtschaftsbetrieb. Dieser durfte und musste als Schuldner das Geld bspw. in Traktoren eines bestimmten Traktorenwerks investieren. Da nun das Traktorenwerk und dessen Produkte *de jure* dem Staat gehörten, stellte das geliehene Geld für den Landwirtschaftsbetrieb im Grunde ein Anrecht auf Gläubigereigentum dar. Da aber auch der Landwirtschaftsbetrieb Staatseigentum war, war das ganze Kreditverhältnis ein formales. Es gab »keinen Unterschied in der Person von Gläubiger und Schuldner«: »Alle innerhalb des staatlichen Sektors zwischen verschiedenen Stellen, Banken und Unternehmungen bestehenden Gläubiger- und Schuldnerbeziehungen sind keine eigentlichen, sondern nur formale Obligationen, die der Plankontrolle dienen« (S. Varga 1957: 285 f.).

Ab und an bezeichnet Varga das sozialistische Geld in seinen Texten auch schlicht als »Anweisung«. Zumindest das Buchgeld, welches die Betriebe vom Staat erhielten, ist damit treffend charakterisiert. Es sollte »Anweisungscharakter« haben (ebd.: 223). Die Betriebe mussten mit dem Geld machen, was ihnen der Staat vorgab: es in den Produktionsprozess investieren und sodann wieder zurückerwirtschaften. Vermochten sie es nicht, dem Staat das Geld zurückzuzahlen, hatten sie seine Anweisungen nicht erfüllt und blieben ihm das schuldig.

Da viele Betriebe die Anweisungen nicht zu erfüllen vermochten, verschuldeten sich die sozialistischen Volkswirtschaften insgesamt mehr und mehr: Sie verausgabten ihre Arbeitskraft, konnten trotz dieser Verausgabung aber ihre Existenzmittel nicht mehr herstellen: Konsumgüter, Produktionsmittel und militärische Mittel. Der Aufwand wurde größer als der Nutzeffekt der Produktion. Es fehlte an Rentabilität. Die Volkswirtschaft investierte mehr, als sie raus bekam.

Ein Witz lief um: ›Anfrage an Radio Jerewan: Stimmt es, dass es im Kommunismus kein Geld mehr geben wird? Radio Jerewan antwortet: Im Prinzip ja. Im Sozialismus wird bereits alles ausgegeben.‹

Sozialistische Lohnarbeit, sozialistische Produktivität

Der Zweifel, ob die Arbeit im Sozialismus zügig und gewissenhaft ausgeführt werden könne, war uralt. Schon Aristoteles hatte ihn geäußert, längst bevor es den Sozialismus gab, im Hinblick auf die Gütergemeinschaft, und Morus' und Campanella konfrontierten ihre Romanfiguren damit. Der Seemann, der Utopia kennengelernt hat, versucht den Zweifel auszuräumen und schwärmt von der Arbeitsmoral der Inselbewohner, aber auch von Überwachung und Strafen, durch die Faulenzer zur Arbeit gezwungen würden. Campanellas Admiral berichtet von der Vaterlandsliebe, derenthalben die Einwohner in der *Civitas Solis* arbeiteten, überdies von einem Staat, dem seine Bürger gehorchten, und schließlich auch von einem Prinzip, über das die Behörden strengstens wachten und welches später zum Leitprinzip des Sozialismus (bzw. der ersten Phase des Kommunismus) erkoren wurde: dass nämlich keiner mehr erhält, als er verdient. Das ist bei Marx das Prinzip der ersten Phase der kommunistischen Gesellschaft. In der höheren Phase des Kommunismus solle gelten: Jeder nach seinen Fähigkeiten, jedem nach seinen Bedürfnissen!

Lenin interpretierte das Prinzip der höheren Phase moralisch und ohne Verständnis für Muße: Die Menschen müssten nicht mehr durch die Peitsche gezwungen oder durch Lohn geködert werden, sondern würden im Kommunismus freiwillig ihren Teil zum Nutzen der Allgemeinheit beitragen.[69] Inwieweit Lenin mit seiner Interpretation richtiglag, sei dahingestellt. Sicher ist, dass die Verwirklichung des Prinzips Lenin als Zukunftsmusik erschien. Vorerst konnte allenfalls das sozialistische Prinzip verwirklicht werden. Dessen Verwirklichung schienen die Lebensmittelkarten zu dienen, welche die Arbeiter in den Staatsbetrieben erhielten. Doch das Lebensmittelkartensystem des Kriegskommunismus war aus der Not geboren, basierte kaum auf der Messung von Arbeitsleistungen und honorierte auch politischen Opportunismus und gefragte Arbeitskräfte (auch sogenannte bürgerliche Spezialisten, die, wie Lenin beichtete, besonders hoch entlohnt wurden, um sie in den Staatsbetrieben zu halten; Lenin 1918s: 238 f.). Mit Nachdruck wurde schon im Kriegskommunismus nach anderen Mitteln gesucht, den Schlendrian auszutreiben. In der Urverfassung der Sowjetunion wurde die Arbeitspflicht verankert (Lenin 1918d: 425). Die Bürger bekamen Druck von oben. Die Bauern wurden durch die Lebensmittelbeschaffungsarmee gezwungen, bestimmte Mengen an Getreide zu erwirtschaften und abzuliefern. Die Proletarier in den Staatsbetrieben sollten fleißig arbeiten; wenn nicht, hatten sie Sanktionen zu fürchten. In der Kohleindustrie mussten die Arbeiter 1920 und 1921 phasenweise sieben Tage die Woche arbeiten, durften in den Containersiedlungen keine Familienmitglieder beherbergen und wurden, wenn sie unentschuldigt der Arbeit fernblieben, wie Fahnenflüchtige mit Freiheitsentzug oder gar Hinrichtung bestraft. Die Gewerkschaften, die gegen solche Zustände hätten kämpfen müssen, wurden kurzerhand umfunktioniert. Sie sollten nun, da der Betriebseigentümer sich »Diktatur des Proletariats« nannte, nicht mehr opponieren, sondern in seinem Sinne für eine »neue kameradschaftliche Arbeitsdisziplin«

69 Lenin 1918r: 483, 1919r: 189 sowie 1920o: 510.

Sorge tragen (Bucharin u. Preobraschenski 1919: 288). Wer streikte, galt als Marionette der Bourgeoisie und Konterrevolutionär. »Der beste Platz für den streikenden Arbeiter, diese schädliche Stechmücke«, so stand es am 12.2.1920 in der *Prawda*, »ist das Konzentrationslager!« (zit. n. Werth 1997: 104) Trotzki forderte 1920 in seinem Buch *Terrorismus und Kommunismus – Anti-Kautsky* eine »Militarisierung der Arbeit«. Weil sich das Schicksal der Revolution an der Arbeitsfront entscheide, so Trotzki, müsse die Diktatur des Proletariats an dieser Front den Mitgliedern der Gesellschaft abverlangen, was normalerweise Armeen ihren Soldaten abverlangten: absoluten Einsatz und absolute Disziplin. Den meisten Bolschewiki, auch Lenin, ging das aber zu weit. Lieber riefen sie, inspiriert von einem freiwilligen Zusatzarbeitseinsatz der Eisenbahngewerkschaftler, die Bürger des Landes zu »Subbotniks« auf. Schlussendlich und notdürftig hatte der Kriegskommunismus somit schon alle Mittel ausgetestet, die später im Verlauf des Realsozialismus zum Zwecke der Steigerung der Arbeitsleistung entwickelt und kombiniert wurden: 1. Lohnanreize, 2. Kampagnen, 3. Zwang.

1. Lohnanreize: Was im Kriegskommunismus das Lebensmittelkartensystem war, entwickelte sich später als gestaffeltes Lohnsystem weiter. Mangels Arbeitszeitrechnung, d.h. mangels Möglichkeiten, festzustellen, wie viel gesellschaftlich notwendige Arbeit jeder Arbeiter geleistet hat, wurde daraus niemals ein System, in dem das sozialistische Prinzip so galt, wie es ursprünglich gemeint war: »Jedem nach seiner Leistung!« Eher wurde daraus ein System von Anreizen, in dem vielerlei abgeschätzt und honoriert wurde: Qualifikation, Leistung und Opportunismus. In den dreißiger Jahren bekamen Facharbeiter in der Sowjetunion drei Mal mehr als ungelernte Arbeiter. Auch Beamte und Kader wurden mit höheren Löhnen für ihre Dienste belohnt. Für Arbeiter oder Teams von Arbeitern gab es Prämien, sofern sie die Arbeitsnorm übererfüllten. Dieses Prämiensystem war insofern ungerecht, als dass Wille und

Leistungskraft der Teams und Arbeiter nicht immer ausschlaggebend waren, z. B. dann, wenn es am Arbeitsplatz an Materialnachschub mangelte oder Maschinen ausfielen. Außerdem ließ sich in diesem System schwerlich die Erzeugung von Qualität berücksichtigen. Verschiedenste Methoden, die Arbeitsleistung anhand von Indikatoren zu bestimmen, hatten allesamt Mängel, wie Neutsch in seinem Roman *Spur der Steine* (1964) illustriert. Wurde die Arbeitsleistung einer Arbeitsbrigade etwa entsprechend des verbrauchten Materials bestimmt, versuchte diese, viel Material zu verbrauchen (»Tonnenideologie«). Und erhielten die Arbeiter Stücklohn, so versuchten sie zwar schnell zu arbeiten, hatten aber keine Zeit, um Qualität herzustellen, Material zu sparen, Experimente zu wagen und Innovationen zu ersinnen.[70] 2. Kampagnen: Was als Lobrede auf den Subbotnik begonnen hatte, entfaltete sich später, auf Betreiben des Staates und zwecks Erzeugung einer sozialistischen Arbeitsethik, zu einer ganzen Kulturindustrie. In der Schule sangen die Kinder Pionierlieder über die Arbeit als Dienst am Vaterland, Arbeitskräfte wie in der Sowjetunion Alexei Stachanow oder in der DDR Frida Hockauf, die die Arbeitsnorm übererfüllten, wurden in den Medien glorifiziert (von den Kollegen aber als »Normbrecher« verpönt), in den Betriebskantinen hingen Bilder des Sozialistischen Realismus, die stolze Frauen und Männer zeigten, wie diese fleißig und frohgemut arbeiteten. 3. Zwang: 1927, unter Stalin, wurde das Streikverbot auch gesetzlich fixiert; nach Artikel 58 des sowjetischen Strafgesetzbuches wurden Teilnahme und Aufruf zu Streik mit Freiheitsstrafe oder Tod durch Erschießung geahndet. 1961 kam unter Chruschtschow noch Art. 209 hinzu, wonach Landstreicherei, Vagabundage und Arbeitsverweigerung mit Gefängnis bestraft werden sollten. Einschlagenden Erfolg erzielte keines der Mittel; sie konnten den Druck seitens des Managements,

70 Zum Problem von Qualität und Quantität in der Planwirtschaft vgl. auch Trotzki 1936: 15 f. u. Damus 1978: 139–144.

die Aussichten auf mehr Lohn und die Angst vor der Arbeitslosigkeit nicht ersetzen, welche in den kapitalistischen Betrieben für Höchstleistungen der Arbeiter sorgen. Selbst wenn sozialistische Betriebe technisch gut ausgerüstet waren, beschäftigten sie zumeist viel mehr Arbeitskräfte und produzierten trotzdem weniger als vergleichbare kapitalistische Betriebe (vgl. Zwass 1982: 146–151). Die Arbeitsmoral ließ zu wünschen übrig und bot Stoff für den einen oder anderen Witz. ›Anfrage an Radio Jerewan: Stimmt es, dass die Bilder der neuen Ausstellung des Sozialistischen Realismus Arbeiter zeigen, die herumsitzen, trinken, rauchen und plaudern? Radio Jerewan antwortet: Im Prinzip ja. Genau genommen ist es die erste Ausstellung des Sozialistischen Realismus.‹

Als er sah, dass der Sozialismus im Ostblock misslang, stellte sich auch der britische Marxist Tony Cliff der Frage, was die Menschen im wahrhaften Sozialismus zur Arbeit bewegen werde, und rang um Antwort: »Jede Form gesellschaftlicher Arbeit erfordert eine Koordinierung zwischen den Personen, die an ihr teilnehmen; mit anderen Worten, jede Form gesellschaftlicher Arbeit erfordert Disziplin. Unter dem Kapitalismus tritt diese Disziplin dem Arbeiter als eine äußere Zwangsgewalt entgegen, als die Gewalt, die das Kapital über ihn hat. Unter dem Sozialismus wird die Disziplin aus dem Bewußtsein resultieren, sie wird zur Gewohnheit eines freien Volkes werden. In der Übergangsperiode wird sie das Ergebnis der Einheit beider Elemente sein – Bewußtsein und Zwang. Die staatlichen Institutionen werden die Organisation der Massen als bewußte Kraft sein. Gesellschaftliches Eigentum der Arbeiter an den Produktionsmitteln, d. h. das Eigentum des Arbeiterstaates über die Produktionsmittel, wird die Grundlage des bewußten Elements der Arbeitsdisziplin sein. Zur gleichen Zeit wird die Arbeiterklasse als Kollektiv, durch ihre Institutionen – Arbeiterräte, Gewerkschaften usw. – als eine Zwangsgewalt im Hinblick auf die Disziplinierung der einzelnen Arbeiter in der Produktion auftreten. Individuelle Konsumtion, das ›bürgerliche Recht‹ im Hinblick auf die Distribution, wird als Mittel der zwangsweisen Disziplinierung dienen.« (Cliff 1955: 114) Cliffs Antwort zeigt, dass auch ihm kaum etwas anderes einfiel als den Bolschewiki. Die alte Frage des Aristoteles, wie sie in den Romanen Morus' und Campanellas gestellt wird, hat es in sich und lässt sich nicht so leicht beantworten.

Radikalismus

Guevaras Traum vom Neuen Menschen

Kuba sollte sich kein Beispiel nehmen am Realsozialismus und der schlechten Arbeitsmoral, die im Ostblock herrschte. Ernesto »Che« Guevara (1959–1965 kubanischer Industrieminister) wollte auf mehr hinaus, auf den Kommunismus. Dessen Hebelpunkt vermutete er dort, wo anstelle des Individualismus der Dienst an der Allgemeinheit trete. An diesem Punkt würde der Widerstand am größten; die Revolutionäre im Ostblock hätten an diesem Punkt, vor Materialismus und Egoismus, kapituliert. Die Arbeiter im Realsozialismus, so Guevara, arbeiteten für Lohn, die Betriebe nur für ihren Profit; so bestünden die alten kapitalistischen Kategorien fort: Ware, Geld und Markt. In Kuba müsse die Revolution radikaler sein; der Markt durch ein Plansystem restlos ersetzt, die Volkswirtschaft zu einem »einzigen großen Unternehmen« (Guevara 1963w: 57) werden, worin jeder Arbeiter seinen Dienst tue wie ein »bewusstes Zahnrad« (Guevara 1964b: 157). Die materiellen Interessen der Menschen sollen aufhören, maßgebend zu sein, gute Arbeit nicht mehr durch Lohnerhöhungen goutiert werden, sondern durch Urkunden. Pflichtbewusstsein soll die Bürger erfüllen, in der Bereitschaft gipfelnd, sich für das Gemeinwohl aufzuopfern. Was im revolutionären Kampfe der Schützengraben, werde in der kommunistischen Gesellschaft der Arbeitsplatz sein. Wie es die Guerillas vorgelebt haben![71]

Neu war diese Idee nicht: Die Kraft des Kommunismus gründe im Opfer – so hatte schon Georg Lukács 1919, im Jahr der ungarischen Räterepublik, in Reden und Aufsätzen verkündet (abgedruckt in Lukács 1975): Anstelle des Zwanges, wie er in der bürgerlichen Gesellschaft herrscht, werde eine kommunistische Moral treten, dahingehend, dass sich die Einzelnen aufopfern, auf den Schlachtfeldern der Revolution und in den Fabriken der neuen Gesellschaft.

In Kuba war die Opferbereitschaft nach der Revolution dann nicht besonders ausgeprägt, wie ein Witz bezeugt, der im Umlauf war. Überliefert hat ihn Guevara in einer Rede vor Textilarbeitern, wobei er ihn ziemlich witzlos zusammenfasst, darauf erpicht, über dessen konterrevolutionäre Pointe aufzuklären. Der Witz lässt sich, trotz verbitterter Quelle, wiederbeleben:

»Ein Arbeiter ist von der Revolution begeistert, hat diese doch die Imperialisten verjagt. Er will der revolutionären Partei beitreten. Doch ein Parteivertreter bremst ihn und erklärt ihm die Pflichten: ›Als Parteimitglied musst du mit gutem Beispiel vorangehen, die Partei und den Kommunismus repräsentieren, musst in deinem Betrieb Überstunden leisten, pünktlich zur Arbeit kommen, dich aktiv an den Partei- und Nachbarschaftskomitees beteiligen, darfst während der Arbeit kein Alkohol trinken, bei freiwilligen Arbeitseinsätzen nie fehlen und dich auch in deiner Freizeit nicht danebenbenehmen!‹ Als der Parteifunktionär sieht, wie dem Arbeiter die Miene entgleist, setzt er noch eins drauf: ›Und du musst bereit sein, dein Leben für die Revolution zu geben!‹ ›Na logisch‹, fällt ihm da der Arbeiter

71 Siehe zu Guevaras Wirtschaftsprogramm auch Guevara 1962 u. 1964f. Gelegentlich erblickt Guevara den Antrieb zur Arbeit, statt in Pflicht, in der Liebe (vielleicht gibt es auch einen Zusammenhang?): Im Kommunismus werde »jeder Arbeiter in seine Fabrik verliebt« sein (Guevara 1964b: 161); ein Vorbild lieferten jetzt schon »unsere Frauen«, die »mit Liebe und Anmut das Zuckerrohr schlagen« (Guevara 1964b: 157).

ins Wort, ›wer so ein Leben führt, wie Sie es ausmalen, kann es auch hergeben.‹«

Wie gesagt, lachen kann Guevara darüber nicht. Opfer, so belehrt er seine Zuhörer, begreift der Revolutionär »als Teil seiner Pflicht [...] Wenn er kein Opfer bringt, fühlt er sich unwohl. So kommt es dahin, daß ›sich nicht Aufopfern‹ zum tatsächlichen Opfer eines Revolutionärs wird. Das heißt, die Begriffe und die Inhalte verändern sich.« (Guevara 1963r: 134)

Die Bürger sollen ihr Denken und Handeln dem Allgemeinwohl unterordnen; man könnte auch sagen, sie sollen lauter Philosophenkönige werden. Kein Wunder, dass Guevaras wie Platons politische Theorie in Pädagogik gipfelt. Während Platon aber eine Elite heranziehen möchte, die der Vernunft inne wird und sie im Gemeinwesen und für dieses durchsetzt, möchte Guevara die Selbstbeherrschung und den Dienst am Gemeinwohl demokratisieren. Alle sollen solidarische Mitglieder des Gemeinwesens werden. Eine »gigantische Bewußtseinsveränderung« (Guevara 1964f: 85) sei nötig; auf dass der selbstlose, sozialistische Mensch entstehe: der Neue Mensch. Sprich: Wenn der Mensch nach seinem Bilde geformt ist, wird der Kommunismus funktionieren. Guevara baut besonders auf die Jugend; in ihr erblickt er den »Ton, aus dem sich der neue Mensch ohne all seine früheren Mängel formen lässt« (Guevara 1965: 31). By the way: Dass die Jugend im Westen dort, wo sie den Aufstand probt, das Konterfei von *Che* vor sich herträgt, deutet hin auf die Janusköpfigkeit der Rebellion. Was seine Beliebtheit zu erklären vermag, steht für die Sehnsucht nach Kampf und Kommando, Hingabe und Opfer: Seine Abkehr vom Elternhaus, sein Kampf in der Sierra Maestra, seine Ähnlichkeit mit Jesus, seine Entscheidung als Minister, abermals sein Leben zu riskieren, diesmal im Kongo, später in Bolivien, dort seine Gefangennahme und Exekution, sein Märtyrertod. »Es gibt kein Leben außerhalb der Revolution.« (ebd.: 33) Darin, nur darin, erschien es ihm richtig. So ticken auch heutige Revolutionäre. Das »Unsichtbare Komitee« verkündet einen »kommenden

Aufstand« und huldigt diesem an und für sich. Erhofft werden Ereignisse, in die sich mit Haut und Haar stürzen ließe, worin »sechzig Jahre der Befriedung« zu Ende gingen (im Kapitel »Auf Geht's«). Noch lüsterner erwarten zündelnde Revolutionäre aus Griechenland das Ende der Befriedung. »Wir wünschen, unser Alltagsleben in eine fortwährende Schlacht gegen die Macht und ihre Zivilisation zu verwandeln.« (*Verschwörung der Feuerzellen* 2014: 101) Immer wieder betonen sie ihre »Begierde nach einem fortdauernden Zusammenstoß« (ebd.: 104). Fortwährende Schlacht, fortdauernder Zusammenstoß! – kein Wort über den Zustand danach, kein Wort über das Ende von Kampf, Entbehrung und Selbstaufopferung. So lesen sich die Pamphlete wie das Gegenkonzept zu Kants »ewigem Frieden«: ewige Anarchie, permanente Revolution, endloser Kriegskommunismus.

Guevara stand mit seinem Ansatz, durch Erziehung einen sozialistischen Menschen zu schaffen, in alter sozialistischer Tradition. Schon die Saint-Simonisten hatten die moralische Erziehung als sozialistisches Werk deklariert. Die Losung vom »Neuen Menschen« verbreitete sich dann in den 1920er-Jahren in der Sowjetunion. Die Theorie dazu nannte sich »Soziologischer Materialismus«. Einer ihrer Vertreter, Aron Salkind, Psychoanalytiker und Mitbegründer der Pädologie (Wissenschaft vom Kind), drängte kühn auf die »massenhafte Veränderung der Kinder in einer dynamischen neuen Umwelt« (zit. n. Anweiler 1963: 314). In der widerstreitenden Theorie, genannt »Biogener Materialismus«, wurde der Mensch hingegen als Geschöpf betrachtet, das durch Natur und Erbgut vorgeprägt sei. Einer ihrer Vertreter, der Psychoanalytiker Moshe Wulff, warnte davor, die Kinder als »tabula rasa« zu betrachten, »worauf sich beliebiges schreiben ließe« (zit. n. Etkind 1993: 330 f.). Ob soziologischer oder biogener Materialismus – beiderlei lässt sich mit Marx-Zitaten autorisieren. Entweder: Der Mensch ist ein Ensemble gesellschaftlicher Verhältnisse. Oder: Der Mensch ist ein Naturwesen. Um den Streit auszutragen, wurde 1927 ein pädologischer Kongress ausgerichtet. Der Parteiintellektuelle Bucharin behauptete dort, dass nicht allein der Charakter, sondern auch die Physis des Menschen sozial bedingt sei. Mit Segen und Nachdruck des Kremls setzte sich die Position des Soziologischen Materialismus durch; im Kongressresümee wurde die »Formbarkeit des Menschen« betont (zit. n. Anweiler 1963: 314). Soweit war die Revolution: Statt eine bessere Gesellschaft für die Menschen sollten fortan bessere Menschen für die Gesellschaft geschaffen werden. Auch mit Gewalt: »Von einem breiteren Standpunkt aus, d. h. vom Standpunkt eines dem Umfange nach größeren historischen Maßstabes, bildet der proletarische Zwang in allen seinen Formen, angefangen mit Erschießung bis zur Arbeitspflicht, eine, so paradox dies auch klingen mag, Methode der Bildung einer neuen, kommunistischen Menschheit aus dem Menschenmaterial der kapitalistischen Epoche.« (Bucharin 1920: 157) Guevara tönte vierzig Jahre später, man müsse »einen Frontalangriff führen gegen die Unlustigen, die Unklaren, Verworrenen und Faulen, diese Masse umerziehen und erziehen, sie in die Revolution einreihen und die Widerstrebenden entfernen« (Guevara 1963b: 35).

Der Frühsozialist Robert Owen hatte sich bedächtiger geäußert. Nachdem seine Kommune »New Harmony« ihrem Namen nicht gerecht geworden war, notierte er: »Eine Erfahrung von achtzehn Monaten hat uns bewiesen, daß für ein ständiges Mitglied der kommunistischen Gemeinde folgende Eigenschaften erforderlich sind: 1. ehrliche Absicht; 2. Mäßigkeit; 3. Fleiß; 4. Sorgfalt; 5. Reinlichkeit; 6. Wissensdurst; 7. die Anerkennung der Tatsache, daß der Charakter des Menschen für ihn, nicht von ihm, gebildet wird.« (zit. n. Hillquit 1903e: 67) Der letzte Satz rät zu Zurückhaltung: Die Menschen lassen sich nicht formen.

Der Neue Mensch wurde kein Massenphänomen, in Kuba so wenig wie in der Sowjetunion. Materialismus und Egoismus behaupteten sich, wie Fidel Castro zum 20. Todestag von

Guevara bekümmert kundtat: »Wenn Che gewusst hätte, daß das Geld zum wichtigsten Instrument der Motivierung der Menschen geworden ist, dann wäre er, der so dagegen war, entsetzt gewesen.« (Castro 1987: 10)

Maos Volkskommunen

Mehr noch als die Sowjetunion war China vor der Revolution (1949) ein Agrarland gewesen. Die Entwicklung war anfangs eine andere als in der jungen Sowjetunion, mündete schließlich aber auch in China in der Nationalisierung des Bodens und der Kollektivierung der Landwirtschaft. Für die Sowjetunion lässt sich die Entwicklung kurz und knapp so zusammenfassen: erst Kriegskommunismus zum Leidwesen der Bauern (nachdem diese sich das Land der Großgrundbesitzer auf eigene Faust angeeignet hatten), dann NÖP und schließlich Kollektivierung. In China lief es etwas anders: Die Phase des Kriegskommunismus wurde ausgelassen. Unter der Führung der Partei und teils schon vor der Revolution enteigneten die Kleinbauern die Großgrundbesitzer und verteilten das Land untereinander (1946–1953), die Wirtschaftspolitik dieser Zeit auf dem Land kann mit der NÖP verglichen werden, dann aber folgten die Nationalisierung des Bodens und die Kollektivierung der Landwirtschaft (ab 1953).[72]

1953, mit Beginn des ersten Fünfjahrplans, der auf wirtschaftliche Autarkie und verstärkte Industrialisierung Chinas zielte, dekretierte die KPCh (Kommunistische Partei Chinas) das staatliche Getreidemonopol, setzte Ablieferungsquoten und Ankaufpreise fest und erzwang die Kollektivierung der Landwirtschaft. 1953 waren gerade einmal 0,23 Prozent der

72 Mit Bezug auf die ursprüngliche sozialistische Akkumulation vergleicht Felix Wemheuer (2014) die bolschewistische und maoistische Landwirtschaftspolitik.

Bauernhaushalte in Genossenschaften organisiert, 1957 waren es dann schon 97,4 Prozent (laut Domes 1977: 22). Zumeist wurden Dörfer zusammengefasst, überwiegend zu Genossenschaften »höheren Typs«, in denen alle Geräte, Nutztiere und Äcker im Dorf als Kollektiveigentum galten und nur noch Häuser, Gärten und Kleinvieh Privateigentum der Bauern blieben. In diesen Genossenschaften sollte das Prinzip »Jedem nach seiner Leistung« durchgesetzt werden, und zwar durch ein Arbeitspunktesystem. Für verschiedene Kategorien von Arbeiten gab es pro Stunde (und sofern die Arbeitsnormen eingehalten wurden) jeweils eine bestimmte Anzahl von Arbeitspunkten, die in Büchern vermerkt wurden. Entsprechend ihrer Arbeitspunkte wurden die Bauern schließlich entlohnt, teils mit Bargeld, größtenteils mit Naturalien. Da Qualifikationen, Arbeitsteilung und Produktionsmittel in der chinesischen Provinz kaum entwickelt waren, erwies sich das Arbeitspunktesystem als halbwegs praktikabel. Dennoch kam es zu Komplikationen: So scheuten sich einige Genossenschaftsfunktionäre, die Arbeitsleistungen der Genossenschaftsmitglieder zu kontrollieren und niedrig zu bepunkten, andere wiederum berücksichtigten die Arbeitsleistungen wenig und gaben parteinahen Bauern mehr Punkte als antikommunistischen Bauern (vgl. ebd.: 26f., 77 u. 87).

1958 sollte der zweite Fünfjahrplan beginnen und Mao verkündete gegen Widersacher in der Partei, die mehr Realismus und weniger Tempo anmahnten, den »Großen Sprung«. China sollte schneller industrialisiert, der Sozialismus konsolidiert und der Kommunismus binnen zwanzig Jahren erreicht werden: durch vollständige Abschaffung des Privateigentums, Vervollkommnung des Plansystems, Massenkampagnen, Verbot der freien Arbeitsplatzwahl, Mobilisierung von Arbeitskraft und Aufbau von Infrastruktur und Industrie auf dem Lande (weil dort, nach Ansicht des Regimes, große Mengen Arbeitskraft schlummerten). »Mehr als hundert Millionen Menschen wurden in halbmilitärischen Einheiten mobilisiert, um – häufig weit von ihren Heimatorten entfernt – an Bewässerungsanlagen, in der Wiederaufforstung oder an Staudammprojekten zu arbeiten.« (Priestland 2009: 430) Die herrschende Produktions- und Eigentumsform sollte in der Stadt und auf dem Land, als Zwischenschritt hin zur kompletten Nationalisierung, die Volkskommune werden. In den Volkskommunen sollten tausende Haushalte zusammengefasst und politisch und wirtschaftlich als Kollektiv organisiert werden. Einen Eindruck, wie sich das Regime die Volkskommune vorstellte, gibt das Probestatut einer ländlichen Volkskommune (abgedruckt in Dommes 1977: 141–151), das im September 1958 in chinesischen Zeitungen veröffentlicht wurde:

Laut Artikel 1 soll die Volkskommune die Basisorganisation des werktätigen Volkes und der Führung der kommunistischen Partei unterstellt sein. In Artikel 2 wird die Volkskommune darauf verpflichtet, das sozialistische System zu festigen und Richtung Kommunismus zu marschieren. Dem sozialistischen Prinzip nach sollen die Konsumgüter entsprechend den Arbeitsleistungen an die Mitglieder ausgegeben werden. Mit der Zeit, in dem Maße, wie Überfluss vorhanden sein wird und die Mitglieder freiwillig arbeiten, soll das kommunistische Prinzip durchgesetzt und die Grundnahrungsmittel gemäß den Bedürfnissen ausgegeben werden. Art. 3: Alle Mitglieder der Kommune müssen die Arbeitsdisziplin verinnerlichen. Art. 4 und 5: Alle Mitglieder übergeben ihr Eigentum an Boden, Häusern, Grund, Nutztieren, Bäumen und Produktionsmitteln an die Kommune. Art. 6: Die Kommune treibt die Mechanisierung der Landwirtschaft voran und errichtet eigene Werkstätten und Fabriken. Dann wird in Artikel 6 noch genau aufgezählt, was die Kommune alles baut, herstellt und instand hält: bestimmte Fabriken und Raffinerien, diverse Produktionsmittel, Straßen, Kanäle, Verkehrsmittel, Stromnetz, Telefonleitungen etc. Art. 7: Die Kommune muss Ausgabelager errichten, in denen die Mitglieder (teils nach sozialistischem Prinzip, teils schon nach kommunistischem Prinzip) ihre Lebensmittel bekommen. Art. 9: Die Kommune soll Fachhochschulen und Universitäten errichten. Die Kommunemitglieder sollen ermutigt werden, Natur- und Agrarwissenschaften zu studieren, und in dem Maße, wie Arbeitszeit mit der Mechanisierung der Produktion eingespart wird, mehr und mehr Ausbildungszeit zugestanden bekommen. Art. 12: Die Delegiertenversammlung der Kommune wählt ein Kontrollkomitee, dieses wird von staatlichen Kontrollbehörden angeleitet. Art. 23: Auf Grundlage des staatlichen Fünfjahrplans legt die Kommune Jahrespläne für die eigene Produktion fest. Art. 25: Die Kommune bemüht sich, die Produktionskosten niedrig zu halten.

Weiteren Aufschluss darüber, wie das Wirtschaftsleben in der Volkskommune vor sich gehen sollte, gibt ein Bericht aus einer Kommune, der im September 1958 in der Jugendzeitung der Partei veröffentlicht wurde: »In der Ch'ayzing-Kommune wird bei Tagesanbruch geläutet und gepfiffen. In ungefähr einer Viertelstunde sind die Bauern zum Dienst angetreten. Auf Befehl der Zug- und Kompanieführer marschieren die Kolonnen mit Fahnen auf die Felder. Hier sieht man keine Bauern mehr, die in kleinen Gruppen von zwei oder drei Mann gemütlich und langsam auf die Felder gehen. Was man jetzt hört, sind Marschgesänge und abgemessene, militärische Schritte. Die vollkommen freizügigen Lebensgewohnheiten, welche die Bauern seit Jahrtausenden kannten, sind endgültig vorüber. Wie gewaltig ist doch der Wechsel! Um sich an die Gemeinschaftsarbeit und das Gemeinschaftsleben anzupassen, hat die Volkskommune eine Bewegung begonnen, in der ganze Dörfer miteinander verschmolzen werden und die Mitglieder von einer Behausung in die andere umziehen sollen. [...] Wie wundervoll ist doch dieser Wechsel! Seit alters her haben die Bauern ihre von den Vorfahren ererbten Häuser mehr geschätzt als alles andere! Jetzt aber, da private Grundstücke, Häuser und teilweise auch die Viehbestände in das Eigentum der Volkskommune übergegangen sind, sind alle Bande, welche Bauern noch an ihr Eigentum fesselten, zerbrochen, und sie fühlen sich viel freier und unbeschwerter als früher. Die Bauern sagen: ›Es macht keinen Unterschied, wohin wir umziehen. In jedem Fall sind wir in unserer Ch'aoying-Heimat zu Hause.< Es gibt nichts mehr in ihren Häusern, wonach sie sich sehnen. Die Volkskommune ist ihre Heimat. Jetzt sind in den Dörfern Kantinen und Kindergärten zu finden. Alle Häuser sind abgeschlossen, da alle Bewohner auf die Felder oder in die Werkstätten marschieren. Man kann nicht länger das altgewohnte Phänomen beobachten, daß in jeder einzelnen Familie gekocht wird oder die Kinder großgezogen werden. Der Rahmen der Einzelfamilie, die für Tausende von Jahren existierte, ist vollständig zerschlagen worden.« (zit. n. Domes 1977: 43 f.) 99 Prozent der Bauernhaushalte, so berichtete man Ende 1958 in China, seien binnen kürzester Zeit in Volkskommunen zusammengefasst worden.

Doch die Volkskommunen funktionierten viel weniger perfekt als propagiert. Die Funktionäre sahen sich mit der wirtschaftlichen und politischen Organisation der Kommunen überfordert, es kam zu Engpässen in der Versorgung. Die Bauernschaft rebellierte und reagierte mit Bummelstreiks, Befehlsverweigerung, Plünderungen und Aufständen. Während des Großen Sprungs verlor die chinesische Volkswirtschaft an Kraft; die Landwirtschaft ächzte unter der Mobilisierung der bäuerlichen Arbeitskräfte zugunsten der Industrie; Produktion und Distribution litten an der Revolutionierung der Eigentumsverhältnisse. Schlechte Witterungsverhältnisse kamen auch noch hinzu. 1960 bis 1962 wurde China von einer gewaltigen Hungerkatastrophe heimgesucht; 15 bis 45 Millionen Menschen fielen ihr auf dem Land zum Opfer, Millionen flüchteten in Städte und Millionen in Nachbarstaaten (Wemheuer 2012: 172–207).

In der kommunistischen Partei formierte sich die Opposition der Rechten und Pragmatiker. Sie beendeten den Großen Sprung und begannen mit der »Readjustierung«: Die Volkskommunen in den Städten wurden abgeschafft, die Landkommunen zu politischen Verwaltungseinheiten ohne ökonomische Befugnisse. Die ländlichen Genossenschaften (durchschnittlich 150 Haushalte) und Produktionsgruppen (durchschnittlich

30 Haushalte), die zu Untereinheiten der Volkskommunen herabgesunken waren, wurden wieder Eigentümer der Produktionsmittel; in begrenztem Maße wurden auch privatwirtschaftliche Produktionsmittel, Initiativen und Märkte erlaubt. Auch sollten sich die Genossenschaften wieder auf die Landwirtschaft konzentrieren, statt sich an den Hochöfen zu schaffen zu machen, die während des Großen Sprungs in den Volkskommunen errichtet wurden.

Mit Beginn (1966) der Kulturrevolution versuchten Mao und seine Anhänger die Volkskommune nochmals, zumindest auf dem Land, als bestimmende wirtschaftliche Einheit durchzusetzen. Damit hatten sie so wenig Erfolg wie mit der ganzen Kulturrevolution. 1971 kam es erneut zur Readjustierung; die Volkskommunen wurden abermals zugunsten kleinerer Kollektivwirtschaften entmachtet. Dann 1983, unter Deng Xiao-ping, wurde das Dogma der Kollektivwirtschaft überhaupt infrage gestellt und der Privatisierung der Landwirtschaft Tür und Tor geöffnet. China wählte den Weg des staatlich stark regulierten Kapitalismus und geht ihn bis heute: teilweise Marktwirtschaft, teilweise Staatswirtschaft, und ganz und gar keine Demokratie. Dabei ist dieser staatlich regulierte Kapitalismus immer noch besser als das, was unter Mao geschaffen wurde, in dem Versuch, den Kommunismus zu verwirklichen.

Wie am Beispiel Chinas so hat sich in Teil II überhaupt der Verdacht aufgedrängt, dass der Realsozialismus insbesondere dort totalitäre Züge ausprägt, wo seine Versuche am entschlossensten waren, in den Kommunismus zu gelangen. Dieser Verdacht sei hier angemeldet. Um ihn zu erhärten, müsste die Untersuchung aber noch breiter angelegt sein, weitere sozialistische Länder und Wege in den Blick nehmen und die verschiedenen Stadien des Sozialismus eingehender miteinander vergleichen.

III

Fragmente des Kommunismus

Der Realsozialismus hat enttäuscht. Sein einstiger Anlass jedoch existiert fort; die soziale Ungerechtigkeit ist nicht aus der Welt geschafft. Während fünfzig Prozent der Menschen weltweit mit weniger als zwei Dollar pro Tag auskommen müssen, obwohl sie schwer schuften oder weil sie keine Arbeit finden, verfügen die Millionäre und Milliardäre, die es weltweit gibt, zusammen über 50 Billionen Dollar (laut Dohmen 2014: 137–139). Die soziale Marktwirtschaft, die den Arbeitern und auch den Arbeitslosen in den reicheren Industrienationen im Westblock mehr Wohlstand und soziale Absicherung gewährt hatte, schwindet dahin. Auch in Deutschland: Die Reichsten legen an Vermögen zu, aber aus der Mittelschicht sinken mehr und mehr Bürger in die Unterschicht herab; die Anzahl tariflich geregelter Arbeitsverhältnisse wird kleiner, die Zahl der Teilzeitbeschäftigungen und *working poor* steigt und die Arbeitslosen werden zunehmend gezwungen, jede Arbeit anzunehmen (vgl. Nachtway 2016). Die Empörung über die soziale Ungerechtigkeit in der Welt und die Erosion der Sozialsysteme äußert sich immer wieder, so in den Protesten der Globalisierungskritiker, der *Occupy*-Aktivisten und der *Indignados* und im Aufkommen neuer Parteien wie *Podemos* in Spanien und *Syriza* in Griechenland. »Was allen Protesten bisher allerdings fehlt, ist eine Idee von einer gelingenden Zukunft.« (ebd.: 15) Vor hundert Jahren hieß diese Idee Kommunismus oder Sozialismus. Übrig geblieben davon sind nur noch Fragmente. Entweder solche in der Praxis wie jene Regime, die unter alten Bannern mal vor sich hin dörren (Kuba) und mal zu Monarchien (Nordkorea) geworden sind. Oder Fragmente in der Theorie, von denen heute der ein oder andere behauptet, sie stünden für einen anderen, besseren, funktionstüchtigen Kommunismus. Was ist dran an diesem besseren Kommunismus?

Herrschaftsfreiheit

Die Aktualität des Anarchismus

Der Anarchist Michael Bakunin hatte die Diktatur des Proletariats abgelehnt und schon vorm Staatssozialismus gewarnt, als es diesen noch gar nicht gab. Der Staat, so agitierte er gegen Kommunisten und Sozialisten, sei kein Mittel, das sich im Sinne der Revolution nutzen ließe und dann von selbst erübrige, sondern ein Bollwerk der Herrschaft, das abgeschafft werden müsse. Statt durch die Herrschaft des Proletariats müssten die Produktionsmittel durch das Volk angeeignet und die Gesellschaft durch dessen Initiativen, Assoziationen und Föderationen regiert werden, d. h. von unten (vgl. Albers 1977: 16f.).

Bakunin war der Vertreter eines Anarchismus, der nicht nur auf Abschaffung von Herrschaft, sondern auch auf mehr soziale Gerechtigkeit zielte und als sozialer Anarchismus bezeichnet werden kann. Aufgrund dieser Gemeinsamkeit waren Bakunin und Marx bzw. der soziale Anarchismus und der Kommunismus Mitte des 19. Jahrhunderts noch Bundesgenossen. In den 1870er Jahren aber wurden sie zu Opponenten, als Marxisten und Bakunisten um die Vorherrschaft in der Arbeiterbewegung stritten und Bakunin auf Betreiben Marx' aus der Internationalen Arbeiter Assoziation (IAA) ausgeschlossen wurde. Die Bekämpfung des Anarchismus durch die Kommunisten verstärkte sich noch, als die bolschewistische Oktoberrevolution siegte, der Leninismus zur Doktrin der Arbeiterbewegung und der Kreml zum Olymp des Weltkommunismus wurde.

Als der Realsozialismus seine Maske fallen ließ (in Chruschtschows Anti-Stalin-Rede von 1956) und auch viele westliche Anhänger enttäuschte (nochmals 1968 mit dem Einmarsch der Roten Armee in Prag), gewann der Anarchismus wieder an Einfluss, einerseits als Weltanschauung, mehr aber noch als politische Kultur, die Gebräuche und Gesinnung durchdringt und gegen jede Form von Herrschaft, Hierarchie und Autorität gerichtet ist. Vermutlich diente diese politische Kultur der Linken auch zur inneren Läuterung, d.h. als Lehre aus dem Werdegang des Realsozialismus, die davor bewahren sollte, nochmals ein totalitäres Gesellschaftssystem zu erschaffen. 1968 war das Jahr, in dem die politische Kultur des Anarchismus weltweit auflebte. Von da an wirkte sie fort, zumeist getragen von Jugendlichen und jungen Erwachsenen, mal politisch und mal apolitisch, mal im Widerspruch zum Marxismus und mal im Bündnis mit diesem, mal konstruktiv und sozial, mal destruktiv und asozial: bei den Kommunarden und Hippies, im Situationismus, in der antiautoritären Erziehung, in der Sponti- und Provo-Bewegung, in der Friedens- und Ökobewegung, im Operaismus und Postoperaismus und in der Punker-, Autonomen- und Hausbesetzer-Szene, die in den 80ern und 90ern im Zeichen der Anarchie stand, mit dem Schulbänke und Hauswände vollgeschmiert wurden.[73] Revolutionäre Parteien und Parteidisziplin, wie Lenin sie einst eingefordert hatte, gingen aus diesen Strömungen nicht hervor. Umso erstaunlicher ist, wie prägend die anarchistische Kultur bis heute geblieben ist. In den letzten zwanzig Jahren waren es die Antiglobalisierungs- und die Occupy-Bewegungen (zudem in Spanien die Bewegung der *Indignados*), in denen die politische Kultur des Anarchismus fortlebte.

Die Antiglobalisierungsbewegung (die Bezeichnung hatte sich eingebürgert, obwohl viele Aktivisten betonten, für eine

73 *By the way* – etwas Punkrock aus Eisleben: »Du ziehst los mit der Dose in der Hand / Als Anarchist bist du bekannt / Und du sprühst es an die Wand / Das A im Kreis: Anarchie!« (Band: Müllstation, Song: Anarchie, Jahr: 1994)

sozialere Globalisierung zu demonstrieren) ist durch eine fluide Form des Anarchismus geprägt gewesen; besonders die jungen, radikalen Aktivisten haben libertäre, antiautoritäre und antikapitalistische Vorstellungen geteilt, sich in kleinen, autonomen, vernetzten Gruppen organisiert, und ohne Hierarchie und Zentrale versucht, gemeinsame Standpunkte zu formulieren und Entscheidungen zu treffen (vgl. Epstein 2001). Ähnlich, aber friedfertiger, trat die Occupy-Bewegung in Erscheinung. Im bekanntesten aller Occupy-Camps, im New Yorker Zucotti-Park unweit der Wall-Street, tagte die Generalversammlung, so schildern es Teilnehmer in einem Buch (Blumenkranz u. a. 2011), tagein tagaus, Stunde um Stunde, oft allein um die Frage kreisend, wie am besten, d. h. emanzipiert von aller Autorität und Macht, zu diskutieren sei. Jede Stimme wurde gehört, über jedes Wort jeder Presseerklärung gemeinsam und demokratisch abgestimmt. Die Vollendung der Demokratie. Dagegen dürfte doch nichts einzuwenden sein, hatten die Aktivisten geglaubt. Doch der eingeflogene Linksintellektuelle Slavoj Žižek warf in seiner Rede die Organisationsfrage neu auf – ausgerechnet im Rekurs auf Lenin und dessen Plädoyer für eine straffe Parteiorganisation. »Demokratischer Zentralismus« (Lenin), so Žižek, wäre gut für die Occupy-Bewegung, direkte Demokratie hingegen sei ein Mythos, in den die Neue Linke verstrickt sei. Zwar könne der basisdemokratische Zusammenhalt einer Bewegung für die Dauer politischer Erregung und spontaner Mobilisierung gelingen. Aber auf Dauer funktioniere Politik nur, sofern eine feste Organisation das politische Tagesgeschäft erledige und eine gewählte Führung die Bewegung vertrete und führe (Žižek 2013). Mit diesem Vortrag ramponierte Žižek seinen Ruf in der Bewegung und sollte Recht behalten. *Occupy* löste sich bald in Luft auf – schneller noch als die Antiglobalisierungs-Bewegungen ein Jahrzehnt zuvor.

Es könnte eingewendet werden, dass der Untergang beider Bewegungen nicht nur in der unverbindlichen Organisationsform, sondern auch im Mangel einer gesellschaftlichen Alternative begründet sei. Tatsächlich fiel besonders in der Occupy-Bewegung beides in Eins: Organisationsform und Gesellschaftsalternative. Die Bewegung zielte in ihrer Konstitution schon aufs Ganze, sie wollte die neue Gesellschaft vorwegnehmen. Mit größtem Ernst versuchten die Aktivisten in ihren Camps ein neues gesellschaftliches Miteinander vorzuleben und den Alltag im Camp im Zeichen gegenseitiger Hilfe zu gestalten und Politik abseits aller Herrschaft zu machen. Die Konstitution der Occupy-Bewegung und somit der kommenden Gesellschaft hat David Graeber, intellektuelle Galionsfigur von *Occupy* und bekennender Anarchist, in Worte gefasst: Es werden »horizontale Netzwerke« geknüpft, »die an die Stelle von top-down-Strukturen wie Staaten, Parteien oder Konzernen treten sollen, aktive Netzwerke, die auf den Prinzipien dezentralisierter, nicht-hierarchischer Konsensdemokratie beruhen.« (zit. n. Taylor 2012) Nun fragt sich, ob eine solche Gesellschaft auch wirklich in der Lage wäre, ihre Gesellschaftsmitglieder mit ausreichend Gütern zu versorgen. Oder ob der Produktionsprozess so flüchtig und windig wäre wie die basisdemokratische Vernetzung im Zucotti-Park.

Die Organisationsfrage, die alle politischen Bewegungen ereilt, liefert einen Vorgeschmack auf die Organisationsfrage, die nach der Revolution folgen würde: Wie das Gemeinwesen, wie dessen Ökonomie organisieren? Können Produktion und Distribution planmäßig und ohne Zentralinstanz koordiniert werden? Ohne Markt und Staat? Von unten? Bakunin war es nicht, der sich eine solche Gesellschaftsalternative ausmalte. Er war in ökonomischen Fragen zwischen Proudhon und Marx hin und her gerissen und nicht entschieden gegen jede Form von Marktwirtschaft. Aber Peter Kropotkin plädierte in der Nachfolge von Bakunin und Marx dann für eine solche Gesellschaft, d. h. für Selbstverwaltung von unten und eine kommunistische Wirtschaftsweise: »Wir wollen uns mit der anarcho-kommunistischen Gesellschaft befassen, mit einer Gesellschaft also, die die volle und uneingeschränkte Freiheit des Individuums anerkennt, keine Autorität duldet und die Menschen nicht mit Zwangsmitteln zur Arbeit treibt.« (Kropotkin 1892: 213)

Kropotkins Anarchokommunismus

1917, zwischen Februarrevolution und Oktoberrevolution, kehrte Peter Kropotkin nach Jahrzehnten des Exils in sein Heimatland zurück und unterstützte, wiewohl er sich als Kommunist sah, die bürgerlichen Kräfte. Er hatte Angst vor dem diktatorischen Sozialismus, wie ihn seines Erachtens die Bolschewiki vertraten. Nach der Oktoberrevolution steckten die Bolschewiki viele Anarchisten ins Gefängnis. Kropotkin aber wurde aufgrund seines Rufs, seines Alters und seiner Verdienste für die Arbeiterbewegung gewissermaßen unter Denkmalsschutz gestellt. Er durfte sogar ungestraft antibolschewistische Briefe an die Arbeiter der Welt versenden. Als er dann 1921 starb, lehnte die Familie Kropotkins das Angebot eines Staatsbegräbnisses ab. Die Zeremonie wurde zur antibolschewistischen Großdemonstration, zur letzten dieser Art in Sowjetrussland. 100.000 Menschen begleiteten den Sarg durch Moskaus Straßen und gemahnten auf Fahnen und Transparenten an die freiheitlichen Ziele der Arbeiterbewegung. In den darauffolgenden Monaten wurden tausende Anarchisten und Linkskommunisten interniert.

In vielen Punkten hatte Kropotkin mit Marx übereingestimmt. Immerhin war er Anarcho-Kommunist, also Kommunist. Als solcher plädierte er für die Vergesellschaftung der Produktionsmittel und eine auf Kraftschonung ausgerichtete Wirtschaftsweise und vertraute auf den Fortschritt der Produktivkräfte als Garanten gesellschaftlichen Reichtums. In anderen Punkten wich Kropotkin von Marx ab. So betont er im Gegensatz zu Marx, der sich betreffs der Konstitution der zukünftigen »Gesellschaft« nur sporadisch äußert und nicht eindeutig festlegt, entschieden die basisdemokratische Organisationsform des Kommunismus. Politische Entscheidungen müssten im Kommunismus durch Volksversammlungen gefällt werden; die kommunistische Wirtschaft müsse von unten aufgebaut und eine Ansammlung freier Assoziationen sein. Im Hinblick auf die zukünftigen Zellen des Kommunismus, die Assoziationen, verweist Kropotkin immer wieder hocherfreut auf die damals rapide wachsende Zahl an Vereinen, Gewerkschaften und Genossenschaften, aber auch auf das private Unternehmertum.[74] So unterstreicht er (auch als weitgereister Fahrgast), dass das private britische Eisenbahnsystem, das 110 Eisenbahnunternehmen umfasse, im Vergleich zu den staatlichen Eisenbahnsystemen Frankreichs und Deutschlands viel besser funktioniere (Kropotkin 1892: 203). Die Privatwirtschaft sei ein Beweis für die Fähigkeiten und Energien der Menschen. Und der Liberalismus sei ein Verwandter des Anarchismus: »Adam Smith und seine Zeitgenossen wußten wohl, was sie verurteilten, als sie gegen die Staatseinmischung ins Gewerbe und gegen die vom Staat ausgehenden gewerblichen Monopole schrieben.« (Kropotkin 1902: 186, Anm. 13) Zwar hasst Kropotkin den Staat viel inbrünstiger als das Kapital, aber mit der kapitalistischen Wirtschaftsweise wollte er sich auch nicht zufriedengeben. Es müsse »die angemessene Form gefunden« werden, um Landwirtschaft, Industrie und Verteilung »nach kommunistischen Prinzipien« zu organisieren (Kropotkin 1892: 60).

Bei dieser Suche nach einer angemessenen Form beweist Kropotkin einerseits Problembewusstsein, andererseits jedoch hält er die Natur für die Lösung aller Probleme. Sein Problembewusstsein zeigt sich insbesondere in seiner Analyse

74 In den großen Industrienationen wurde während des 19. Jahrhunderts versucht, die Bildung von Gewerkschaften durch Assoziationsverbote zu verhindern. Auf Druck der Arbeiterbewegung wurden diese Verbote im letzten Drittel des 19. Jahrhunderts in England, Frankreich, Deutschland und anderen Ländern aufgehoben. Kropotkin wurde Zeuge, wie die Mitgliederzahlen der Gewerkschaften und die Zahl an Verbänden und Vereinen explosionsartig anstiegen.

vorangegangener gescheiterter Revolutionen sowie in seinen eindringlichen Warnungen an alle künftigen Revolutionäre. 1793 und 1871 seien, so Kropotkin, die Revolutionen nicht zuletzt am Zusammenbruch der Versorgung gescheitert. Wer zukünftig eine Revolution durchführen und eine neue Gesellschaft errichten wolle, müsse um die Größe und Bedeutung der »Brotfrage« wissen: »Paris konsumiert jährlich Tausende Tonnen Getreide, 400.000 Ochsen und Kühe, 300.000 Kälber, 400.000 Schweine und mehr als 2 Millionen Hammel und dazu noch große Mengen Wild. Außerdem braucht Paris noch etwa 20 Millionen Pfund Butter und 200 Millionen Eier und alles übrige in vergleichbaren Mengen. Mehl und Getreide kommen aus den Vereinigten Staaten, aus Rußland, Ungarn, Italien, Ägypten und Indien. Vieh wird aus Deutschland, Italien, Spanien, sogar aus Rumänien und Rußland eingeführt.« (ebd.: 139 f.) Das bürgerliche System, das die Versorgung der Pariser mit all diesen Lebensmitteln gewährleiste, würde kollabieren, sobald die bürgerlichen Eigentumsverhältnisse durch die Revolution angegriffen würden. Also müssten die Aufständischen ab der ersten Sekunde der Revolution nicht nur Barrikaden bauen, sondern umgehend damit beginnen, die vorhandenen Lebensmittel zu konfiszieren, zu inventarisieren und ein neues Produktions- und Versorgungssystem zu errichten. Trotz der Größe der Aufgabe, auf die er so eindringlich hinweist, gibt sich Kropotkin zuversichtlich: »Hat das Volk nur freie Hand: in acht Tagen wird die Lebensmittelverwaltung mit vortrefflicher Regelmäßigkeit funktionieren. Nur wer das arbeitende Volk nie bei der Arbeit erlebt hat, wer ein Leben lang seine Nase in Akten gesteckt hat, kann daran zweifeln.« (ebd.: 130 f.) Das ist das erste, was die Revolution und die neue Gesellschaftsordnung leisten muss: Brot für alle. »Doch von der Revolution erwarten wir auch noch etwas Anderes. Wir sehen, daß der zu mühevollem Existenzkampf genötigte Arbeiter dermaßen heruntergekommen ist, daß er nie jene höheren Genüsse – die höchsten dem Menschen erreichbaren Genüsse – kennenlernt, wie Wissenschaft und Kunst und namentlich wissenschaftliche Forschung und künstlerisches Schaffen sie gewähren. Gerade um jedem diese heute einer kleinen Minderheit vorbehaltenen Genüsse und die Muße und die Möglichkeit zu vermitteln, seine intellektuellen Fähigkeiten zu entfalten, muß die Revolution jedem das tägliche Brot garantieren. Danach ist Muße zu schaffen ihr höchstes Ziel.« (ebd.: 170 f.)

Sein Vertrauen ins einfache Volk sieht Kropotkin, der der Aristokratie entstammte, in seiner Theorie der Natur begründet. Übrigens war Naturwissenschaft seine ursprüngliche Profession gewesen: Bevor er im Alter von dreißig Jahren aufgrund des Erbes, dessen er durch den Tod seines Vaters habhaft wurde, die lang ersehnte Reise durch Westeuropa antreten konnte, auf sozialistische Intellektuelle traf, Anarchist wurde und in russische Haft geriet, war er ein erfolgreicher und entdeckungsfreudiger Geograf gewesen. Gleichwohl wurde er in seinem Lebenswandel hin zum Anarchisten den Ambitionen seiner Jugend nicht untreu: In Gefängnisausbruch und Flucht seiner späteren Jahre lebten seine einstigen Expeditionen wieder auf und in seinem bedeutendsten Buch *Gegenseitige Hilfe in der Tier- und Menschenwelt* begründet er den Anarchokommunismus naturwissenschaftlich. Die Grundthese darin in Anknüpfung an Charles Darwin und wider diesen ist: Die Lebewesen, die kooperieren, sparen Kraft und überleben im Daseinskampf besser. Dabei weiß Kropotkin um bestimmte Tiere und Menschen und deren Verhaltensweisen, die alles andere als kooperativ sind. Doch auch dafür ist Platz in seiner Theorie. Denn es handelt sich um eine Theorie der Evolution und in der Evolution gibt es eine Entwicklung. Kropotkins Evolutionstheorie zufolge setzt sich in Natur und Geschichte ein Prinzip durch, das dem Anarchokommunismus, wie er sich ihn wünscht, äußerst förderlich ist.

Im ersten Viertel des Buches widmet sich Kropotkin der Tierwelt. Es dürfte sich um eine der schönsten Beschreibungen der Tierwelt überhaupt handeln – zu schön, um wahr zu sein. Kropotkin stellt seine Beobachtungen verschiedener Tiere vor und unterstreicht deren soziale Eigenschaften: dass sie miteinander spielen, sich necken, miteinander kommunizieren, sich gegenseitig helfen, einander liebhaben, miteinander schmusen und am Ende traurig sind, wenn ein geliebter Artgenosse gestorben ist. Die »Notwendigkeit, Gefühle mitzuteilen, zu spielen, schwatzen oder einfach zu empfinden, daß andere befreundete Wesen in der Nähe sind, erfüllt die ganze Natur« (Kropotkin 1902: 67). Solche allgemeinen Sätze ziehen ihre Berechtigung aus Kropotkins Beobachtungen: »Die Kolonien der Präriehunde in Amerika bilden einen entzückenden Anblick. Soweit das Auge die Prärie übersehen kann, gewahrt es Erdhaufen, und auf jedem von ihnen steht ein Präriehund, der mit Hilfe eines kurzen Gebells eine lebhafte Unterhaltung mit seinen Nachbarn führt. Sowie das Herannahen eines Menschen signalisiert wird, verschwinden sie alle im Augenblick in ihre Wohnungen; alle sind wie durch Zauberkünste verschwunden. Aber wenn die Gefahr vorüber ist, erscheinen die kleinen Geschöpfe bald wieder. Ganze Familien kommen aus ihren Gängen heraus und geben sich dem Spiel hin. Die Jungen kratzen einander, zausen einander und zeigen aufrechtstehend ihre ganze Grazie, während mittlerweile die Alten Wache halten. Sie machen einander Besuche, und die gebahnten Pfade, die alle ihre Haufen verbinden, zeigen, wie häufig diese Besuche stattfinden.« (ebd.: 57) Ebenso berichtet Kropotkin über Ameisen, wie sie gemeinsam ihre Städte bauen, über Vögel, die für ein gemeinsames Tanz- und Gesangsfest Plätze ausschmücken, über Nagetiere, die lieber in den Winterschlaf fallen, statt sich in Zeiten der Not um das wenige Futter zu streiten, und über Hasen, die so ins Spiel vertieft sind, dass sie einen herannahenden Fuchs für einen Spielkamerad halten. Besonderen Wert legt Kropotkin auf die Feststellung, bestimmte Tiere, etwa Biber und Ameisen, erledigten die Arbeit kooperativ – wie Menschen. Was beim Menschen, zumal in dessen kommunistischer Gesellschaft, wesentlich würde, komme schon im Tierreich vor. Deshalb spricht Kropotkin gelegentlich von Tiergesellschaften: »Die Gesellschaft ist nicht vom Menschen gegründet worden; sie ist älter als der Mensch.« (ebd.: 66, Anm. 27)

Im größeren Teil seines Buches schließlich untersucht Kropotkin das Prinzip der gegenseitigen Hilfe in der Geschichte der Menschheit. Im Grunde schildert das Buch die Geschichte der Assoziation. Und auch im Falle der menschlichen Geschichte kommt Kropotkin schließlich und nicht weiter überraschend zu dem Schluss, dass das Prinzip der gegenseitigen Hilfe erfolgreicher sei als das Prinzip der Herrschaft. Die Allgemeinheit, das Volk, habe sich in der Hauptsache immer an das Prinzip der gegenseitigen Hilfe gehalten. Ihm zuwider gehandelt hätten immer nur einzelne Individuen und deren Institutionen: Priester und Zauberer, die das Volk durch Aberglauben zu beherrschen versuchten, Kriegs- und Feudalherren, die das Volk ihrer Knute zu unterwerfen trachteten, Geldverleiher und Finanzkapitalisten, die das Volk in den Schuldendienst zu zwängen beabsichtigten, die Familie, die die Isolierung fördere, und der Staat, der dem Volk von oben seine Regeln aufzwingen wolle. Trotz aller Angriffe gegen das Solidaritätsprinzip habe sich dieses in der Geschichte Geltung verschafft: in den Stämmen (Gens), den Gemeindewirtschaften (Dorfmark, Mir), den Gilden und Hansen und schließlich in den modernen Genossenschaften, Gewerkschaften und Vereinen.

In den Urformen der Gesellschaft, in Klan und Stamm, sei das Prinzip der gegenseitigen Hilfe vorherrschend gewesen, aber schon durch die Bildung von Familien infrage gestellt worden. Kropotkin leugnet nicht die blutigen Fehden zwischen den Stämmen, er führt sie aber auf Aberglauben und diesen auf den Einfluss machtversessener Zauberer und Priester zurück und geht zudem davon aus, dass die Geltungsbereiche des Prinzips anfangs klein waren, aber immer weiter anwuchsen: Zuerst habe das Prinzip der gegenseitigen Hilfe nur innerhalb des Klans und des Stamms gegolten, habe sich dann auf das Volk ausgeweitet und werde irgendwann die ganze menschliche Gattung vereinen. Zuerst aber habe sich das Prinzip der gegenseitigen Hilfe auf die Gemeindewirtschaften (Dorfmark, Obschtschina) übertragen, welche entstanden, als die Stämme während der neolithischen Revolution sesshaft wurden. Kropotkin zufolge hat sich dieser Prozess auf der ganzen Welt ähnlich abgespielt. Auf allen Kontinenten ließen sich Spuren und Überbleibsel jener »allgemeinen Form der primitiven Landwirtschaft« (ebd.: 128) auffinden, die sich im Wesentlichen durch den Gemeinbesitz und die gemeinsame Bewirtschaftung des Landes und die Möglichkeit der Mitbestimmung für alle Gemeindemitglieder in der Gemeindeversammlung auszeichne. Die Gemeindewirtschaften hätten sich als erstaunlich resistent erwiesen, gerade im Heimatland Kropotkins. Zwar, so Kropotkin, sei es dem Adel gelungen, den Bauern Fronarbeit aufzuerlegen, aber die Bauern hätten das Gemeineigentum an Grund und Boden und die eigene Gerichtsbarkeit zu verteidigen gewusst. Von den agrarischen Gemeinden habe sich das Prinzip der gegenseitigen Hilfe zudem in die mittelalterlichen Städte hinübergerettet. Mit dieser Aussage kämpft Kropotkin insbesondere gegen die Auffassung, dass die abendländischen Städte des Mittelalters in der Tradition der antiken römischen Städte stünden. Ganz im Gegenteil: Das römische Imperium habe auf dem Prinzip der Herrschaft beruht, das Gegenteil des Prinzips der gegenseitigen Hilfe, welches in den mittelalterlichen Städten und dort insbesondere in den Gilden zum Ausdruck gekommen sei. Kropotkin lobt die Gilden und städtischen Versammlungen der Bürger als Vorformen des anarchischen Kommunismus; »vieles von dem, was jetzt als utopisch bezeichnet wird«, sei »damals tatsächliche Wirklichkeit« gewesen (ebd.: 184). Schließlich jedoch habe der Staat, der sich als einzige Verbindung zwischen den Menschen etablieren wollte, die Städte unterjocht, deren Selbstverwaltung, eigenständige Gerichtsbarkeit und den Gilden ein Ende gesetzt und Gesetze erlassen, die Handwerkern jede eigenständige Assoziation untersagten. Aber das Prinzip der gegenseitigen Hilfe habe in den Massen weitergewirkt und nun, so behauptet Kropotkin zu Beginn des 20. Jahrhunderts, in der Arbeiterbewegung einen mächtigen Fürsprecher erhalten und durch Genossenschaften, Gewerkschaften und Vereine in vielen Bereichen der Gesellschaft mächtig an Bedeutung zugelegt. Bald werde das Prinzip der gegenseitigen Hilfe so maßgebend geworden sein, dass eine anarchokommunistische Gesellschaft unausweichlich sei.

In einer späteren Schrift fasst er die Erkenntnisse nochmals zusammen: »Soweit wir die Geschichte der menschlichen Gesellschaft kennen, ließen sich in ihr immer zwei Strömungen des Denkens und Handelns, zwei verschiedene Tendenzen finden. Einmal die autoritäre, repräsentiert durch die Zauberer (die Gelehrten ihrer Zeit), die Priester, die Militärführer, die Eroberer usw., welche behaupteten, die Gesellschaft müsse von einer zentralen Autorität organisiert werden, welche die Gesetze mache, der zu gehorchen jedermann verpflichtet sei. Und als Gegensatz zu dieser autoritären Strömung gab es zu allen Zeiten auch eine volksnahe, welche die Gesellschaft nicht von oben nach unten organisieren wollte, sondern auf einer egalitären Grundlage, ohne Autoritäten, vom Einfachen zum Komplizierten, über die freie Vereinbarung der Individuen im Klan, im Stamm, später in der Dorfgemeinschaft und in anderen Zusammenschlüssen.« (Kropotkin 1913: 164)

Sofern das Prinzip der gegenseitigen Hilfe wirklich ein Evolutionsprinzip wäre und im Anarchokommunismus zum herrschenden Prinzip würde, lösten sich natürlich viele Grundprobleme einer kommunistischen Gesellschaft in Luft auf: Die Menschen würden die Arbeit erledigen, um sich gegenseitig zu helfen, und wären nicht auf ihren gerechten Lohn bedacht, sondern würden Nachbarn und Armen von ihrem Reichtum abgeben. Platon, Morus und Lenin mussten die Gewalt der Wächter, Syphogranten oder der Lebensmittelbeschaffungsarmee herbeirufen, um die Einzelnen zur Ableistung ihres Dienstes an der Gesellschaft zu nötigen. Kropotkin kann dieser Polizeigewalt abschwören, denn er glaubt eine viel mächtigere Gewalt als die des Staates auf Seiten des Anarchokommunismus: die Gewalt der Natur bzw. der Evolution.

Wenn Kropotkin die freie Vereinbarung und Assoziation der Individuen im Klan, im Stamm und in der Dorfgemeinschaft würdigt, so lobt er Individuen, in denen das erfolgversprechendere Prinzip der Evolution schon gefruchtet hat und die so frei sind, ihrer Natur gerecht zu werden und ihrer »natürlichen Pflicht« (Kropotkin 1902: 143) nachzukommen. »Der Mensch ist keine Ausnahme von der Natur. Er ist ebenfalls dem großen Prinzip der gegenseitigen Hilfe unterworfen, das denen die besten Aussichten des Überlebens gewährt, die einander am besten im Kampf ums Dasein unterstützen.« (ebd.: 118) So folgt, was folgen muss: Trotz der Beteuerungen gerade in einer früheren Schrift, Individualismus und Gemeinwohl brächten sich wechselseitig hervor (Kropotkin 1892: 170–190), ergreift Kropotkin in seinem Hauptwerk oftmals resolut Partei für die Gemeinschaft zulasten des Individuums. Er huldigt dem obersten Gesetz gentiler Gesellschaften: »jeder für alle«, und der entsprechenden »Selbstbeschränkung und Selbstopferung im Interesse des Klans«, konkret der Selbstopferung der arbeitsunfähigen Alten in Zeiten des Nahrungsmangels (Kropotkin 1902: 115). Dass er solche Selbstaufopferung nicht nur als traurigen Ausdruck der Not auffasst, sondern als konsequenten Ausdruck des Prinzips gegenseitiger Hilfe verehrt, deutet sich auch in seinen Schilderungen der Arbeits- und Kampfgemeinschaft der von ihm gepriesenen Ameisen an: Die »Wespennester wurden nach einer Schlacht, in der viele Ameisen für das Gemeinwohl untergingen, von den Ameisen erobert.« (ebd.: 34) Entsprechend kritisch wendet sich Kropotkin gegen einen »ungezügelten Individualismus«, der der »menschlichen Natur« entgegensteht (ebd.: 129). Selbst für einen solchen Individualismus übrigens findet er Beispiele im Tierreich: »Es ist bekannt, daß es immer eine Anzahl Bienen gibt, die dem tätigen Leben der Arbeitsbiene ein Räuberleben vorziehen; und daß sowohl Zeiten des Mangels wie der ungewöhnlich reichen Vorräte zu einer Vermehrung der Räuberklasse führen. Wenn unsere Ernten eingeführt sind und auf unseren Wiesen und Feldern nur noch wenig zu sammeln ist, dann trifft man die Räuberbiene häufiger; während andererseits in der Nähe der Zuckerpflanzungen Westindiens und der Zuckerfabriken Europas Räuberei, Trägheit und sehr oft Trunksucht bei den Bienen ganz gewöhnlich werden. Wir sehen also, die antisozialen Instinkte existieren immer noch bei den Bienen; aber die natürliche Auslese muß sie immer wieder austilgen, weil sich schließlich die Praxis der Solidarität als viel vorteilhafter für die Art erweist, als die Entwicklung von Individuen, die räuberische Neigungen haben. Der Schlauste und Gefährlichste werden zugunsten von denen ausgerottet, die die Vorteile des geselligen Lebens und der gegenseitigen Hilfe verstehen.« (ebd.: 36)[75]

Im Grunde vertraut Kropotkin ähnlich Fourier auf die weise Anordnung der Natur. Mit dem entscheidenden Unterschied: Fourier betrachtet alle Bedürfnisse und Tendenzen als gottgegeben, sei es der Hang der Kapitalisten, andere zu übervorteilen, sei es die Sucht der Kinder nach Süßigkeiten. Er macht keinen Kampf zwischen Eigenschaften aus, sondern hält es für die Aufgabe der Menschen, sie soweit in die richtige Anordnung zu bringen, bis sämtliche Bedürfnisse ihren Platz hätten und – wie die Räuberbiene sicherlich auch – »der einfache Mann jeden Tag in Weinen schwelgen« könnte (Fourier 1808: 231). Kropotkin dagegen sieht in der Welt zwei Tendenzen am Werk, von

75 Apropos Arbeitsbiene: Im Gegensatz zu Kropotkin zieht Marx deren Beispiel heran, um auf die Schattenseite des naturwüchsigen Kommunismus und Stammeslebens hinzudeuten: »Die Kooperation im Arbeitsprozeß, wie wir sie in den Kulturanfängen der Menschheit [...] vorherrschend finden, beruht einerseits auf dem Gemeineigentum an den Produktionsbedingungen, andererseits darauf, daß das einzelne Individuum sich von der Nabelschnur des Stammes oder des Gemeinwesens noch ebensowenig losgerissen hat wie das Bienenindividuum vom Bienenstock.« (Marx 1872k: 354) In solchen Verhältnissen zählt die Räuberbiene eigentlich zu den Altvorderen des Anarchismus.

denen eine sich durchsetzen und zum Anarchokommunismus führen und die andere im Prozess der Evolution ausgerottet werde.

Der Idee nach ist Kropotkins auf Naturmacht und Ausrottung beruhender Anarchokommunismus ausgesprochen autoritär. Vertraut wird zwar keiner Macht von oben, aber einer natürlich und unbedingt waltenden von unten. In der Praxis ist sein Ansatz dann aber antiautoritärer als der der Staatssozialisten, solange zumindest, wie seine Anhänger auf die Evolution vertrauen, abwarten und sich nicht erdreisten, jenem resoluten Zug, den sie der Natur unterstellten, wider andere Menschen Nachdruck zu verleihen.

Rätekommunismus und Syndikalismus

Die Syndikalisten und Rätekommunisten, deren Organisationen es in den 1920er Jahren in Europa zusammen auf weit über eine Million Mitglieder brachten, teilen mit den Anarchisten die Feindschaft gegen den Staat. Sie wollen keinen Staatskommunismus, sondern einen Kommunismus von unten: die »Selbstorganisation der Produktion und Verteilung durch die Produzenten« (Mattick 1970: IV). Differenzen zwischen Syndikalisten und Rätekommunisten bestanden in der Frage der Form der Selbstorganisation. Die Rätekommunisten votierten für Betriebsräte, die Syndikalisten für überbetriebliche Gewerkschaften und Arbeiterbörsen vor Ort. In Anbetracht des Parteikommunismus aber waren diese Differenzen unbedeutend und das einende Ziel »Arbeiterselbstbestimmung« von Belang. Wohl auch, weil sie und ihre Genossen vom Kreml heftig bekämpft wurden, formulierten sie ihre Kritik am Kreml klipp und klar – im Gegensatz zu vielen anderen Linken ihrer Zeit.[76] So schrieben holländische

76 In den 1920er und 1930er Jahren war die Abgrenzung zur Sowjetunion nicht allenthalben (zur damaligen linken Bolschewismuskritik vgl. Wallat

Rätekommunisten 1930, in der Sowjetunion herrsche »Staatskommunismus« und ein »Unterdrückungsapparat, der noch schwieriger zu bekämpfen ist als der Kapitalismus« (Internationale Kommunisten Holland 1930: 60).

Die Stellung der Rätekommunisten und Syndikalisten innerhalb der *Kommunistischen Internationale* war der der christlichen Häretiker innerhalb der mittelalterlichen Kirche nicht ganz unähnlich. Wie die Häretiker dem Vatikan vorgeworfen hatten, die Urkirche und die christlichen Ideen verraten zu haben, warfen die Rätekommunisten und Syndikalisten Moskau vor, die Arbeiterklasse und die Idee des Kommunismus zu verraten. Sie drängten auf das, was die Kommunistische Internationale und die Oktoberrevolution verkündet hatten, was nach 1917 aber durch die Bolschewiki unterdrückt wurde: die Herrschaft der arbeitenden Massen. Die Rätekommunisten forderten genau das ein, was ab 1918 die RSFSR (Russische Sozialistische Föderative Sowjetrepubliken) und ab 1922 die UdSSR (Union der Sozialistischen Sowjetrepubliken) ihren Namen nach versprochen hatten, aber

2012), aber in weiten Teilen der Linken verpönt. Informationen über Missstände in der Sowjetunion wurden als Hetze der imperialistischen Presse abgewehrt. Kaum einer wollte die Hoffnungen, die mit der Oktoberrevolution verbunden waren, aufgeben, dem »Imperialismus« und dessen Propaganda auf den Leim gehen, mit dem Kapitalismus gemeinsame Sache machen und Moskau in den Rücken fallen. Ab 1933 wurde dieser linke Burgfrieden erneuert, die Parole lautete: »Wer gegen Stalin ist, ist für Hitler.« Mit diesen Worten wandte sich Lion Feuchtwanger gegen den Moskau-Kritiker André Gide (vgl. Geier 2009: 54, Anm. 20, u. 85–94). An der Kampagne linker Intellektueller gegen den Abtrünnigen Gide beteiligte sich (neben Louis Aragon, Bertolt Brecht, Egon Erwin Kisch) auch Romain Rolland. Dieser notierte insgeheim, während er sich an der Exorzierung des Moskaukritikers beteiligte, in sein Tagebuch: Das Regime Stalins »ist ein System absolut unkontrollierter Willkür ohne die geringste Garantie für die elementarsten Freiheiten, die heiligen Rechte der Gerechtigkeit und Menschlichkeit. Ich fühle, wie Schmerz und Empörung in mir aufsteigen. Ich könnte auch nicht die leiseste Verurteilung dieses Regimes andeuten, ohne dass die wütenden Feinde in Frankreich und in der ganzen Welt meine Worte als Waffe benutzten und sie mit ihrem verbrecherischen bösen Willen vergifteten.« (zit. n. Geier 2009: 47 f.)

niemals wahrmachten: eine Sowjet-Union (Räte-Union), worin Arbeiter- und Landarbeiterräte über die Produktionsmittel verfügten und die Geschicke der Gesellschaft bestimmten. Insofern waren die Rätekommunisten, aber auch die Syndikalisten das schlechte Gewissen der Bolschewiki. Dass das bohrte und störte, offenbarte die Reaktion: die Schrift *Der »linke Radikalismus« – die Kinderkrankheit des Kommunismus.* Diese hundert Seiten hatte Lenin im Vorfeld des Zweiten Weltkongresses der *Kommunistischen Internationale* (1920) geschrieben, ins Englische, Französische und Deutsche übersetzen und zu Beginn des Kongresses als Broschüre an die Delegierten austeilen lassen. Die Delegierten bekamen in dieser Kampfschrift, worin Rätekommunisten, Syndikalisten und Anarchisten in einer Kapitelüberschrift als »die Feinde innerhalb der Arbeiterbewegung« gebrandmarkt werden, Argumente zu lesen, die alle zu überzeugen wussten, die Lenins grundsätzliche Ziele teilten: Konsolidierung der sozialistischen Macht in der Sowjetunion sowie Entfachung der Revolution in Europa. Ausgerichtet auf diese Ziele legt Lenin schlüssig dar, wie nur disziplinierte Parteien imstande seien, das Proletariat zu einer Einheit zu schmieden und mit einheitlicher Strategie zum Sieg zu führen. »Ich wiederhole, die Erfahrungen der siegreichen Diktatur des Proletariats in Rußland haben […] gezeigt, daß unbedingte Zentralisation und strengste Disziplin des Proletariats eine der Hauptbedingungen für den Sieg über die Bourgeoisie sind.« (Lenin 1920k: 8) Und auch nach der Revolution könne, so fährt Lenin fort, auf die Partei als Garant des Sieges und der Disziplin nicht verzichtet werden. Ein Jahr nach dem Erscheinen der Schrift setzte Lenin alles daran, den Kronstädter Aufstand, dessen Schlachtruf »Alle Macht den Sowjets!« war, niederzuschlagen und in seiner Partei, die er von einer »syndikalischen und anarchistischen Abweichung« bedroht sah, für Disziplin zu sorgen: durch »Reinigung und Gesundung der Partei« (Lenin 1921p: 249).

Laut den Rätekommunisten hingegen käme es »darauf an, die Energie der Massen, die selbst sozialisieren, nicht zu unterbinden, sondern sie als lebende Zelle in den kommunistischen Wirtschaftsorganismus aufzunehmen [...] Die Schaffenden können dann ihre Betriebe selber dem großen Ganzen einreihen und das Verhältnis der Produzenten zum gesellschaftlichen Produkt festlegen.« (Internationale Kommunisten Holland 1930: 17) Die Bolschewiki allerdings hatten mit den »Energien der Massen« andere Erfahrungen machen müssen. »Anfangs hatten wir bei den Arbeitern mit mangelnder Erkenntnis der Gemeinsamkeit der Interessen, mit gewissen Erscheinungen des Syndikalismus zu kämpfen, als sich bei den Arbeitern einzelner Betriebe oder einzelner Industriezweige das Bestreben zeigte, ihre Interessen, die Interessen ihres Betriebs, ihres Industriezweigs, über die Interessen der Gesellschaft zu stellen.« (Lenin 1919g: 128) Und die Bauern, Handwerker und Kleinhändler wollten erst recht nicht so, wie die Kommunisten wollten. Den Bauern reichte es, sich zu ernähren, Wintervorräte anzulegen und ein paar Überschüsse auf dem Markt zu verkaufen, die Handwerker hatten ihre Kunden und sahen keinen Sinn darin, sich Genossenschaften oder Staatsbetrieben einzugliedern, und die Händler machten auf dem Schwarzmarkt gewinnbringende Geschäfte. Dem großen kommunistischen Ganzen einer planmäßigen kooperativen Produktion sahen sich die meisten Bauern, Handwerker und Händler nicht verpflichtet, sie ließen sich nicht so leicht unterordnen. »Es ist tausendmal leichter, die zentralisierte Großbourgeoisie zu besiegen, als die Millionen und aber Millionen der Kleinbesitzer ›zu besiegen‹; diese aber führen durch ihre tagtägliche, alltägliche, unmerkliche, unfaßbare, zersetzende Tätigkeit eben jene Resultate herbei, welche die Bourgeoisie braucht, durch welche die Macht der Bourgeoisie restauriert wird. Wer die eiserne Disziplin der Partei des Proletariats (besonders während seiner Diktatur) auch nur im geringsten schwächt, der hilft faktisch der Bourgeoisie gegen das Proletariat.« (Lenin 1920k: 29)

Die Idee einer basisdemokratischen Verfassung der Gesellschaft, wie sie durch die Rätekommunisten und Syndikalisten und heute durch einen Großteil der Neuen Linken vertreten wird, gab es in Ansätzen schon im 18. Jahrhundert. Zu Papier gebracht worden war sie von einem Badener, der als Franz-Joseph Lange auf die Welt gekommen war, bevor er als 15-Jähriger mit dem Namen François-Josephe L'Ange als Wanderarbeiter nach Frankreich zog. Dort wurde er mit den Schriften Rousseaus bekannt, avancierte im Zuge der Revolution zu einem Wortführer des Proletariats und wurde 1793 von den Jakobinern hingerichtet. In seinen Schriften plädierte L'Ange für die Vereinigung aller französischen Produzenten in 30.000 Genossenschaften, für ein Recht auf Eigentum nur derjenigen, die auch produzieren, für festgesetzte Warenpreise, für die zentrale Erfassung aller Waren, für Versorgungsmagazine in den Genossenschaften und für Gesetzgebung durch das arbeitende Volk. Die Gestalt dieser Gesetzgebung beschreibt er in seiner letzten, 1793 erschienenen Schrift *Verfassung des Allgemeinen Glücks*. Dieser Verfassung zufolge sollen alle männlichen Bürger an politischen Entscheidungen beteiligt werden. Die Demokratie soll aufgebaut werden wie eine Pyramide. Die unterste und tragende Ebene bilden Hundertschaften. Dort werden Beschlüsse gefasst und Delegierte gewählt, die in die nächste Ebene aufsteigen (Gemeinderäte) und so weiter (Bezirksräte) bis nach ganz oben (Nationalversammlung). Mit diesem Verfahren könnte, nach Schätzung L'Anges, in Frankreich »die Schaffung jedes beliebigen Gesetzes im Laufe von drei Monaten abgeschlossen« werden. (L'Ange 1793: 45). Und wie viel Zeit würden die Versammlungen jeden Einzelnen kosten und wie kann diese Zeit in Rechnung gestellt werden? Die Fragen mögen kleinlich wirken, für einen Vertreter des Sozialismus aber waren sie höchst bedeutsam: »Der Sozialismus wird daran scheitern, dass er zu viele Abende beansprucht«, soll Oscar Wilde gesagt haben. Wovor Wilde grauste, malt sich eine Kommunistin übrigens beglückt als Zukunft aus: »Vor allem [...] treffen sich die Menschen jetzt ständig, denn sie müssen über alles selbst diskutieren« (Adamczak 2004: 63).

L'Ange wollte Ware, Geld und Markt nicht abschaffen, allenfalls die Preise festsetzen, zudem herrschten zu seiner Zeit in Frankreich, zumindest außerhalb weniger Metropolen, noch regionale Produktionszusammenhänge vor. Im richtigen Kommunismus müsste nicht nur die Verfassung abgestimmt und politische Entscheidungen getroffen, sondern die gesamte Produktion der Industriegesellschaft organisiert werden. Bei Marx lassen sich widersprüchliche Erklärungen finden, wie die Produktion organisiert werden soll. Einerseits würdigt er die Arbeiterselbstbestimmung und Basisdemokratie mit Nachdruck, insbesondere in seiner Kampfschrift für die Pariser Kommune (Marx 1871). Andererseits aber, insbesondere in seiner *Kritik der politischen Ökonomie*, scheint er auf wissenschaftliche Entscheidungen durch Sachverständige abzuzielen. Seitdem ist der Sozialismus in dieser Frage insgesamt hin und her gerissen. Einerseits: »Der demokratisch bestimmte Volkswille soll also entscheiden, was wirtschaftlich geschieht.« (Landauer 1931: 154) Andererseits »wird der Sozialismus eine besondere Technik der Sachverständigenkommission entwickeln müssen« (ebd.: 157). In diesem Einerseits-Andererseits bestehe die Synthese oder vielmehr die »Aufgabe« darin, »dem Volkswillen die Souveränität über die Wirtschaft zu verschaffen und dabei die Sachlichkeit der Entscheidung zu sichern« (ebd.). L'Ange war die Synthese gelungen, zumindest auf dem Blatt. Auch er sorgt sich um die Sachlichkeit der Entscheidungen und erfindet eine Lösung: Würde in einem Rat (egal auf welcher Ebene in der Pyramide) über eine Entscheidung abgestimmt werden, dann böten die Abstimmungszettel nicht etwa nur Platz für Kreuze, sondern besonders viel Platz für Begründungen und weitere Vorschläge. Die Generalräte, die die Stimmzettel auswerteten, müssten diese »nicht so sehr nach der Zahl der Stimmen als nach dem Gewicht der angegebenen Gründe« (ebd.: 41) zählen und daraufhin entsprechende Anträge formulieren, die einen weiteren Wahlgang einleiteten, um einer gemeinsamen politischen Entscheidung näher zu rücken. L'Anges Synthese aus Volkswille und Sachverständigenkommission lautet somit: Alle dürfen abstimmen, aber nur mit guten Argumenten.

Die Bolschewiki versuchten sich bald schon an keiner Synthese oder Dialektik des Einerseits-Andererseits mehr. Anfangs lobten die Bolschewiki die Räte, verkündeten das Sowjetsystem als höhere Form der Demokratie und legitimierten damit die Abschaffung von Parlamentarismus und allgemeinen Wahlen. Sodann befüllten sie binnen kürzester Zeit diese angeblich höhere Form der Demokratie (die vor allem vage war) mit ihrem Personal und Programm. Das Rätesystem wurde zur Sowjetbürokratie, in der Expertise und Parteigehorsam goutiert und Stellen vergeben wurden. »Das Prinzip der weitgehenden Wählbarkeit von unten herauf (gewöhnlich sogar durch die Arbeiter und Fabriken) wird ersetzt durch das Prinzip der sorgfältigen Auslese in Abhängigkeit von dem technischen und administrativen Personal, der Kompetenz und Zuverlässigkeit der Kandidaten.« (Bucharin 1920: 155)

In Titos Jugoslawien wurde in den 1950er Jahren die Idee der Arbeiterräte dann nochmals aufgegriffen und bedingt verwirklicht. Wie üblich im Ostblock gehörten auch die jugoslawischen Betriebe dem Staat. Dieser ließ den Betriebsleitungen bei groben Planvorgaben relativ große Spielräume bei der Ausrichtung der Produktion und der Handhabe der Gewinne und griff nur im Zweifel durch Verordnungen und Kredite oder Kreditverweigerungen ein. Dass die Betriebsleitungen relativ viel über Produktion und Gewinne entscheiden konnten, bedeutete für die Arbeiterräte jedoch wenig. Sie waren nur ermächtigt oder verpflichtet, sich eigenverantwortlich zu regulieren; sie konnten über die Verteilung von Einkommen und Urlaub, über die Gestaltung der Betriebskultur, z. B. Feierlichkeiten, und mitunter über Entlassungen und Beurlaubungen von Kollegen entscheiden. Zwar konnten die Arbeiter in den Räten auch die Betriebsleitung wählen, jedoch ausschließlich Kandidaten, die der Gewerkschaft angehörten. Und diese Gewerkschaften waren Organe der Partei. Der von westlichen Linken herbeigesehnte

»Sozialismus ohne Staat in Jugoslawien« (Lefèbvre 1958: 38) kam nicht zuwege. Partei und Staat blieben weiterhin eins und funktionierten von oben nach unten. Die Glieder der Gesellschaft, jede Kommune und jeder Betrieb, hatten der Partei hörig zu sein.[77]

Rätekommunisten und Syndikalisten wollten, dass sich der Kommunismus und der Zusammenhang der Produktion von unten nach oben konstituiert. Rudolf Rocker: »Würden nun bei einer siegreichen Revolution die Arbeiter vor das Problem des sozialistischen Aufbaus gestellt, so würde sich jede Arbeitsbörse in eine Art lokales statistisches Büro verwandeln, und sämtliche Häuser, Lebensmittel, Kleider usw. unter ihre Verwaltung nehmen. Die Arbeiterbörse hätte die Aufgabe, den Konsum zu organisieren und durch die Allgemeine Föderation der Arbeiterbörsen wäre man dann leicht imstande, den Gesamtverbrauch des Landes zu berechnen und auf die einfachste Art organisieren zu können.« (Rocker 1919: 12) Wie der Syndikalist Rocker eine, demokratisch gewählte, höhere Instanz einfordert, die die gesamte Produktion und Distribution verwaltet, so betont auch der Rätekommunist Anton Pannekoek diese Notwendigkeit. Kommunismus bedeute nicht, dass die Betriebe atomisiert und selbstbestimmt vor sich hin, sondern alle Betriebe als Teile des Ganzen wirtschaften; daher müsse die Arbeiterschaft »Organe« schaffen, »mit denen sie ihre eigene Arbeit sowie die gesellschaftliche Produktion insgesamt leitet« (Pannekoek 1947: 633).[78] Spannungen zwischen oben und unten deutet der Rätekommunist Paul Mattick an. Man würde »auch im Rätesystem nicht umhin können, Institutionen aufzubauen, die einen Überblick über die gesamtgesellschaftlichen

77 Ausführlicher zum jugoslawischen Sozialismus und seinen Arbeiterräten: Pöppel u. Kuster 1968, Kalic 2005, Priestland 2007: 387–392 sowie Kanzleiter 2011.

78 Ähnlich, aber ohne Problembewusstsein: Gorter 1920: 26.

Notwendigkeiten und Möglichkeiten erlauben. [...] Der Aufbau des Rätesystems muß so gestaltet werden, daß die Produktion zentral reguliert werden kann, ohne damit die Selbstbestimmung der Produzenten zu beeinträchtigen.« (Mattick 1970: XII) Zentrale Regulation unter der Voraussetzung, dass die Produzenten bestimmen: Diese Formulierung ist von Lenins »demokratischem Zentralismus« gar nicht mehr so weit entfernt. Wenngleich beide, Lenin wie Mattick, den Akzent im Zweifelsfall jeweils anders setzen würden, so erfassen beide mit ihren Formulierungen den Spannungszustand kommunistischer Organisation: Einerseits sollen die Arbeiter an der Basis bestimmen, andererseits soll die Produktion als Ganzes vernünftig geregelt sein. Im besten Fall könnte die Organisation wie das parlamentarische System funktionieren. Es würden Delegierte bzw. Repräsentanten von unten nach oben gewählt werden.[79] Das ginge für den Kommunismus solange gut, wie die Wähler den Grundsatz des Gemeineigentums nicht ablehnten. Wenn doch, so müssten entweder die Räte suspendiert oder das Ende des Kommunismus akzeptiert werden.

Vorausgesetzt nun, die rätekommunistischen oder syndikalistischen Eigentumsverhältnisse hielten dem Willen der Wähler stand, so wäre das Verhältnis zwischen Unten und Oben bzw. Basis und Zentralorganen trotzdem angespannt. Die Arbeiter würden womöglich nicht für die Schließung des eigenen Betriebs votieren, aus Sicht von oben könnte die Schließung aber im Interesse der Allgemeinheit erforderlich sein; die Spediteure votierten vermutlich nicht für die Verlängerung ihrer Arbeitszeit, bei Mangelerscheinungen in bestimmten Regionen könnte aber genau das notwendig sein; die Bauern hätten bestimmt wenig Lust, noch mehr Studenten und Akademiker mit ihrer Arbeit durchzufüttern, später aber könnten diese bessere Dünger und Maschinen herstellen. Die meisten Rätekommunisten

79 Genauer werden ein rätedemokratisches und syndikalistisches System und Delegationsprinzip von Osinski 1918 sowie Barwich 1926 skizziert.

und Syndikalisten lösen die Spannung von partikularen und allgemeinen Interessen auf – zugunsten des Allgemeininteresses. Sie bauen auf ein Volk von Philosophenkönigen, nämlich darauf, dass die »einzelnen Gruppen, Betriebe und Produktionszweige im Interesse der Allgemeinheit« handeln (Rocker 1919: 11).[80] Gestützt wird die Hoffnung auf Natur, Triebe und Gefühle der Menschen. Rocker vertraut wie Kropotkin auf die »unschätzbaren Eigenschaften der gegenseitigen Hilfe und des solidarischen Zusammengehörigkeitsgefühls« (Rocker 1919: 9), der Rätekommunist Otto Rühle zählt auf das »Gemeinschaftsgefühl« (Rühle 1924: 69) und Franz Barwich reklamiert auch noch einen »natürlichen Arbeitstrieb« (Barwich 1926: 61), der vital würde, sobald er nicht mehr durch den Kapitalismus abgewürgt wäre. In diesem Glauben, dass die menschliche Natur den Zusammenhang der Gesellschaft garantierte und mangelnder Mitarbeit vorbeugte, vermögen sie, auf Lenins Partei und Staat zu verzichten und gleichzeitig am Ziel kommunistischer Produktionsverhältnisse festzuhalten. Vorausgesetzt, eine solche Natur beherrschte tatsächlich das menschliche Dasein, taugte sie allemal als Gewaltmonopol des Kommunismus.

Gesetzeskommunismus

Eine Gruppe von Rätekommunisten aus Holland, dem Land der Deiche und Dämme, erblickt die Grundlage des Kommunismus nicht in der menschlichen Natur, sondern in einem künstlichen Reglement. Sie schildern die kommunistische Wirtschaftsweise

80 In diesem Sinne dichtet der Kommunist Hermann Gorter über die Arbeiterräte: »Sie sind das Höchste des Allgemein-Seins,/ Sie sind das Verwerfen des Allein-Seins,/ […] Sie sind der Friede, die Ruhe und das Heil,/ Sie sind die Wahrheit, und die Quelle der Wahrheit.// Sie sind die Festigkeit im großen Ganzen/ Der Menschheit, die Knotenpunkte der Arbeit,/ Sie sind das Glück der Menschheit, – sie sind das/ Licht.« (in Internationale Kommunisten Holland 1930: 153)

äußerst genau; angesichts der Weltwirtschaftskrise und politischen Radikalisierungen in Europa glaubte die Gruppe 1930 offenbar, Konkretion sei an der Zeit. »Kommunistische Produktionsregeln« (Internationale Kommunisten Holland 1930: 114) sollen Markt und Staat ersetzen und den Zusammenhang der Produktionseinheiten und Produktivkräfte gewähren. Diese Regeln leiten sie allesamt aus dem Prinzip der ersten Phase des Vereins freier Menschen ab: »Jedem nach seiner Leistung!« Die Mitglieder der Gesellschaft würden, sofern sie arbeitsfähig wären, nach ihrer Leistung mit Arbeitsscheinen entlohnt werden, die sie in den Güterdepots einlösen könnten: »Die Arbeitszeit ist dann das direkte Maß für den individuell zu konsumierenden Teil des gesellschaftlichen Produkts.« (ebd.: 62) Ferner würde das Leistungsprinzip nicht nur für die Arbeiter, sondern auch für die Betriebe gelten. Die Betriebe würden im Rätekommunismus kein Geld besitzen, aber ein Girokonto, auf dem alle Ein- und Abgänge an Produkt in Gestalt von gesellschaftlicher Arbeitszeit verzeichnet wären. Würde beispielsweise ein Betrieb tausend Paar Schuhe herstellen, die im Durchschnitt aus drei gesellschaftlichen Arbeitsstunden bestehen (Rohstoffe, Vorverarbeitung, Transport, Verschleiß von Produktionsmitteln eingerechnet) und auch gebraucht werden, so bekäme er dreitausend Arbeitsstunden gutgeschrieben. Davon müsste der Betrieb die Rohstoffe, den Transport, den Betrieb, die Wartung und Erneuerung seiner Produktionsmittel und seine Arbeiter bezahlen. Was er dann noch auf dem Konto hätte, könnte der Betriebsrat an die Arbeiter auszahlen oder in neue Produktionsmittel investieren. Wenn ein Betrieb, der Schuhe herstellte, überdurchschnittlich lange dafür brauchte, würde er pro Schuhpaar trotzdem nur die drei gesellschaftlichen Arbeitsstunden gutgeschrieben bekommen. Wenn ein Betrieb zu viele rote Zahlen schreibt, »so wird gegen die Betriebsorganisation nach der gesellschaftlichen Rechtsauffassung vorgegangen werden« (ebd.: 102). Auf Grundlage des Leistungs- und Wettbewerbsprinzips soll eine gerechte sowie rentable, also Arbeitszeit einsparende, Wirtschaftsweise entstehen. Die Betriebe und damit die gesamte Gesellschaft sollen schwarze Zahlen schreiben, also die Produktivität steigern – auch zwecks Übergang zur höheren Phase des Kommunismus. Je mehr Produkte die Gesellschaft in einer Stunde produzieren wird, desto mehr Konsumgüter könnten sich die Mitglieder von ihren Arbeitsstundenscheinen leisten und desto mehr Menschen, die weniger zu leisten imstande sind, könnten vom Leistungsprinzip freigesprochen werden.

Wiewohl die Betriebe im Wettkampf stünden, würde die Produktion gemeinschaftlich abgestimmt. Am Anfang einer Produktionsperiode stünde immer ein Produktionsplan, der durch den obersten Rätekongress beschlossen würde und worin einerseits die Bedürfnisse der Konsumenten und andererseits die Möglichkeiten der Produzenten berücksichtigt würden, also einerseits das, was die Gesellschaft zu konsumieren wünschte, und andererseits das, was die Gesellschaft mit den ihr zur Verfügung stehenden Mitteln und Kräften in einer bestimmten Zeit produzieren könnte. Getreu den Plänen würden die Räte »die richtige Verteilung des Menschenmaterials« auf die Produktionszweige bzw. eine »Umgruppierung der Arbeitskräfte« vornehmen und Betriebe schließen und eröffnen (ebd.: 89). Buchführung wäre dabei ein unabdingbares Instrument des Kommunismus; sie fände allerorten statt. Überall in der kommunistischen Wirtschaft würde in Form von Arbeitsstunden dokumentiert, was geschieht: wie viel Material verbraucht wird, wie viel Zeit ein Arbeitsschritt benötigt, welche Stoffe den Betrieb wechseln, welche Produkte in den Güterdepots über den Ladentisch gehen, wie viel Arbeitszeit die Lehrer in den Schulen aufbringen usw. usf.

Viele Fragen bleiben durch die Holländer unbeantwortet: Wie wird dafür gesorgt, dass an den Arbeitsplätzen Leistungen nicht fingiert, sondern redlich vermerkt werden? Ist Planung der Gesamtproduktion möglich, wenn die Betriebe im Wettbewerb untereinander stehen und daher Interesse haben, sich

Geschäftspartner auf eigene Faust zu suchen, weil deren Produkte sie weniger Giralgeld kosten? Und kann die komplexe Interaktion zwischen den Betrieben überhaupt geplant werden? Abgesehen von diesen unbeantworteten Fragen ist bemerkenswert, dass die Holländischen Rätekommunisten auf einen völlig anderen Kommunismus setzen, als dies gewöhnlich links des Parteikommunismus geschieht. Sie setzen nicht auf Natur, Liebe, Moral, Gefühl oder das Gute im Menschen, sondern auf einen Gesetzeskommunismus. Durch ein »allgemeines ökonomisches Gesetz« sollen »gleiche ökonomische Bedingungen« für alle garantiert, das Verhältnis der Einzelnen zum Ganzen als »Rechtsverhältnis« konstituiert und der »ganze Wirtschaftsprozeß vereinigt« bleiben (ebd.: 173). Während andere Rätekommunisten auf einen Zustand zielen, worin Expertenkommissionen gewählt werden und »nach bestem Wissen und Können« und »frei von allen Paragraphen« »alle Verhältnisse wirtschaftlicher und politischer Naturen« regeln (Barwich 1926: 50), wollen die Holländer in erster Linie das Prinzip »Jedem nach seiner Leistung« und die daraus abgeleiteten Gesetze herrschen lassen. Nur: Es müsste jemanden geben, der diese Gesetze durchsetzt, eine Macht, die kraft ihrer Gewalt unwidersprochen zu bleiben vermag und die Zuwiderhandlungen ahnden und bestrafen kann. In der Rechtstheorie wird die Macht, die das Gesetz garantiert, Souverän bzw. Gewaltmonopol bzw. Staat genannt. Über diese Macht wollen die Rätekommunisten kaum sprechen. Selbst dort, wo sie zumindest den Zwang eingestehen, der ausgeübt werden müsste, um Gesetze durchzusetzen, verdrängen sie den Zwang schnell wieder. »Der Kleinbetrieb wird [...] gezwungen, sich den kommunistischen Produktionsregeln zu unterwerfen, doch direkt bei der Unterwerfung hat die Diktatur sich in ihr Gegenteil verkehrt.« (Internationale Kommunisten Holland 1930: 114) Frei nach dem Motto: Wenn sich dem Kommunismus und seinen Gesetzen alle restlos unterworfen haben, kann seitens des kommunistischen Gesetzgebers auf allen weiteren Zwang verzichtet werden.

Exkurs II: Jeder nach seinen Fähigkeiten, jedem nach seinen Bedürfnissen!

Das Prinzip »Jedem nach seiner Leistung« klingt wie ein Prinzip der Missgunst, das Prinzip der höheren Phase des Kommunismus »Jeder nach seinen Fähigkeiten, jedem nach seinen Bedürfnissen« hingegen wie ein Prinzip des Großmuts. Kropotkin hat sich ganz entschieden für das Prinzip des Großmuts ausgesprochen. Seiner Meinung nach spricht gegen das Prinzip der Leistung zum einen, dass kaum ermittelt werden könne, was jeder genau zum gesellschaftlichen Gesamtprodukt beigesteuert habe, und zum zweiten, dass sowohl das Gesetz als auch der Austausch von Leistungen, egal in welcher Form, ob als Tausch von Ware gegen Ware oder als Tausch von Arbeitsleistung gegen Konsumgüter, späte Nachfahren der Blutrache seien. Zwar hätten das Gesetz »Auge um Auge, Zahn um Zahn« und der Austausch von Leistungen und Materialien die Rache zivilisiert und das Vergießen des Blutes beschränkt, jedoch sei es an der Zeit, sich voll und ganz auf das edlere Prinzip der gegenseitigen Hilfe zu besinnen.[81] »In unserer Zeit setzt sich der Verzicht auf Rache und Vergeltung durch. Das Prinzip des gleichen Maßes verliert an Bedeutung.« (Kropotkin 1902: 271) Gänzlich bedeutungslos würde es im Anarchokommunismus: »Alles gehört allen. Alle Dinge für alle Menschen, weil alle Menschen sie nötig haben und nach Maßgabe ihrer Kräfte an der Produktion mitgearbeitet haben und weil es nicht möglich ist, den Anteil jedes Einzelnen an der Produktion des Reichtums der Welt zu bestimmen.« (Kropotkin 1892: 80) Komplett gelingt es Kropotkin aber nicht, das Prinzip der Leistung auszuschließen – es schleicht sich wieder ein. Sobald er sich gezwungen sieht, ökonomisch zu denken, und erörtert, wie im Kommunismus die Güter produziert und verteilt werden könnten, muss auch er das Prinzip »alles gehört allen« einschränken.

81 Siehe Kropotkin 1901: 56 u. 1902: 112 u. 133.

Was nicht genügend vorhanden sei, müsse rationiert werden, und überhaupt dürfte sich in den Güterdepots der Gesellschaft nur bedienen, wer seinen Teil zur produktiven Arbeit geleistet habe (ebd.: 132 u. 248). Gegenseitige Hilfe heißt: Jeder muss arbeiten! Wie viel, weiß Kropotkin gelegentlich relativ genau zu beziffern: »4 oder 5 Stunden« manuelle Arbeit täglich sei jedes arbeitsfähige Mitglied der Gesellschaft »schuldig« (Kropotkin 1892: 173 f.). Wenngleich es Kropotkin hier dabei belässt, die Äquivalenz über den Daumen zu peilen, statt sie auf die Sekunde und Arbeitsleistung genau auszurechnen, so plädiert er im Grunde für das Leistungsprinzip und den Tausch zwischen Individuum und Gesellschaft: Wer nichts leistet, kann von der Gesellschaft nichts erwarten. Nach Lage der Dinge scheint das Prinzip »Jedem nach seiner Leistung« nun mal das gerechteste Prinzip zu sein, um die Verteilung von Arbeit und Reichtum im Reich der Notwendigkeit zu regeln. Die arbeitsfähigen Mitglieder sind der Gesellschaft täglich ein paar Stündchen Kraftanstrengung schuldig.

Marx zeigte sich bekanntlich keinesfalls glücklich mit dem Äquivalenz- bzw. Leistungsprinzip. Er kritisierte es im Hinblick auf den Warentausch. Darin seien die Warenproduzenten »als Gleichgeltende zugleich Gleichgültige gegeneinander; ihr sonstiger individueller Unterschied geht sie nichts an; sie sind gleichgültig gegen alle ihre sonstigen individuellen Eigenschaften.« (Marx 1857/58: 167 f.) »Ihre individuelle Besonderheit geht nicht in den Prozess ein.« (Marx 1858: 913) Und er kritisiert das Prinzip im Hinblick auf die erste Phase des Vereins freier Menschen, wo die Arbeiter von der Gesellschaft nur so viel bekommen sollen, wie sie ihr gegeben haben: »Das Recht der Produzenten ist ihren Arbeitslieferungen proportionell; die Gleichheit besteht darin, daß an gleichem Maßstab, der Arbeit, gemessen wird. Der eine ist aber physisch oder geistig dem andern überlegen, liefert also in derselben Zeit mehr Arbeit oder kann während mehr Zeit arbeiten [...] Es ist daher ein Recht der Ungleichheit, seinem Inhalt nach, wie alles Recht.

Das Recht kann seiner Natur nach nur in Anwendung von gleichem Maßstab bestehn; aber die ungleichen Individuen (und sie wären nicht verschiedne Individuen, wenn sie nicht ungleiche wären) sind nur an gleichem Maßstab meßbar, soweit man sie unter einen gleichen Gesichtspunkt bringt, sie nur von einer bestimmten Seite faßt, z. B. im gegebnen Fall sie nur als Arbeiter betrachtet und weiter nichts an ihnen sieht, von allem absieht. Ferner: Ein Arbeiter ist verheiratet, der andre nicht; einer hat mehr Kinder als der andre etc. etc. Bei gleicher Arbeitsleistung und daher gleichem Anteil an dem gesellschaftlichen Konsumtionsfonds erhält also der eine faktisch mehr als der andre, ist der eine reicher als der andre etc. Um alle diese Mißstände zu vermeiden, müßte das Recht, statt gleich, vielmehr ungleich sein.« (Marx 1875: 21) Mit anderen Worten: Den Einzelnen kann das Gesetz nicht gerecht werden; und das, was dem Einzelnen gerecht wird, lässt sich nicht verallgemeinern.

Neu war die Kritik am Recht bzw. der Tauschgerechtigkeit nicht. Schon in der Antike wurde debattiert, ob Gesetze herrschen sollten oder nicht. Platon zufolge haben Gesetze, die Gerechtigkeit und einen allgemeinverbindlichen Maßstab gewähren sollen, einen großen Nachteil: Das festgeschriebene Gesetz stehe der Vielfalt der Fälle, über die entschieden werden müsse, abstrakt gegenüber. Dem jeweils besonderen Fall könne es nicht gerecht werden; es verhalte sich zu ihm wie ein »selbstgefälliger und ungelehriger Mensch« (*Politikos* 294c). Platon plädiert daher für die Herrschaft der Vernunft in nichtgesetzlicher, nicht-fixierter Gestalt: Philosophen sollten für das Wohl aller sorgen, dafür, »daß jeder das Seinige und Gehörige hat und tut« (*Politeia* 433e–434a), und zu Urteilen gelangen, die der Mannigfaltigkeit der Welt und der zu beurteilenden Fälle Rechnung trügen. Aristoteles erkennt den gleichen, in der Natur der Sache liegenden Mangel der Gesetze: »Jede einzelne Bestimmung des Rechtes und Gesetzes verhält sich wie das Allgemeine zum besonderen. Die konkreten praktischen Fälle sind ja viele, jene Bestimmungen sind aber je eine einzelne, weil sie allgemein für alle einschlägigen Fälle gelten.« (Nikomachische Ethik V, 10) Der Grund, warum sich Aristoteles trotzdem gegen Platons Lösung der Philosophenherrschaft und für die Herrschaft von demokratisch gefassten Gesetzen entscheidet, ist leicht einzusehen: Da noch die besten Menschen fleischliche, leidenschaftliche, fehlbare Wesen seien, die nicht frei von Willkür urteilen könnten.[82]

In seinem letzten großen Werk, sofern er die *Nomoi* wirklich verfasst hat, war auch Platon von seiner Idee einer Philosophenherrschaft abgerückt. Zur Herrschaft der Gesetze gebe es keine Alternative, die vollkommene Herrschaft der Vernunft sei nicht realistisch: »Der Grund hiervon ist der, dass keines Menschen Natur mit einer solchen Fähigkeit begabt ist, dass sie nicht nur erkennt, was den Menschen für ihre staatliche Gemeinschaft nützt, sondern auch, wenn sie es erkannt hat, die Kraft und den Willen aufbringt, das Beste zu verwirklichen. [...] Wenn allerdings einmal durch göttliche Fügung ein Mensch mit jener natürlichen Fähigkeit geboren würde und imstande wäre, eine solche Machtstellung zu erlangen, so brauchte es keinerlei Gesetze, die über ihn herrschen müssten. Denn dem Wissen ist kein Gesetz und keine Ordnung überlegen; und es widerspräche auch der göttlichen Satzung, wenn die Vernunft etwas anderem untertan und dessen Sklavin wäre, sondern sie muss über alles herrschen, sofern sie wirklich in ihrem Wesen wahrhaft und frei ist. Nun aber findet sich ja doch nirgends eine solche Fähigkeit, es sei denn in geringem Maße; darum gilt es das Zweitbeste zu wählen, die Ordnung und das Gesetz« (*Nomoi* 875a–d). Hatte Platon das bestmögliche Gemeinwesen schon in der *Politeia* als Muster im Himmel beschrieben, so wird es in den *Nomoi* der Realität entrückt und vollends Gott überantwortet. Das Bestmögliche sei göttlicher Natur. In Marx' Kritik des Gothaer Programms ist das Zweitbeste das Prinzip »Jedem nach seiner Leistung!« Mit diesem Zweitbesten scheint sich Marx nicht

82 Siehe Nikomachische Ethik V, 10 und Politik III, 11.

zufrieden zu geben. Er will auf Höheres hinaus: auf einen Zustand, in dem Menschen nicht mehr unter dem Diktat des Gleich um Gleich stehen und sich als Gleichgültige behandeln, sondern ihre Besonderheiten berücksichtigen.

Unter jenen, die sich der Kritik der politischen Ökonomie verbunden fühlen, ist es erstaunlicherweise der Anwalt des Nichtidentischen, Theodor W. Adorno, der unter Verweis auf die Erfahrung des Nazifaschismus vielmals und unter anderem gegen Georg Lukács darauf insistiert, dass die abstrakte Gleichheit und ihre Bedingungen: das bürgerliche Recht und das Tauschprinzip, keinesfalls leichtfertig beseitigt werden dürften. Jenseits des abstrakten Gesetzes drohten Willkür und Herrschaft und der Zerfall der Gesellschaft.[83] Indes hält auch Adorno an der Hoffnung auf einen vollends vernünftigen Zustand fest, einen Zustand, in dem die Schöpfung eins wäre, aber dabei doch alle verschieden sein könnten und jeder in seiner Besonderheit zu seinem Recht käme. Allerdings verkündet Adorno seine Hoffnung auf einen solchen Zustand eher in den religiösen Kategorien Platons als in den politischen Kategorien Marx'. Was dem späten Platon als göttliche Fügung dünkt, lässt Adorno wiederholt im Begriff der Versöhnung und gelegentlich im Begriff der Erlösung anklingen.

Am Recht des Besonderen orientiert, versuchte sich Aristoteles an einer praktikablen Lösung. Die demokratisch gefassten Gesetze, so Aristoteles, müssten durch das Prinzip der Billigkeit ergänzt werden. Das Gericht solle nicht nur recht, sondern auch billig, also nicht nur gesetzesgemäß, sondern auch den Tatumständen und -motiven entsprechend urteilen, und zwar so, wie der Gesetzgeber selbst es tun würde, wenn er den jeweiligen Fall vor sich gehabt hätte (Nikomachische Ethik V, 14). In gegenstrebiger Fügung sollen Gesetz und Billigkeit dem gleichen Zweck dienen: der Gerechtigkeit. Beides soll sich ergänzen,

83 Siehe Adorno 1964/65: 351 f., 1966: 149 f. u. 188–191 sowie 1968: 583 f.

auf der einen Seite das Gesetz, worin sich die Menschen als Gleichgeltende anerkennen und keine Willkür herrscht, auf der anderen Seite das Prinzip der Billigkeit, durch welches Halsstarrigkeit und Gleichgültigkeit der Gesetze gegenüber individuellen Besonderheiten zumindest gemildert werden sollen. Sinnbildlich: Während die Augen der Justitia verbunden sind, um unabhängig vom Ansehen der Person zu urteilen, soll der Richter auch mit Augenmaß urteilen – billig, aber im Sinne des Gesetzes (vgl. Maye 2006: 66). Das billige Urteil darf und kann nichts anderes sein als eine Auslegung des Gesetzes. Hier muss ein Kunststück vollbracht werden: Das Prinzip der Billigkeit soll die Gesetze korrigieren, darf aber nicht über sie gestellt werden, denn die Exekutoren des Billigkeitsprinzips können nur menschliche Individuen sein, also fehlbare Wesen, und müssen als solche den Gesetzen untergeordnet bleiben.

Auch in der kommunistischen Produktionsweise könnte das Gesetz durch das Prinzip der Billigkeit ergänzt werden. Womöglich, aber nicht wahrscheinlich, hatte Marx genau das im Sinn, als er von einer ersten und einer höheren Phase sprach: dass die höhere Phase die erste niemals ganz ablösen, sondern nur mehr und mehr ergänzen wird, weil die höhere Phase die erste voraussetzt – so wie das Reich der Freiheit das Reich der Notwendigkeit voraussetzt und niemals ganz los wird (Marx 1894: 828). »Jedem nach seiner Leistung« wäre somit die Grundlage bzw. das Grundgesetz, vor dem alle Betriebe und Arbeiter gleich wären und dessentwegen sie sich um Leistung und Wirtschaftlichkeit bemühen müssten. Je entwickelter die Produktivkräfte und je größer das Produkt an Konsumgütern dann wären, »desto weniger wird die individuelle Arbeit das Maß für die individuelle Konsumtion sein« (Internationale Kommunisten Holland 1930: 69), in desto stärkerem Grade würde das Grundgesetz im Sinne des Leitgedankens »Jeder nach seinen Fähigkeiten, jedem nach seinen Bedürfnissen« korrigiert werden. Mehr und mehr könnten individuelle Gesichtspunkte, seien es Fähigkeiten, Handicaps, Wünsche oder Bedürfnisse, berücksichtigt und für mehr und mehr Mitglieder Produkte und Dienstleistungen unentgeltlich zur Verfügung gestellt werden, zuerst Bildung und medizinische Versorgung, sodann auch Lebensmittel, Transport, Wohnraum usf. Die Gleichgültigkeit und Gnadenlosigkeit des Grundgesetzes, des Äquivalenzprinzips, könnten gemindert werden. Ein »Wachstumsprozeß in der Richtung des reinen Kommunismus« (ebd.: 68), eine infinite Annäherung an diesen. Mehr wäre nicht möglich, weil Marx mit seiner Vermutung voraussichtlich Recht hat, dass da »immer ein Reich der Notwendigkeit« (Marx 1894: 828) bleibt und die Menschen daran laborieren müssen. Immerhin ließe sich so ein Kompromiss zwischen dem Äquivalenzprinzip und dem Anspruch, jedem Individuum gerecht zu werden, vorstellen. Damit ist aber nicht beantwortet, wie die Arbeitsleistungen ermittelt, wie die Proportionalität der Produktion garantiert, wie der Umlauf der Arbeitsscheine begrenzt, wie all diese Aufgaben ohne viel Planungs- und Staatsapparat und nicht auf Kosten individueller Freiheit bewältigt werden könnten.

Computersozialismus

Die Idee des Computersozialismus

Weltweit ist die Idee des Computersozialismus eher unbekannt, im zusammengeschrumpften sozialistischen Kosmos aber strahlt sie hell. Mithilfe von Computern, so hoffen Sozialisten, könnte die sozialistische Wirtschaftsweise doch noch ein Erfolg werden. In den Worten von Hermann Gremliza, dem Herausgeber der *Konkret*: »Anders als noch vor Jahrzehnten, da der anarchistische Markt dem bürokratischen Plan überlegen zumindest schien, machten elektronische Rechner Regelungen möglich, die Verbrechen wie dem, die Hälfte der produzierten Nahrungsmittel auf den Müll zu werfen, ein Ende setzten. Alles wäre machbar.« (*Konkret* 11/2011: 8) Heinz Dieterich, der Philosoph des »Sozialismus des 21. Jahrhunderts« und einstige Lieblingsphilosoph Hugo Chavez', nimmt ähnlich an, dass durch die »unaufhörliche Potenzierung der Computerhardware-Kapazitäten« die Voraussetzung einer »demokratisch geplanten Volks-Wirtschaft« geschaffen würden (Dieterich 2006: 95). Der Zeitgenosse und Leninist Dietmar Dath wendet zwar ein, dass eine sozialistische Planwirtschaft immer schon möglich gewesen sei, begrüßt Computer aber als hilfreiche Instrumente einer sozialistisch geplanten Wirtschaft (Dath 2008: 45–47). Und in China, so berichtet es die *Financial Times*, gebe es wieder Überlegungen, mittels Internet und *Big Data* zur Planwirtschaft zurückzukehren (Konicz 2017).

In Deutschland hatte der Computersozialismus noch einen berühmten Fürsprecher: Konrad Zuse (1910–1995), der Erfinder des Computers: »Mir schwebt so etwas vor, wie eine Art Computersozialismus. Vieles, was die Idealisten in den sozialistischen Ländern im Osten dachten, was ihnen durchzusetzen aber leider nicht ganz gelungen ist, das lag auch daran, daß eben falsch geplant wurde. [...] Und da kann der Computer helfen.« (Zuse 1994: 42 f.) Zuse behauptet, den Begriff Computersozialismus Anfang der Neunziger Jahre geprägt, und obendrein, in den 1980er bis 1990er Jahren, »die Grundlagen des Computer-Sozialismus« erarbeitet zu haben (zit. n. Peters 2000: 9).[84] Zuse

84 Mehr noch als vom Sozialismus sei Zuses Computersozialismus von Faschismus und Nationalsozialismus inspiriert gewesen. Zu diesem Schluss gelangt Hans Dieter Hellige nach der Durchsicht des Nachlasses. »Die durch das ›Dritte Reich‹ bewirkte Prägung ging [...] so tief, dass Zuse [...] zeitlebens an dem Ideal eines informationstechnisch perfekt organisierten Staates festhielt [...].« (Hellige 2010: 467) Besonders beeindruckt hätten Zuse Henry Fords Vision einer durch Massenproduktion, Automatisierung und Regulierung harmonisierten Gesellschaft sowie Oswald Spenglers Idee eines Preußischen Sozialismus. Im Nachlass, so Hellige, seien auch Entwürfe Zuses zu finden, die aus der Zeit des Nationalsozialismus stammten und skizzierten, wie Staat und Wirtschaft mithilfe von Rechenmaschinen und Datenerfassung zukünftig durchorganisiert werden könnten.

kannte jedoch Cockshotts und Cottrells Buch *Towards a New Socialism* (1993) nicht, das im Gegensatz zu seiner flüchtigen Skizze zum wirklichen Grundlagenwerk des zeitgenössischen Computersozialismus avancierte.

In deutscher Sprache erschien das Buch unter dem Titel *Alternativen aus dem Rechner* (2006) und als freier Download unter dem Titel *Planwirtschaft ist möglich*. Ein Vorteil von Cockshotts und Cottrells utopischer Vorstellung eines Computersozialismus ist übrigens, dass sie, gerade weil sie im Computer eine Panazee zu wissen glauben, sich nicht scheuen, die Probleme des alten Sozialismus ohne Computer zu benennen. Erstens: Soziale Ungerechtigkeit. Die Planer hätten es nicht vermocht, die in den Produkten verkörperte Arbeitszeit zu errechnen und den Einzelnen für sein Opfer an Arbeitskraft gerecht zu entschädigen. Zweitens: wirtschaftliche Disproportionalität. Die Planer hätten es nicht vermocht, für die richtigen Proportionen in der Wirtschaft zu sorgen. Drittens: politische Herrschaft. Die Sozialisten hätten es nicht vermocht, die Planwirtschaft demokratisch zu organisieren. In Abgrenzung zu diesem gescheiterten Sozialismus erhoffen sie einen *New Socialism*: »Wir meinen, dass man drei Hauptideen verbinden muss: Arbeitswerttheorie, kybernetische Regulierung und partizipative Demokratie – als eine Alternative zur liberalen Dreieinigkeit von Preis, Markt und Parlament.« (Cockshott u. Cottrell 1993: IVf.) Computer könnten bei der Umsetzung dieser Ideen helfen. Mit ihnen könnte die Arbeit, die in die sozialistisch produzierten Produkte eingeht, berechnet werden, und mit ihnen könnte die Produktion reguliert und zugleich demokratisch organisiert werden. Die drei Hauptideen des *New Socialism* koinzidieren mit den drei Imperativen von Dieterichs *Sozialismus des 21. Jahrhunderts*: Die »sozialistische Ökonomie muss drei [...] Imperativen genügen: sie muss sozial gerecht, demokratisch und effizient sein« (Dieterich 2006: 107). Der Gerechtigkeit wegen müsse der Sozialismus, so Dieterich, eine »Äquivalenzökonomie« sein (Dieterich 2006: 104). Cockshott und Cottrell sehen das ähnlich und greifen auf das

Marx'sche Konzept der Arbeitsscheine zurück, da, »wenn die Menschen durch Arbeitsscheine bezahlt würden, also für jede geleistete Arbeitsstunde einen Arbeitsgutschein erhielten, die Ausbeutung abgeschafft wäre« (Cockshott u. Cottrell 1993: 41). Die Voraussetzung einer solchen gerechten Äquivalenzökonomie wäre natürlich die einheitliche Quantifizierung aller Arbeiten. Ein Fensterputzer und ein Professor dürften nicht aufgrund ihrer Qualifikation (schließlich werden die Ausbildungskosten von der sozialistischen Gesellschaft getragen), sondern nur aufgrund der Intensität ihrer Arbeit unterschiedlich bezahlt werden. Die beiden schottischen Sozialisten schlagen eine Dreigliederung vor. Wer besonders schnell und effektiv arbeite, leiste Arbeitsstunden der Kategorie A, wer durchschnittlich produktiv arbeite, leiste Arbeitsstunden der Kategorie B, und wer langsam arbeite, leiste Arbeitsstunden der Kategorie C. Ihnen entsprechend würden die Arbeitsstunden entlohnt. Dabei gehen Cockshott und Cottrell davon aus, dass Menschen sich selbstbewusst für A, B oder C entscheiden könnten. Wer nicht zu arbeiten imstande wäre, bekäme Unterstützung durch die Gesellschaft. Darüber, wo die Arbeitsleistungen ermittelt werden, geben die Autoren ansatzweise Auskunft: an der Quelle respektive in den Betrieben (ebd.: 52). Aber die Fragen, wie die Arbeitsleistungen festgestellt werden, ob sie z. B. freiwillig aufgeschrieben oder durch Kameras überwacht werden, stellen und beantworten sie nicht. Damit bleibt zugleich offen, durch welche Methoden die Daten gewonnen werden, auf deren Basis der Arbeitsinhalt der Produkte und damit ihr Preis berechnet werden soll. Wenngleich sie nicht sagen, wie und durch wen die Intensität der Arbeitskraftverausgabung am Arbeitsplatz festgestellt werden soll, die allgemeine Arbeitszeitberechnungsmethode beleuchten sie ausführlich – am Beispiel eines Produkts, das auf den ersten Blick unscheinbar wirkt, das es aber in sich hat: »Wenn wir den Arbeitsinhalt für eine Tomate wissen wollen, würde es nicht so einfach sein, nur die Zeit zu messen, die der Farmer zum Pflanzen und Pflücken braucht. Wir müssen in der Berechnung auch die indirekte Arbeit berücksichtigen: Die Arbeit der Personen, die das Gewächshaus aufgebaut haben, in dem die Tomate wächst, die Arbeit der Arbeiter in der Ölverarbeitung, die das Heizöl für das Gewächshaus produziert haben, usw.« (ebd.: 45) Wer berechnen will, welches Quantum Arbeit die Tomate verkörpert, muss mit der ganzen Volkswirtschaft rechnen. Und diese wird erst zu einer rationalen Rechengröße, wenn ihre Teile richtig berechnet sind. Cockshott und Cottrell gehen von einer gewaltigen Anzahl von Rechenschritten aus, verzagen aber nicht. »Beim Gebrauch heutiger Supercomputer ist die Berechnung der Arbeitszeit für eine ganze Volkswirtschaft in nur wenigen Minuten machbar.« (ebd.: 51) »Kann ein Problem durch einen Algorithmus ausgedrückt werden, so ist das Problem auf einem Rechner lösbar.« (ebd.: 51, Anm. 6) Neben Supercomputern seien ein öffentliches Telefonnetzwerk, eine Reihe von Internetzugängen, Modems und die Ausstattung aller Produkte mit Barcodes nötig. In Letzteren müsste festgehalten werden, wie viel Arbeit die Produkte jeweils enthalten, und zwar nicht irgendwelche Arbeit, sondern gesellschaftlich notwendige Arbeit. Dafür müssten die Planer sorgen: Falls Produkte Ladenhüter blieben und somit offenbar würde, dass sie weniger gesellschaftlich notwendige Arbeit verkörpern, als ihre Preise suggerieren, müssten diese durch die Planer gesenkt werden. Der Preis anderer Produkte, an denen es mangelte, müsste getreu der gesellschaftlichen Notwendigkeit ihres Gebrauchswerts angehoben werden – die zu geringe Anzahl würde dann in der Summe kosten, was alle zusammen summa summarum gekostet hätten, wären sie in den richtigen Proportionen produziert worden (ebd.: 155). Diese nachträglichen Preisänderungen wären für die Planer zugleich ein Zeichen, die Proportionen, in denen die betroffenen Produkte produziert wurden, zu überdenken und zu korrigieren.

Cockshott und Cottrell stellen sich die Arbeitszeitrechnung ähnlich vor wie die Holländischen Marxisten (s. o.), setzen aber zudem auf die Technik der dritten industriellen Revolution. Einmal und geradeheraus benennen sie schließlich doch noch ein Problem, das sich mit Computertechnik nicht beheben lässt: das Problem der Direktion der Arbeitskräfte. Auf welche Weise sollen, zwecks proportionaler Produktion, die Arbeitskräfte in die verschiedenen Produktionszweige dirigiert werden? Die Schwierigkeit, so wissen Cockshott und Cottrell, würde schon bei der Ausbildung beginnen. Wenn in einigen Produktionszweigen mehr Chemiker gebraucht werden, aber gar nicht vorhanden sind, so müssen sie ausgebildet werden. In der kapitalistischen Gesellschaft lockt ein zu erwartender späterer Lohn die Studenten, aber was lockt im Sozialismus? Sollen die Anreize erhöht werden? Ferner gibt es unangenehme Arbeiten. Wer soll diese machen? Die Arbeitsumstände könnten verbessert werden, aber das ginge nur begrenzt. Manche Arbeiten seien halt unangenehm. Die Autoren kreisen um die Problematik der Verteilung der Arbeitskräfte auf die Geschäftszweige und stellen ein paar Lösungsansätze vor, allerdings keinen im Brustton der Überzeugung: Man könnte auf die »moralische Überzeugung« der sozialistischen Bürger setzen, auf die »polizeiliche Überwachung« der Arbeit oder die »angemessene Bezahlung« verschiedener Arbeiten (Cockshott u. Cottrell 1993: 56). Der Ansatz bei der moralischen Überzeugung ist ihnen nicht materialistisch genug, von polizeilicher Überwachung halten sie auch nicht viel und durch das Anreizsystem sehen sie die Gleichheit der Arbeiter und das Prinzip der Arbeitsscheine in Gefahr. Im Hinblick auf diese Frage bleiben sie ratlos, erblicken ansonsten aber im Computersozialismus die Lösung vieler Probleme sozialistischer Planwirtschaft.

Jacque Frescos Cybersozialismus

Eigentlich ist der Computersozialismus aber älter. Das Buch *Looking Forward* von Kenneth S. Keyes und Jacque Fresco erschien schon 1969. Es besteht aus zwei Teilen, einem politischen Manifest und einer literarischen Fiktion. Richtig bekannt geworden ist das Buch 2008, nachdem Fresco als uralter Mann zur Koryphäe einer weltweiten Strömung namens »Zeitgeist« wurde, die sich im Zuge der Finanzkrise konstituierte, in Kapitalismus, Krisen und Kriegen eine große Verschwörung von Finanzoligarchie und USA-Regierung wittert und, nach eigenen Angaben, weltweit eine halbe Million Mitglieder zählt. Zumindest im Internet besitzt »Zeitgeist« auch Einfluss. Einer der Propagandafilme dieser Strömung: *Addendum*, war im Jahre 2010 das meistgeklickte Internet-Video der Welt. Fresco hat 2002 und 2007 weitere Bücher publiziert, die seine Utopie von 1969 aktualisieren.

Der Titel von 1969, *Looking Forward*, bezieht sich auf einen Roman, der Ende des 19. Jahrhunderts in Europa und Nordamerika sehr bekannt war: *Looking Backward* von Edward Bellamy. In diesem 1889 erschienenen Roman schläft der Ich-Erzähler namens Julian West eines Abends im Jahr 1887 ein und wacht im Jahr 2000 in einer sozialistischen Gesellschaft auf. Dort erkennt er, obwohl von Haus aus alles andere als ein Sozialist, die wirtschaftliche und moralische Überlegenheit der sozialistischen Zukunft gegenüber der kapitalistischen Vergangenheit. Neben der wirtschaftlichen Organisation des Sozialismus weiß auch dessen technische Ausstattung zu überzeugen. So spaziert Julian West im Jahre 2000 trotz strömendem Regen trockenen Fußes zusammen mit seinen neuen Freunden durch Boston, auf Bürgersteigen, die sich wie Cabrios überdachen, kaum dass das ungeliebte Nass vom Himmel fällt. In dieser Situation wird er an die Regentage des Jahres 1887 erinnert, als alle einzeln unter ihre persönlichen Regenschirme huschten und mit deren Kanten und Traufen einander das Leben erschwerten.

Dem technischen Fortschritt wird in *Looking Forward* von Fresco und Keyes eine noch bedeutendere Rolle beigemessen. Durch Computer und Maschinen, so behaupten die beiden Autoren erwartungsfroh, könne sich die ganze Welt in einen »Garden of Eden« (Fresco and Keyes 1969: 46) verwandeln. Durch Bilder illustrieren sie dieses Paradies: Unter blauem

Himmel auf grünen Wiesen befinden sich sportliche, gutaussehende und zuversichtliche Menschen sowie gigantische, anmutige Maschinen, die Häuser bauen, Wasser in Energie umwandeln, Güter transportieren und bei allem in der Sonne funkeln. Durch Maschinen, so schreiben Fresco und Keyes, ließe sich alle schwere, schnöde Arbeit erledigen. So könnten die Menschen genug Zeit haben, sich als Wissenschaftler, Erfinder, Ingenieure, Mediziner und Künstler zu verwirklichen – wie die alten Griechen, bloß nicht auf Kosten von Sklaven aus Fleisch und Blut, sondern dank Sklaven aus Eisen und Strom. Ihr angestrebtes neues und humanes Griechentum wollen Fresco und Keyes nicht irgendwann verwirklicht wissen, sondern zügig. Die Fabriken müssten mit den neusten Computern und modernen Robotern ausgerüstet werden, sodann könnten sich die Menschen schrittweise von schwerer und monotoner Arbeit befreien: »Turn the machinery on, step aside, and let it do the work.« (ebd.: 43) Als jene gierigen Gruppen, die den wahren Fortschritt der Menschheit zu verhindern suchten, macht Fresco in seinen neueren Büchern Kirche, Militär, Banken und Konzerne aus. Das Geld müsse abgeschafft werden. Ohne Geld, so frohlockt er, wären diese Gruppen machtlos, alles würde gut werden: Echte Demokratie und mehr Reichtum, keine Kriege und nie wieder Hunger. Und, wie Fresco in seinen Büchern von 2002 und 2007 immer wieder betont: An Ressourcen würde es niemals wieder mangeln! Warum? Weil es Ressourcen eigentlich genug gebe, würden sie, statt durch Geld knapp gehalten zu werden, mit Computern intelligent verwaltet. Frescos Weltverbesserungsformel: Natur minus Geld plus Technik gleich hoher Lebensstandard für alle.

Im literarischen Teil ihres Buches von 1969 schildern Keyes und Fresco den Alltag eines Liebespaares im Jahr 2069, in einer Zeit, in der die Forderungen des Manifests verwirklicht worden sind. Literatur-Liebhaber dürfen sich von der fiktiven Geschichte nicht viel versprechen; es mangelt ihr an Liebe, Dramaturgie und Charakteren. Die Autoren konzentrieren sich auf das Wesentliche. Wie gesagt, das ist für sie die technische Welt von morgen. Die Haushalte organisieren sich selber, kein Mensch braucht mehr einkaufen zu gehen, Staub zu saugen oder Fenster zu putzen. Wenn einer der Bewohner mal einen außerordentlichen Wunsch hat, so sagt er ihn laut vor sich her, sodass der Wohnungscomputer, der Cybernator, ihn hört und erfüllt; in der Regel aber kennt der Cybernator die Bedürfnisse und stillt sie, noch bevor sie sich bemerkbar machen können; beispielsweise richtet er die Wohnumgebung individuell und situativ her: Temperatur, Luftfeuchtigkeit, Luftdüfte, Hintergrundmusik, Mahlzeiten und aktuelle Tageszeitungen (via Monitor auf dem Frühstückstisch). Und hat das Pärchen Sex, so sorgt der Cybernator für bestmögliche Rahmenbedingungen: gedimmtes Licht, mildes Raumklima, entspannte Musik. Gemeinhin kümmert sich der Cybernator auch um die Körper seiner Klientel: Hygiene, Parfümierung, Frisur, Kalorien- und Vitaminhaushalt, Krankheitsschutz, Blutdruck und dergleichen. Die Menschen im Jahre 2069 sind so gut behütet, dass sie keine Erkältungen kennen, 150 Jahre alt werden und als 40-Jährige wie 18-jährige aussehen. Sie haben immerzu weiße Zähne und die Frauen – Cybernator sei Dank – lebenslang straffe Brüste. Das ist noch nicht alles: Durch Eingriffe in die menschlichen Gene sind unnötige Quellen des Leidens beseitigt worden, etwa der Blinddarm und die weibliche Menstruation. Anderes ist verbessert worden, z. B. die Orgasmus-Frequenz des Mannes. Die jüngeren Menschen tragen schon seit ihrer Geburt alle einen kleinen Chip im Kopf herum, der ihnen gestattet, komplexe Rechenaufgaben zu lösen, die Vokabeln einer Fremdsprache und Lexika zu speichern, die eigenen Gedanken zu protokollieren, mit anderen Köpfen überall in der Welt zu kommunizieren und mit Corcen1 zu interagieren.

Corcen1 ist das Prunkstück im Jahre 2069, der Zentralcomputer der ganzen Welt, groß wie eine Stadt. Er befindet sich meteoritensicher tief unter der Erdoberfläche und kann in einer einzelnen Sekunde mehr leisten als sämtliche Regierungen in

Jahren. Weil er nicht nur leistungsstark, sondern zudem nicht korrumpierbar ist, vermag er auch etwas, was nie zuvor geleistet worden ist: Er organisiert die komplette Weltwirtschaft zum Wohle aller. Er leitet die Produktion in weltweit allen Produktionsstätten und kümmert sich, dass weltweit alle lokalen Versorgungszentren mit ausreichend Gütern über ein unterirdisches Transportsystem beliefert werden. Von den Cybernatoren, die in allen Wohnungen aufmerksam ihren Dienst tun, weiß Corcen1, was wo gebraucht wird. Was Fresco und Keyes beschreiben, ist eine vollautomatische Zentralverwaltungswirtschaft.

Später glaubte Fresco immer noch an die Möglichkeit einer automatisierten Weltwirtschaft, aber nicht mehr an Corcen1. Anstelle eines zentralen Supercomputers ist in Frescos neuerer Vision »AI« getreten: »Artificial Intelligence« (Fresco 2002: 59). AI wäre überall und dezentral. Der Weg zur Verwirklichung eines durch AI gesteuerten und vollautomatischen weltweiten Produktions- und Distributionssystems sei gar nicht so beschwerlich. Mit dem Internet existiere die AI schon ansatzweise; es sei ein Quantensprung in der Evolution der Gesellschaft, es vereine die Menschen, die Wissenschaften und die Technik auf Erden. Jetzt müssten nur noch die Herrschenden dieser Welt vom Thron gestoßen, Geld und Markt abgeschafft werden und Wissenschaft und Computer die Regierungsgeschäfte übernehmen. In der bisherigen Geschichte, so untermauert Fresco seine Forderung nach Abschaffung der Parlamente und der Politik, habe sich schon mehrmals gezeigt, was möglich sei, wenn anstelle von Meinungen wissenschaftliche Erkenntnisse treten würden. So seien in den USA während des Zweiten Weltkriegs trotz finanzieller Engpässe enorme ökonomische und technische Potenziale freigesetzt worden, als in vielen Bereichen nicht mehr Politiker das Sagen hatten, sondern Wissenschaftler um Rat gefragt worden seien (ebd.: 27 u. 33). In Zukunft müssten Politiker und Manager nach und nach durch Teams von Systemanalysten, Computerprogrammierern, Ingenieuren und Wissenschaftlern ersetzt werden, die dann nach und nach automatische Steuerungssysteme für die Fabriken sowie die volks- und weltwirtschaftlichen Zusammenhänge entwickelten. Die Teams würden die Welt mit Sensoren und Feedbacksystemen ausstatten, die Bedürfnisse der Menschen registrieren, den Bedarf von Produkten und Dienstleistungen ermitteln, die Produktions- und Lieferketten analysieren, das Produktions- und Distributionssystem Schritt für Schritt automatisieren und die Automatisierung des weltweiten Produktions- und Distributionsprozesses schließlich so weit führen, dass sie selber überflüssig würden.

Im Grunde möchte Fresco die menschliche Vernunft befreien – aus den Menschen. Er hofft, dass die Vernunft sich in Corcen1 oder in der AI einen perfekteren Körper zu schaffen vermag, damit sie unbedingt und grenzenlos agieren kann. Corcen1, so Fresco und Keyes, würde über alles gesammelte Wissen verfügen und auf dieser Grundlage im Interesse der Allgemeinheit die bestmöglichen Lösungen von Problemen herbeiführen; AI, so Fresco Jahrzehnte später, würde sich im Gegensatz zu Politikern nicht durch Affekte leiten lassen und beim Regierungsgeschäft keine Fehler machen.[85] Ähnliches hatte sich schon mal ein Dominikanermönch namens Pater Durbale erhofft. Dieser veröffentlichte 1948 in der großen französische Tageszeitung *Le Monde* einen Artikel über *Une nouvelle science: la cybernetique* und schwärmt darin von den »faszinierenden Perspektiven einer rationalen Steuerung menschlicher Vorgänge« und »einer Zeit, in der an die Stelle der heute so offensichtlichen Unvollkommenheit der Köpfe und herkömmlichen politischen Instrumente eine Regierungsmaschine tritt« (zit. n. Rivière 2010). Offensichtlich lebt solcherweise Platons Traum fort: die Herrschaft der Vernunft über das Gemeinwesen. Sie könnte doch noch wirklich werden – durch eine kybernetische Regierungsmaschine.

85 Fresco u. Keyes 1969: 46 u. 87; Fresco 2002: 58 u. 2007: 62.

Gluschkows OGAS in der Sowjetunion

Den Computersozialismus erfunden zu haben, kann Zuse auch deswegen nicht für sich beanspruchen, weil es ihn in der Sowjetunion in Grundrissen schon gab, wenigstens theoretisch.

In den 70er Jahre waren in der Sowjetunion Millionen von Arbeitskräften mit Fragen der Organisation und Leitung beschäftigt, vermochten aber kaum einen Bruchteil der Produktion zu planen und zu bilanzieren. Von welchem Ausmaß die Informationsflut gewesen sein muss, verdeutlicht ein Rechenbeispiel des Kybernetikers und Computerpioniers Viktor Gluschkow: Solle in einer Fabrik ein Erzeugnis hergestellt werden, das aus zweitausend Teilen bestehe, so seien 300.000 Planoperationen notwendig, um seine Produktion in Gang zu setzen. Dem Leninpreisträger Gluschkow dient dieses Rechenbeispiel nur als Fingerzeig, um die Komplexität der sowjetischen Volkswirtschaft zu vergegenwärtigen. Würden auch noch die Zulieferer der Fabrik berücksichtigt, wachse die Anzahl der zu planenden ökonomischen Wechselbeziehungen im Quadrat. Der »Gesamtumfang der Leitungsaufgaben in der ganzen Volkswirtschaft« schließlich betrage »zehn hoch sechzehn arithmetische Operationen im Jahr« (Gluschkow 1976: 66). Eine qualifizierte Fachkraft könne ohne technische Hilfsmittel 300.000 Operationen im Jahr durchrechnen; somit würden zehn Milliarden Mitarbeiter in den Leitungsorganen benötigt.

Was also tun? Der XXVI. Parteitag (1981) der KPdSU wies den Weg: »Das Netz der automatisierten Leitungssysteme und der kollektiv genutzten EDV-Zentren ist auszubauen und seine Effektivität zu steigern. Die Arbeit mit dem Ziel, sie zu einem einheitlichen gesamtstaatlichen System für die Einholung und Verarbeitung von Informationen zwecks Rechnungsführung, Planung und Leitung zu vereinigen, ist fortzusetzen.« (KPdSU 1981: 104) Diese beiden Sätze bildeten den Abglanz einer Vision, die Gluschkow zu diesem Zeitpunkt schon zwanzig Jahre lang gehegt hatte. Die Vision hieß OGAS

(Obschya-Gosudarstvennaya Automatizirovonaya Sistema) – ein automatisiertes System der Informationserfassung und -verarbeitung zum Zwecke der Leitung der Volkswirtschaft, ein Netz von Computern, das die Datenverarbeitung und Kommunikation automatisieren sollte. Gluschkow rechnet vor: »Nehmen wir einen solchen Rechner wie ›Minsk 32‹ [...]. Er ist in der Lage, bis zu 30.000 arithmetische Operationen in der Sekunde auszuführen. Da ein Jahr ungefähr 30 Millionen Sekunden hat, kann man leicht berechnen, daß [...] unter Berücksichtigung möglicher Zeitverluste [...] für die Durchführung der oben genannten zehn hoch sechzehn Operationen im Jahr 25.000 bis 30.000 derartige Maschinen erforderlich wären.« (Gluschkow 1976: 68) OGAS sollte eine dynamische Planwirtschaft ermöglichen. Akute Information, sei es ein plötzlicher Produktionsausfall, eine neue Erfindung oder eine signifikante Änderung in den Bedürfnissen der Bevölkerung, würden von den Elektronischen Daten-Verarbeitungs-Automaten (EDVA) sofort im Hinblick auf sämtliche Produktions- und Lieferketten, bis ins letzte Glied, berechnet. Später, sobald alle Betriebe durch Computer an das Netz angeschlossen wären, sollten auch die Privathaushalte folgen. Jede Familie, so Gluschkow, solle dereinst einen Computer zuhause haben und ihre Bedürfnisse kommunizieren. So könnte die Volkswirtschaft spontan auf die Entwicklung der Bedürfnisse in der Bevölkerung reagieren. Außerdem würden sich die Computer zuhause dazu eignen, jederzeit Zugriff auf alle relevanten wissenschaftlichen Informationen zu haben, akademische Vorlesungen zu hören oder Zeitung zu lesen. Ein sozialistisches Internet, von unserem heutigen Internet darin unterschieden, dass es zentral verwaltet und planmäßigen Zwecken dienen würde.

Erstmal aber mussten die politischen Eliten überzeugt werden. Gluschkow stellte das Projekt 1962 dem stellvertretenden Ministerpräsidenten Alexei Kosygin vor. Dieser zeigte sich angetan und rief eine Kommission, bestehend aus Wissenschaftlern und ranghohen Politikern unter dem Vorsitz Gluschkows, ins Leben. Die Kommission sollte die wirtschaftliche Struktur der UdSSR dokumentieren und analysieren und die technischen, organisatorischen und finanziellen Voraussetzungen von OGAS aufschlüsseln. Schnell wurde der Kommission klar, dass ein ganzer Industriezweig geschaffen werden müsse: die kybernetische Industrie, um die notwendige Anzahl an leistungsfähigen Computern zu entwickeln und zu produzieren. Sie musste auch konstatieren, dass der wissenschaftliche Aufwand gigantisch würde: Sämtliche Informationen in der Volkswirtschaft müssten formalisiert werden, damit sie durch die EDVA verarbeitet werden könnten. Allein die Realisierung aller Voraussetzungen, errechnete die Kommission, würde drei »Jahrfünfte« (so die sozialistische, an KPdSU-Parteitagen und Fünfjahrplänen angelehnte Zeitrechnung) beanspruchen und den sowjetischen Haushalt jährlich in einer Höhe belasten wie das Atomwaffen- und Raumfahrtprogramm zusammen. Ein gewaltiges Opfer, was die sowjetische Volkswirtschaft zu bringen hätte. Es würde sich lohnen, glaubte Gluschkow. Fertig installiert würde OGAS eine hundertprozentige Steigerung der volkswirtschaftlichen Leistung und den entscheidenden Vorteil im Kampf der Systeme erwirken. Im kapitalistischen Ausland nämlich verhindere der Privatcharakter der Produktion deren gesamtstaatliche Vernetzung und Automatisierung.

Die sowjetische Regierung wollte Gewissheiten. Gluschkows Forschungsteam wurde mit einer Miniaturausgabe des Projekts betraut: die Ausstattung des Fernsehgerätewerks Lwow (dt.: Lemberg) mit einem automatisierten Leitungssystem. Das Projekt heimste schließlich, Anfang der 70er Jahre, Preise ein, hatte jedoch nicht weniger als ein Jahrfünft in Anspruch genommen. Wird der Aufwand auf die Volkswirtschaft hochgerechnet, so wächst er exponentiell: »Die Schwierigkeiten der Schaffung eines automatisierten Systems der Leitung wächst schon im Quadrat und für den gesamten Zweig der Radio-Televisions-Industrie in der dritten Potenz usw.« (Gluschkow 1976: 79) Mit anderen Worten: Ein System ist nicht nur die Summe seiner

Einzelteile, sondern auch von deren Wechselwirkungen. Gluschkow war von der gewaltigen Aufgabe begeistert. Im Kreml blieben Zweifel. Den Befürwortern einer sozialistischen Warenproduktion, die unter *Chruschtschow* das Sagen hatten, war das Projekt zu zentralistisch, die Befürworter einer zentralistischen Verwaltungswirtschaft, die unter Breschnew zu mehr Einfluss gelangten, fürchteten um ihre Entscheidungsmacht. Der Finanzminister Vasily Garbuzov etwa, so erinnert sich Gluschkow, habe sich Anfang der Siebziger Jahre während einer Sitzung des Politbüros in Gegenwart Gluschkows ungeniert über OGAS lustig gemacht. In Minsk, so der Finanzminister, gebe es eine Hühnerfarm, die tatsächlich nach einem Computer verlangte, und zwar einem, der automatisch Musik einzuschalten habe, sobald die Hennen brüteten (vgl. Malinovsky 1995: 58). In dem Spaß steckte Ernst. OGAS sollte der Nerv gezogen und nur die Automatisierung der Produktion vorangetrieben werden. So stand es dann auch in den Beschlüssen zum XXIV. (1971) und XXV. Parteitag (1976) der KPdSU: Zu fördern sei die Automatisierung technischer Prozesse. Aber Gluschkow kämpfte weiter und ließ einen Bericht über den Fortschritt der US-amerikanischen Automatisierung anfertigen und an führende politische Funktionäre verteilen. 1981, auf dem XXVI. Parteitag, wurde die Schaffung des gesamtstaatlichen automatisierten Leitungssystems zumindest erwähnt, mehr aber auch nicht. Die EDV-gestützte Organisation der Planwirtschaft und Automation der Produktion blieb Vision.

Gluschkow war enttäuscht. Auf Tonbändern, die er im Januar 1982, kurz vor seinem Tod, aufgenommen hatte, machte er sich Luft (vgl. ebd.: 54–58). Seine These: Das Politbüro der KPdSU sei einer Desinformationskampagne der CIA auf den Leim gegangen. Einen Artikel aus der *Washington Post* von 1972 hielt Gluschkow für den Beweis. Überschrieben war der Artikel mit: »Punch Cards Control the Kremlin. The Tsar of Soviet Cybernetics, Academic V.M. Glushkov Proposes to Change the Kremlin Leadship with Computers« (zit. n. ebd.: 57). Und

Gluschkow benennt noch ein zweites Indiz für die Verschwörung: Diejenigen Ökonomen, die in den 70ern gegen OGAS gewesen seien, hätten sich später in die USA und nach Israel abgesetzt.

Einige sowjetische Wissenschaftler, darunter auch bedeutende und solche ohne Verbindung zu Israel und CIA, hatten tatsächlich Zweifel geäußert (vgl. Gerovitch 2002: 273–278): Das Feld der Ökonomie dürfe nicht Computeringenieuren und Mathematikern überlassen werden; mit OGAS würde sich die Sowjetunion ebenso übernehmen wie ehedem Ägypten mit dem Bau der Pyramiden. Auch von den Experten, die der Kreml beauftragt hatte, Gluschkows Projekt zu prüfen, zeigten sich längst nicht alle überzeugt von OGAS. Nach Meinung des damaligen Direktors des Moskauer Instituts für Wirtschaftsmathematik, Nikolai Fedorenko, gab es gar keine Garantie, dass sich die gesamte Volkswirtschaft formalisieren ließe – selbst wenn, stünde am Ende ein Gleichungssystem mit 50 Millionen Variablen und würde womöglich die besten Computer überfordern.

Nicht weniger stark als die Zweifel aber waren die Hoffnungen, die mit OGAS im Ostblock zu neuem Leben erweckt wurden und auf den Kommunismus zielten. Die Ware-Geld-Beziehungen, so glaubte 1981 der DDR-Philosoph Horst Friedrich, könnten endlich absterben, wenn es gelänge, nicht nur das Eigentum an den Produktionsmitteln zu einem Ganzen zu verschmelzen, wie dies im Sozialismus schon geschehen sei, sondern auch die wirtschaftlichen Einheiten in der Produktion zu einem Ganzen zusammenzuschließen: »Es wird eine historische Aufgabe des Sozialismus sein, einen Umschwung in der technischen Basis der Produktion vorzubereiten und zu vollziehen, der die komplexe Automatisierung aller Glieder der Volkswirtschaft und auf dieser Grundlage die Verwandlung der maschinellen Großproduktion in ein einheitliches, zusammenhängendes, allumfassendes System sichert.« (Friedrich 1981: 200 f.) Georg Klaus und

Heinz Liebscher, zwei andere DDR-Philosophen, erblickten in der Automatisierung eine Möglichkeit, in die höhere Phase des Kommunismus zu gelangen. Im Sozialismus werde die Automatisierung, welche im kapitalistischen Westen nur dem Profit diene und die Menschen noch stärker zu Anhängseln der Maschinen degradiere, die »Menschen von aller schweren körperlichen und von eintöniger routinemäßiger geistiger Arbeit befreien [...] Allmählich werden wir uns jenem Ideal des Kommunismus nähern, von dem Marx und Engels bereits im vorigen Jahrhundert träumten: Jeder nach seinen Fähigkeiten, jedem nach seinen Bedürfnissen. Nur die umfassende Automatisierung vermag dieses Ziel herbeizuführen und schließlich das Grundprinzip des Sozialismus – jeder nach seinen Fähigkeiten, jedem nach seiner Leistung – abzulösen.« Übrig blieben nur schöpferische Tätigkeiten, die nicht mehr »Qual und Last«, nicht mehr »bloßes Mittel zur Erlangung des Lebensunterhalts sein« würden, sondern »in sich selbst Befriedigung« enthielten und »Freude und Glück« spendeten (Klaus u. Liebscher 1966: 124). Diese Zukunftserwartung schrieben die Philosophen Klaus und Liebscher in ihrer Einführung in die Kybernetik nieder, einem mehrfach aufgelegten Standardwerk.

Die Kybernetik, die bei der Begründung des Computersozialismus die Hauptrolle spielte, ist als Wissenschaft von der Steuerung entstanden, in den vierziger Jahren des 20. Jahrhunderts im Westblock, mit Verzögerung von zehn Jahren auch im Ostblock. Ihre Wickelkommode war die Militärindustrie, die nach »intelligenten« Waffen verlangte: Waffen, die sich selber, d. h. automatisch, steuern. Flugabwehrraketen etwa sollten ihre Flugbahn und den Zeitpunkt ihres Starts gemäß dem beweglichen Ziel selbst berechnen. Hierzu bedurfte es des Prinzips der Rückkopplung (Feedback): Ein Steuerungssystem musste die notwendigen Informationen, etwa die Flugbahn eines feindlichen Flugzeugs und die Windrichtung, verarbeiten und die Flugabwehrrakete auf einen entsprechenden Kurs bringen. Viele

Kybernetiker, wenngleich sie sich damals noch nicht so nannten, arbeiteten daran während des Zweiten Weltkrieges.

Durch das erlangte Wissen erschlossen sich den Kybernetikern im Westen wie im Osten plötzlich auch Phänomene auf anderen Gebieten, beispielsweise in der Natur. Wenn etwa ein Wurm Verdauungsfermente ausschütte, kaum dass Essen seinen Magen erreiche, dann, so die Kybernetiker, handele es sich um den Mechanismus der Rückkopplung. Ebenso wenn ein Mensch die Hand reflexhaft zurückziehe, wenn er versehentlich eine Hitzequelle angefasst habe. Überhaupt sei der Mensch, so Gluschkow, »ein geschlossenes System mit Rückkoppelung« und das Gehirn darin das »Steuerungssystem« (Gluschkow 1976: 16), welches vom Computer nur durch seine höhere Komplexität zu unterscheiden sei. »Vergleichen wir diese beiden Objekte, so stellen wir fest, daß sowohl das eine als auch das andere universelle Informationswandler sind.« (ebd.: 16) Die Aufgabe des Kybernetikers besteht laut Gluschkow in näherer Zukunft darin, die Messung, Umformung, Verarbeitung und Übertragung von Informationen zu verstehen sowie künstliche Steuerungssysteme zu erschaffen, und in fernerer Zukunft (laut Gluschkow ca. im Jahre 2020) darin, die künstliche Intelligenz mit den menschlichen Gehirnen zu verkoppeln.

Norbert Wiener, der Begründer der Kybernetik, hatte den Begriff dem Altgriechischen entlehnt: Der *Kybernetés* ist der Steuermann eines Schiffes, im alten Griechenland hatte der Begriff aber auch noch eine Bedeutung im übertragenen Sinne. In Platons *Politeia* ist der »Kybernetés« auch der Steuermann des Staates und dient wohlgewählt als Sinnbild (*Politeia* 488a–489d). Denn wie über das Amt des Schiffslenkers, so Platon, dürften auch über das des Staatslenkers keine Meutereien oder Mehrheiten des Pöbels bestimmen. Ans Ruder und befehlen dürfe vielmehr nur, wer über das nötige Wissen verfüge, um ein Schiff oder den Staat zu steuern. Noch eine weitere Spur führt vom Namen der Kybernetik zur Steuerung des Staates. Wiener huldigte dem ersten künstlichen Steuerungssystem, dem

Fliehkraftregler, der im 19. Jahrhundert von James Watt erfunden worden war, ein Jahrhundert bevor sich die Kybernetik als Wissenschaft konstituierte. Die englische Bezeichnung dieses Steuerungssystems hatte Wiener inspiriert: *governor*. Der Wortstamm geht aufs Lateinische zurück: der *Gubernator*, und ist bis heute bekannt geblieben. Der römische »Gubernator« war der Statthalter und Verwalter eines Territoriums, das »Gubernium« war eine Verwaltungseinheit im Habsburger Reich, der »Gubernator« war der Landesfürst im Königreich Preußen und im Englischen und Französischen ist der Wortstamm noch heute dienlich, um Regierende zu bezeichnen. Der politische Wortsinn liegt offenbar so nahe, dass ihm gemäß schon einmal der Versuch unternommen worden war, eine Wissenschaft der Kybernetik zu etablieren. André-Marie Ampère hatte in seinem *Essay sur la philosophie des sciences* nichts anderes als die Wissenschaft von der Leitung des Staates als »la Cybernetique« bezeichnet. Wiener hatte wahrscheinlich nur die nautische Bedeutung im Sinn, als er die von ihm mitbegründete Wissenschaft Kybernetik hieß. Aber einige sozialistische Kybernetiker zeigten sich erfreut über die Geschichte des Wortes. Sie wollten die Kybernetik zur Hilfswissenschaft des sozialistischen Staates machen. Ampère, so Gluschkow, sei mit seiner Definition der Kybernetik schon »zu Beginn des 19. Jahrhunderts [...] nicht weit von der Wahrheit entfernt« gewesen (Gluschkow 1976: 20).

Auch die Ökonomie, so Gluschkow, sei ein kybernetisches System. Aber nicht immer. So funktioniere etwa die Wirtschaft, die einem Feudalherren unterstehe, wie ein System. Aber zusammengenommen bildeten die Feudalwirtschaften kein System, dazu seien sie zu wenig verknüpft. Ebenso wenig stellten Tausende von Werkzeugmaschinen zusammen ein System dar, nur weil sie etwa nebeneinanderstünden. Zu einem System würden sie erst, figurierten sie als Funktionszusammenhang, der insgesamt mehr wäre als die Summe von Maschinen, dadurch, dass die Wechselwirkungen der Maschinen selber konstitutiv würden (ebd.: 60 f.). Die kapitalistische Wirtschaft funktioniere insgesamt als System, im Übrigen als eins, wie ein anderer Kybernetiker aus dem Ostblock ausführt, das nicht durch ein Steuerungssystem und daher nicht bewusst, sondern blind durch das Wertgesetz gesteuert würde (Klaus 1961: 477–493). Der Sozialismus hingegen sei ein bewusst gesteuertes System; auf die Wissenschaft der Kybernetik könne im Sozialismus folglich nicht verzichtet werden, denn: »Moderne Planwirtschaft ist [...] angewandte Kybernetik.« (ebd.: 511).

Wie seine östlichen Kollegen dachte auch der Brite Stafford Beer, ein Schüler Wieners und der Begründer der »Management-Kybernetik«. Er wollte die Kybernetik so verstanden wissen, wie es ihr Namen nahelegt, und wandte sich deswegen 1973 in einer Vorlesung, an seine Studenten gewandt, gegen Wiener: Dessen Definition der Kybernetik als Wissenschaft von der Kommunikation und Kontrolle im Tierreich und in der Technik greife zu kurz, referiert Beer in einer Vorlesung vor Studenten (Beer 1973). Die Kybernetik sei viel mehr, nämlich auch die Wissenschaft von der Organisation. Und als solche Wissenschaft sei sie ein äußerst nützliches Werkzeug bei der Einrichtung des Staates.

Wille und Zwang zur Ordnung

Als Che Guevara ankündigte, die kubanische Volkswirtschaft werde im Kommunismus funktionieren wie ein einziges großes Unternehmen, wollte er nicht warnen, sondern optimistisch in die Zukunft blicken. Ähnlich verhält es sich mit den Ankündigungen sozialistischer Kybernetiker; sie klingen wie Unkenrufe, bekunden aber Vorfreude: »Die kybernetische Maschinenwelt wird die produzierende Menschheit zu einem Kollektiv exakt denkender Naturwissenschaftler und Mathematiker zusammenschmieden.« (Klaus 1964: 119) »Das automatisierte System der Leitung der Volkswirtschaft der UDSSR wird das umfangreichste und das komplizierteste Mensch-Maschine-System der Welt darstellen« (Maiminas 1968: 164); es »erfordert insbesondere den Einsatz von Psychologen und Spezialisten für die Ergonomik (Mensch-Maschine-System), um die Gewähr zu geben, daß die Arbeiten der menschlichen und der maschinellen Blöcke aufeinander abgestimmt sind, daß ihre Kommunikation und Wechselwirkung reibungslos verlaufen und die Störanfälligkeit des gesamten Systems (darunter auch gegenüber subjektiven Faktoren) sehr gering gehalten wird.« (ebd.: 162) Was Klaus und Maiminas hier ohne böse Absicht ausmalen, erinnert an die Borg, jenes finstre Menschmaschinenvolk aus dem Star-Trek-Universum. Sie überschreiten den kritischen bzw. »dialektischen Punkt« (Anders 1980: 127), von wo an die Maschinerie nicht mehr dem Menschen dient, sondern ihn dazu treibt, sich ihr anzupassen, sei es durch »Ergonomik« (Maiminas), sei es durch »Human Engineering« (Anders 1956: 38).

Da sich das Verlangen nach technokratisch einwandfreien Ordnungen, in denen aller Wildwuchs des Lebens gezüchtigt ist, im Computersozialismus häufig und stark äußert, drängt sich der Verdacht auf, dass es in dem Gemisch von Sozialismus und Kybernetik ein Elixier gefunden hat, das ihm wohltut und die Zunge lockert. Wobei in dem Gemisch besonders zwei Inhaltsstoffe die Wirkung auszumachen scheinen und einander verstärken: a) der Wille zur Ordnung, welcher die Kybernetik und auch die meisten sozialistischen Strömungen antreibt; b) der Zwang zur Ordnung, bedingt durch das Prinzip der Formalisierung und Systematisierung, das der EDV eingeschrieben ist.

a) Der Wille zur Ordnung

Der Wille zur Ordnung kommt im kybernetischen Sozialismus besonders in dessen Formsprache zum Ausdruck. Wenn sozialistische Kybernetiker in politökonomischen Büchern die sozialistische Volkswirtschaft, wie sie sein soll, mit Modellzeichnungen bebildern, so bestehen diese aus Dreiecken, Quadraten und Kreisen, die mit »Produktionssektor«, »Nachfrage« und »Stellwerk« beschriftet und durch Linien und Pfeile, ausgewiesen als »Rückkopplung« und »Regelkreis«, zu Quadraten und Kreisen verbunden sind. Was diese Formsprache, aber auch die Intention anbelangt, kehren darin die Formen und Motive alter sozialistischer Utopien wieder. Beispiel *Utopia*: »Wer eine von ihren Städten kennt, kennt alle, so völlig gleichen sie einander« (Morus 1516: 50). Die 54 Städte auf der Insel zählen alle jeweils 80.000 erwachsene Einwohner und sind alle nach demselben Muster erbaut. Jede Stadt ist quadratisch, von einer Mauer umgeben und in einheitliche Viertel gegliedert, in deren Mitte jeweils ein Markt ist. In den zentralen Speisehallen sind die Tische in einem vorgegebenen System angeordnet. Die Straßen in den Städten sind breit und gerade. Zwischen den Städten ist das Land gleichmäßig aufgeteilt, darauf befinden sich wohlgeordnet die Gehöfte für die Landwirte. Auch Campanellas *Civitas Solis* ist, von oben betrachtet, kreisrund. Vom Meere aus betrachtet, erstreckt sie sich über einen Hügel. Ihre äußere Grenze, am Fuße des Hügels, bildet eine Mauer, den Hügel hinauf folgen weitere sechs durch Mauern befestigte Ringe, die die Stadt durchziehen. Der innerste Ring der Mauer umschließt die Spitze des Hügels, ganz oben ruht ein Tempel: »Der Tempel zeichnet sich durch eine vollkommen runde Gestalt aus.« (Campanella 1623: 118) Die Mauern sind wie Bücher, auf ihnen befindet sich »die genaue und vollständige Beschreibung der ganzen Erde« (ebd.: 120): die Gestirne, die Meteorologie, die Tier- und Pflanzenarten, Minerale, chemische Elemente und geometrische Formen. Was die Bürger der *Civitas Solis* bei dieser Feststellung der Natur womöglich antreibt, hat Francis Bacon zur gleichen Zeit wie Campanella in Worte gefasst – in seinem Fragment gebliebenen utopischen Roman über die Gründung von *Nova Atlantis*: »Der Zweck unserer Gründung ist die Erkenntnis der Ursachen und Bewegungen sowie der verborgenen Kräfte in der Natur und die

Erweiterung der menschlichen Herrschaft bis an die Grenzen des überhaupt Möglichen.« (Bacon 1624: 205).

Die Vorliebe des Sozialismus für reine geometrische Formen war bereits Georg Simmel aufgefallen: »Wenn Dinge und Menschen unter das Joch des Systems gebeugt – d.h. symmetrisch angeordnet – sind, so wird der Verstand am schnellsten mit ihnen fertig. Daher hat sowohl der Despotismus wie der Sozialismus besonders starke Neigungen zu symmetrischen Konstruktionen der Gesellschaft [...]. Ludwig XIV. soll seine Gesundheit aufs Spiel gesetzt haben, um Türen und Fenster symmetrisch zu haben. Und ebenso konstruieren sozialistische Utopien die lokalen Einzelheiten ihrer Idealstädte oder -staaten immer nach dem Prinzip der Symmetrie: entweder in Kreisform oder in quadratischer Form werden die Ortschaften oder Gebäude angeordnet. [...] Die symmetrisch-rhythmische Gestaltung bietet sich so als die erste und einfachste dar, mit der der Verstand den Stoff des Lebens gleichsam stilisiert, beherrschbar und assimilierbar macht, als das erste Schema, vermöge dessen er sich in die Dinge hineinbilden kann.« (Simmel 1901: 682). Platon würde sagen: Die symmetrisch-rhythmische Gestaltung ist die vernünftigste. So beschreibt er es im Dialog *Timaios*. Dieser beginnt, im unmittelbaren Anschluss an die *Politeia*, mit einer Zusammenfassung und Wiederholung, warum die Herrschaft der Vernunft in Staat und Seele notwendig sei, um überdies das Rätsel zu lösen, wie es überhaupt zu der unglücklichen Verflechtung von Vernunft und sinnlichen Leidenschaften im Menschen hatte kommen können. Zwecks Rätsels Lösung bemüht Platon einen Mythos. Dieser beginnt ähnlich wie die Bibel: Ein Demiurg brachte Ordnung ins Irrsal und Wirrsal der Welt, indem er zuerst den Kosmos als vollkommene Gestalt, nämlich als Kugel, und daraufhin die Götter schuf. Überdies gestaltete er die fünf Elemente, jedes in einer anderen Form. Das Element des Kosmos ist ein Dodekaeder (Grundfläche: Fünfeck) und solcherart der Kugelgestalt am ähnlichsten, das Element des Feuers ist ein Tetraeder, das der Luft ein Oktaeder, das des Wassers ein

Ikosaeder (Grundflächen: jeweils Dreiecke) und das der Erde ein Würfel (Grundfläche: Quadrat). Soweit ist die Genesis gut verlaufen. Aber, was erschaffen wurde, kann nicht so perfekt sein wie sein Schöpfer, es hat einen Anfang, ist also nicht unendlich. Der Mensch gar ist Erschaffenes zweiten Grades. Zwar hat der Demiurg die Seelen der Menschen erschaffen, die Erschaffung der Körper aber überließ er den Göttern. Und diese schöpften dabei eklektizistisch aus dem Vollen, indem sie die Lebewesen aus den vier irdischen Elementen (Feuer, Erde, Wasser, Luft) bildeten und nur fadenscheinig zusammenklebten und nieteten – »so daß das ganze Lebewesen in Bewegung war und ordnungs- und vernunftlos fortschritt« (Platon, *Timaios* 43a). Solcherart ist der Körper Heimstätte irrationaler Erregungen: Lust, Schmerz, Keckheit, Furcht, Zorn, Hoffnung und Liebe. Schlussendlich prallen auf diesen Körper und die darin gefangene Seele auch noch verschiedene Sinneseindrücke; die »Zerstörung der Kreisbewegung« kann die Folge sein, »der Vernunft zuwider« (ebd.: 43d–e). Jede Seele muss seither die Aufgabe bewältigen, in einem Körper eingeschlossen zu sein und dabei vernünftig zu bleiben. Wobei ihr der Umstand zur Hilfe kommt, in jenem Teil des Körpers, der dem Himmel am nächsten ist, nämlich im Kopf angesiedelt zu sein und durch die Augen hindurch die Sonne und die Sterne und deren Kreisläufe erblicken zu können. »Nun sind die Gedanken und Umläufe des Göttlichen in uns verwandte Bewegungen. Diesen muß jeder folgen, um die bei unserem Entstehen in unserem Kopfe verdorbenen Umläufe dadurch wieder in Ordnung zu bringen, daß er Harmonien und Umläufe des Alls erkennen lernt« (ebd.: 90c–e). Sofern es einer Seele gelingt, über die Untugenden des Körpers zu siegen, so wandert sie nach dem Tod des Körpers zu den Sternen. Lässt sie sich hingegen von der Unvernunft des Körpers und der Sinne affizieren, wandert sie die Stufenleiter der Lebewesen (Mann, Frau, Tier) Schritt für Schritt herab.

In neueren Sozialutopien hat zumeist der Anarchismus seine Spuren gezogen und von geometrischen Formen nicht viel übriggelassen. Eine Ausnahme stammt von Fresco; in dessen Sozialutopie herrscht absolute Ordnung. Städte prägen die Landschaft, die so aussehen, wie sie heißen: »circular cities« (Fresco 2007: 36). In der Mitte jeder »circular city« befindet sich ein alles überragendes rundes Gewölbe, der »central dome« (ebd.), worin alle gemeinschaftlichen Einrichtungen untergebracht sind, nämlich Schule, Krankenhaus, Güterlager und auch noch das »cybernated system« (ebd.), das für die Organisation und Versorgung der Stadt zuständig ist. Die Cybernatoren, so lässt sich bei Fresco lesen, tragen für Sauberkeit und auch dafür Sorge, dass Babys nie mehr volle Windeln tragen, und sie haben für die Menschen eine Weltsprache entwickelt, die keinerlei Missverständnisse oder Zweideutigkeiten mehr birgt. Gewissermaßen, in Gestalt von Technik und Wissenschaft, ist Platons Demiurg zurückgekehrt und bessert aus, was durch seine Götter verpfuscht ward. Was sein Ziel ist, zeigt Fresco in seinen Büchern auch auf Bildchen, die vom Stil her an die Bilder in den Flyern und Zeitschriften der Zeugen Jehovas erinnern: Zu sehen sind keine dreckigen Ecken, geschweige denn Schlupfwinkel und Lasterhöhlen; zwischen den modernen Häusern und funkelnden Maschinen ist alles schön grün, lichtdurchflutete Parks, Rasenflächen im Quadrat, bepflanzt mit schönen Bäumchen, durchquert von zahmen Bächen. Menschen sind auf den Bildchen auch zu sehen, Männer und Frauen, die mit ihrer technisierten und kultivierten Umwelt auffällig glücklich im Bunde sind; die aber nicht die Menschheit widerspiegeln, wie man sie eigentlich kennt. Es handelt sich ausnahmslos um lächelnde, junge, sportliche, wohlproportionierte und gesunde Frauen und Männer, solche wie man sie heutzutage aus der Werbung für Karriereportale, Singlebörsen oder Biomärkte kennt. Was hässlich, alt, krank, unförmig, lasterhaft, abwegig, abgründig ist, ist ausgemerzt, im Namen der Vernunft und durch moderne Medizin, die in Körper und Gene eingreift. Solche Medizin war früher unvorstellbar, das eine oder andere Resultat aber dennoch erwünscht, jedenfalls in der *Civitas Solis*.

Dem Roman nach finden in dieser regelmäßig Sportfeste statt, zu denen alle geschlechtsreifen Männlein und Weiblein nackt erscheinen, um sich zuordnen zu lassen. Schöne Frauen kommen zu schönen Männern, während beim Rest für Ausgleich gesorgt wird. Dicke werden zu Dünnen, Große zu Kleinen, Spitznasen zu Breitnasen sortiert. Human Engineering auf traditionelle Weise.

b) Der Zwang zur Ordnung

Was berechnet werden soll, muss berechenbar, und was gesteuert werden soll, muss formalisiert werden. Denn in einem künstlichen Steuerungssystem haben alle Informationen *per se* eine binäre Gestalt: Entweder der Strom fließt oder er fließt nicht: Eins oder Null, »Sein oder Nichtsein«, wie es der Sowjetwissenschaftler Juri I. Tschernjak ausdrückte, um seine Zweifel an der Kybernetik zum Ausdruck zu bringen (Tschernjak 1968ö: 40).

Als Beispiel diene die automatische Steuerung eines Dampfkessels, in dem nur zwei Zustände entscheidend sind: Hält sich der Druck in Grenzen, fließt kein Strom und das Ventil bleibt geschlossen, wird der Druck zu hoch, dann fließt Strom und das Ventil wird geöffnet. Das Steuerungssystem muss nur eine einzige Entscheidung zwischen zwei Informationen treffen, also ein binäres Signal (1 Bit) senden. Komplexer, aber für die EDV noch nicht schwierig, wird es bei acht möglichen Einstellungen des Ventils. Um ein solches Ventil ganz zu öffnen, muss das Steuerungssystem erst zwischen Ventil »unter« oder »über 50 % öffnen«, dann zwischen »unter« oder »über 75 % öffnen« und schließlich noch zwischen »87,5 %« oder »ganz öffnen« entscheiden. Drei Entscheidungen (3 Bit) müssen getroffen werden; in der Sprache der Mathematik: $\log_2 8 = 3$.

In einer Volkswirtschaft nun sind ungleich mehr Entscheidungen zu treffen. Aber selbst diese Anzahl wäre rechnerisch vielleicht nicht das Problem. Die »zehn hoch sechzehn« Operationen, die Gluschkow zufolge jährlich in der Sowjetunion berechnet werden müssten, könnte heute jeder Heimcomputer bewältigen. Das Problem ist die Form, in der die Entscheidungen getroffen werden müssen. Die Automatisierung der Planwirtschaft verlangt, »die Tätigkeit der Planer in eine Reihe von typisierten Funktionen zu zerlegen, von denen die Mehrzahl formalisiert in einem automatisierten System zusammengeführt werden kann« (Samochin u. Chajdas 1973: 58 f.). Ein anderer Sowjetwissenschaftler sekundiert optimistisch: Für die »qualitative, inhaltliche Seite« jeder entscheidungsrelevanten Information müsse »ein quantitatives Maß« ausgeführt werden (Maiminas 1968: 161). Oder, sarkastisch, mit Günther Anders gesprochen: All jene Informationen, »die einer Quantifizierung [...] Widerstand entgegensetzen«, werden von den EDVA als »subjektiv-sentimentaler Fraß« abgelehnt (Anders 1956: 61). Das ist die Eigenlogik der Automaten. Ein DDR-Ökonom warnte deshalb: »Man kann die Gesellschaft nicht in den Mechanismus der zentralen elektronischen Datenverarbeitung und Planungsrechnung stopfen.« (Kohlmey 1968: 120)

Angenommen, in einem Betrieb wurden sowohl die Verwaltung der Lagerbestände als auch die des Lieferverkehrs erfolgreich automatisiert, so müsste in einem nächsten Schritt versucht werden, diese beiden Bereiche in einem übergeordneten automatischen System zu koppeln. Sodass, wenn im Lager ein bestimmtes Teil fehlte, dessen Beschaffung automatisch eingeleitet würde: am besten nicht durch ein Signal an eine Person, sondern an die EDVA der Planbehörde oder eines Lieferanten. Das setzte natürlich die Kompatibilität aller beteiligten EDV voraus, schließlich, auf die gesamte Volkswirtschaft bezogen, die Kompatibilität aller EDV, ob sie nun in den Planungsbehörden oder in den Betrieben installiert, ob in einer Zuckerfabrik oder in einer Rüstungsfirma eingesetzt, ob sie für technische Prozesse oder Arbeitseinsätze verantwortlich wäre: »Die Aufgabe gipfelt darin, alle Arten der Information zu einem einheitlichen

Ganzen zu verbinden« (Nemtschinow 1968i: 15). Kein leichtes Unterfangen, der Hindernisse sind viele: »Nichtvergleichbarkeit der Daten, Schwierigkeit bei der Übersetzung aus einem Maßsystem in ein anderes, Umschreibung eines Begriffs durch verschiedene Wörter, Verwendung eines Wortes in verschiedenen Bedeutungen u. a.« (Tschernjak 1968ö: 56).

Tschernjak misstraut dem Versuch der Systematisierung der gesellschaftlichen Wirklichkeit. Um mit dem Begriff des Systems die Wirklichkeit adäquat zu erfassen, so gibt er zu bedenken, müsse alles, was einem solchen System zugeordnet werden solle, aus der Definition des Systems abgeleitet werden können. D.h. nur wenn alle Elemente als Fälle jener Kategorien auszuweisen seien, die in der Definition vorkommen würden, ließen sie sich als Elemente des Systems behaupten. Etwas konkreter: »Wenn wir ein ökonomisches Objekt untersuchen, so haben wir es mit einer großen Vielfalt verschiedenster Prozesse und Erscheinungen zu tun, die sich schon a priori auf ganz verschiedene Wissenschaften beziehen: technologische Prozesse, Flüsse materieller Werte in der Produktion, Verteilung und Konsumtion, Bewegung finanzieller Mittel, Bargeldströme, Datenverarbeitung, Beziehungen zwischen den Menschen – ökonomische, organisatorisch-administrative, persönliche, kollektive und individuelle psychologische Faktoren wie Bedürfnisse, Fertigkeiten, Wissen und Gewohnheiten, intellektuelle Prozesse der Erarbeitung ökonomischer Entscheidungen. Welchen gemeinsamen Grundzug kann man zwischen diesen Faktoren unterschiedlichster Natur finden, wie kann man für sie ein allgemeines Maß der Information bestimmen?« (ebd.: 41) Ob ein gemeinsamer Grundzug in »technologischen Prozessen« und den »Beziehungen zwischen den Menschen« zu finden sein könnte? Die Frage, wie sie Tschernjak stellt, provoziert ein Nein. Der DDR-Philosoph Georg Klaus würde sie mit Ja beantworten; das zumindest legen seine Ausführungen nahe: Da »die Natur selbst ein in sich geschlossenes, zusammenhängendes System« sei, weise sie »in ihren verschiedenen Seiten und Bereichen übereinstimmende Züge, gleiche und ähnliche Strukturen« auf (Klaus 1961: 266). So seien beispielsweise auch »menschliche Beziehungen« im Grunde »Feedback-Systeme«, wenngleich äußerst komplexe (ebd.: 476). Tschernjak dagegen gibt zu bedenken, dass westliche Kybernetiker, die schon länger als ihre sozialistischen Kollegen forschten, nicht weit damit gekommen seien, die Errungenschaften der Kybernetik, die auf dem Gebiet der Nachrichtenübertragung nicht zu bezweifeln seien, auf anderen Gebieten, etwa der Psychologie und Soziologie, anzuwenden (Tschernjak 1968z: 35).

Tatsächlich hatte die Kybernetik im Westen ein kritisches Bewusstsein ihrer selbst ausgebildet. Im Gegensatz zu östlichen wiesen die westlichen Lehrbücher und Überblickswerke zur Kybernetik (z.B. Sachsse 1971: 6f. u. Kaufmann 2007: 15f.) einleitend darauf hin, dass kybernetische Aussagen hochgradig allgemein und kybernetische Modelle nicht die Sache selbst seien; bestimmte Aspekte der Realität könnten zwar von der Kybernetik erkannt werden, aber nur um den Preis der Abstraktion von anderen Aspekten. Vor einer Anwendung kybernetischer Modelle auf die Wirklichkeit wurde schon früh treffend gewarnt, beispielsweise auch auf einer westdeutschen Tagung zur Kybernetik: »Selbst dort, wo man [...] Regelungsprozesse noch am ehesten vermuten könnte, im Bereich der zielgerichteten und planvoll strukturierten Organisation, haben wir es in Wirklichkeit nicht mit kybernetischen Systemen zu tun. Wir können höchstens sagen, daß das kybernetische System als ein normatives Modell für Organisationen gelten kann, aber nicht als deskriptives oder erklärendes Modell, denn die soziale Wirklichkeit entspricht diesem Modell nicht. Wenn wir aber das kybernetische Modell als eine Norm maximaler Rationalität akzeptieren und die Wirklichkeit dem Modell annähern wollen, begeben wir uns aus der reinen Wissenschaft auf das Gebiet der Sozialtechnik, des social engineering. Und das ist eine dritte Anwendungsmöglichkeit der Kybernetik: nicht mehr als technische Hilfe, sondern als Norm, nach der es auch die soziale

Wirklichkeit umzubilden gilt. Die Fragwürdigkeit eines solchen Versuchs liegt auf der Hand.« (R. Mayntz 1963: 80 f.)

Beers Cybersyn in Allendes Chile

Stafford Beer vertrat eine andere Auffassung als Tschernjak oder Mayntz; in seiner Vorlesung (Beer 1973) vor Studenten tat er sie kund: Natürlich könne die Kybernetik, wie jede andere Wissenschaft auch, missbraucht werden – aber eben nur missbraucht. In ihrem innersten Wesen, so betont Beer, versperre sich die Kybernetik der Vereinnahmung durch autoritäre Regime. Denn sie habe das homöostatische Grundprinzip von Systemen erkannt: dass Systeme nach Überleben und deswegen nach innerem Gleichgewicht, nach Ausgewogenheit, innerer Vielfalt und Funktionsfähigkeit trachteten. Das homöostatische Prinzip wappne die Systeme sowohl gegen Chaos als auch gegen Diktatur. Mit dieser Erkenntnis, so verkündet Beer, arbeite die Kybernetik der Humanität zu. Mithilfe der Kybernetik könnten gesellschaftliche Systeme die richtige Balance zwischen Chaos und Autorität finden. Auch dem Einwand, wonach die kybernetische Wissenschaft die Technokratie befördern könne, greift Beer vor: Die Technokratie gründe nicht in einem Übermaß, sondern gerade in einem Mangel an Wissenschaft. Während nämlich die Wissenschaft der Erkenntnis der Realität verpflichtet sei und daher dafür sorge, dass der politische Apparat der Realität verbunden bleibe, erwachse die Entfremdung des bürokratischen Apparats von der Realität und dem Volk gerade aus einem Mangel an Wissenschaftlichkeit. Diese Entfremdung könne nur aufgehalten werden, indem die Entfremdung der Regierung gegenüber der Wissenschaft aufhöre und die Regierungen sich von der Wissenschaft helfen ließen.

Eine Regierung, die sich helfen lassen wollte, war die sozialistische Regierung Chiles (1970–1973) unter ihrem Präsidenten Salvador Allende. Fernando Flores, ein 28-jähriger Regierungsmitarbeiter, schickte im Sommer 1971 einen Brief nach Großbritannien an Beer. Er bat um Tipps zwecks Organisation der Volkswirtschaft. Denn diese war im ersten Regierungsjahr Allendes, einerseits vor dem Hintergrund der Verstaatlichung und andererseits vor dem Hintergrund eines mehr oder weniger offenen Bürgerkriegs, in die Krise geraten – die Inflation galoppierte und die Beamten waren mit der Organisation der verstaatlichten Betriebe überfordert. Beer wollte es nicht bei einem Briefwechsel bewenden lassen und flog im November 1971 nach Santiago, in seinem Gepäck zum einen das fertige Manuskript eines Buches, das 1972 erschien und an dem er zwanzig Jahre gearbeitet hatte: *Brain of the Firm* (deutscher Titel: *Kybernetische Führungslehre)*, und zum zweiten die Skizze einer kybernetisch organisierten Volkswirtschaft. Die chilenische Volkswirtschaft, die abseits der Kupfergewinnung kaum entwickelt und überwiegend eine Agrarwirtschaft gewesen war, könne, versprach Beer, binnen eines Jahres zu einer modernen Volkswirtschaft avancieren – indem ihre Struktur dem menschlichen Nervensystem nachgebildet werde. Das Plansystem werde eine höhere Form des Miteinanders darstellen: »This system destroys the dogmas of centralization and decentralization alike. This approach is organic.« (Notiz von Beer, zit. n. Medina 2011: 70)

Noch im selben Jahr begann das Projekt unter dem Namen *CyberSyn*: Die *Cyber*netik war der gemeinsame Nenner des Projektes, für *Syn*ergien sollten Wissenschaftler aus den verschiedensten Bereichen sorgen. Diese waren zumeist nicht älter als dreißig Jahre und scharten sich, wie an verschiedenen Stellen berichtet wird, in großer Erwartung um den charismatischen und immerzu Zigarren rauchenden und Whisky trinkenden Engländer mit dem Rauschebart. Bei weiteren Mitarbeitern des Projektes, die von London aus arbeiteten, handelte es sich um englische Kollegen Beers, hauptsächlich Programmierer. Auf dem Papier entwarfen die Wissenschaftler ein basisdemokratisches, dezentrales Wirtschaftssystem mit fünf Ebenen, verschiedenen Rückkopplungen und modernen technischen Geräten. Nebenbei, mit dem Gesicht zum Volke, schrieb Beer gemeinsam mit dem chilenischen Liedermacher Angel Parra einen vielsagenden Song mit dem Titel: »Litany for a Computer and for a Child about to be born« (Beer hat Titel und Text für seine Studenten ins Englische übersetzt). Der Text lautet u. a.: »Let us heap all science together, before we reach the end of our tether« (Beer 1973: 6).[86]

Beer und sein Team machten sich auch praktisch schnell nützlich; sie bauten ein Informationsnetz auf, entsprechend den chilenischen Ressourcen: mit 400 Fernschreibern und einem zentralen Rechner, dem besten, der in Chile aufzutreiben war: ein IBM 360/50. In diesem Informationsnetz waren im August 1972 dreißig der hundert staatlichen Industriebetriebe vernetzt. *The British Observer* titelte am 7.1. 1973: »Chile run by Computer«. Die Fernschreiber gaben täglich die Betriebsdaten über Tagesproduktion, Arbeitskrafteinsatz und Energieverbrauch durch, sodass die Zentrale immer über die wirtschaftlichen Entwicklungen im Land informiert war und auf wirtschaftliche Disproportionalitäten oder andere Anzeichen von Krisen schnell reagieren konnte. Sobald ein Betrieb die Planvorgaben nicht einhielt, sandte ihm der Zentralcomputer automatisch ein sogenanntes algedonisches Signal zu, d. h. ein Signal, das einen kritischen Zustand anzeigt, ganz so, wie der Schmerz (alt-gr.: Algos) im Nervensystem einen kritischen Zustand signalisiert. Dem Betrieb blieb dann etwas Zeit, das Manko zu beheben. Blieb es aber bestehen, wurde das Warnsignal an die nächst höhere Instanz durchgegeben. Konnte es auch dann nicht gelöst werden, benachrichtigte der Computer eine noch höhere Instanz, usf. Mit diesem Signalsystem zeigte sich Beer in seinen Aufzeichnungen sehr zufrieden: Weil ein System nur funktioniert, wenn

86 Der ganze Song, gesungen von Angel Parra, findet sich im Internet: https://www.youtube.com/watch?v=KhltlMM9I9Q [aufgerufen am 12.08. 2017].

die Teilsysteme im Interesse des Ganzen funktionierten und zugleich autonom und selbständig arbeiten könnten. Beides sei in dem installierten System gegeben (Beer 1973: 5).

Erfolg und Misserfolg lassen sich kaum abschätzen. Zu viele andere, schwerwiegende Faktoren bedrückten in Allendes Regierungsperiode die chilenische Volkswirtschaft: die Abwanderung vieler Fachkräfte, Embargos seitens der USA und einiger Nachbarstaaten sowie Streiks und bürgerkriegsähnliche Zustände, die 1973 schließlich in einem Militärputsch gegen Allende gipfelten. In den letzten Wochen von Allendes Regentschaft stieg die Inflation auf 600 Prozent, 1971 hatte sie bei 50, 1972 bei 160 Prozent gelegen. Ein rasanter Niedergang, Cybersyn konnte ihn nicht aufhalten. Ein Erfolg von Cybersyn immerhin ist bekannt und innerhalb der Linken eine kleine Legende. Zustande kam er, als Chile im Oktober 1972 von einem umfassenden Streik der Lastkraftfahrer erfasst wurde und der Gütertransport im ganzen Land zum Erliegen kam: »Das CyberSyn-Team bildete einen Krisenstab, um die 2.000 täglich aus dem ganzen Land eintreffenden Fernschreiben auszuwerten. Anhand dieser Daten ermittelte die Regierung, wie man die Situation in den Griff bekommen könnte. Daraufhin organisierte man 200 loyale Lastwagenfahrer (gegenüber rund 40.000 streikenden), die den Transport aller lebenswichtigen Güter sicherstellten – und überwand die Krise.« (Rivière 2010) Das war zweifelsfrei eine große logistische Leistung, aber auch eine große Leistung im Klassenkampf – gegen immerhin 99,5 Prozent der Lastwagenfahrer, die als Kleinunternehmer gegen ihre Verstaatlichung streikten.

Hätte Cybersyn mehr als drei Jahre Zeit gehabt, wer weiß, was daraus geworden wäre. Beer hatte Großes vor. Bei dem IBM 360/50 hätte es nicht bleiben sollen. Beer schwebte eine technisch hochgerüstete Operationszentrale vor. Wenige Tage, bevor der Putsch seine Regentschaft beendete, hatte Allende versprochen, diese Operationszentrale im Präsidentenpalast bauen zu lassen. Es kam nicht dazu. Näheres zu dieser

Operationszentrale findet sich auch in dem Buch über Managementkybernetik, dessen Manuskript Beer nach Chile mitgenommen hatte. Darin empfiehlt er Unternehmen, aber auch Regierungen, die Einrichtung solcher Zentralen. Sein Plädoyer beginnt mit den Schilderungen einer Schlacht (beim Militär hatte Beer, gleich den meisten Pionieren der Kybernetik in Ost und West, seine wissenschaftliche Laufbahn begonnen): »Stellen wir uns einmal eine große Schlacht vor, an der sich Infanterie, Marine und Luftwaffe beteiligen. Bei solcher Gelegenheit wurden zahlreiche Einheiten eingesetzt [...] Ein nicht abreißen wollender Strom von Berichten floß ununterbrochen ins Hauptquartier. [...] Die Lösung war die ›Kommandozentrale‹ – ein großes Operationszentrum mit Reliefkarten, auf Tischen ausgebreitet, auf denen die eingehenden Informationen mit Hilfe von Zählwerken registriert werden konnten. Da waren Mädchen [gemeint sind Sekretärinnen im Dienst des Militärs, H. G. F.] damit beschäftigt, diese Zählwerke wie Croupiers zu bedienen. Die oberste Führungsspitze aber beobachtete von einer Empore aus die ständig wechselnde Szene. [...] Eine zeitgenössische Tätigkeit, die am meisten an jene Kommandozentrale aus dem Krieg erinnert, ist wahrscheinlich die des Kontrollzentrums in Houston (Texas) bei einem Weltraumflug. Von dort aus erfolgt die Echtzeitsteuerung der Operation im Weltraum. Ein solches Kontrollzentrum, durch Computer auf den neuesten Stand gebracht, in einem Unternehmen (oder meinetwegen bei einer Regierung) zu wissen oder zumindest haben zu wollen, ist eine kühne, wenn nicht gar dreiste Forderung. [...] Meiner Meinung nach sind aber solche dramatischen Veränderungen dringend nötig.« (Beer 1972: 201) Nach diesem Einstieg beginnt er, die Operationszentrale *en détail* zu beschreiben. Im Wesentlichen, so Beer, müssten drei Anzeigen zur Verfügung stehen. Da wäre zum einen »eine große dynamisch-elektronische Anzeige« (ebd.: 202), auf der das kybernetische Schema des Unternehmens zu sehen sei: »Insbesondere würden die algedonischen Informationen entsprechend signalisiert werden – wenn nötig durch Rotlicht und Alarmklingel.« (ebd.: 202) Über eine zweite Anzeigegruppe könnten im Bedarfsfall detailliertere Informationen angefordert werden. Auf der dritten Anzeige würden Prognosen dargestellt. Hinter allen Anzeigen würden sich natürlich Computer verbergen. Diese könnten alle Daten rasant verarbeiten und würden dem Team in der Operationszentrale erlauben, »in Echtzeit« zu arbeiten (ebd.: 204). Und »Echtzeit« war auch die Maßgabe, die durch die Operationszentrale in Chile erfüllt werden sollte. Denn in planwirtschaftlichen Systemen, so Beer, seien die Pläne bisher an der Ungleichzeitigkeit von Plänen und Produktion gescheitert (Beer 1973: 8). Die Pläne seien in den sozialistischen Ländern auf der Grundlage von Prognosen erstellt und ins Werk gesetzt worden. Sobald sich dann im Laufe der Wochen, Monate oder Jahre, je nachdem, wie langfristig die Pläne angelegt waren, unvorhergesehene Entwicklungen ergeben hätten, seien die Pläne der wirtschaftlichen Entwicklung gegenüber inadäquat geworden. Dieser eklatante Mangel der Planwirtschaft ließe sich durch das kybernetische Informationsnetz und die Operationszentrale beheben. Das Netz würde die Informationen aufnehmen, die Computer in der Zentrale würden sie verarbeiten und filtern – gemäß den kybernetischen Erkenntnissen über Informationsprozesse in komplexen Systemen. Die Planer müssten dann nur noch auf Grundlage der wichtigsten Informationen reagieren, und zwar im Gleichtakt mit den Wirtschaftsprozessen im Land, täglich oder stündlich. Ergebnis: Die Gleichzeitigkeit von Entscheidungs- und Wirtschaftsprozessen – Planwirtschaft in Echtzeit.

Auf sieben im Kreis angeordneten Stühlen würden in der Operationszentrale sieben kreative Denker arbeiten. Denn sieben Denker seien kybernetischen Erkenntnissen zufolge die perfekte Anzahl für ein kreatives Team. Im Operationsraum bildeten diese Denker eine Symbiose mit den Computern, welche »als zusätzliche Gehirnlappen« (Beer 1972: 204) dienten. Also auch hier: Mensch-Maschine-System. Wieder behält

Günther Anders mit seiner Beobachtung Recht: Der Mensch versuche, »den Apparaten [...] ganz und gar, gewissermaßen ko-substanziell zuzugehören.« (Anders 1950: 35 f.) Bisher, so moniert Beer, würde die Interaktion zwischen den Denkern und Lenkern auf der einen Seite und den Computern auf der anderen Seite durch Tastaturen gestört – »schließlich ist ein Manager alles andere als eine Schreibkraft. Daher muß also eine geeignetere Nahtstelle gefunden werden – und dabei denke ich an eine Hybridanlage, eine Kombination von Digital- und Analogtechnik.« (Beer 1972: 205) Digital seien die Anzeigen, analog die Eingabegeräte. So könne das Operationsteam etwa an Rädchen drehen. Diese sind z. B. an wichtigen Stellen des kybernetischen Schemas angebracht. Indem das Team an einem solchen Rädchen drehe, könne es bestimmte Dispositionen an den jeweiligen Stellen des Unternehmens bzw. der Volkswirtschaft verändern, z. B. die Anzahl von Arbeitern in einem bestimmten Bereich. Die Computer rechneten dann umgehend aus, an welchen Stellen etwa Kräfte abgezogen werden müssten, welchen Einfluss die Verlagerung der Kräfte auf die Qualität und Menge des Endprodukts nehme usf. Schließlich, nach der Betätigung verschiedener Eingabegeräte und der Berechnungen durch die Computer, könne sich das Operationsteam für die Umsetzung einer bestimmten Variante entscheiden. Auch die Pulte in den Armlehnen der Stühle entsprächen keinen Tastaturen. Vielmehr bestünden diese aus zwei mal fünf Knöpfen, wodurch 1024 verschiedene Eingabekombinationen möglich seien, durch die jeder der sieben kreativen Denker mit den Computern kommunizieren könne. Eine neue Form der Intelligenz könne durch eine solche Symbiose, d. h. durch die direkte Kommunikation der kreativen Denker mit der Maschinerie, entstehen – ungestört durch eine Sekretärin, diesem »girl between themselves and the machinery« (Beer 1973: 22). Um subjektive Störfaktoren im Mensch-Maschine-System beseitigen zu können, empfahl der oben zitierte sowjetische Wissenschaftler die »Ergonomik«. Beer nun möchte das »girl«, das die *infinita ratio* des kybernetischen Systems bedroht, aus der Mensch-Maschine-Symbiose streichen.

Übrigens: Zwanzig Jahre später verkauften die Computersozialisten Cockshott und Cottrell das, was Beer schriftlich erträumt hatte, als Realität: In Allendes Regierungspalast hätten, so berichten sie, sieben Personen in einem Operationsraum über große Bildschirme und große Knöpfe an den Armlehnen die Wirtschaft organisiert und in allen chilenischen Industriezweigen und Betrieben hätte es im Ansatz bereits solche Operationsräume gegeben. »Die ökonomischen Informationssysteme, die von Stafford Beer im Chile Allendes entwickelt wurden, zeigen, was man auch mit bescheidenen Ressourcen ausrichten kann, wenn der politische Wille und die theoretische Klarheit über die Ziele des Systems da sind.« (Cockshott u. Cottrell 1993: 232) Politischer Wille kann Geschichte schreiben – Cockshott und Cottrell belassen es nicht nur bei der Wunschgeschichte, dass es die Operationsräume wirklich gegeben habe, sondern stilisieren diese auch noch zu Bastionen der Demokratie: »Die Operationsräume verschwanden mit Allende und mit ihnen die Demokratie in den ausgebrannten Ruinen des Präsidentenpalastes.« (ebd.: 232) Den Wunsch in allen Ehren, aber historisch real war nur eine Attrappe des Operationsraumes. Sie war auf Betreiben Beers und auf Anordnung Allendes 1972 im Regierungspalast gebaut worden. Fotos (unter dem Suchbegriff »Cybersyn« im Internet zu finden) sind erhalten geblieben und geben einen Eindruck: Auf dunklem Fußboden sind sieben weiß-rote Drehsessel zu sehen, die ausschauen wie der Chefsessel von Captain Kirk auf dem Raumschiff Enterprise und sich, Beschreibungen Beers zufolge, im 270-Grad-Winkel drehen lassen (Beer 1973: 21). An ihren großen Armlehnen sind Ensembles von großen dreieckigen, quadratischen und runden Knöpfen montiert. Die sieben Stühle sind angeordnet in einem Kreis, der Kreis befindet sich innerhalb eines sechseckigen, fensterlosen Raumes. An den Wänden hängen quadratische Monitore und andere technische Apparate, deren Anordnung durch klare Linien, geometrische

Formen und geregelte Abstände besticht. Auf einem Monitor ist ein kybernetisches Schema zu sehen. Ein Rechteck, welches Dreiecke und Kreise miteinander verbindet. Vielleicht handelt es sich um die chilenische Volkswirtschaft.

Cybersyn sei von der naiven Idee beseelt gewesen, durch die Erfassung möglichst vieler Daten zu größerem Wissen und zu einer rationalen Kontrolle der Wirtschaft zu gelangen – das konstatiert Fernando Flores in einem Interview (Flores und Maturana 2011), also jener Regierungsbeamte, der einstmals Beer den Brief geschrieben und dann als politischer Direktor *Cybersyn* betreut hatte. In dem Interview blickt er als alter Mann auf seine Jugend zurück. Er und seine Kollegen hätten die Kybernetik damals für eine Wunderwissenschaft gehalten. Dabei sei sie nicht mal eine Wissenschaft gewesen; denn es hätte ihr an klar definierten Grundlagen und an einem abgegrenzten Bereich gemangelt. Sie sei damals, als er von ihr mitgerissen wurde, eine Modewelle gewesen, die ihre Kraft aus der Erfolgsgeschichte des Computers bezogen habe. Erst später, als er sich intensiver mit Philosophie, insbesondere mit Sprachphilosophie beschäftigt habe, sei ihm klargeworden, dass das Werk Beers nicht die Bibel sei und der Kybernetik bei der Beschreibung der sozialen Wirklichkeit ein Kardinalfehler unterlaufe: Die Kybernetiker interpretierten die Sprache als Sammelsurium von Daten oder Signalen. Aber Worte, so Flores, seien intentional, sie transportierten Bedeutung, die in ihnen unmittelbar nicht enthalten sei.[87] Diese Qualität der Sprache, die das Zusammenleben der

87 Die Gründungsväter der Kybernetik, so führt Christoph Türcke aus, hätten an der Bedeutung der Information laboriert: Sie hätten versucht, »die Information selbst, ihren ›Betrag‹, soweit wie möglich von der Bedeutung zu emanzipieren und letztere als zu vernachlässigende Restverunreinigung auszuklammern. Dieser Versuch war aber selbst ein semantisches Husarenstück. Information hieß ja längst etwas, ehe der kybernetische Diskurs sie auf seine Weise definierte [...] Selbst im eingeschränkten Sinne von ›Nachricht‹ ist ›Information‹ immer noch dadurch definiert, Träger eines anderen zu sein, um dessentwillen sie überhaupt nur Information ist. Dieses andere ist ihre

Menschen entscheidend konstituiere, könne mit den Mitteln der Kybernetik nicht dargestellt werden. Das gesellschaftliche Leben funktioniere nicht kybernetisch. Die gleiche Aussage unterstreicht Humberto Maturana.

Dieser Biologe hatte schon Anfang der siebziger Jahre großes Ansehen unter Wissenschaftlern genossen, gerade unter Kybernetikern, die seiner Theorie den Begriff der Autopoiesis entnommen hatten und für ihre Zwecke einspannen wollten. Beer hatte gehofft, Maturana für Cybersyn gewinnen zu können. Dieser aber hatte abgelehnt und legt, vierzig Jahre später im Interview (Flores und Maturana 2011), die Gründe dar: Den Ansatz, biologische Systeme und menschliche Gesellschaften zu vergleichen, halte er für sehr begrenzt. Denn ein Organismus sei eine Ganzheit, deren Komponenten, z. B. Zellen, einen Funktionszusammenhang bildeten und diesem subordiniert seien. Die Gesellschaft aber sei kein Funktionszusammenhang von willenlos ineinandergreifenden Komponenten; die Menschen verfügten über ein Vermögen, das Zellen und Organen fehle: das der Reflexion und Vernunft. Ein Mensch könne hinterfragen, was er mache und es bleiben lassen, und zudem über seine Nachbarn, Vorgesetzten und die Gesellschaft räsonieren. Eine Zelle könne all das nicht und sei daher als Komponente innerhalb eines Organismus gut zu gebrauchen. Der Mensch könnte nur dann zu einer willfährigen Komponente eines

Bedeutung. Ja, Information hat nur so lange Bedeutung, wie sie auf ein anderes hindeutet, für ein anderes steht: das Signifikat, dessen Signifikant sie ist. Ein Signifikant ist stets etwas Physisches, ein sinnlich wahrnehmbares Ding oder Ereignis, und sei es bloß ein flüchtiger Ton oder Duft. Sonst könnte er auf nichts hinzeigen. Er hat also stets meßbare Parameter. Aber darin geht er nicht auf. Ebenso gehört zu ihm, daß er sich nicht selbst genug ist, auf anderes verweist, das defizitäre Dasein eines Stellvertreters, eines Repräsentanten führt. Ohne sein nie ganz meßbares Signifikat ist er nicht einmal Signifikant; ohne die ganz feststellbare Bedeutung erfüllt er nicht einmal den Tatbestand der Information. Das ist das Ärgernis, gegen das die Kybernetik den semantischen Aufstand probte. Ihr Husarenstreich ist der Versuch, die Information aus der Rolle des subalternen Bedeutungsträgers zu befreien.« (Türcke 2005: 209 f.)

Funktionszusammenhangs werden, wenn seine Robotisierung gelänge. Und das sei glücklicherweise unwahrscheinlich. Der Mensch wolle nicht, dass irgendwo in einer Operationszentrale entschieden würde, was er zu tun habe. Also wäre Cybersyn, so resümiert Maturana, früher oder später gescheitert. Was eine Regierung leisten könne und müsse, so Maturana weiter, sei nicht, die Gesellschaft als System zu steuern, sondern einen Raum zu schaffen, in dem alle Menschen nach ihrem Gusto leben können. Während Beer in der Tradition Platons zu stehen scheint und dem gesellschaftlichen Leben eine vernünftige, wissenschaftlich ausgeklügelte, ideelle Form geben will, scheint Maturana das Gemeinwesen getreu Aristoteles' zu denken: als Einheit, die aus dem gesellschaftlichen Leben hervorgeht und es nur soweit zu berühren habe, wie sie ihm dient.

Schmunzelnd berichtet Maturana auch noch eine Anekdote, die von Beer selbst überliefert wurde (Beer 1973: 20). Nachdem Beer Allende das kybernetische Modell der chilenischen Volkswirtschaft erstmals vorgestellt hatte, habe er speziell auf die Operationszentrale hingewiesen und zu Allende gesagt: »Und hier, Genosse Präsident, sitzen Sie!« Der Präsident aber habe geantwortet: »Nein, dort wird das Volk sein!« Diese Replik ist natürlich sympathisch, aber sie impliziert ein Problem, das im engeren Sinne nicht zu lösen ist: Das ganze Volk passt nicht in eine Operationszentrale.

Commonismus

Kommunen und Peer-Ökonomie

»Kartoffeln lassen sich nicht downloaden.« (P.M. 2012: 36) Das ist nur scheinbar ein banaler Satz. Sein Autor kommt aus der Schweiz, publiziert seine Utopie schon seit Mitte der 80er Jahre unter dem Pseudonym P.M., ist im akademischen und marxistischen Diskurs weitgehend unbekannt und interessiert hier als gescheiter und umsichtiger Autor einer Alternativszene, die in den letzten Jahrzehnten versucht hat, in Wohnprojekten, Kommunen und Kooperativen eine bessere Welt und Wirtschaftsweise vorzuleben.

P. M. bestimmt exakt, was Ökonomie ist und was sie nicht ist: Ökonomie sei Zeit, in der man für sich oder andere des Überlebens wegen produziert. Nicht alle des Überlebens halber ausgeführten Tätigkeiten machten Spaß, eine Gesellschaft müsse aber versuchen, sie möglichst so einzuteilen, »dass alle eine ihren Fähigkeiten und Vorlieben entsprechende Tätigkeit« ausführen könnten (ebd.: 46). P. M. glaubt, der heutigen Gesellschaft ginge es nicht um eine solche Einteilung und auch nicht um die Befriedigung der Bedürfnisse, und votiert daher für »Gemeinschaften der Commons« (ebd.: 70). Commons, auch unter dem Namen Allmende bekannt, habe es schon immer gegeben, früher etwa Weiden, auf denen das Vieh aller Dorfbewohner weidete.

P. M. möchte einerseits zurück zu einer Gesellschaft überschaubarer Gemeinschaften, auf der anderen Seite will er die Globalisierung nicht missen. Das ist nur einer der Widersprüche, die seiner Utopie Spannung verleihen. Ein weiterer ist der zwischen nachhaltigem Wirtschaften und lustvoller Schlemmerei. Einerseits nämlich teilt P. M. die Einschätzungen der Ökologiebewegungen, dass sieben Milliarden Erdenbürger ihre Bedürfnisse auf Dauer nur dann befriedigen könnten, wenn sie sich einschränkten und nachhaltig wirtschafteten: einem Individuum könnten nur zwanzig Quadratmeter Wohnraum, 2.291 km Zugfahrt, 12.000 km Schifffahrt und 18 kg Fleisch pro Jahr zugestanden werden, PKWs müssten ganz abgeschafft werden, Kleintransporter dürfte es nur noch einen pro Nachbarschaft (fünfhundert Personen) geben. Solche restriktiven Maßnahmen offeriert P. M. seinen Lesern nicht als glückliche Rückkehr in den Schoß der Natur, sondern als Griff nach der Notbremse. Im Gegensatz zu Marx hält er den Nutzwert der kapitalistischen

Industrie für die kommende bessere Gesellschaft für begrenzt und will sie rückbauen, vertritt also, um in den Schlagworten zeitgemäßen politischen Engagements zu sprechen, die Ideen von »Sustainability« und »Degrowth«. Das ist die eine Seite. Andererseits bezeugt P. M. immer wieder seinen kultivierten und weitreichenden Appetit, wenn er eins ums andere Mal aufzählt, woran es in seiner Küche auch in Zukunft nicht mangeln solle: »Kaviar aus Odessa, Tee aus Sri Lanka, Haselnussöl aus Anatolien, Trockenfleisch aus Graubünden, Gewürzbrot aus dem Burgund usw.« (P. M. 1986: 157) Soweit der zweite Widerspruch. Der dritte ist der zwischen einem Staatssozialisten und einem Anarcholibertären. Auf der einen Seite nämlich erblickt P. M. im Staat eine Institution, die in vielen organisatorischen Angelegenheiten für Niveau gesorgt habe, und in der Planung eine nützliche und teilweise unverzichtbare Form des Wirtschaftens. Andererseits aber zeigt er sich wenig angetan von der Vorstellung einer planmäßigen Produktion in den Bereichen von Kunst und Philosophie sowie individuellen Dienstleistungen und sehr angetan vom Trubel und Geplauder auf Jahrmärkten und vom Lokalkolorit verschiedenster Münzen aus aller Welt.

Mit jedem dieser Widersprüche hat P. M. recht. Gerecht zu werden versucht er ihnen mehr oder weniger artistisch: mit einem ausgeklügelten System von Sphären und Einheiten.

Politisch solle sich die globale Gesellschaft von unten nach oben in verschiedenen Einheiten organisieren. Die Basis bildeten fünfhundert Personen umfassende Nachbarschaften. Die nächst höheren Einheiten seien Städte oder Regionen. Dann folgten aufsteigend Territorien, Subkontinente, Kontinente und schließlich die ganze Erde. Auf jeder dieser Ebenen müssten auch die Produktion und Verteilung bestimmter Güter organisiert werden. Die Produktion unterteilt P. M. in verschiedene Sphären, erstens den Bereich der allgemeinen Dienstleistungen, wozu er unter anderem Krankenhäuser, Forschung, Abwassersystem, Transport, Bildung, Polizei, Oper, Schwimmbäder, Kindergärten, die Herstellung von

Kunststoffen und elektronischen Bauteilen, die Versorgung mit Energie, Medikamenten und Stahl und den Abbau von Rohstoffen zählt. Diese Sphäre müsse, egal in welcher Einheit, geplant werden, und zwar, unter Anhörung von Expertenmeinungen, möglichst demokratisch: Die Nachbarschaft müsse ihr Abwassersystem planen und die Weltgemeinschaft das globale Transportsystem. Zweitens gibt es die Sphäre der Subsistenz, zu der P. M. alle möglichen Lebensmittel zählt. Die Organisation der Produktion dieser Lebensmittel obliege den verschiedenen Einheiten und könnte verschiedenen Prinzipien folgen. In den Einheiten globaler, kontinentaler und territorialer Produktion und Verteilung, etwa von Kaffee, Zigarren, Wein, Gewürzen usf., wäre Planung notwendig. In den regionalen und nachbarschaftlichen Einheiten aber bedürfe es nur hin und wieder planerischer Initiativen, gemeinhin könnte sich die Produktion in diesen überschaubaren Einheiten einspielen. P. M. geht aufgrund seines Studiums verschiedener ökonomischer Schriften, die sich mit Nachhaltigkeit, regionalem und ökologischem Wirtschaften beschäftigen, davon aus, dass die Nachbarschaften und Regionen in den gemäßigten Breiten allein 75 Prozent der Lebensmittel für sich erwirtschaften könnten, also nur 25 Prozent ihrer Lebensmittel heranschaffen müssten. Die dritte Sphäre der Produktion nennt P. M. die kreativ-kooperative. Zu ihr zählt er alle Produkte und Dienstleistungen des »nice to have« (P. M. 2012: 42): Massagen, Hüte, Frisuren, Schmuck, Kasino, Fahrräder, Musik, Literatur, Zirkus, Theater, Software, Spiele usf. Produktion und Verteilung in dieser Sphäre sollten vonstattengehen, wie ihre Akteure wollten, ob auf dem Markt, mit Geld, durch Verträge, in Form kooperativer Zusammenschlüsse oder irgend anders. Diese Sphäre nennt P. M. daher die Sphäre »freier Assoziation« (ebd.: 42). Marxisten werden an dieser Stelle wahrscheinlich mit dem Kopf schütteln: ›Ausgerechnet die Sphäre, in der Warentausch nicht aufgehoben sein soll, nennt P. M. ›freie Assoziation‹!‹ Mit Bedacht hat P. M. diese Sphäre so genannt. Für ihn erfüllt sie eine wichtige

Funktion: als anarchisches Gegengewicht zur planmäßigen Produktion und zu staatsähnlichen Strukturen. Summa summarum möchte er drei Gewichte in verschiedenen Sphären und Einheiten verankern und ausgleichen: das planerische Prinzip des Staates, das libertär-anarchistische Prinzip des Marktes und das basisdemokratische Prinzip von Genossenschaften.

Der Beschreibung der genossenschaftlichen Nachbarschaften widmet P.M. verhältnismäßig viel Text, offensichtlich weil er das Leben in Kommunen kennt. Hat er in seinem Buch von 1986 noch von »direkten, persönlichen Lebenszusammenhängen« bzw. »persönlichen Gemeinschaften« geschwärmt, die der »anonymen Vermittlung (und Reduktion)« und »lebensfremden Abstraktion« durch Geld und Markt ein Ende und an ihre Stelle »direkte, persönliche Beziehungen« und das Prinzip »gegenseitiger Hilfe« setzten (P.M. 1986: 47, 51, 57, 64 u 151f.), so scheint er in den Jahrzehnten kommunardischen Lebens gewisse Lehren gezogen zu haben. Im Jahre 2012 jedenfalls glaubt P.M. nicht mehr, dass die Nachbarschaften des Commonismus auf Vertrauen und Freundschaft basieren könnten. Vielmehr müssten die Nachbarschaften als funktionale Einheiten organisiert werden: »Gemeinschaftlichkeit heißt nicht Formlosigkeit, sie braucht Institutionen«, gewisse »Sanktionsmöglichkeiten« und auch »Überwachung der Einhaltung der Regeln« (P.M. 2012: 10f.).

Jede Nachbarschaft bekäme ein ausreichend großes Stück Land, falls sie sich in der Stadt befände, etwa 100 Hektar am Rande der Stadt. Jedes Mitglied der Nachbarschaft erhielte eine Karte mit einem Chip, auf dem seine Arbeitsstunden, die es im Bereich der Sphäre der Subsistenz und allgemeinen Dienste geleistet hätte, vermerkt würden. Sofern das Individuum seine Arbeitsstunden in diesem Bereich abgeleistet hätte, würde es das Anrecht auf alle verfügbaren Subsistenzmittel und allgemeinen Dienstleistungen erhalten und könnte seine sonstige Zeit frei gestalten, ob tätig in der kreativ-kooperativen Sphäre oder als Faulenzer. Ob die Arbeit in der Sphäre der Subsistenz von einem ungeschickten oder behänden Arbeiter geleistet würde, machte keinen Unterschied, entschädigt würde nicht die Arbeitsleistung, sondern der individuelle Aufwand an Zeit. Von Einheit zu Einheit aufwärts funktioniert das System ähnlich: So müsste die Nachbarschaft einen bestimmten Betrag von Arbeitsstunden in den Sphären der Subsistenz und allgemeinen Dienstleistungen für die nächst höhere Einheit ableisten, um in den Genuss von deren Subsistenzgütern und allgemeinen Dienstleistungen zu kommen, usf. Mit den Worten Marx' könnte resümiert werden: Der Tausch als Prinzip wird beibehalten, aber findet in der Sphäre der allgemeinen Dienstleistungen und Subsistenzgüter nicht mehr zwischen den Individuen, sondern zwischen Individuum und Nachbarschaft und vertikal zwischen den Einheiten statt. Getauscht werden Dienstleistungs- und Subsistenzmittelpakete gegen Arbeitsleistungen.

Während die einstigen utopischen Romane ideale sozialistische Gemeinwesen veranschaulichten, bevor der Sozialismus wirklich wurde, so reagiert P. M.s Utopie auf die historische Erfahrung mit dem Sozialismus. Im Grunde handelt es sich um einen dritten Weg, den P. M. vorschlägt, aber nicht, indem er die Prinzipien Markt, Genossenschaft und Staat zu fadem Brei vermengt, sondern indem er ihre Prinzipien in Reinform zu retten, stark zu machen und ganz bestimmten Bereichen zuzuordnen versucht. Die Zuordnung dient dabei zugleich als Einhegung; die jeweiligen Gefahren, die Staat, Markt und Genossenschaften bergen, sollen sich wechselseitig ausschließen. Natürlich wäre P. M.s Utopie als politisches Projekt kaum zu realisieren. Zu sehr ist sie komponiert, als dass die Realität ihr gerecht werden könnte. Zu sehr ist sie Utopie.

Weniger aus einer Alternativszene heraus, die in Wohnprojekten und Kommunen eine andere Wirtschaftsweise erprobt hat, schreibt Christian Siefkes. Er orientiert sich vielmehr an einer Szene, die mittels Computern und im Internet eine spezielle Form der Arbeitskooperation kultiviert hat.

Wie P.M. weiß auch Siefkes um den ökonomisch bedeutsamen Unterschied von Soft- und Hardware: Ist eine bestimmte Software einmal entwickelt, gibt es sie potenziell im Überfluss. Ebenso Texte, Songs und Filme, auch sie können kopiert werden. Anders Hardware. Materielle Güter, etwa Kartoffeln und Computer, müssen Stück für Stück wieder und wieder produziert werden. Trotzdem, hofft Siefkes, könnten die ökonomischen Prinzipien der Peer-Produktion auf die gesamte Produktion angewandt werden. Mit der »Peer-Ökonomie« meint Siefkes eine Wirtschaftsweise, der sich beispielsweise das Betriebssystem Linux verdankt. Jeder trägt bei, was er kann, alle ernten das Ergebnis. Während die Marktwirtschaft auf Äquivalenttausch und die Planwirtschaft auf Zentralisation basiere, beruhe die Peer-Produktion auf Beiträgen.

Beitragen statt tauschen heißt Siefkes' Buch, in dem er seine Utopie vorstellt, in der weltweit Peer-Gemeinden kooperieren. Idealerweise werde eine Peer-Gemeinde »100.000 bis 500.000 Menschen« fassen – »groß genug, um flexibel die vielfältig anstehenden Aktivitäten zu organisieren, aber noch nicht so groß, dass der Kontakt zum täglichen Leben der Beteiligten verloren geht« (Siefkes 2008: 52). Die Peer-Gemeinden würden ähnlich miteinander kooperieren wie die Mitglieder innerhalb einer Peer-Gemeinde: beitragen statt tauschen, Kooperation statt Markt. Jeder würde seine Fähigkeiten einsetzen, um zur Reproduktion der Gemeinde beizutragen. Siefkes hofft auf die Einsicht jedes Einzelnen und dessen »Bereitschaft, seinen Teil zum allgemeinen Aufwand beizutragen« (ebd.: 85). Im Prinzip verhalte es sich wie beim gemeinsamen Kochabend in der Studenten-WG: »Vermutlich werden die Beteiligten gar nicht weiter regeln, wie viel Spaghetti jede/r von ihnen essen darf. Wenn sie ein Essen organisieren, werden sie vermutlich erwarten, dass sich alle auf die eine oder andere Weise an den nötigen Vorbereitungen und Aufräumarbeiten beteiligen, aber die verfügbaren Portionen nicht streng regulieren« (ebd.: 34). Alle »erwarten« also von jedem, sich einzubringen – beziehungsweise sie

»verlangen« es, wie es an anderer Stelle heißt (Siefkes 2008: 24). Und wenn eine Person die Erwartungshaltung enttäuscht? Dann verliert sie an Reputation. Diese scheint im System »reiner Freiwilligkeit« (ebd.: 24) die Währung zu sein: »Reputation«, »Reputationszuwachs« und »Reputationsverlust« sind wiederkehrende Begriffe in Siefkes' Buch. Und falls die Währung von einem Mitglied nicht anerkannt wird, scheinen sich die Peer-Gemeinden notfalls noch anders behelfen zu können. »In einer Ökonomie, in der ohne Kooperation ›nichts läuft‹, dürften die schwersten Formen der Exklusion und der strategischen Nicht-Kooperation wahrscheinlich immer ausreichend sein, um mit Verstößen gegen Vereinbarungen und Prozesse fertig zu werden.« (ebd.: 108) Mit anderen Worten: Im System »reiner Freiwilligkeit« hängt über dem Einzelnen das Damoklesschwert der Exklusion.

Das ist der eine Lösungsansatz. Siefkes präsentiert unvermittelt noch einen anderen, in dem anstelle der weichen Währung »Reputation« eine harte Währung tritt: »Gewichte« bzw. »gewichtete Stunden«: Eine Mindestanzahl an Gewichten müsse jedes Gemeindemitglied in einem Monat in einer bestimmten Masse zusammentragen – durch Arbeit. Ziel sei, »dass alle die gleiche Anzahl gewichteter Stunden beitragen« (ebd.: 31) bzw. jedes Mitglied so viel, wie es konsumiere. Die Gewichte sind also Lohn, der es den Gemeindemitgliedern ermögliche, Lebensmittel zu konsumieren. Wolle ein Mitglied der Gemeinschaft »ein größeres und luxuriöseres Haus«, so sei es ihm gestattet; dann müsse es »mehr beitragen« (ebd.: 37). Jedem nach seiner Leistung! Siefkes nennt das Prinzip aber anders: »Aufwandsausgleich-Effekt«. Dieser wird dafür sorgen, dass die Gemeindemitglieder »ebenso viel Aufwand zum Pool beitragen wie entnehmen« (ebd.: 55). Ein Geben und Nehmen, ein Gleich um Gleich. Siefkes' Buch könnte also statt »Beitragen statt tauschen« auch »Beitragen heißt tauschen« heißen. Das Prinzip des Tausches wird beibehalten: Arbeit in der einen Form wird gegen Arbeit in einer anderen Form getauscht. Dieser Zustand entspricht in etwa der ersten Phase des Vereins freier Menschen, wie Marx ihn schildert, und Siefkes Gewichte sind in etwa das, was Marx Arbeitsscheine oder Arbeitszertifikate nennt (vgl. Siefkes 2009: 259–261). Aber im Gegensatz zu Marx präsentiert Siefkes ein Verfahren, wie die unterschiedlichen Arbeiten vergleichbar gemacht bzw. auf einen Nenner gebracht werden könnten: das »Aufgabenversteigerungssystem« (Siefkes 2008: 29). Diesem nach finden sich die Gemeindemitglieder zu festgesetzten Terminen im Internet auf einer Homepage ein, auf der die anstehenden Arbeiten versteigert werden. Wenn irgendeine Aufgabe nicht übernommen wird, »wird das Gewicht dieser Aufgabe erhöht« (ebd.: 29). In einer zweiten Versteigerungsrunde können sich alle Mitglieder nochmals anders entscheiden (bestimmte Aufgaben dürfen sie freilich nur wählen, wenn sie die entsprechende Qualifikation mitbringen). Wenn bestimmte Aufgaben wieder zu wenig oder zu viel übernommen werden, werden deren Gewichte wieder erhöht oder gesenkt. Dieser Prozess wiederhole sich solange, bis alle Aufgaben in den richtigen Proportionen verteilt sind. Wer am Ende besonders stark gewichtete Arbeiten übernommen hat, muss weniger lange arbeiten als Gemeindemitglieder, die sich leicht gewichtete Arbeiten ausgesucht haben.

Der Schwierigkeit, wie und durch wen die proportionale Proportion organisiert werden soll, widmen P. M. und Siefkes jeweils wenig Beachtung. Beide beschäftigen sich eher mit der gerechten Verteilung der Arbeit und des Reichtums innerhalb der Kommunen und kaum mit der Problematik, wie das globale Orchester der Produktion und Distribution dirigiert werden könnte. In dem von P.M erhofften Zustand wäre die Direktion überschaubarer, da die Menschen überwiegend regionale Produkte konsumieren würden und sich die Arbeitsteilung in den Nachbarschaften und der Region, wie P. M. hofft, einspielen würde. In der internationalen Produktion allerdings, so weiß P. M., wäre wissenschaftliche Abstimmung und Planung der

Produktion notwendig. Das könnte via moderner Software geschehen. Allerdings scheint P. M. nur die Spitze des Eisbergs zu beachten: Produktion proportional zu den Bedürfnissen der Konsumenten.

Ebenso erblickt Siefkes in der Software die Lösung. Das Aufgabenverteilungssystem soll auch global angewandt, die global anfallende Arbeit an die Gemeinschaften versteigert werden. »Solch ein riesiger Pool würde [...] nicht das Risiko einer Zentralisation oder Konzentration von Macht aufwerfen, da der Pool selbst nur ein passives Stück Software ist.« (ebd.: 47) Allerdings scheint auch Siefkes nur die Spitze des Eisberges zu sehen. Die Frage, ob passive Software z. B. die Produktion von dreißig Rohstoffen und hundert Bauteilen und schließlich deren Zusammensetzung zu funktionstüchtigen Computern zu dirigieren vermag, lässt er unbeantwortet.

Computer und Software außen vor gelassen, lautet das Problem – ähnlich wie im Rätekommunismus: Inwiefern kann oder muss die wirtschaftliche Interaktion von Kooperativen und Kommunen dezentral von statten gehen oder zentralistischer geplant werden? Auch der Marxist Robert Kurz, der in der Kommunen- und Kooperativenbewegung Anhänger hatte und einen Notausgang aus der kapitalistischen Gesellschaft erblickte, sah sich mit diesem Problem konfrontiert. Seine Lösung fällt knapp und gewiss aus: »Eine bewusste gesellschaftliche Planung der Reproduktion nach sozialen Bedürfnissen und stofflichen Gütern kann weder ›zentral‹ noch abstrakt ›dezentral‹-kleinräumig organisiert sein, sondern sie wird sich ganz einfach auf verschiedene Räume mit verschiedener Reichweite verteilen, und zwar gemäß den sachlichen Erfordernissen einer vielfältig gestaffelten Produktion von ›konkretem Reichtum‹.« (Kurz 2012: 382) So einfach lässt sich die Frage aber nicht beantworten. Wer »gesellschaftliche Planung gemäß sachlichen Erfordernissen« fordert, legt womöglich und ungewollt ein Wort für Sachverständigenkommissionen, Planungsbehörden oder Philosophenkönige ein.

Empire, Multitude, Commonwealth – so heißen die drei Bände, die Michael Hardt und Antonio Negri im ersten Jahrzehnt unseres Jahrtausends publiziert haben. Gepriesen wird darin ein Kommunismus bzw. »Commonismus« (Hardt u. Negri 2009: 421 Anm.), der dem Internetzeitalter entstammt und sich an alten kommunistischen Vorbildern orientiert. Eines dieser Vorbilder ist Karl Marx, ein anderes Franz von Assisi. Dieser Commonismus ist oft schwer zu fassen, etwa dort, wo nicht die Abschaffung der Armut, sondern die *Sancta Paupertas* gepriesen wird. So im Finale des ersten Bandes. Dort verkünden Hardt und Negri im Rekurs auf den »heiligen Franziskus« und im Hinblick auf die Weltrevolution: »Unser Slogan könnte ›Armut und Liebe‹ lauten.« (ebd.: 361)

Die »Liebe« hat in dem Werk Hardts und Negris in etwa die Bedeutung, die die »Natur« im Werke Kropotkins besitzt. Dabei kritisieren die beiden Autoren Kropotkins naturalistische Begründung des Kommunismus. Es sei, so behaupten sie, keineswegs entscheidend, was der Mensch sei, sondern was er werden könne. Der Mensch sei wandelbar. Und gerade jetzt bilde sich eine neue menschliche Natur heraus, und zwar in der Multitude, jener globalen Menge, worin der Commonismus heranreife (ebd.: 209–11). Doch auf den Vorteil, den sich Kropotkin verschaffte, indem er den Kommunismus auf die Natur zurückführte, wollen Hardt und Negri offenbar nicht verzichten. Den Verlust der Autorität, die der Begriff der Natur zu Zeiten Kropotkins besaß, machen sie durch den Begriff der Liebe wett, der zwar keine absolute Wissenschaft verspricht, gefühlsmäßig aber nicht weniger Autorität genießt als die Natur. In Aura gehüllt und nicht weiter erläutert taucht die Liebe an allen Ecken und Enden des Werkes von Hardt und Negri auf und sorgt für Hermetik des Textes. Sie ist das Glaubensdogma des Commonismus. Aristoteles' Zweifel, dass die Einzelnen in der Gütergemeinschaft gewissenhaft und produktiv arbeiteten, kann mit ihr ausgeräumt werden: Die Menschen werden aus Liebe zueinander miteinander füreinander arbeiten. Was die beiden Autoren dabei mit der Liebe meinen, hat augenscheinlich weniger mit der Liebe in engen Beziehungen gemein und mehr mit der Liebe im Sinne des antiken Philosophen Empedokles, der darin die vereinende Kraft der Elemente und des Unterschiedenen erblickte. Allerdings: Zu allumfassend wollen Hardt und Negri die Liebe auch nicht verstanden wissen; die Liebe der Multitude schließt keine Feindesliebe ein und hat dort ihre Grenzen, wo sie mit dem Bösen ringt. Dieses Böse nennen die beiden Autoren »Empire«.

Dieser Dualismus von Gut und Böse, Multitude und Empire ist das Grundthema des dreibändigen Werkes. Bei seiner Darstellung greifen Hardt und Negri auf Vokabular zurück, welches dem Manichäismus alle Ehre macht. Das Empire beschreiben sie als »böse«, »schwarz« und »leer« und die Multitude als »gut«, »Licht« und »Wahrheit« (Hardt u. Negri 2000: 396 sowie 2009: 209). Immer wieder klingt auch der unheilvolle Gegensatz von schaffender Arbeit und raffendem Kapital an: »Multitude ist der ontologische Begriff des Vollen gegen das Leere, der Produktion gegen parasitäre Relikte.« (Negri 2003: 125) Philosophisch ausstaffiert wird die ganze dualistische Konstruktion von Hardt und Negri mit spinozistischem Vokabular, wobei dem Philosophen offenbar Unrecht getan wird. Spinoza, so wenden die Kritiker gegen Hardt und Negri ein, habe nicht in Dichotomien gedacht.[88]

Angeblich habe dieser Dualismus sich mit dem Kapital entwickelt und nun einen Punkt erreicht, wo beide Seiten durch nichts mehr vereint seien und einen unversöhnlichen Gegensatz bildeten. Das böse Empire wird laut Hardt und Negri von Staaten wie China und den USA und multinationalen Konzernen angeführt und sei ein Kapitalismus im parasitären Endstadium, der sein Verhältnis zur eigentlichen Produktion verloren habe

88 Vgl. Reiter 2004 u. Saar 2013: 168–190.

und immer abstrakter und korrupter werde. Mit den verschiedenen »Formen von Korruption«, die die Gemeinschaft bedrohen und zersetzen (Hardt u. Negri 2000: 397 f.), meinen sie in etwa das, was Kropotkin »antisoziale Instinkte« nennt. Bei Kropotkin werden diese durch die natürliche und gesellschaftliche Evolution ausgerottet. Laut Hardt und Negri wird die Korruption durch die Liebe und Praxis der Multitude ausgetilgt.

Multitude heißt bei den beiden Autoren die produktive und vielfältige, in Gemeinschaft verbundene Menge. Vom Proletariat unterscheide die Multitude ihre zunehmende Unabhängigkeit vom Kapital, das einst Fortschritt und Kooperation der Industrie erzeugt habe, heute aber nur noch ausbeute. Produktiv und fortschrittlich sei in der Gegenwart nur noch die Multitude. Am Beispiel der Computerwirtschaft: Unternehmen wie Apple und Microsoft überlebten, indem sie sich von den Innovationen ernährten, die in den Netzwerken der Multitude entstünden. Das Kapital, zur bloßen Hülle verkommen, sei hinfällig und es werde nicht mehr lange dauern und die Multitude werde das Empire von innen heraus aufsprengen und den Commonismus praktisch wahr werden lassen. Vom Proletariat unterscheide die Multitude neben ihrer größeren Unabhängigkeit auch ihre Organisationsform. Die Zeit des Proletariats sei die der Industrie, seine Brutstätte die Fabrik gewesen. Nach deren Vorbild hätten sich die kommunistischen Parteien und Staaten organisiert: ein Direktor an der Spitze, im Mittelbau Facharbeiter und an der Basis die Arbeiter. Heute bildeten den Humus der Multitude nicht die Fabriken des Kapitals, sondern die Metropolen der Welt. Dort, aber auch im Internet, schaffe sie die maßgeblichen Werte: die Commons (Sprachen, Bilder, Ideen, Affekte, Gewohnheiten, Kenntnisse, Wissensformen, Informationen, kostenlose Büchern sowie offene Codes und Protokolle). Diese seien kein staatliches, kein privates, sondern gemeinsames Eigentum. Seinetwegen bezeichnen die beiden Autoren den Multitude-Kommunismus auch als Commonismus, seinetwegen konstatieren sie einen Wandel des Produktionsprozesses:

»Bilder, Informationen, Wissen, Affekte, Codes und soziale Beziehungen bekommen im kapitalistischen Verwertungsprozess ein immer größeres Gewicht gegenüber den stofflich-materiellen Waren oder den materiellen Dimensionen der Waren.« (Hardt u. Negri 2009: 145 f.) Die beiden Autoren verweisen auf Marx, der sich vom industriellen Fortschritt und schließlich vom Kommunismus eine Minderung materieller Arbeit erhoffte (Marx 1894: 827), und auf die dritte industrielle Revolution, die dabei sei, weitere materielle Arbeiten abzuschaffen. Um sie näher zu erläutern, teilen sie die immaterielle Produktion in drei Rubriken ein: 1. karitative Arbeit von Altenpflegern, Sozialarbeitern, Kindergärtnern usf., 2. affektive Arbeit von Künstlern, Web-Programmierern, Designern, Konzertveranstaltern usf., und 3. intellektuelle Arbeit von Lehrern, Bloggern, Journalisten usf. All diese Arbeiten hätten viel »mit Begehren zu tun« (Hardt u. Negri 2000: 365). Vermutlich ist es ja tatsächlich so, dass der Arbeit von Grafikdesignern und Wissenschaftlern mehr Libido innewohnt als der von Spargelstechern und Stahlflechtern. Gleichwohl übertreiben es Hardt und Negri, wenn sie die immaterielle Produktion als »produktiven Exzess«, »menschliche Kollektivität in Aktion« oder »lebendige Macht des Seins« bezeichnen (ebd.: 365, 394 u. 436). Denn die neue Arbeitswelt ist ja längst nicht so attraktiv, wie sie mal angepriesen wurde, sondern vor allem aufreibend und dereguliert: die unbezahlten Teamtreffen von Honorarkräften, die Dauerunsicherheit von Freelancern, die Vermischung von Arbeit und Freizeit *online*, die Dauervernetzung dank Smartphones und Facebook, die befristeten Aufträge für Kulturschaffende, die Projekt- und Drittmittelanträge von Akademikern.

Laut Hardt und Negri produzieren die Online-, Eltern-, Nachbarschafts- und subkulturellen Netzwerke den gemeinsamen Reichtum »kollektiv und planvoll«, wie »ein Orchester, das keines Dirigenten bedarf, um den Takt zu halten, jedoch sofort verstummen würde, wenn einer plötzlich ans Pult träte« (Hardt u. Negri 2009: 187 f.). Diese Zeilen richten sich augenscheinlich gegen Marx, der das Orchester als Beispiel herangezogen hatte, um das Argument zu erhärten, dass überall, wo gemeinschaftlich produziert würde, Direktion notwendig sei. Die beiden Autoren lehnen jede Hierarchie ab und setzen ihre Hoffnungen stattdessen in jene Liebe, welche sie als Motor der Assoziation, als Quell gegenseitiger Hilfe oder als ökonomische Kraft bezeichnen. Durch sie würden sich die Einzelnen zu einer Gemeinschaft und zu einem Produktionsorganismus zusammenfügen und darin weiden statt sich, wie ehedem in der Nation oder in der Fabrik, unterzuordnen.

Angenommen, im Produktionsprozess immaterieller Waren ginge es so schöpferisch und liebreizend zu, wie Hardt und Negri glauben, wäre trotzdem noch zu klären, was im Commonismus aus dem verbleibenden Sektor materieller Produktion würde. Man denke mit Kautsky an die Landwirtschaft: »Versagt sie, dann verhungern wir.« (Kautsky 1922: 278) Das gilt auch heute noch: »Kartoffeln lassen sich nicht downloaden« (P. M.). Diese Aussagen, die banal scheinen und basal sind, verweisen auf die große Leerstelle im Werk von Hardt und Negri. Wie wird die materielle Arbeit organisiert, wie die Last auf die Schultern verteilt? Hardt und Negri kümmern sich nicht um dieses Problem. Lieber verkünden sie den »Trend zur Hegemonie oder Prävalenz immaterieller Produktion« und das »postindustrielle Zeitalter« (Hardt u. Negri 2009: 145 f. u. 324). Zwar gibt es den nämlichen Trend wirklich, besonders in der sogenannten Ersten Welt, wo der tertiäre Sektor den ersten beiden Sektoren deutlich den Rang abgelaufen hat (übrigens zum Leidwesen des dortigen Bauernstandes und Industrieproletariats). Aber die materielle Arbeit wird heute größtenteils anderswo ausgeführt, für Hungerlohn von Arbeitskräften in Asien, Lateinamerika und Afrika. In Bangladesch beispielsweise hat sich die Zahl der Angestellten in der Textilindustrie in den letzten 25 Jahren verzehnfacht – von einer halben Million auf fünf Millionen. In China und Indonesien wird derzeit fast die Hälfte des Bruttoinlandproduktes im industriellen Sektor erwirtschaftet.

Selbst die Onlineökonomie, bei Hardt und Negri als Inbegriff immaterieller Produktion verstanden, setzt Fabrikarbeit voraus. Software wäre nichts ohne Hardware, das Internet nichts ohne materielle Produkte wie Kabel, Energie, Satelliten und Displays. Apple, Google, SAP, Twitter, Facebook & Co. wären nichts ohne materielle Produktion.

Auf den ersten Blick mag es so scheinen, als würden Firmen wie Google oder Apple mit wenig Arbeitskräften unglaublich viele Werte produzieren. Apple beispielsweise hat nur 60.000 direkte Angestellte. Hinzu kommen allerdings hunderttausende Beschäftigte bei hunderten Vertragspartnern, insbesondere in Asien. Apples wichtigster Vertragspartner ist dort das Unternehmen Foxconn. Foxconn besitzt mehrere gigantische Fabrikkomplexe, in denen jeweils hunderttausende Arbeiter sechs mal elf Stunden pro Woche arbeiten. In Anbetracht dessen wirken Aussagen leichtfertig, wonach »die Fabrik nicht mehr der Hauptort der Produktion« (ebd.: 255) und »die Produktion des Gemeinsamen zunehmend nichts anderes ist als das Leben der Stadt selbst« (ebd.: 264). Was Hardt und Negri hier als Hauptort des Produktionsprozesses ausgeben, ist in Wahrheit nur der Teil des Produktionsprozesses, der in den westlichen Metropolen offensichtlich ist. Tatsächlich hat sich die Produktionskette in die Ferne ausgedehnt. Sie hat sich globalisiert: In namhaften Metropolen arbeiten die Fachkräfte, in unbekannten Fabrikstädten die Fließbandarbeiter und unter der Erde – unsichtbar – die Minenarbeiter. Zur Illustration: Ein durchschnittliches Smartphone enthält 0,025 Gramm Gold, das Gesamtprodukt von einer Milliarde Smartphones, die 2013 verkauft wurden, demnach 25 Tonnen Gold. Um diese Menge zutage zu fördern, mussten eine Million Minenarbeiter ein Jahr lang arbeiten. Weitere Millionen müssen in die Erde hinabsteigen, um andere Rohstoffe für Computer, Smartphones, Roboter und ähnliche Produktionsmittel der Multitude aus der Erde zu holen. Ein eminent wichtiges Material digitaler Bildschirme heißt Tantal. Dieses ist ein Koltan, das sich fast nur im Kongo in der Erde finden lässt. Dort arbeiten Zigtausende in Tantal-Minen, aber nicht als Angestellte von namentlich bekannten Vertragspartnern von Apple, Samsung & Co., sondern unter der Ägide von gut bewaffneten Banden, die den Abbau und Handel mit Tantal (und Kobalt, das für den Bau von Elektroautos gebraucht wird) in ihrer Hand haben und in den letzten Jahren kraft einer wachsenden Nachfrage und eines stattlichen Exploitationsgrads der Arbeitskraft im Kongo immense Reichtümer anhäufen konnten. Im Resultat des Produktionsprozesses verschwindet dieser finstere Produktions- und Ausbeutungsprozess. Er wird regelrecht verdrängt: durch elegantes Design der Smartphones, mit buntem Geblinke der Apps, im seligen Versprechen der Werbung.

In Hardts und Negris Huldigung des postindustriellen Zeitalters, der immateriellen Produktion und der westlich-urbanen Multitude und ihrer gebetsmühlenartigen Erwähnung von Liebe, Exzess und Begehren bleibt es bei dieser Verdrängung. Auf dieser beruhend – was würde das für ein Commonismus sein? Einer vom Schlage der Abtei Thelema (s. o.), wo eine Aristokratie das schöne Leben genießt und abseits ein Handwerkerproletariat die materiellen Grundlagen dieses Lebens produziert? Zwar geben Hardt und Negri an der einen oder anderen Stelle zu Protokoll, dass es noch materielle Produktion gibt, mehr aber auch nicht. Sie kümmern sich nicht um sie und rekultivieren so, auf links gewendet, die klassische Manier einer politischen Ökonomie, die sich »niemals mit dem beschäftigt, was ihr Wesen ausmacht – mit der Ökonomie der Kräfte« (Kropotkin 1896: 31).

Die gesamte und gerade die materielle Produktion kraftschonend und gerecht zu organisieren, das war die dringliche Aufgabe, die die Sozialisten und Kommunisten im 19. Jahrhundert zu ihrem Thema machten. Der Realsozialismus ist an dieser Aufgabe gescheitert. Neuerdings scheint es für Linksradikale und Kommunisten Selbsterhaltungsstrategie geworden zu sein, das ungelöste Problem einer kraftschonenden Ökonomie zu verdrängen. Denn nicht nur Hardt und Negri, die vielleicht berühmtesten kommunistischen Theoretiker unserer Tage, drücken sich vor ihm. Auch die entschlossenen Jungrevolutionäre vom »Unsichtbaren Komitee« verkündeten 2007 in ihrem Manifest zukunftsfroh das Ende materieller Arbeit: »Die Mine von Carmaux, die ein Jahrhundert lang aufgrund ihrer gewalttätigen Streiks Berühmtheit erlangte, wurde in den Cap Découverte umgerüstet. Es handelt sich dabei um ein ›multiples Vergnügungszentrum‹, wo Skateboard und Fahrrad gefahren wird, und das sich durch ein ›Minenmuseum‹ auszeichnet, wo für die Urlauber Steinschläge simuliert werden. In den Unternehmen teilt sich die Arbeit immer offensichtlicher in hochqualifizierte Arbeitsplätze in Forschung, Entwicklung, Kontrolle, Koordination und Kommunikation [...].« (Das Unsichtbare Komitee 2007: Kapitel »Dritter Kreis«)

Natürlich sind Kommunisten nicht verpflichtet, sich immerfort zu den Problemen einer Ökonomie der Kräfte zu äußern. Wenn sie mögen, sollen sie Bücher über Urbanität, Netzwerke und Liebe schreiben. Wenn sie aber die »kommunistische Weltrevolution« (Hardt u. Negri 2000: 246) heraufbeschwören, befinden sie sich in der Verantwortung, Lösungen zu skizzieren oder die Probleme kommunistischer Ökonomie wenigstens als ungelöste auszuweisen. Mit der Liebe verhält es sich doch wie mit Fouriers Gott und Kropotkins Natur – das Problem der Herrschaft ist darin nur versteckt. Solche Fundamentalprinzipien des Kommunismus täuschen über jenes Problem hinweg, das Platon ehrlich und antidemokratisch gelöst hat und für das der Kommunismus eine ehrliche und demokratische Lösung finden müsste: das Problem, wie der Zusammenhang der Gesellschaft (speziell der wirtschaftliche) vernünftig und gerecht konstituiert werden kann.

Auch Hardts und Negris Sinnbild für den Produktionsprozess im Commonismus, jenes Orchester, das ohne Dirigent zu spielen verspricht, verweist auf keine Lösung, sondern große Probleme, sobald man genauer hinschaut: Mit dem New Yorker »Orpheus Chamber Orchestra«, das sich 1972 gegründet hat, gelingt es zwar einem Orchester, auf den Dirigenten zu verzichten und die Werke kollektiv und demokratisch einzuüben, zu interpretieren und aufzuführen. Allerdings hat in diesem Orchester die Direktion, nachdem sie aufgehoben wurde, eine Form angenommen, die nicht nur Vorteile hat: nämlich die Form von basisdemokratischen Debatten, für die die Musiker zusätzliche Arbeitszeit aufwenden. Und die erste Geige musste wiedereingeführt werden, nachdem ihre zwischenzeitliche Abschaffung die musikalische Qualität herabgesetzt hatte. Was noch entscheidender ist: Bei diesem Orpheus-Orchester handelt es sich gerade mal um ein Kammerorchester. Dem Stand der Dinge nach ist ein Dirigent in einem Orchester, das eine Symphonie der Moderne spielt, unverzichtbar, um den komplexen Klangapparat zusammenzuhalten.

Der globale Produktionsprozess ist noch viel komplexer als jedes Symphonieorchester und viele Tätigkeiten darin sind weit weniger ansprechend als die von Musikern. Um im Sinnbild zu bleiben: Es ist unwahrscheinlich, dass die »Musiker« auf den Feldern, in den Fabriken und Minen, wenn Wertgesetz, Kapital und Kapitalisten zu dirigieren abließen, ihre Noten weiter spielten und sich der Multitude bumsfidel eintakteten. »Liebe« wird Arbeiter kaum animieren, im Commonismus weiter ihren Teil zum Ganzen beizutragen. Eher würde die materielle Produktion zusammenbrechen und der immateriellen Produktion das Fundament abhandenkommen. Dann würde im Realcommonismus wahr – zumindest halb –, was Hardt und Negri im Rekurs auf Franz von Assisi und im Hinblick auf die Weltrevolution verkünden: »Unser Slogan könnte ›Armut und Liebe‹ lauten.« (Hardt u. Negri 2009: 361)

Schlusswort

Einst, im Anschluss an Karl Marx, hatte Gesellschaftskritik Fluchtlinien: Abschaffung des Privateigentums an den Produktionsmitteln, planmäßige Kontrolle der Produktion, deren Ausrichtung auf Bedürfnisbefriedigung, gesamtgesellschaftliche Buchführung, gerechte Verteilung der gesellschaftlich notwendigen Arbeit und des Reichtums und eine den Bedürfnissen und Kapazitäten entsprechende Verteilung der gesellschaftlichen Arbeitskraft auf die verschiedenen Produktionszweige. Die gesellschaftlichen Verhältnisse und insbesondere die Eigentums- und Produktionsverhältnisse sollten revolutioniert werden. Das Ziel hieß Kommunismus.

Radikale Linke insistieren auch heute noch darauf, dass es »Ums Ganze« (https://umsganze.org/) ginge, und belächeln reformistische politische Forderungen, etwa die nach Umverteilung, als Donquichotterie. Variiert wird Rosa Luxemburgs Parole: »Revolution ist großartig, alles andere ist Quark!« Diese war schon, als der Königsweg der Expropriation der Expropriateure noch gangbar schien, nie frei von dem Verdacht, die Melodie des Kapitals zu transponieren: Akkumulation ist großartig, alles andere Quark, – Einzelinteressen seien kraft des Allgemeinen nur Petitessen. Heute ist die Parole überdies zu einer hohlen Phrase verkommen. Sie weist auf keine glaubhafte Gesellschaftsalternative hin. Was sollen beispielsweise junge erwerbslose Erwachsene in Spanien, die gezwungen sind, im Elternhaus auszuharren, mit ihr anfangen. Nach innen (in der Radikalen Linken) übertönt sie eine große Tragik: dass die Gesellschaftskritik, die aufs Ganze zielt, keine Antwort auf die soziale Frage mehr zu geben vermag; dass sich das Misslingen des Kommunismus und das Herrschafts- und Hörigkeitssystem des Realsozialismus eben nicht nur aus dem Unvermögen der damaligen Revolutionäre und aus äußeren historischen Zwängen erklären, sondern auch aus den Fluchtlinien, die sich dem Stande der historischen Erfahrung nach aufgedrängt hatten. Der Versuch, den Wirtschaftsprozess der Gesellschaft rational und planmäßig zu gestalten, führte in die Zentralverwaltungswirtschaft, der Versuch, das Privateigentum an den Produktionsmitteln zu vergesellschaften und Arbeit und Reichtum gerechter zu verteilen, in die Verstaatlichung und Kontrolle der Gesellschaft, und der Versuch, den Produktionsprozess durch Industrie zu vereinfachen, zur Ausbeutung der Arbeiter und Natur zum Zwecke der Industrialisierung.

»Sometimes the solution is worse than the problem.« So sangen die *Pet Shop Boys* in ihrem Lied über das 20. Jahrhundert (»Twentieth Century«). Als der Song erschien, 2006, hatte ich mich der Kritik des Realsozialismus zugewendet. Ich wollte begreifen, was der Realsozialismus war, oder vielmehr: Argumente dafür sammeln, wie sehr er kein Kommunismus war. In meinem Umfeld hatte ich erste Schlagworte aufgegriffen: Der Realsozialismus sei eigentlich Staatskapitalismus gewesen, hätte die ursprüngliche Akkumulation des Kapitals auf brachiale Weise nachgeholt, das Wertgesetz, anstatt es abzuschaffen, auszunutzen versucht und Staat und Nation bejaht. Ich wollte hinter diese Schlagwörter steigen, fand aber erst mal nicht viel, und war schließlich sogar ein bisschen froh, auf dieses Desiderat in der Radikalen Linken gestoßen zu sein.

Akademisch gesprochen: Eine Forschungslücke hatte sich mir aufgetan. Ich studierte Geschichte und Anschauungen des Realsozialismus. Doch je genauer ich ihn betrachtete, desto stärker setzte er mir zu. Mein Weltbild bröckelte, wie bei einem, der seinen Glauben verliert. Langsam musste ich lernen, dass sich der Realsozialismus nicht verstehen ließ, solange man darin das Gegenteil des Kommunismus erblicken wollte. Der Kommunismus, so begriff ich, war tatsächlich der Beweggrund und Fixpunkt des Realsozialismus. Zwar trugen auch Umstände und Personen zum Misslingen des Kommunismus im Realsozialismus bei, etwa die Rückständigkeit Russlands und die Skrupellosigkeit Stalins. Aber nicht unwesentliche Gründe des Misslingens liegen in der kommunistischen Idee selbst!

Bei aller Enttäuschung: Sie darf nicht darüber hinwegtäuschen, dass es so, wie es ist, auch nicht bleiben darf. Die drängende Frage, auf die der Kommunismus die Antwort sein wollte, bleibt: Wie kann das Reich der Notwendigkeit rationell bewältigt und der Reichtum gerecht verteilt werden? Aber die Suche nach Antwort müsste, so lehrt es die Geschichte, das Kunststück meistern, zugleich demütig und radikal zu sein. Radikal müsste sie sein, weil die soziale Ungerechtigkeit in der sogenannten westlichen Welt weiterhin in bürgerlichen Eigentums- und Produktionsverhältnissen wurzelt (in anderen Weltregionen wurzelt sie auch in Kasten, Korruption, Sklaverei, feudalen Oligarchien oder Klan- und Bandenstrukturen). Demut wäre angebracht, nachdem der Kommunismus mit Hochmut angesetzt hat, kläglich scheiterte und obendrein das Beste zerstört hat, was sich in den bürgerlichen Nationen herausgebildet hat: Demokratie, Rechtsordnung, Gewaltenteilung, Meinungs- und Pressefreiheit. Diese bürgerlichen Errungenschaften zu bewahren und auf Grundlage sozialer Gerechtigkeit auf ein höheres Niveau zu heben, wäre Aufhebung der kapitalistischen Gesellschaft im besten Sinne. Solange diese Aufhebung in den Sternen steht, bleibt als Aufgabe, die Errungenschaften der Arbeiterbewegung (Arbeitnehmerrechte, Betriebsräte, 40-Stunden-Woche, Arbeitslosengeld, Sozialversicherung etc.) innerhalb der kapitalistischen Gesellschaft zu verteidigen.

Literatur

In eckigen Klammern ist das Jahr angegeben, in dem ein Text oder Buch erstmals in seiner Originalsprache veröffentlicht oder Briefe und Manuskripte verfasst wurden. Fehlt es an eckiger Klammer, handelt es sich um eine Erstausgabe.

Adamczak, Bini: Kommunismus. Kleine Geschichte, wie endlich alles anders wird [2004], Verlag Unrast, Münster 2010.

Adler, Georg: Geschichte des Sozialismus und Kommunismus. Von Plato bis zur Gegenwart [1899], Leipzig 1923.

Adorno, Theodor W.: Beethoven. Philosophie der Musik. Fragmente und Texte [1937–1969], Verlag Suhrkamp, Frankfurt am Main 1993.

Adorno: Minima Moralia [1951], Gesammelte Schriften (GS), Verlag Suhrkamp, Frankfurt am Main 1998, Bd. 4.

Adorno: Drei Studien zu Hegel [1963], GS Bd. 5, S. 247–381.

Adorno: Zur Lehre von der Geschichte und der Freiheit [Vorlesung 1964/65], Nachgelassene Schriften Abt. IV – Bd. 13, Verlag Suhrkamp, Frankfurt am Main 2001.

Adorno: Negative Dialektik [1966], GS Bd. 6, S. 7–412.

Adorno: Diskussionsbeitrag zu »Spätkapitalismus oder Industriegesellschaft?« [1968], GS Bd. 8, S. 578–587.

Albers, Willi u. a. (Hg.): Handwörterbuch der Wirtschaftswissenschaften. Bd. 7 (Sozialismus bis Technischer Fortschritt), Verlag Fischer, Stuttgart 1977.

Anders, Günther: Die Antiquiertheit des Menschen 1. Über die Seele im Zeitalter der zweiten technischen Revolution [1956], Verlag C. H. Beck, München 2002.

Anders: Die Antiquiertheit des Menschen 2. Über die Zerstörung des Lebens im Zeitalter der dritten industriellen Revolution [1980], Verlag C. H. Beck, München 2002.

Anweiler, Otto: Geschichte der Schule und Pädagogik in Russland. Vom Ende des Zarenreiches bis zum Beginn der Stalin-Ära [1963], Verlag Quelle & Meyer, West-Berlin 1978.

Aristoteles: Nikomachische Ethik, Philosophische Schriften (PS), Verlag Felix Meiner, Hamburg 1995, Bd. 3.

Aristoteles: Politik, PS Bd. 4.

Atlas, S.: Zur Theorie des Sowjetgeldes, in: *Sowjetwissenschaft. Gesellschaftswissenschaftliche Abteilung*, Jahrgang 1953 (Heft 5/6), S. 664–683.

Baberowski, Jörg: Sozialistische Reformen? Die Sowjetunion in der Ära der Neuen Ökonomischen Politik, in: Christoph Boyer (Hg.): Zur Physiognomie sozialistischer Wirtschaftsreformen. Die Sowjetunion, Polen, die Tschechoslowakei, Ungarn, die DDR und Jugoslawien im Vergleich, Verlag Vittorio Klostermann, Frankfurt am Main 2007, S. 3–21.

Babeuf, Gracchus: Brief an Charles Germain [1795], in: Höppner u. a.: a. a. O., S. 53–70.

Bachmann, Hans-Gert: Mythos Gold. 6000 Jahre Kulturgeschichte, Verlag Hirmer, München 2006.

Bacon, Francis: Neu-Atlantis [1624], in: Ernesto Grassi, Der utopische Staat, Verlag Rowohlt, Reinbek bei Hamburg 1960, S. 171–215.

Bairoch, Paul: Landwirtschaft und industrielle Revolution, in: Carlo M. Cipolla u. a. (Hg.): Die industrielle Revolution [1973], Verlag Fischer, Stuttgart 1976, S. 297–332.

Barwich, Franz: Der kommunistische Aufbau des Syndikalismus [1926], in: ders. u. a.: Arbeiterselbstverwaltung – Räte – Syndikalismus, Verlag Karin Kramer, West-Berlin 1973, S. 43–62.

Becker, August: Unsere Sache ist keine deutsche, sondern eine menschliche [1844], in: Kool, Fritz u. Krause, Werner (Hg.): Die frühen Sozialisten. Dokumente, Deutscher Taschenbuch Verlag, München 1972, S. 485–491.

Beer, Stafford: Kybernetische Führungslehre [1972], Verlag Herder & Herder, Frankfurt am Main 1973.

Beer: Fanfare for Effective Freedom. Cybernetic Praxis in Government [1973], http://www.williambowles.info/sa/FanfareforEffectiveFreedom.pdf (aufgerufen am 25.03.2015).

Benjamin, Michael u. Nicklas, Robert (Hg.): Automatisierte Leitungssysteme, staatliche Leitung und Recht. Aufsätze sowjetischer Wissenschaftler, Verlag der Akademie für Staats- und Rechtswissenschaften der DDR, Potsdam-Babelsberg 1976.

Berg, A. I. u. Birjukow, B. W.: Kybernetik – ein Weg zur Lösung von Steuerungsproblemen, in: Boris G. Kusnezow u. a.: Blickpunkt 2000. Wissenschaft und Zukunft, Verlag Urania, Leipzig u. a. 1972, S. 63–75.

Behrens, Fritz: Zum Problem der Ausnutzung ökonomischer Gesetze in der Übergangsperiode, in: *Wirtschaftswissenschaften*, Jahrgang 1957 (Sonderheft 3), S. 105–140.

Beyrau, Dietrich: Petrograd. 25. Oktober 1917. Die russische Revolution und der Aufstieg des Kommunismus, Deutscher Taschenbuch Verlag, München 2001.

Blanc, Louis: Organisation der Arbeit [1839], in: Höppner u. a.: a. a. O., S. 327–373.

Blumenkranz, Carla u. a.: Occupy! Die ersten Wochen in New York. Eine Dokumentation, Verlag Suhrkamp, Berlin 2011.

Bogdanov, Alexander: Der Rote Stern [1908], Verlag Heyne, München 1972.

Bordiga, Amadeo: Dialog mit Stalin [1952], http://alter-maulwurf.de/index.php/filo-del-tempo?start=20 (aufgerufen am 8.1.2016).

Braunstein, Dirk: Adornos Kritik der politischen Ökonomie, Verlag Transcript, Bielefeld 2011.

Bucharin, Nikolaj: Ökonomie der Transformationsperiode [1920], Verlag Rowohlt, Reinbek bei Hamburg 1970.

Bucharin: Neue Aufgaben im Bereich unserer Bauernpolitik, in: *Prawda* [24.4.1925], in Auszügen dokumentiert in: Stephan Merl, Sowjetmacht und Bauern, Duncker & Humblot Verlag, Berlin 1993, S. 149–160.

Bucharin u. Preobraschenski: Das ABC des Kommunismus [1919], Verlag der Kommunistischen Internationale, Hamburg 1921.

Buonarroti, Filippo: Entwurf eines ökonomischen Dekrets [1830], in: Höppner u. a.: a. a. O., S. 101–111.

Cabet, Étienne: Warum ich Kommunist bin [1841], in: Höppner u. a.: a. a. O., S. 380–388.

Campanella, Tommaso: Sonnenstaat [1623], in: Ernesto Grassi (Hg.), Der utopische Staat, Verlag Rowohlt, Reinbek bei Hamburg 1960, S. 111–169.

Carlo, Antonio: Politische und ökonomische Struktur der UdSSR. 1917–1975. Diktatur des Proletariats oder bürokratischer Kollektivismus? [1971], Wagenbach Verlag, West-Berlin 1972.
Carnot, Lazare-Hippolyte [1830]: Die saint-simonistische Lehre, in: Höppner u. a.: a. a. O., S. 144–174.
Castro, Fidel: Ansprache vom 8.10.1987, in: Ernesto Che Guevara, Bd. 3, a. a. O., S. 7–27.
Cliff, Tony: Staatskapitalismus in Russland. Eine marxistische Analyse [1955], Verlag Sozialistische Arbeitergruppe, Frankfurt am Main 1975.
Cockshott, W. Paul u. Cottrell, Allin: Alternativen aus dem Rechner. Für sozialistische Planung und direkte Demokratie [1993], Verlag PapyRossa, Köln 2006.
Cohn, Norman: Das neue irdische Paradies. Revolutionärer Millenarismus und mystischer Anarchismus im mittelalterlichen Europa [1957], Verlag Rowohlt, Reinbek bei Hamburg 1986.
Conert, Hansgeorg: Der Kommunismus in der Sowjetunion. Modelle für den politischen und sozialwissenschaftlichen Unterricht, Europäische Verlagsanstalt, Frankfurt am Main 1971.
Considerant, Victor: Kurzer Abriß von Fouriers Phalanxsystem [1841], in: Höppner u. a.: a. a. O., S. 212–249.
Damus, Renate: Der reale Sozialismus als Herrschaftssystem am Beispiel der DDR. Kritik der nachkapitalistischen Gesellschaft, Verlag Focus, Gießen 1978.
Dath, Dietmar: Maschinenwinter. Wissen, Technik, Sozialismus. Eine Streitschrift, Verlag Suhrkamp, Frankfurt am Main 2008.
Deutscher, Isaak: Stalin. Eine politische Biographie [1966], Verlag Dietz, Ost-Berlin 1990.
Dézamy, Théodore: Gesetzbuch der Gütergemeinschaft [1842], in: Höppner u. a.: a. a. O., S. 468–502.
Dieterich, Heinz: Der Sozialismus des 21. Jahrhunderts. Wirtschaft, Gesellschaft und Demokratie nach dem globalen Kapitalismus, Verlag Kaittomilius, Berlin 2006.
Dohmen, Caspar: Finanzwirtschaft. Wie alles zusammenhängt, Verlag Bundeszentrale für politische Bildung, Bonn 2014.
Dommes, Jürgen: Sozialismus in Chinas Dörfern. Ländliche Gesellschaftspolitik in der Volksrepublik China 1949–1977, Verlag der

Niedersächsischen Landeszentrale für Politische Bildung, Hannover 1977.
Dostojewski, F. M. [1864]: Aufzeichnungen aus dem Kellerloch, Verlag Fischer Taschenbuch, Frankfurt a. M. 2008.
Dülmen, Richard van: Entstehung des neuzeitlichen Europas. 1550–1648, Fischer Taschenbuch Verlag, Frankfurt am Main 1982.
Einstein, Albert: Warum Sozialismus? [1949], http://www.linke-buecher.de/k-einst.htm (aufgerufen am 16.04.2016).
Eitner, Hans-Jürgen: Sowjet-Landwirtschaft in der Strukturkrise, in: *Schweizer Monatshefte. Zeitschrift für Politik, Wirtschaft, Kultur*, Jahrgang 1965–1966 (= Bd. 45), S. 310–329.
Ehlert, Willi: Zum Kreditcharakter unseres Geldes, in: Koziolek 1989, a. a. O., S. 32–33.
Elbe, Ingo: Marx vs. Engels – Werttheorie und Sozialismuskonzeption, 2001, http://rote-ruhr-uni.com/cms/Marx-vs-Engels-Werttheorie-und.html (aufgerufen am 15.11.2012).
Engels, Friedrich: Fortschritte der Sozialreform auf dem Kontinent [1843], Marx-Engels-Werke (MEW), Verlag Dietz, Ost-Berlin 1972, Bd. 1, S. 480–496.
Engels: Grundsätze des Kommunismus [1847], MEW Bd. 4, S. 361–380.
Engels: Brief an Bebel vom März 1875 [1875], MEW Bd. 19, S. 3–9.
Engels: Herrn Eugen Dührings Umwälzung der Wissenschaft (Anti-Dühring) [1878], MEW Bd. 20, a. a. O., S. 1–303.
Engels: Die Entwicklung des Sozialismus von der Utopie zur Wissenschaft [1880], MEW Bd. 19, S. 177–228.
Engels: Vorrede zur englischen Ausgabe des Kommunistischen Manifests [1888], MEW Bd. 4, S. 578–582.
Engels: Die Abdankung der Bourgeoisie [1889], MEW Bd. 21, S. 383–387.
Engels: Rede auf einer sozialdemokratischen Versammlung in Berlin am 22. September 1893 [1893r], in: MEW Bd. 22, S. 412–413.
Engels: An den Internationalen Kongreß sozialistischer Studenten [1893s], in: MEW Bd. 22, S. 415.
Engels: Vorwort zur Broschüre »Internationales aus dem ›Volksstaat‹« [1894v], MEW Bd. 22, S. 416–418.
Engels: An den vierten österreichischen Parteitag [1894p], MEW Bd. 22, S. 444.

Engels: Die Bauernfrage in Frankreich und Deutschland [1894b], MEW Bd. 22, S. 483–505.

Engels u. Marx: Manifest der Kommunistischen Partei [1848], MEW Bd. 4, S. 459–493.

Engels u. Marx: Montesquieu LVI. [1849], MEW Bd. 6, S. 190–196.

Epstein, Barbara: Anarchism and the Anti-Globalization Movement, in: *Monthly Review*, Vol. 53 (Sep. 2001), http://monthlyreview.org/2001/09/01/anarchism-and-the-anti-globalization-movement/ (aufgerufen am 15.10.2016).

Erlich, Alexander: Die Industrialisierungsdebatte in der Sowjetunion 1924–1928 [1961], Europäische Verlagsanstalt Frankfurt u. Europa Verlag Wien, Frankfurt am Main 1971.

Etkind, Alexander: Eros des Unmöglichen. Die Geschichte der Psychoanalyse in Russland [1993], Verlag Kiepenheuer, Leipzig 1996.

Euchner, Walter u. Schmidt, Alfred (Hg.): Kritik der politischen Ökonomie heute. 100 Jahre »Kapital«, Europäische Verlagsanstalt, Frankfurt am Main 1968.

Flores, Fernando u. Maturana, Humberto: im Interview zum Projekt Cybersyn [2011], URL: http://ru-cybersyn.livejournal.com/49042.html. (aufgerufen am 25.03.2015).

Ford, Henry: Philosophie der Arbeit, Dresden 1929.

Fourier, Charles: Theorie der vier Bewegungen und der allgemeinen Bestimmungen [1808], Europäische Verlagsanstalt Frankfurt und Europa Verlag Wien, Ffm. 1966.

Fourier: Vorteile der sozitären Arbeit [1822], in: ders.: Ökonomisch-Philosophische Schriften. Eine Textauswahl, Akademie-Verlag, Ost-Berlin 1980, S. 206–212.

Fourier: Die neue sozialistische Welt der Arbeit [1829], in: Höppner u. a., a. a. O., S. 179–211.

Fresco, Jacque and Keyes, Kenneth S.: Looking Forward, A. S. Barnes Press., South Brunswick (New Jersey) 1969.

Fresco: The Best That Money Can't Buy. Beyond Politics, Poverty & War, Global Cyber-Visions Press, Venus 2002.

Fresco: Designing the Future, Venus-Project Press., Venus (Florida) 2007.

Friedrich, Horst: Die Produktionsverhältnisse, Verlag Dietz, Ost-Berlin 1981.

Geier, Wolfgang: Wahrnehmungen des Terrors. Berichte aus Sowjetrussland und der Sowjetunion 1918–1938, Verlag Herassowitz, Wiesbaden 2009.

Gerber, Jan-Georg: Arbeit, Terror und Vernichtung. Die Debatte über Konzentrationslager und den Gulag, in: *Bahamas* Nr. 74 (Herbst 2016).

Gerovitch, Slava: From Newspeak to Cyberspeak. A History of Soviet Cybernetics, MIT Press, Massechusetts 2002.

Gerstenberger, Heide: Die subjektlose Gewalt. Theorie der Entstehung bürgerlicher Staatsgewalt [1990], Verlag Westfälisches Dampfboot, Münster 2006.

Gey, Peter: Sozialismus und Industrialisierung. Zur Kritik des sowjetischen Modells nachholender sozialistischer Industrialisierung, in: *Leviathan*, Jahrgang 1982 (Heft 3), S. 359–375.

Gey: Die Theorie der »Einfachen Warenproduktion« und ihre agrarpolitische Bedeutung, in: Theodor Bergmann u. a. (Hg.): Sozialistische Agrarpolitik, Verlag Bund, Köln 1984, S. 92–112.

Gluschkow-Interview, in: G. W. Maximowitsch: Kybernetik. Computer. Gesellschaft. Ein Gespräch mit V. M. Gluschkow [1976], Verlag VEB Technik, Ost-Berlin 1979.

Goldschmidt, Alfons: Die Wirtschaftsorganisation Sowjet-Rußlands, Berlin 1920.

Gorki, Maxim: Erinnerungen an Zeitgenossen, Berlin 1928.

Gorter, Herman: Offener Brief an den Genossen Lenin. Eine Antwort auf Lenins Broschüre »Der Radikalismus, eine Kinderkrankheit des Kommunismus«, Berlin 1920.

Götz, Roland: Planung ohne Plan. Vom Versagen der Wirtschaftstheorie in der Sowjetunion, in: *Osteuropa*, Jahrgang 2013 (Heft 5/6), S. 125–150.

Guevara, Ernesto »Che«: Die Rolle der Arbeit im Sozialismus [1962], in: ders.: Ausgewählte Werke in Einzelausgaben, Bd. 6 (Der Neue Mensch), Verlag Paul Rugenstein Nachfolger, Bonn 2003, S. 81–94.

Guevara: Gegen den Bürokratismus [1963b], in: ders.: Ausgewählte Werke, Bd. 3 (Aufsätze über Wirtschaftspolitik), S. 29–37.

Guevara: Über den Begriff des Werts [1963w], in: ders.: Ausgewählte Werke, Bd. 3, S. 50–59.

Guevara: Partei und Revolution [1963r], in: ders.: Ausgewählte Werke, Bd. 6, S. 128–143.
Guevara: Über das Haushaltsmäßige Finanzierungssystem [1964f], in: ders.: Ausgewählte Werke, Bd. 3, S. 60–101.
Guevara: Freiwillige Arbeit und Bewußtseinsveränderung [1964b], in: ders.: Ausgewählte Werke, Bd. 6, S. 156–176.
Guevara: Der Sozialismus und der Mensch in Kuba [1965], in: ders.: Ausgewählte Werke, Bd. 6, S. 14–36.
Hardt, Michael u. Negri, Antonio: Empire. Die neue Weltordnung [2000], Verlag Campus, Frankfurt am Main 2002.
Hardt u. Negri: Common Wealth. Das Ende des Eigentums [2009], Verlag Campus, Frankfurt und New York 2010.
Hayek, Friedrich A. von: Die verhängnisvolle Anmaßung: Die Irrtümer des Sozialismus [1988], Verlag Mohr Siebeck GmbH & Co., Tübingen 1996.
Hegel, Georg Wilhelm Friedrich: Grundlinien der Philosophie des Rechts [1821], Werke, Verlag Suhrkamp, Frankfurt am Main 1968, Bd. 7.
Hegel: Wissenschaft der Logik I [1831], Werke, a. a. O., Bd. 5.
Heine, Heinrich: Bericht vom 8. November 1840, in: ders.: Lutetia. Berichte über Politik, Kunst und Volksleben (Historisch-kritische Gesamtausgabe der Werke, Bd. 13), Verlag Hoffmann und Campe, Hamburg 1988, S. 95–97.
Hellige, Hans Dieter: Die Kontrollnetze und ›Rechnenden Räume‹ des Konrad Zuse im ›Dritten Reich‹, in: Klaus-Peter Fähnrich (Hg.): Informatik 2010. Service Science – Neue Perspektiven für die Informatik. Bd. 2, Verlag Köllen, Bonn 2010, S. 466–467.
Hildermeier, Manfred: Geschichte der Sowjetunion 1917–1991. Entstehung und Niedergang des ersten sozialistischen Staates, Verlag C. H. Beck, München 1998.
Hilferding, Rudolf: Das Finanzkapital. Eine Studie über die jüngste Entwicklung des Kapitalismus [1910], Wien 1920.
Hilferding: Staatskapitalismus oder totalitäre Staatswirtschaft [1940], in: Cora Stephan (Hg.): Zwischen den Stühlen. Oder über die Unvereinbarkeit von Theorie und Praxis, Verlag Dietz Nachf. GmbH, Bonn 1982, S. 288–296.
Hillquit, Morris: Utopische Kommunen in den USA [1903d], Verlag Packpapier, Osnabrück 1976.

Hillquit: History of Socialism in the United States [1903e], Revised and Expanded Edition, New York 1910.
Honneth, Axel: Die Idee des Sozialismus, Suhrkamp, Berlin 2015.
Höppner, Joachim u. Seidel-Höppner, Waltraut: Von Babeuf bis Blanqui. Bd. II: Texte, Verlag Reclam, Leipzig 1975.
Horkheimer, Max: Materialismus und Moral [1933], in: ders.: Gesammelte Schriften (GS), Verlag Fischer, Frankfurt am Main 1988, Bd. 3, S. 111–149.
Horkheimer: Verwaltete Welt. Gespräch mit Otmar Hersche [1970], in: GS, Bd. 7, S. 363–384.
Internationale Kommunisten (Holland): Grundprinzipien kommunistischer Produktion und Verteilung [1930], Verlag Blankertz, West-Berlin 1970.
Internationale Kommunisten (Holland): Thesen über den Bolschewismus [1933], http://www.ca-ira.net/verlag/leseproben/pannekoek.et.al-antileninismus_lp.php (aufgerufen am 30.10. 2017).
Johannes, Rolf: Zur Kritik der Gesellschaftskritik, in: *Zeitschrift für kritische Theorie*, Jahrgang 2001 (Nr. 13), S. 67–96.
Kanzleiter, Boris: Arbeiterselbstverwaltung in Jugoslawien – eine ambivalente Erfahrung, in: *transform!*, Jahrgang 2011 (Heft 9), http://transform-network.net (aufgerufen am 13.4. 2014).
Kaufmann, Martin: Der Baum der Kybernetik, Verlag ProEval, Dornbirn 2007.
Kautsky, Karl: Die proletarische Revolution und ihr Programm, Berlin 1922.
Kellermann, Philippe: ...ein auf ewig verpasster Zug? Über Möglichkeit und Notwendigkeit eines anarchistisch/marxistischen Dialogs auf Augenhöhe [2013], http://www.rote-ruhr-uni.com/cms/IMG/pdf/Aufsatz._Anarchismus__Marxismus.pdf (aufgerufen am 30.3. 2016).
Kelsen, Hans: Sozialismus und Staat. Eine Untersuchung der politischen Theorie des Marxismus [1920], Leipzig 1923.
Klaus, Georg: Kybernetik in philosophischer Sicht [1961], Verlag Dietz, Ost-Berlin 1963.
Klaus: Kybernetik und Gesellschaft, Verlag der Wissenschaften, Ost-Berlin 1964.
Klaus, Georg u. Liebscher, Heinz: Was ist, was soll Kybernetik? [1966], Verlag Urania, Leipzig u. a. 1974.

Koenen, Gerd: Die Farbe Rot. Ursprünge und Geschichte des Kommunismus, Verlag C. H. Beck, München 1917.
Kohlmey, Gunter: Planen als Regeln und Steuern, in: *Jahrbuch des Instituts für Wirtschaftswissenschaften*, Jahrgang 1968 (= Bd. 11 »Probleme der politischen Ökonomie«), Verlag Akademie, Ost-Berlin 1968, S. 89–121.
Konicz, Tomasz: Kommunismus = Internet + Räte [2017], http://www.heise.de/-3844634 (abgerufen am 4.10. 2017).
Kornai, János: Das sozialistische System [1992], Verlag Nomos, Baden-Baden 1995.
Koslowski, Peter: Politik und Ökonomie bei Aristoteles [1976], Verlag J. C. B. Mohr, Tübingen 1993.
Kosta, Jiří: Wirtschaftssysteme des realen Sozialismus, Verlag Bund, Köln 1984.
Koziolek, Helmut (Hg.): Wesen und aktive Rolle des Geldes in der sozialistischen Planwirtschaft, Verlag Akademie, Ost-Berlin 1989.
Koziolek, Helmut u. Reinhold, Otto: Plan und Markt im System unserer sozialistischen Planwirtschaft, in: *Einheit. Zeitschrift für Theorie und Praxis des Wissenschaftlichen Sozialismus*, Jahrgang 1989 (Heft 1), S. 16–26.
KPdSU: XXVI. Parteitag der KPdSU. Dokumente, Verlag Progress, Moskau 1981.
Krause, Günter: Wirtschaftstheorie in der DDR, Metropolis-Verlag, Marburg 1998.
Kronrod, J. A.: Das Geld in der sozialistischen Gesellschaft [1960], Verlag Akademie, Berlin 1963.
Kropotkin, Peter: Die Eroberung des Brotes [1892], in: ders.: Die Eroberung des Brotes und andere Schriften, Verlag Carl Hanser, München 1973, S. 57–277.
Kropotkin: Der Anarchismus. Philosophie und Ideale [1896], in: ders.: Die Eroberung des Brotes und andere Schriften, Verlag Carl Hanser, München 1973, S. 7–55.
Kropotkin: Moderne Wissenschaft und Anarchismus [1901], in: ders.: Der Anarchismus. Ursprung, Ideal und Philosophie, Verlag Monte Verita, Wien 1993, S. 23–140.
Kropotkin: Gegenseitig Hilfe in der Tier- und Menschenwelt [1902], Verlag Ullstein, Frankfurt am Main 1976.

Kropotkin: Einige Gedanken über das Wesen des Anarchismus [1913], in: ders.: Der Anarchismus. Ursprung, Ideal und Philosophie, Verlag Monte Verita, Wien 1993, S. 163–166.

Kuljic, Tudor: Die jugoslawische Arbeiterselbstverwaltung, www.republicart.net/disc/aeas/kuljic01_de.pdf (abgerufen am 12.4. 2014).

Kurz, Robert: Die Herrschaft der toten Dinge. Kritische Anmerkungen zur neueren Produktivkraft-Kritik und Entgesellschaftungs-Ideologie, in: *Marxistische Kritik*, Jahrgang 1987 (Heft 2), S. 7–68.

Kurz: Kollaps der Modernisierung. Vom Zusammenbruch des Kasernensozialismus zur Krise der Weltökonomie, Verlag Eichborn, Frankfurt am Main 1991.

Kurz: Geld ohne Wert. Grundrisse einer Transformation der politischen Ökonomie, Verlag Horlemann, Berlin 2012.

Landauer, Karl: Planwirtschaft und Verkehrswirtschaft, München und Leipzig 1931.

L'Ange, François-Joseph: Universalmittel oder unverletzliche Verfassung des allgemeinen Glücks [1793], in: Höppner u. a.: a. a. O., S. 22–48.

Laponneraye, Albert: Demokratischer Katechismus [1838], in: Höppner u. a.: a. a. O., S. 280–291.

Lefèbvre, Henri: Probleme des Marxismus, heute [1958], Verlag Suhrkamp, Frankfurt am Main 1971.

Lemmnitz, Alfred: Die Funktion des Geldes. Erster und zweiter Teil, in: *Die Arbeit*, Jahrgang 1948 (Heft 9 u. 10); S. 271–274 u. 308–309.

Lemmnitz: Zur aktuellen Bedeutung der Marxschen Geldtheorie, in Koziolek 1989, a. a. O., S. 4346.

Lenin: Das Agrarprogramm der Sozialdemokratie in der ersten russischen Revolution von 1905 bis 1907 [1908], Lenin Werke (LW), Verlag Dietz, Ost-Berlin 1982, Bd. 13, S. 213–437.

Lenin: Ein Vergleich des Stolypinschen Agrarprogramms mit dem der Volkstümler [1912], LW Bd. 18, S. 133–139.

Lenin: Werden die Bolschewiki die Staatsmacht behaupten? [1917], LW Bd. 26, S. 69–121.

Lenin: Deklaration der Rechte des werktätigen und ausgebeuteten Volkes [1918d], LW Bd. 26, S. 422–426.

Lenin: Staat und Revolution [1918r], LW Bd. 25, S. 393–507.

Lenin: Thesen zur Bankpolitik [1918b], LW Bd. 27, S. 212–213.

Lenin: Die nächsten Aufgaben der Sowjetmacht, [1918s], LW Bd. 27, S. 225–268.
Lenin: Referat über die nächsten Aufgaben der Sowjetmacht [1918a], LW Bd. 27, S. 271–296.
Lenin: Über »linke« Kinderei und über Kleinbürgerlichkeit [1918k], LW Bd. 27, S. 315–347.
Lenin: Grundthesen eines Dekrets über die Diktatur im Ernährungswesen [1918e], LW Bd. 27, S. 349–350.
Lenin: Referat über den Kampf gegen die Hungersnot, auf der gemeinsamen Sitzung des gesamtrussischen Zentralexekutivkomitees der Moskauer Sowjets der Arbeiter-, Bauern- und Rotarmistendeputierten und der Gewerkschaften [1918h], LW Bd. 27, S. 419–438.
Lenin: Telegramm über die Organisierung von Abteilungen für Lebensmittelbeschaffung [1918t], LW Bd. 27, S. 453–455.
Lenin: Entwurf des Programms der KPR(B) [1919p], LW Bd. 29, S. 81–124.
Lenin: Rede über den Volksbetrug mit den Losungen Freiheit und Gleichheit [1919v], LW Bd. 29, S. 327–365.
Lenin: Ökonomik und Politik in der Epoche der Diktatur des Proletariats [1919d], LW Bd. 30, S. 91–101.
Lenin: Rede auf der I. Gesamtrussischen Konferenz über die Parteiarbeit auf dem Lande [1919g], LW Bd. 30, S. 128–135.
Lenin: Rede auf dem I. Kongreß der landwirtschaftlichen Kommunen und Arteis [1919r], LW Bd. 30, S. 181–191.
Lenin: Rede zur Genossenschaftsfrage [1920g], LW Bd. 30, S. 472–476.
Lenin: Von der Zerstörung einer jahrhundertealten Ordnung zur Schaffung einer neuen [1920o], LW Bd. 30, S. 509–511.
Lenin: Der »linke Radikalismus«, die Kinderkrankheit im Kommunismus [1920k], LW Bd. 31, S. 1–91.
Lenin: Bericht über die Tätigkeit des Rats der Volkskommissare [1920v], LW Bd. 31, S. 483–515.
Lenin: Über den einheitlichen Wirtschaftsplan [1921w], LW Bd. 32, S. 132–141.
Lenin: Referat über die Ersetzung der Ablieferungspflicht durch die Naturalsteuer [1921a], LW Bd. 32, S. 216–231.

Lenin: Ursprünglicher Entwurf der Resolution des X. Parteitags der KPR über die syndikalistische und anarchistische Abweichung in unserer Partei [1921p], LW Bd. 32, S. 249–252.
Lenin: Über die Naturalsteuer [1921n], LW Bd. 32, S. 341–380.
Lenin: Direktive des Rats für Arbeit und Verteidigung an die örtlichen Sowjetinstitutionen. Entwurf [1921s], LW Bd. 32, S. 391–417.
Lenin: Thesen zum Referat auf dem III. Kongreß der Kommunistischen Internationale über die Taktik der KPR [1921t], LW Bd. 32, S. 475–484.
Lenin: Referat über die Taktik der KPR [1921r], LW Bd. 32, S. 501–519.
Lenin: Über die Bedeutung des Goldes jetzt und nach dem vollen Sieg des Sozialismus [1921g], LW Bd. 33, S. 90–98.
Lenin: Über die Rolle und die Aufgaben der Gewerkschaften unter den Verhältnissen der Neuen ökonomischen Politik [1922], LW Bd. 33, S. 169–181.
Lenin: Über das Genossenschaftswesen [1923], LW Bd. 33, S. 453–461.
Linden, Marcel van der: Der Sozialismus, der keiner war: marxistische Kritiken der Sowjetgesellschaft, in: *Prokla*, Jahrgang 2009 (Heft 2), S. 307–323.
Luerr, Hermann: Kapitalismuskritik und die Frage nach der Alternative, Verlag Monsenstein und Vannerdat, Münster 2013.
Luft, Hans: Geld und planmäßige proportionale Entwicklung im Sozialismus, in: Koziolek 1989, a. a. O., S. 63–64.
Lukács, Georg: Taktik und Ethik. Politische Aufsätze I, Verlag Luchterhand, Darmstadt 1975.
Maiminas, J.: Das Problem des Aufbaus automatisierter Leitungssysteme in der Wirtschaft, in: Nemtschinow 1968s, a. a. O., S. 151–165.
Malinovsky, Boris Nikolaevich: Pioneers of Soviet Computing [1995], published electronically, 2010, http://www.sigcis.org/files/SIGCISMC2010_001.pdf (aufgerufen am 12.12.2017).
Marx, Karl: Differenz der demokritischen und epikureischen Naturphilosophie [1839], Marx-Engels-Werke [MEW], Verlag Dietz, Ost-Berlin 1972, Erg.Bd. I, S. 257–373.
Marx: Brief an Arnold Ruge im September 1843, MEW Bd. 1, 343–346.

Marx: Zur Judenfrage [1844j], MEW Bd. 1, S. 347–377.
Marx: Ökonomisch-philosophische Manuskripte [1844m], MEW Erg.-Bd. I, S. 465–588.
Marx: Thesen über Feuerbach [1845], MEW Bd. 3, S. 5–7.
Marx: Lohnarbeit und Kapital [1849], MEW Bd. 6, S. 397–423.
Marx: Die Klassenkämpfe in Frankreich 1848 bis 1850 [1850], MEW Bd. 7, S. 9–107.
Marx: Der achtzehnte Brumaire des Louis Bonaparte [1852], MEW Bd. 8, S. 111–207.
Marx: Grundrisse der Kritik der politischen Ökonomie [1857/58], MEW Bd. 42.
Marx: Fragment des Urtextes von «Zur Kritik der politischen Ökonomie« [1858], in: ders.: Grundrisse der Kritik der politischen Ökonomie, Dietz Verlag, Ost-Berlin 1974, S. 871–947.
Marx: Zur Kritik der Politischen Ökonomie [1859ö], MEW Bd. 13, S. 3–160.
Marx: Brief an Joseph Weydemeyer vom 1.2. 1859 [1859b], MEW Bd. 29, S. 570–573.
Marx: Instruktionen für die Delegierten des Provisorischen Zentralrats zu den einzelnen Fragen [1867], MEW Bd. 16, S. 190–199.
Marx: Brief an Ludwig Kugelmann vom 11.7. 1868 [1868], MEW Bd. 32, S. 552 f.
Marx: Der Bürgerkrieg in Frankreich [1871], MEW Bd. 17, S. 313–362 u. (Vorstudien zum Bürgerkrieg in Frankreich) S. 491–610.
Marx: Das Kapital Bd. I [1872k], MEW Bd. 23.
Marx: Über die Nationalisierung des Grund und Boden [1872n], MEW Bd. 18, S. 59–62.
Marx: Kritik des Gothaer Programms [1875], MEW Bd. 19, S. 11–32.
Marx: Randglossen zu Adolph Wagners »Lehrbuch der politischen Ökonomie« [1880w], MEW Bd. 19, S. 355–383.
Marx: Einleitung zum Programm der französischen Arbeiterpartei [1880a], MEW Bd. 19, S. 238.
Marx: Entwürfe einer Antwort auf den Brief von V. I. Sassulitsch [1881], MEW Bd. 19, S. 384–406.
Marx: Das Kapital Bd. II [1885], MEW Bd. 24.
Marx: Das Kapital Bd. III [1894], MEW Bd. 25.
Maschke, Günter: Bogdanovs Warnung [1972], in: Alexander Bogdanov, a. a. O., S. 131–141.

Masuch, Michael: Kritik der Planung. Naturwüchsigkeit und Planung im realen Sozialismus, Verlag Luchterhand, Darmstadt und Neuwied 1981.
Mattick, Paul: Einleitung [1970], in: Internationale Kommunisten (Holland): Grundprinzipien kommunistischer Produktion und Verteilung [1930], Verlag Blankertz, Ost-Berlin 1970, S. I–XVII.
Maye, Harun: Die Paradoxie der Billigkeit in Recht und Hermeneutik, in: Cornelia Vismann u. Thomas Weitin (Hg.): Urteilen/Entscheiden, Verlag Wilhelm Fink, München 2006, S. 56–71.
Mayntz, Renate: Diskussionsbeitrag, in: Otto Walter Haseloff: Kybernetik als soziale Tatsache, Verlag R. v. Deckers, Hamburg 1963, S. 80–81.
Medina, Eden: Cybernetic Revolutionaries Technology and Politics in Allende's Chile, The MIT Press, Cambridge (Massachusetts) and London (England) 2001.
Merl, Stephan: Rußland und die Sowjetunion 1914–1980, in: Wolfram Fischer u. a. (Hg.): Handbuch der europäischen Wirtschafts- und Sozialgeschichte, Bd. 6 (Vom Ersten Weltkrieg bis zur Gegenwart), Verlag Klett-Cotta, Stuttgart 1987, S. 640–728.
Meyer, Ahlrich: Frühsozialismus. Theorien der sozialen Bewegungen 1789–1848, Verlag Alber, Freiburg u. München 1977.
Minc, L. E.: Die Agrarbevölkerung und der Arbeitsmarkt in der UDSSR [1929], in Auszügen dokumentiert in: Stephan Merl, Sowjetmacht und Bauern, Verlag Duncker & Humblot, Berlin 1993, S. 270–276.
Mises, Ludwig von: Die Gemeinwirtschaft. Untersuchungen über den Sozialismus [1932], Verlag Lucius & Lucius, Stuttgart 2007.
Morelly, Étienne-Gabriel: Schiffbruch der schwimmenden Inseln (Auszug aus Morellys Roman *Basiliade)* [1753], in: Werner Krauss (Hg.): Reise nach Utopia. Französische Utopien aus drei Jahrhunderten, Verlag Rütten & Loening, Ost-Berlin 1964, S. 161–169.
Morelly: Gesetzbuch der natürlichen Gesellschaft [1755], Verlag Akademie, Ost-Berlin 1964.
Morus, Thomas: Utopia [1516], in: Ernesto Grassi (Hg.), Der utopische Staat, Verlag Rowohlt, Reinbek bei Hamburg 1960, S. 7–110.
Müller, Klaus: Zum Inhalt der Kategorien Kreditgeld und Papiergeld in der marxistischen Theorie, in Koziolek 1989, a. a. O., S. 51–54.

Nachtway, Oliver: Die Abstiegsgesellschaft. Über das Aufbegehren in der regressiven Moderne, Verlag Suhrkamp, Berlin 2016.
Negri, Antonio: Eine ontologische Definition der Multitude, in: Thomas Atzert u. Jost Müller (Hg.): Kritik der Weltordnung, Verlag ID, Berlin 2003.
Nemtschinow, W. (Hg.): Informationsströme in der Wirtschaft [1968s], Verlag Dokumentation, Ost-Berlin 1971.
Nemtschinow: Die Information in der Wirtschaft [1968i], in: ders. 1968s, a. a. O., S. 11–18.
Neutsch, Erik: Spur der Steine, Mitteldeutscher Verlag, Halle 1964.
Nietzsche, Friedrich: Menschliches, Allzumenschliches Bd. I [1878], Nietzsche Werke. Kritische Gesamtausgabe (KGW), Abteilung IV, Bd. 2 u. 3, Verlag Walter de Gruyter & Co., Berlin 1967.
Nietzsche: Jenseits von Gut und Böse. Zur Genealogie der Moral [1887], KGW, Abteilung VI, Bd. 2.
Nove, Alec: An Economic History of the USSR. 1917–1991, Penguin Books, London 1992.
Osinski, N.: Über den Aufbau des Sozialismus [1918], in: Frits Kool (Hg.): Dokumente der Weltrevolution, Bd. 2 (Arbeiterdemokratie oder Parteidiktatur), Verlag Büchergilde Gutenberg, Frankfurt am Main 1968, S. 83–128.
Ott, Hugo u. Schäfer, Hermann (Hg.): Wirtschafts-Ploetz. Die Wirtschaftsgeschichte zum Nachschlagen, Verlag Ploetz, Freiburg und Würzburg 1984.
Owen, Robert: Das soziale System [1827], in: ders.: Das Soziale System. Ausgewählte Schriften, Verlag Reclam, Leipzig 1988, S. 5–76.
Owen: Über das Eigentum [1835], in: ders.: Das soziale System. Ausgewählte Schriften, Verlag Reclam, Leipzig 1988, S. 116–142.
Pannekoek, Anton: Allgemeiner oder gemeinschaftlicher Besitz [1947], in: ders.: Arbeiterräte. Texte zur sozialen Revolution, Verlag Germinal, Fernwald 2008, S. 631–642.
Pentzel, Evelyn u. a. (Hg.): Lehrbuch der politischen Ökonomie [1954], Berlin 2008, http://www.politische-oekonomie.org/Lehrbuch/index.htm (abgerufen am 17.02. 2016).
Peters, Arno: Computer-Sozialismus. Gespräche mit Konrad Zuse, Verlag Neues Leben, Berlin 2000.
Platon: Nomoi, in: ders.: Werke in acht Bänden (Hg.: Gunther Eigler), Verlag Wissenschaftliche Buchgesellschaft, Darmstadt 2001, Bd. 8.

Platon: Phaidros, Werke in acht Bänden, a. a. O., Bd. 5, S. 1–193.
Platon: Politeia, Werke in acht Bänden a. a. O., Bd. 4.
Platon: Politikos, Werke in acht Bänden, a. a. O., Bd. 6 , S. 403–579.
Platon: Timaios, Werke in acht Bänden, a. a. O., Bd. 7, S. 1–209.
P. M.: bolo'bolo, Verlag paranoia city, Zürich 1986.
P. M.: Kartoffeln und Computer. Märkte durch Gemeinschaft ersetzen, Verlag Nautilus, Hamburg 2012.
Pollock, Friedrich: Die planwirtschaftlichen Versuche in der Sowjetunion 1917–1927 [1929], Verlag Neue Kritik, Frankfurt am Main 1971.
Pöppel, Walter u. Kuster, Bruno: Die Arbeiterselbstverwaltung in Jugoslawien, in: *Gewerkschaftliche Monatshefte,* Jahrgang 1968 (Heft 12), S. 713–718.
Preobraschenski, E. A.: Die neue Ökonomik [1926], Verlag Neuer Kurs, West-Berlin 1971.
Priestland, David: Weltgeschichte des Kommunismus. Von der französischen Revolution bis heute, Verlag Siedler, München 2009.
Rabelais, François: Gargantua und Pantagruel [1553], Insel Verlag, Frankfurt u. Leipzig 1994.
Reiter, Karl: Multitude & Empire, oder: Negris gar nicht so heimlicher Spinozismus, in: *Grundrisse,* Jahrgang 2004 (Heft 14), S. 20–30.
Richter, Horst: Zum Verhältnis von Warenproduktion und Geld im Sozialismus, in: H. Koziolek 1989, a. a. O., S. 26–31.
Rivière, Philippe: Der Staat als Maschine. Das Kybernetik-Experiment in Allendes Chile, in: *Le Monde diplomatique* (12.10.2010).
Rocker, Rudolf: Prinzipienerklärung des Syndikalismus [1919], in: Franz Barwich u. a.: Arbeiterselbstverwaltung – Räte – Syndikalismus, Verlag Karin Kramer, West-Berlin 1973, S. 7–42.
Rubin, Isaak Iljitsch: Studien zur Marxschen Werttheorie [1928], Europäische Verlagsanstalt, Frankfurt am Main 1973.
Rudolph, Johannes: Die Verflechtungsbilanz und die Optimierung des volkswirtschaftlichen Produktionsplanes, in: *Wissenschaftliche Zeitschrift der Hochschule für Ökonomie*, Jahrgang 1961 (Heft 4), S. 311–319.
Rudolph: Kybernetik und Volkswirtschaftsplanung, in: Georg Klaus u. a.: Kybernetik in Wissenschaft, Technik und Wirtschaft der DDR, Verlag Akademie, Ost-Berlin 1963, S. 85–88.

Rühle, Otto: Die Revolution ist keine Partei-Sache! [1920], in: Frits Kool (Hg.): Dokumente der Weltrevolution, Bd. 3 (Die Linke gegen die Parteidiktatur), Verlag Büchergilde Gutenberg, Frankfurt am Main 1970, S. 329–337.

Saar, Martin: Die Immanenz der Macht: Politische Theorie nach Spinoza, Verlag Suhrkamp, Berlin 2013.

Sachsse, Hans: Einführung in die Kybernetik, Verlag Friedrich Viehweg und Sohn, Braunschweig 1971.

Samochin, Ju. M. u. Chajdas, G. I.: Die Schaffung des automatisierten Systems der Planberechnung [1973], in: Benjamin u. Nicklas 1976, a. a. O., S. 58–68.

Schließer, Waldfried: Die Marxsche Geldtheorie und die aktuellen Fragen der Währungsentwicklung in der sozialistischen Wirtschaft, in: Koziolek 1989, a. a. O., S. 7–13.

Schwab, Gustav: Sagen des klassischen Altertums [1840]. Bearbeitet von Hugo Eichhof, Wilhelm Goldmann Verlag, München 1958.

Seuß, Wilhelm: Das Buch vom Geld, Verlag Herder, Freiburg i. B. 1969.

Shimerin, D. G.: Grundfragen der Ausarbeitung automatisierter Leitungssysteme [1973], in: Benjamin u. Nicklas 1976, a. a. O., S. 13–17.

Siefkes, Christian: Beitragen statt tauschen. Materielle Produktion nach dem Modell Freier Software, Verlag AG Spak Bücher, Neu-Ulm 2008.

Siefkes: Ist Commonismus Kommunismus? Commonsbasierte Peer-Produktion und der kommunistische Anspruch, in: *Prokla*, Jahrgang 2009 (Heft 2), S. 249–267.

Simmel, Georg: Philosophie des Geldes [1901], Verlag Suhrkamp, Frankfurt am Main 1989.

Sklovski, Viktor: Sentimentale Reise [1922], Verlag Insel, Frankfurt am Main 1964.

Stalin: Die Agrarfrage [1906a], Stalin Werke (SW), http://www.stalinwerke.de (aufgerufen am 22.12. 2015), Bd. 1, S. 112–118.

Stalin: Über die Revision des Agrarprogramms. Rede auf der 7. Sitzung des IV. Parteitages der SDAPR [1906r], SW Bd. 1, S. 122–123.

Stalin: Schlusswort zu dem Referat »Über die sozialdemokratischen Abweichungen in unserer Partei« [1926], SW Bd. 8, S. 155–184.

Stalin: Unterredung mit der ersten amerikanischen Arbeiterdelegation [1927u], SW Bd. 10, S. 51–76.
Stalin: Unterredung mit ausländischen Arbeiterdelegationen [5. November 1927a], SW Bd. 10, S. 104–118.
Stalin: Über die Getreidebeschaffung und die Entwicklungsperspektiven der Landwirtschaft. Rede in Sibirien [1928e], SW Bd. 11, S. 8–12.
Stalin: Über die Arbeiten des vereinigten Aprilplenums des ZK und der ZKK [1928a], SW Bd. 11, S. 22–39.
Stalin: An der Getreidefront. Aus einer Unterredung mit Studenten des Instituts der Roten Professur, der Kommunistischen Akademie und der Swerdlow-Universität [1928s], SW Bd. 11, S. 49–56.
Stalin: Rede über die Industrialisierung und das Getreideproblem [1928g], SW Bd. 11, S. 83–100.
Stalin: Über die Industrialisierung des Landes und über die rechte Abweichung in der KpdSU(B) [1928i], SW Bd. 11, S. 131–152.
Stalin: Über die Aufgabe der Wirtschaftler. Rede auf der ersten Unionskonferenz der Funktionäre der sozialistischen Industrie [1931], SW Bd. 13, S. 26–32.
Stalin: Rechenschaftsbericht an den XVII.Parteitag über die Arbeit des ZK [1934], SW Bd. 13, S. 164–211.
Stalin: Ökonomische Probleme des Sozialismus in der UdSSR [1952], SW Bd. 15, S. 195–242.
Stiehler, Gottfried: Über den Wert der Individualität im Sozialismus, Verlag Dietz, Ost-Berlin 1978.
Stiemerling, Karl Heinz: Das sozialistische Kreditgeld und seine Konsequenzen, in: Koziolek 1989, a. a. O., S. 14–20.
Taylor, Blair: Form als Fetisch, in: *Phase 2*, Jahrgang 2012 (Nr. 41), http://phase-zwei.org/hefte/artikel/form-als-fetisch-39/ (aufgerufen am 29.03.2016).
Ticktin, Hillel H.: Zur politischen Ökonomie der UdSSR. Teil I und II [1973/75], in: ders. u. a.: Planlose Wirtschaft. Zum Charakter der sowjetischen Gesellschaft, Verlag Junius, Hamburg 1981, S. 1–69.
Torke, Hans-Joachim (Hg.): Historisches Lexikon der Sowjetunion. 1917/22 bis 1991, Verlag C. H. Beck, München 1993.
Trotzki: Verratene Revolution [1936], Mehring Verlag, Essen 2016.
Tschernjak, J.: Ökonomisches System und ökonomische Informationen [1968ö], in: Nemtschinow 1968s, a. a. O., S. 39–59.

Tscherjak: Ziele und Methoden der Untersuchung von Informationsströmen [1968z], in: Nemtschinow 1968s, a. a. O., S. 19–38.
Tschernyschewski, N. G.: Was tun? Aus Erzählungen von neuen Menschen [1863], Verlag Aufbau, Ost-Berlin 1952.
Türcke, Christoph: Vom Kainszeichen zum genetischen Code. Kritische Theorie der Schrift, Verlag C. H. Beck, München 2005.
Türcke: Mehr! Philosophie des Geldes, Verlag C. H. Beck, München 2015.
Ulbricht, Walter: Zum neuen ökonomischen System der Planung und Leitung, Verlag Dietz, Ost-Berlin 1966.
Ulbricht: Die gesellschaftliche Entwicklung in der Deutschen Demokratischen Republik bis zur Vollendung des Sozialismus, in: *Die Wirtschaft*, Jahrgang 1967 (20. April).
Das Unsichtbare Komitee: Der Kommende Aufstand, 2007 (zirkuliert im Internet in verschiedenen Varianten ohne Orts- und Verlagsangaben).
Varga, Eugen: Die Kostenabrechnung in einem geldlosen Staat, in: *Kommunismus*, Jahrgang 1921 (Heft 9/10), S. 290–298.
Varga, Stefan: Das Geld im Sozialismus. Sein Begriff und seine Funktion, in: *Weltwirtschaftliches Archiv*, Jahrgang 1957 (Heft 2), S. 223–290.
Varga: Wesen und Funktion des Geldes im Sozialismus, Südosteuropa Verlagsgesellschaft, München 1962.
Verschwörung der Feuerzellen: Warum wir eure Nächte in Brand stecken. Kommunikees griechischer Nihilisten [2014], http://www.magazinredaktion.tk/nihilin.php (aufgerufen am 15.1. 2015).
Vilar, Pierre: Gold und Geld in der Geschichte. Vom Ausgang des Mittelalters bis zur Gegenwart, Verlag C. H. Beck, München 1984.
Volin: Die unbekannte Revolution [1949], Verlag Association, Berlin 2013.
Wallat, Hendrik: Staat oder Revolution. Aspekte und Probleme linker Bolschewismuskritik, Verlag Assemblage, Münster 2012.
Weber, Max: Die protestantische Ethik und der Geist des Kapitalismus [1920], in: ders.: Gesammelte Aufsätze zur Religionssoziologie, Bd. 1, Verlag J. C. B. Mohr, Tübingen 1972.
Weber: Wirtschaft und Gesellschaft. Grundriss der verstehenden Soziologie [1921], Verlag J. C. B. Mohr, Tübingen 1980.
Weitling, Wilhelm: Garantien der Harmonie und Freiheit, Vivis 1842.

Wells, Herbert Georg: Russia in the Shadows [1921], Dodo Press, New York 2008.
Wemheuer, Felix: Der Große Hunger. Hungersnöte unter Stalin und Mao, Verlag Rotbuch, Berlin 2012.
Wemheuer: Landfrage, Hunger und ursprüngliche Akkumulation, in: Birgit Engler u. Barbara Gärber: Landgrabbing. Landnahme in historischer und globaler Perspektive, New Academic Press, Wien 2014, S. 51–68.
Werner, Steffen: Kybernetik statt Marx? Politische Ökonomie und marxistische Philosophie in der DDR unter dem Einfluß der elektronischen Datenverarbeitung, Verlag Bonn Aktuell, Stuttgart 1977.
Werth, Niclas: Ein Staat gegen sein Volk. Gewalt, Unterdrückung und Terror in der Sowjetunion [1997], in: Stéphane Courtois u. a. (Hg.): Das Schwarzbuch des Kommunismus, Verlag Piper, München u. Zürich 1998, S. 51–295.
Wilde, Oscar: Der Sozialismus und die Seele des Menschen [1891], in: ders.: Drei Essays, Berlin 1904, S. 7–98.
Winstanley, Gerrard: Das Gesetz der Freiheit [1652], in: Hermann Klenner (Hg.): Winstanley. Gleichheit im Reiche der Freiheit, Verlag Reclam, Leipzig 1983, S. 153–277.
Wolff, Sören: Eine kurze Geschichte des Geldes. Die Entstehung der Vertragsform Kredit und nominaler Geldzeichen in Antike und Neuzeit, Verlag Metropolis, Marburg 2010.
Zahn, Lola: Die ökonomischen Grundbegriffe der Sowjetplanwirtschaft, in: *Einheit*, Jahrgang 1948 (Heft 2), S. 111–122.
Žižek, Slavoj: The Simple Courage of Decision: A Leftist Tribute to Thatcher, in: *New Statesman* (17.4. 2013).
Zuse, Konrad: Frühe Gedanken zur Auswirkung des Computers auf die Gesellschaft [1994], in: Hans Dieter Hellige: Geschichte der Informatik: Visionen, Paradigmen, Leitmotive, Verlag Springer, Berlin 2004, S. 31–45.
Zwass, Adam: Planwirtschaft im Wandel der Zeit, Verlag Europa, Wien 1982.

Über den Autor

Hannes Giessler Furlan, Jahrgang 1979, hat Geschichte und Philosophie studiert. Er arbeitete als Referent in der Jugend- und Erwachsenenbildung und promovierte an der Leipziger Fakultät für Sozialwissenschaften und Philosophie. Er erhielt drei Jahre ein Promotionsstipendium und lehrte an einer brasilianischen Universität. Das Buch *Verein freier Menschen?* ist eine gekürzte Fassung seiner Dissertation.

Danksagung

Für Lektüre und Korrektur, Kritik und Diskussion, Beistand und Ratschlag danke ich Christian Scheiter, Gesa Foken, Günter Gießler, Helmut Reichelt, Hendrik Wallat, Johannes Buchholz, Johannes Metz, Lutz Fiedler, Martin Eichler, Panja Lange, Ulrich-Johannes Schneider und ganz besonders Christa Fischer und Christoph Türcke!

Felizmente, com todo amor, agradeço a Ariane por não deixar de me ter acolhido em seu coração, embora eu estivesse ocupado meses e anos, dias e noites com essa tese.